Gemeinsam am Tisch des Herrn
II

Ein Votum des Ökumenischen Arbeitskreises evangelischer und katholischer Theologen

Anliegen und Rezeption

Für den Ökumenischen Arbeitskreis
evangelischer und katholischer Theologen
herausgegeben von
Dorothea Sattler und Volker Leppin

Herder • Freiburg im Breisgau
Vandenhoeck & Ruprecht Göttingen

MIX
Papier aus verantwortungsvollen Quellen
FSC® C083411
www.fsc.org

www.herder.de

Umschlagmotiv: Inkrustierte Rosette
(Kalkstein mit Porphyr) aus St. Pantaleon, Köln
Satz: Druckvorlage durch die Herausgeber
Herstellung: CPI books GmbH, Leck
Printed in Germany

ISBN 978-3-451-38718-0 (Verlag Herder)
ISBN 978-3-525-55289-6 (Vandenhoeck & Ruprecht)

Dialog der Kirchen

Veröffentlichungen des Ökumenischen Arbeitskreises
evangelischer und katholischer Theologen
begonnen unter dem Protektorat von
Bischof Hermann Kunst † und Hermann Kardinal Volk †,
gegenwärtig fortgeführt unter
Bischof Georg Bätzing und Kirchenpräsident Christian Schad

Band 18

Gemeinsam am Tisch des Herrn
II

Herder • Freiburg im Breisgau
Vandenhoeck & Ruprecht Göttingen

Gemeinsam am Tisch des Herrn
II

Inhalt

Anhang

Einführung der Wissenschaftlichen Leitung

Volker Leppin / Dorothea Sattler

Die 2020 erschienene Studie „Gemeinsam am Tisch des Herrn"[1] (GaTH) des Ökumenischen Arbeitskreises evangelischer und katholischer Theologen (ÖAK) hat auf der Basis von eigenen Studien und weiteren Erkenntnissen der weltweiten ökumenischen Forschung zum Themenbereich Abendmahl und Eucharistie das Votum formuliert, die gegenseitige „Einladung zu bereits gelebten Traditionen" der Feier des Abendmahls / der Eucharistie auszusprechen[2]. Sie hat dies im Vertrauen auf die Gegenwart Jesu Christi in den liturgischen Feiern der unterschiedlichen im Blick stehenden Kirchen getan. So gibt sie Glaubenden eine Grundlage an die Hand, die begründete Gewissensentscheidung zu treffen, als Glied der versammelten christlichen Gemeinde an den Tisch des Herrn Jesus Christus zu treten. Dieses Votum erfolgte in Achtung geistlicher, pastoraler und seelsorglicher Anliegen sowie in Ausrichtung an der Grundmotivation ökumenischen Handelns: die Glaubwürdigkeit des gemeinsamen Bekenntnisses zu Jesus Christus durch die Suche nach der

[1] Vgl. Volker Leppin / Dorothea Sattler (Hg.), Gemeinsam am Tisch des Herrn. Ein Votum des Ökumenischen Arbeitskreises evangelischer und katholischer Theologen / Together at the Lord's table. A statement of the Ecumenical Study Group of Protestant and Catholic Theologians (Dialog der Kirchen 17), Freiburg / Göttingen 2020.
[2] Ebd., 8.1.

sichtbaren Einheit der Kirchen zu stärken.[3] Nicht zuletzt aufgrund der Verbindung von theologischen Einsichten mit Konsequenzen auf der liturgischen Handlungsebene war und ist die Studie GaTH im interessierten öffentlichen Gespräch präsent und umstritten. Zu dieser Situation hat auch die zeitliche Nähe der Veröffentlichung der Studie GaTH zum 3. Ökumenischen Kirchentag (ÖKT) 2021 in Frankfurt beigetragen.

Der Ökumenische Arbeitskreis hat sich vor diesem Hintergrund entschieden, in zwei Bänden das Anliegen von GaTH und die Rezeption der Studie in Erinnerung zu rufen (in dem vorliegenden Band 18 in der Reihe „Dialog der Kirchen") sowie Grundlagen und Perspektiven (in einem im Frühjahr 2022 erscheinenden Band 19 in der Reihe „Dialog der Kirchen") aufzuzeigen, die es ermöglichen, im weltweiten ökumenischen Gespräch weitere Schritte zu gehen.

Im Folgenden erinnern wir als in der Phase der Erarbeitung von GaTH verantwortliche Wissenschaftliche Leitung des ÖAK kurz an die Geschichte der Studie, an ihre Kontexte und an ihre Anliegen (Abschnitt 1). Wir vermitteln sodann einen kommentierenden Einblick in die unterschiedlichen Formen der Rezeption der Studie (Abschnitte 2.1 bis 2.5); eine besondere Aufmerksamkeit erfahren dabei die kirchenamtliche und die wissenschaftlich-theologische Rezeption. Wir skizzieren im Anschluss daran die Inhalte der Beiträge in diesem Band und geben einen Vorausblick auf den nächsten Band zum Thema „Gemeinsam am Tisch des Herrn", in dem die theologischen Grundlagen mit ökumenischen Perspektiven verbunden werden (Abschnitt 3). Wir schließen mit einem Dank (Abschnitt 4).

1. Geschichte, Kontexte und Anliegen der Studie „Gemeinsam am Tisch des Herrn"

Kurz sei hier daran erinnert, was ausführlich in unserer Einführung[4] zur Veröffentlichung der Studie GaTH beschrieben und mit Literaturhinweisen belegt ist: Seit seiner Gründung im Jahr 1946[5] hat sich der ÖAK

---

[3] Das im Kontext der „Abschiedsreden" Jesu im Johannes-Evangelium überlieferte Hohepriesterliche Gebet Jesu um die Einheit seiner Jüngerinnen und Jünger, damit die Welt glaube, dass Gott ihn gesandt habe (vgl. Joh 17,21), ist vielfach als Grund ökumenischen Handelns bedacht worden: vgl. Wolfgang A. Bienert (Hg.), Einheit als Gabe und Verpflichtung. Eine Studie des Deutschen Ökumenischen Studienausschusses zu Johannes 17 Vers 21, Frankfurt / Paderborn 2002.

[4] Vgl. Volker Leppin / Dorothea Sattler, Einführung, in: dies. (Hg.), Gemeinsam am Tisch des Herrn (Anm. 1) 8–16.

[5] Zu den Anfängen des Arbeitskreises s. Barbara Schwahn, Der Ökumenische Arbeitskreis evangelischer und katholischer Theologen von 1946 bis 1975 (Forschungen zur systematischen und ökumenischen Theologie 74), Göttingen 1996; Volker Leppin, Lo-

vielfach mit den Themen befasst, die seit dem 16. Jahrhundert zwischen den Kirchen der Reformation und der Römisch-katholischen Kirche kontrovers sind: mit dem Verständnis des Abendmahls und der Eucharistie als Opfer, mit theologischen Modellen zur Beschreibung der Gegenwart Jesu Christi im sakramentalen Mahl, mit der stiftungsgemäßen Gestalt der liturgischen Feier in beiden Gestalten des gebrochenen Brotes und des einen allen gereichten Bechers sowie mit Fragen des kirchlichen Amtes in apostolischer Nachfolge. Einzelne Mitglieder des ÖAK erinnern in ihren Beiträgen in diesem Band an diese theologischen Vorarbeiten zur Studie GaTH.

Der ÖAK hat mit seiner Studie „Lehrverurteilungen – kirchentrennend?"[6] einen Beitrag auf dem Weg zur „Gemeinsamen Erklärung über die Rechtfertigungslehre"[7] geleistet, die am 31. Oktober 1999 in Augsburg von den Verantwortlichen des Lutherischen Weltbunds und der Römisch-katholischen Kirche unterzeichnet wurde und später von weiteren Weltgemeinschaften in reformatorischer Tradition (methodistisch, anglikanisch und reformiert) Zustimmung erfahren hat.[8] In Aufnahme des vielfach bekräftigten Anliegens in der weltweiten Ökumene, nun die Früchte der über Jahrzehnte hin geführten Dialoge in ein neues Miteinander der Kirchen einzubringen, hat der ÖAK die Studie GaTH verfasst. Sie trägt dazu bei, die in der Ökumenischen Bewegung gewonnenen Erkenntnisse im Themenkreis Abendmahl / Eucharistie, Amt und Kirchengemeinschaft nicht in Vergessenheit geraten zu lassen und zugleich weitere Anstrengungen in den Gesprächen zwischen den Weltbünden reformatorischer Tradition und der Römisch-katholischen Kirche anzuregen. Zunehmend gewinnen im Zusammenhang der Bündelung gewonnener ökumenischer Erkenntnisse auch die kontinentalen Bemühungen an Bedeutung. Es ist in diesem Zusammenhang sehr zu begrüßen, dass auf europäischer Ebene eine Konsultation zwischen der Gemeinschaft Evangelischer Kirchen in Europa (GEKE) und dem Päpst-

---

renz Jaegers Einsatz für das Gespräch zwischen den Konfessionen vor dem II. Vatikanischen Konzil in den Augen seiner lutherischen Partner, in: Nicole Priesching / Arnold Otto (Hg.), Lorenz Jaeger als Ökumeniker, Paderborn 2020, 55–75.

6 Vgl. Karl Lehmann / Wolfhart Pannenberg (Hg.), Lehrverurteilungen – kirchentrennend? Bd. I: Rechtfertigung, Sakramente und Amt im Zeitalter der Reformation und heute, Freiburg / Göttingen 1986.

7 Vgl. Gemeinsame Erklärung zur Rechtfertigungslehre des Lutherischen Weltbundes und der Katholischen Kirche, in: Harding Meyer u.a. (Hg.), Dokumente wachsender Übereinstimmung, Bd. 3 (1990 – 2001), Paderborn / Frankfurt 2003, 419–441.

8 Im März 2019 haben Vertreterinnen und Vertreter von fünf Konfessionen (lutherisch, römisch-katholisch, reformiert, anglikanisch und methodistisch) in Notre Dame / Indiana ein „Consultation Statement" (https://www.lutheranworld.org/sites/default/files/2019/documents/190303-jddj_nd_statement_final-en.pdf) veröffentlicht, das dankbar auf die erreichten Verständigungen blickt und weitere Schritte auf dem Weg zur sichtbaren Einheit der Kirchen wünscht.

lichen Rat zur Förderung der Einheit der Christen zu einem ersten Abschluss kam.[9] Eine Fortführung solcher Konsultationen ist in Aussicht gestellt. In diesem Zusammenhang sei auch darauf verwiesen, dass es in der GEKE im Gespräch mit der Anglikanischen Kirchengemeinschaft derzeit eine Initiative[10] gibt, über eine Befragung zu mehr Kenntnissen über das eucharistische Leben in der Gemeinschaft der im Bekenntnis unterschiedenen evangelischen Kirchen in Europa zu finden.

Die Bemühungen um eine Zusammenführung ökumenisch-theologischer Erkenntnisse haben einen engen Bezug auf die Bedeutung, welche das gemeinsame Gedächtnis Jesu Christi in der Feier von Abendmahl oder Eucharistie für Menschen hat, die ihren christlichen Lebensalltag miteinander gestalten. Es verbietet sich spirituelle Anliegen in Konkurrenz mit theologischen Erkenntnissen zu bringen. Zugleich warten gerade kirchlich gebundene, engagierte Menschen, die sich in der einen Taufe mit Christus Jesus verbunden erfahren, in ihren alltäglichen Lebenskontexten darauf, dass eine Praxis nicht nur auf evangelischer Seite kirchliche Anerkennung erfährt, die sie als geistlich begründet erfahren: sich gemeinsam einladen zu lassen von Jesus Christus an seinen Tisch zum eucharistischen Mahl. Eine dem Dokument GaTH zugrunde liegende Einsicht ist es, dass diese Praxis in der Tat exegetisch, historisch, liturgiewissenschaftlich und dogmatisch begründet ist. So kann das Votum der Studie die getroffene Gewissensentscheidung begründet von der Sorge entlasten, sie sei allein aus privaten Gründen getroffen worden. Der ÖAK macht mit seinem Votum deutlich, dass Glaubende, die individuell so handeln, von ihrem ekklesialen Kontext getragen sind.

2. Rezeption

Die Erkenntnis, dass Rezeption vielfältige eigene Wege geht, die die Autorinnen und Autoren eines Textes nicht vollständig steuern können, und die gelegentlich auch nur begrenzt mit deren Intention zu tun haben, ist längst kulturwissenschaftliches Allgemeingut.[11]

---

9 Vgl. Christian Schad / Karl-Heinz Wiesemann (Hg.), Bericht über Kirche und Kirchengemeinschaft. Ergebnis einer Konsultationsreihe im Auftrag der Gemeinschaft Evangelischer Kirchen in Europa und des Päpstlichen Rates zur Förderung der Einheit der Christen, Leipzig / Paderborn 2019.

10 https://www.lutheranworld.org/sites/default/files/2019/documents/190303-jddj_nd_statement_final-en.pdf (Aufruf: 20.07.2021).

11 Detailreiche Auskünfte und reichhaltige Literaturhinweise vermitteln Lexikonbeiträge zum Stichwort „Rezeption“ in: Theologische Realenzyklopädie, Bd. 29, Berlin / New York 1998, 131–155 (Günther Gaßmann, Hermann Fischer, Thomas Erne); Lexikon für Theo-

Zwei in ökumenischen Zusammenhängen vertraute Stimmen klingen wie vorwegnehmende Wahrnehmungen der Rezeption von GaTH: Wolfgang Beinert – seit vielen Jahren als römisch-katholischer Theologe Mitglied im ÖAK – schreibt: „Unter ökumenischem Aspekt erweisen sich alle Kirchenspaltungen als Folge von Rezeptions-Verweigerung oder Nicht-Rezeption bestimmter Auslegungen der Tradition. Dabei ist sofort strittig, wer jeweils das Subjekt des Geschehens ist, die ‚alte' oder die ‚neue' Gruppierung. Demgemäß ist Ökumenismus immer (auch) das Bemühen um Wiederherstellung der abgebrochenen Rezeption, diese also das Grundgeschehen zur Erzielung der kirchlichen Einheit. Es erschöpft sich nicht in Übernahme des anderen Konfessionsgutes, sondern setzt wegen der geschichtlichen Entwicklung der eigenen Gemeinschaft die Re-Rezeption der eigenen Realisierung des Christentums und die Behebung entsprechender Fehlformen oder Mängel, also Bereitschaft zur Korrektur und Buße voraus."[12] Der in ökumenischen Geschehnissen erfahrene evangelische Theologe Günther Gaßmann macht auf die Schwierigkeit aufmerksam, dass die in der Gemeinschaft der Christinnen und Christen freie Rezeption von geistlichen Erkenntnissen im Zusammenhang der institutionalisierten Ökumene zunehmend als „gesteuert" zu betrachten ist: „Der Begriff der Rezeption, der bisher zur Bezeichnung derjenigen Phänomene diente, die sich als durchsetzungs- und zustimmungsfähig erwiesen haben, wird jetzt umgepolt auf solche Sachverhalte, denen durch komplizierte Verfahren Zustimmung allererst *verschafft* werden soll. Die Aktivität verlagert sich von der Seite der Rezipienten auf die Seite derer, denen an zu vollziehender Rezeption liegt. Auf kirchliche Annäherung oder Einigung zielende Studien, Konvergenzerklärungen oder Consensustexte werden in der Erwartung erarbeitet, dass die beteiligten Kirchen ihnen zustimmen und sie rezipieren. Damit aber verändert sich die Bedeutung des Begriffs ‚Rezeption', der von Hause aus freie und ungesteuerte Zustimmung ausdrückt."[13] Eine solche Reflexion des Geschehens der Rezeption schärft das Problembewusstsein: Rezeption ist ein freies Geschehen, das eine Bewegung aller Akteure ausgerichtet auf die biblisch überlieferten Gehalte des christlichen Glaubens intendiert und dabei vom Willen zur Umkehr und Erneuerung geprägt ist. Die Studie GaTH hat – so wird zu zeigen sein –

---

logie und Kirche, Bd. 8, Freiburg / Basel / Wien 1999, 1147–1152 (Wolfgang Beinert, Hartmut Zapp, Erich Garhammer); vgl. auch Hans Robert Jauß, Ästhetische Erfahrung und literarische Hermeneutik, Frankfurt/M. 1991.

12 Wolfgang Beinert, Art. „Rezeption. III. Systematisch-theologisch", in: Lexikon für Theologie und Kirche, Bd. 8 (Anm. 11), 1149. Die im Artikel redaktionell vorgenommenen Abkürzungen sind im Zitat oben entschlüsselt.

13 Günther Gaßmann, Art. „Rezeption. II. Systematisch-theologisch", in: Theologische Realenzyklopädie, Bd. 29 (Anm. 11), 146; Hervorhebung im Original.

auf unterschiedlichen Ebenen und in vielfältigen Kontexten eine Rezeption erfahren, die im Hinblick auf die zitierten Kriterien zu prüfen sein wird: Verweigerung der Rezeption theologischer Erkenntnisse; mangelnde Bereitschaft zur Umkehr; zentral gesteuerte Prozesse? Offenkundig ist, dass das Geschehen der Rezeption der Studie GaTH nachhaltig komplex ist. Aus unserer Sicht spricht das durchaus für diese Studie.

2.1. Rezeption in tages- oder wochenaktuellen Medien

Es gibt wohl kein ökumenisches Dokument aus jüngerer Zeit, das einen vergleichbar hohen Grad an Aufmerksamkeit selbst in der Tagespresse gefunden hat, wie dies bei GaTH geschehen ist. Ohne Zweifel hat dazu die Tatsache beigetragen, dass das Votum des Ökumenischen Arbeitskreises im Blick auf den 3. ÖKT in Frankfurt 2021 eine hohe Bedeutung gewinnen sollte. Die personelle Identität des für den 3. ÖKT in Frankfurt zuständigen, gastgebenden Bischofs, Georg Bätzing, mit dem römisch-katholischen Bischöflichen Vorsitzenden des ÖAK und (nach Abschluss dieser Studie) auch mit dem Vorsitzenden der DBK hat – jenseits der fachspezifischen Dispute – provoziert.

Viele der kurzen Berichte in der Tages- oder Wochenpresse über GaTH lassen erkennen, dass es nicht leicht ist, neue theologische Erkenntnisse als bemerkenswerten Gewinn in der Öffentlichkeit zu präsentieren. In Kenntnis von einzelnen Berichterstattungen möchten wir vier Beobachtungen ansprechen: (1) Journalistische Beiträge legen Wert auf Erfahrungsnähe: In vielen Meldungen wird die existenzielle Relevanz der gemeinsamen Feier von Eucharistie und Abendmahl angesprochen; insbesondere das Leben in konfessionsverbindenden Familien wird in diesem Zusammenhang sehr oft thematisiert. (2) Journalistische Beiträge sind angewiesen auf leicht verständliche Auskünfte darüber, was sich durch das Votum auf der Handlungsebene faktisch ändert; die Einschätzung, es werde nun (nochmals) theologisch begründet, was ohnehin schon Praxis ist, hinterlässt die Frage, worüber dann sinnvoll zu berichten ist. (3) Journalistische Beiträge lassen erkennen, wie schwierig es ist, über Details der ökumenischen Kontroversen zu berichten; eine Reduktion der Komplexität theologischer Sachfragen ist erforderlich; in der Folge verstärkt sich die Neigung, (scheinbar) bestehende Unterschiede klar zu skizzieren; die in den Dialogen erreichten Annäherungen lassen sich schwerer vermitteln als (oft vermeintlich) bestehende Gegensätze. (4) Journalistische Beiträge brauchen Titel, die zum Lesen animieren; Überschriften prägen sich ein und bestimmen die Atmosphäre, auch wenn im Beitrag dann später Differenzierungen vorgenommen werden. Berichte über Konflikte werden eher wahrgenommen als Beschreibungen einer gelungenen Verständigung; Streitszenarien auf der institutionellen kirchenamtlichen Ebene sind dabei von besonders hohem Interesse. Wenn diese auch noch personalisiert werden können, ist die öffentliche Aufmerksamkeit groß.

Nicht selten haben medial klug ausgewählte Überschriften über komplexe und differenziert zu betrachtende Sachverhalte die öffentliche Wahrnehmung verschärft, einen Richtungsstreit zu erleben.

2.2 Kirchenamtliche Rezeption

Die Studie GaTH hat auf kirchenamtlicher Ebene sowohl auf evangelischer als auch auf römisch-katholischer Seite eine große Resonanz erfahren. Neben der Tatsache, dass die Feier von Abendmahl und Eucharistie aufgrund ihrer zentralen Stellung im kirchlichen Leben im ökumenischen Kontext ohnehin aus kirchenleitender Perspektive von sehr hoher Bedeutung ist, hat dazu gewiss auch die zeitliche Nähe zum 3. ÖKT im Mai 2021 beigetragen (siehe dazu unten Abschnitt 2.4). Da einzelne kirchenamtliche Stellungnahmen sich aufeinander beziehen, haben wir die chronologische Folge bei deren Dokumentation im Anhang zu diesem Buch gewählt. Zur Würdigung der Vorgänge hier nun – ebenfalls in Entsprechung zu den Zeitverläufen – einige Anmerkungen.[14]

Die Evangelische Kirche in Deutschland (EKD) hat das Votum GaTH in einer Stellungnahme vom 28. Februar 2020[15] (siehe Anhang 1), also nicht ganz ein halbes Jahr nach seiner Veröffentlichung „als eine theologisch konsequente Fortsetzung des mit der wechselseitigen Anerkennung der Taufe 2007 und des in diesem Zusammenhang formulierten Grundeinverständnisses beschrittenen Weges der Vertiefung der ökumenischen Beziehungen“ begrüßt. In differenzierter Weise wurde das Votum als ein Text beschrieben, in welchem sich katholische wie evangelische Glaubende wiederfinden könnten, aber doch auch vorsichtig eine gewisse Asymmetrie markiert, der zufolge das Votum als Bestärkung der evangelischen Haltung zur eucharistischen Gastfreundschaft gelesen wurde und der Rat zugleich die katholische Seite um eingehende Beratung im Sinne eines Verständnisses des Votums als Fortschreibung der Orientierungshilfe „Mit Christus gehen – Der Einheit auf der Spur“[16] gebeten wurde. Dass der Rat der EKD GaTH gleichwohl nicht

---

[14] Die Wiedergabe der Dokumente erfolgt originalgetreu. Das bedeutet auch, dass Fehler in der Orthographie nicht korrigiert werden. Die Zitate sind den Dokumenten in dem jeweils angegebenen Anhang entnommen.

[15] https://www.ekd.de/stellungnahme-rat-ekd-votum-oeak-53856.htm (Aufruf: 29.06.2021).

[16] In dieser Orientierungshilfe spricht sich die Mehrheit der deutschen Bischöfe für die Möglichkeit der Teilnahme von evangelischen Partnerinnen und Partnern, die in einer

einseitig als affirmierend gelesen hat, zeigt der Umstand, dass darin „auch Fragen an die evangelische Abendmahlspraxis im Blick auf Leitung und Gestaltung" gefunden wurden, was mit der Selbstverpflichtung zur Weiterarbeit an diesen Themen verbunden wurde.

Die abwägend zustimmende Haltung der EKD ging auch in die Würdigung durch den Kontaktgesprächskreis ein, die am 6. Oktober 2020 veröffentlicht wurde[17] (siehe Anhang 2). Angesichts der später gelegentlich aufkommenden Unterstellung, dem Papier fehle es an einem Bekenntnis zur Realpräsenz, ist der katholisch und evangelisch gemeinsam formulierte Lektürebefund bemerkenswert:

„Mit dem Votum des Ökumenischen Arbeitskreises gehen wir davon aus, dass in der Feier der Eucharistie und des Abendmahls Jesus Christus gegenwärtig ist und als Gegenwärtiger geglaubt wird. […] Es gibt eine reale Gegenwart Jesu Christi ebenso in der katholischen Feier der Eucharistie wie auch in den Traditionen der evangelischen Abendmahlsfeier."

Diese Aussage macht deutlich, dass die Lektüre von GaTH nicht von einer Hermeneutik des Verdachts geprägt war, sondern von dem Bemühen, den Text nach seinen Intentionen zu verstehen und zu würdigen. Gerade vor diesem Hintergrund eines diskursiven Umgangs mit dem Text bleibt es ernst zu nehmen, dass der Kontaktgesprächskreis insgesamt zurückhaltender formuliert als der ÖAK. Die Würdigung ist explizit auch konfessionell unterschieden, und die evangelische Affirmation von GaTH erweist sich dabei als die deutlich emphatischere: Mit dem ÖAK bejaht sie die „Taufe als entscheidende Grundlage zur Einladung zum Abendmahl" und formuliert Respekt gegenüber der weltweiten Einbindung der katholischen Kirche – ein offenkundiges Signal, dass von evangelischer Seite einer Umsetzung von GaTH nichts Entscheidendes entgegensteht. Entsprechend mahnt die evangelische Seite auch eine „konkrete Wertschätzung" der geleisteten Arbeit an. Man wird nicht fehlgehen, diese Äußerungen so zu lesen, dass die evangelischen Betei-

---

konfessionsverbindenden Ehe leben, an der Eucharistiefeier aus, sofern sie zuvor in einem Gespräch mit einem Seelsorger ihren eucharistischen Glauben bedacht haben und ihrem Gewissen folgen: Vgl. Mit Christus gehen – Der Einheit auf der Spur. Konfessionsverbindende Ehen und gemeinsame Teilnahme an der Eucharistie. Orientierungshilfe (20. Februar 2018), Bonn 2018. In dieser Orientierungshilfe geschieht auch eine ökumenische Ermutigung: „Der theologische Dialog muss weitergehen" (ebd., Nr. 8).Vgl. zu dieser Orientierungshilfe: Thomas Söding / Wolfgang Thönissen (Hg.), Eucharistie – Kirche – Ökumene. Aspekte und Hintergründe des Kommunionstreits, Freiburg / Basel / Wien 2019.

17 https://www.ekd.de/ekd_de/ds_doc/201006_Wuerdigung_Kontaktgespraechskreis-_zum_Votum_des_OEAK.pdf (Aufruf: 29.06.2021); zum Datum der Veröffentlichung siehe die Pressemitteilung https://www.ekd.de/votum-des-oekumenischen-arbeitskreises-59393.htm (Aufruf: 29.06.2021).

ligten innerhalb des Kontaktgesprächskreises sich hiermit die Grundlinie von GaTH zu eigen gemacht haben. Unter den Anfragen, die in der Würdigung durch den Kontaktgesprächskreis formuliert sind, wird man als auf die evangelische Seite bezogene wohl vor allem die schon in der Stellungnahme der EKD formulierte Frage nach der „Leitung und Gestaltung der Feier" sowie die nach dem „Umgang mit den Elementen" hervorzuheben haben. Deutlich wird bei der Auflistung der theologischen Fragen, die der weiteren Bearbeitung bedürfen, dass der Kontaktgesprächskreis sich die Fortführung der ökumenischen Bemühungen wünscht. Dem ist gewiss zuzustimmen, es lässt jedoch auch ein wenig ratlos zurück, da die vielen genannten Themen in der Studie GaTH ja im Sinne vieler vorausgehender Dialoge konvergenzfähig zur Darstellung gebracht wurden. Aus katholischer Sicht wird insbesondere das Verhältnis zwischen eucharistischer Gemeinschaft und Kirchengemeinschaft als der weiteren Klärung bedürftig charakterisiert. Eine allgemeine Einladung zur Eucharistie könne daher nicht erfolgen, die Studie GaTH wird jedoch als ein „theologische[r] Begründungsrahmen" qualifiziert, der die individuelle Gewissensentscheidung ermöglicht, „wechselseitig zur Eucharistie bzw. zum Abendmahl hinzuzutreten".

Insbesondere der Einschätzung, mit der Studie GaTH liege eine theologisch hinreichende Begründung für die wechselseitige Öffnung der Feiern von Abendmahl und Eucharistie vor, hat der Präfekt der katholischen Kongregation für den Glauben in einem Schreiben an den Vorsitzenden der Deutschen Bischofskonferenz[18], Bischof Georg Bätzing, im September 2020 widersprochen (siehe Anhang 3). Demnach könne die Studie GaTH „nicht als Leitfaden für eine individuelle Gewissensentscheidung über ein Hinzutreten zum Abendmahl bzw. zur Eucharistie dienen". Zur Erläuterung dieser Positionierung hat die Kongregation für den Glauben im Anhang zum Brief des Präfekten „Lehrmäßige Anmerkungen"[19] hinzugefügt (siehe Anhang 4). Auslöser für diesen Vorgang war die Tatsache, dass die Würdigung des Kontaktgesprächskreises auf der Tagesordnung der Herbstvollversammlung der Deutschen Bischofskonferenz stand und im Falle einer zustimmenden Aufnahme von römisch-katholischer Seite als Handlungsgrundlage für den 3. ÖKT 2021 gelten sollte. Nachdem diese innerkatholischen Vorgänge durch Indiskretion öffentlich bekannt geworden waren, sind alle Dokumente öffentlich zugänglich gemacht worden.

---

18 https://www.dbk.de/fileadmin/redaktion/diverse_downloads/dossiers_2020/2020-09-18_Kard.-Ladaria_Lettera-Vorsitzender-DBK.PDF (Aufruf: 20.07.2021).
19 https://www.dbk.de/fileadmin/redaktion/diverse_downloads/dossiers_2020/2020-09-18_Kard.-Ladaria_Lettera_Anlage-Vorsitzender-DBK.PDF (Aufruf: 20.07.2021).

Die ausführliche Stellungnahme des ÖAK[20] (siehe Anhang 5) zu den theologischen Einschätzungen im Brief des Präfekten sowie zu den „Lehrmäßigen Anmerkungen" wurde auf die Bitte der Deutschen Bischofskonferenz hin erarbeitet. Sie dient der Suche nach Wegen zur Versachlichung der Debatte und zur weiteren theologischen Verständigung in der Thematik. Die Stellungnahme geht detailreich auf alle kritischen Anfragen der Kongregation für den Glauben ein, erläutert die eigenen Intentionen und macht Vorschläge für die Fortführung der ökumenischen Studienarbeit. Unter Federführung der Ökumene-Kommission der Deutschen Bischofskonferenz werden derzeit Überlegungen angestellt, die offenen Fragen auf nationalen und internationalen Tagungen aufzugreifen. Auch der ÖAK wird sich um internationale ökumenische Gespräche in Rückbindung an die auch bereits an anderen Orten zum Thema erarbeiteten Dokumente bemühen.

Über die aus einem allgemeinen und eigenständigen Rezeptionsprozess hervorgegangenen Stellungnahmen hinaus waren evangelische Kirchen in Deutschland noch auf eine in kirchendiplomatischer Hinsicht recht ungewöhnliche Weise herausgefordert: Auf die Kritik des wissenschaftlichen Leiters des ÖAK von evangelischer Seite an einer „Gesprächsverweigerung" in Rom[21] (siehe Anhang 6) reagierte der Präsident des Päpstlichen Rates für die Förderung der Einheit der Kirchen, Kurt Kard. Koch, mit einem auf den Seiten des Einheitsrates veröffentlichen Offenen Brief (siehe Anhang 7), der sich formal an Volker Leppin richtete, allerdings weniger zu den Sachfragen des Votums Stellung nahm als gegenüber zwei Landeskirchen den Vorwurf erhob, die Kriterien nicht zu erfüllen, die nach GaTH evangelischerseits zu erfüllen wären.[22] Dass in evangelischen wie katholischen Kirchen die Praxis nicht immer der Norm entspricht, wie GaTH sie auf Grundlage kirchlicher Lehrentscheidungen beziehungsweise der Bekenntnisschriften entwirft, dürfte dabei unstrittig sein. Eine eigenartige Schlagseite ergab sich allerdings daraus, dass Kardinal Koch seine Vorwürfe an die evangelische Kirche von Hessen-Nassau ausdrücklich auf einen Passus auf deren Homepage stützte. Im Auftrag der Landeskirche von Hessen-Nassau (siehe Anhang 8) erläuterten daraufhin Jörg Bickelhaupt und Martin Bräuer im Februar 2020: „Der in dem Offenen Brief zitierte Satz der

20 https://www.uni-muenster.de/imperia/md/content/fb2/zentraleseiten/aktuelles/stellungnahme.oakzula.6.1.2021.pdf (Aufruf: 20.07.2021).

21 https://www.katholisch.de/artikel/28525-eucharistie-debatte-leppin-verteidigt-gegenseitige-mahleinladung (Aufruf: 29.06.2021).

22 http://www.christianunity.va/content/dam/unitacristiani/Relazioni%20ecumeniche/Sezione%20occidentale/Federazione%20luterana%20mondiale/2021%2002%2008%20Offener%20Brief%20an%20Professor%20Volker%20Leppin.pdf (Aufruf: 29.06.2021).

Homepage gibt die differenzierte Regelung der Lebensordnung der EKHN (LO) nicht wieder. An der betreffenden Stelle wurde inzwischen ein korrigierender Verweis auf die LO eingefügt."[23] Diese Angleichung der Homepage an die rechtlich zutreffende Lage war sicher ein wichtiger Schritt – auch wenn sie die Irritation darüber nicht ganz aufheben kann, dass Auseinandersetzungen um ein so wichtiges Gut wie Eucharistie und Abendmahl auf der Grundlage von Funden auf Homepages geführt werden sollen. Mit ihrer Korrektur der Homepage und der sehr klaren Antwort auf Kardinal Koch haben die beiden Autoren eine Linie der EKHN fortgesetzt, der zur Folge GaTH „ein ökumenischer Kairos sein" könnte.[24] Dies ist die wohl emphatischste Aufnahme des Textes auf evangelischer Seite.

Die Bischofskonferenz der VELKD hat den weiteren Denk- und Klärungsbedarf in einer erst recht spät, im März 2021, veröffentlichten Stellungnahme (siehe Anhang 9) als grundsätzlicher betrachtet: Offenkundig schon in Aufnahme der katholischen Reaktionen auf GaTH benennt sie das „Verhältnis von Kirchengemeinschaft und Abendmahlsgemeinschaft" neben der Amtsfrage als ein Desiderat.[25] Tatsächlich nämlich schließt sich die VELKD dem „Duktus der Argumentation von GTH" in dieser Frage an und unterstreicht, dass Kirchengemeinschaft von der Selbstgabe Christi im Abendmahl her zu entfalten ist.[26] Ein Gesprächsbedarf im Sinne einer Differenz zu lutherischen Auffassungen lässt sich hieraus nicht ableiten, der Gesprächsbedarf liegt also weiterhin auf der gemeinsamen ökumenischen Ebene und wird aufgrund der implizit vorausgesetzten Differenz zum katholischen Verständnis markiert. In der Amtsfrage hingegen formuliert die Stellungnahme der VELKD deutlich und selbstbewusst den aus lutherischer Sicht bestehenden Gesprächsbedarf: Mit der Feststellung, dass die VELKD „grundsätzlich" die Amtsübertragung im Rahmen der römisch-katholischen Kirche nicht in Zweifel ziehe, lässt sie erkennen, dass diese Anerkennung aus evangelischer Sicht keine Selbstverständlichkeit ist. Worauf dies zielt, macht die Notiz deutlich, dies gelte auch für den Papst[27]. Eine gewisse reserva-

---

23 https://www.ekhn.de/filead-min/content/ekhn.de/bilder/pressemitteilungen/2020-/OEKT_21/21-02-12-Stellungnahme_EKHN_-_Offener_Brief_Kardinal_Koch.pdf (Aufruf: 02.07.2021).

24 Jörg Bickelhaupt / Martin Bräuer, Hinführung zum Text „Gemeinsam am Tisch des Herrn" (https://www.zentrum-oekumene.de/fileadmin/redaktion/Kirchen_und_internationale_Gemeinden/Hinf%C3%BChrung_zum_Text_Gemeinsam_am_Tisch_des-_Herrn%E2%80%9C.pdf (Aufruf: 02.07.2021)).

25 Stellungnahme der Bischofskonferenz der VELKD zur Studie des Ökumenischen Arbeitskreises ev. und kath. Theologen „Gemeinsam am Tisch des Herrn", München 2021 (Texte aus der VELKD 190), 6.

26 Ebd., 4.

27 Ebd., 5.

tio gilt aber hinsichtlich des jurisdiktionellen Gehorsams gegenüber entsprechenden Amtsinhabern. Daher könne – das ist eine so in GaTH nicht vorgenommene Einschränkung – lutherischen Christinnen und Christen eine „Teilnahme an der römisch-katholischen Eucharistiefeier" nicht empfohlen werden, wo für diese die volle und vorbehaltlose Anerkennung der römisch-katholischen Amtstheologie explizit gefordert" werde. Das grundsätzliche Ja schließt also nicht alle Konsequenzen ein. Dass in diesen Bemerkungen noch einiger Gesprächsbedarf lauert, ist offenkundig. Sie basieren aber auf einer breit entfalteten respektvollen Anerkennung von GaTH in seiner Begründung der Gemeinschaft in der Taufe ebenso wie in seiner Amtslehre und seiner Fokussierung auf die Selbstgabe Christi. Der Gedankengang des Votums insgesamt findet so eine differenzierte, eigenständige Zustimmung durch die Vereinigte Evangelisch-Lutherische Kirche in Deutschland.

Zusammen mit der Stellungnahme der EKD kann der ÖAK damit sein Anliegen als auf evangelischer Seite in Deutschland umfassend aufgenommen und gewürdigt sehen.

2.3 Rezeption in der wissenschaftlichen Theologie

Es kann hier nicht der Ort sein, in differenzierter Weise auf wissenschaftlicher Ebene in ein Einzelgespräch mit den Autorinnen und Autoren der theologischen Zunft über ihre Wahrnehmungen zur Studie GaTH zu treten. Die Literaturhinweise, die keinen Anspruch auf Vollständigkeit erheben, sollen eine Hilfe im Blick auf den eigenen Nachvollzug der Rezeption in der wissenschaftlichen Theologie sein. Auffällig, jedoch keineswegs verwunderlich ist, dass aus reformatorischer Sicht vor allem sakramententheologische Aspekte kritisch angefragt werden, während römisch-katholische Rückfragen sich insbesondere auf den Bereich des Kirchen- und Amtsverständnisses beziehen. Bemerkenswert erscheint auch, in welch hohem Maße formale und nicht inhaltliche Aspekte in den Repliken bedacht werden. Offenkundig zeigt sich auch die Fachtheologie (dabei anerkennend oder skeptisch bleibend) beeindruckt und zugleich irritiert von der Verbindung zwischen einer theologischen Auskunft mit dem Anspruch auf wissenschaftliche Geltung und einer Handperspektive auf einer (auch) geistlichen und liturgischen Ebene.

a. Kommentierung der Rezeption reformatorisch-theologischer Beiträge

Es ist wohl charakteristisch für den Stand der Debatte, dass die Studie GaTH in der evangelischen Theologie, sieht man einmal von Einordnungen durch Beteiligte ab,[28] zu wenig expliziten Reaktionen geführt hat. Der Stand der Debatte scheint in dem Papier auf eine Weise wiedergegeben zu sein, die nicht geeignet ist, aufgeregte Ablehnung oder begeisterte Zustimmung hervorzurufen. Das entspricht durchaus auch dem eigenen Anspruch, eigentlich nicht mehr als das in der ökumenischen Forschung Selbstverständliche gesagt zu haben. Besonderer Aufmerksamkeit bedürfen allerdings die Reaktionen aus dem wissenschaftlichen Umfeld der Selbständigen Evangelisch-Lutherischen Kirche (SELK). Zwei Texte liegen vor, die in hohem Maße im Wortlaut identisch sind, bibliographisch jedoch unterschiedlich zu erfassen sind: Einerseits handelt es sich um einen Aufsatz in einer wissenschaftlichen Zeitschrift, den als Autor allein Werner Klän verantwortet[29], andererseits um ein Heft der als „Themenhefte" der SELK firmierenden Reihe „Lutherische Orientierung", das einen Text mit weitreichenden wörtlichen Übereinstimmungen zu Kläns Aufsatz bietet, der nun aber von diesem gemeinsam mit Jobst Schöne verantwortet wird[30], ohne präzise Angaben über die Gründe und die Autorisierung der vorgenommenen Textvariationen zu machen.

In der Sachargumentation monieren Klän und wortgleich Klän / Schöne die Formulierung in der Studie GaTH, Jesus Christus schenke sich den Kommunizierenden im Abendmahl „in seinem für alle dahingegebenen Leib und Blut", und erklären:

„Dem muss eine Kirche, die sich an die Hl. Schrift und das Bekenntnis der lutherischen Kirche in Gestalt des Konkordienbuchs von 1580/84 gebunden weiß, nach wie vor das ‚Non possumus' entgegensetzen."[31]

Diese emphatische Rede, die ein Müssen und ein Nichtanderskönnen

---

[28] Volker Leppin, Dem Geschenk Christi nicht im Wege stehen. Zum Votum „Gemeinsam am Tisch des Herrn" des Ökumenischen Arbeitskreises evangelischer und katholischer Theologen, in: Materialdienst des Konfessionskundlichen Instituts Bensheim 71 (2020) 79–83; Karl-Wilhelm Niebuhr, Eucharistische Gastfreundschaft im Dialog der Bibelwissenschaftler: Gedanken vor, während und nach der Arbeit am Votum „Gemeinsam am Tisch des Herrn", in: Esther Brünenberg-Bußwolder u.a. (Hg.), Neues Testament im Dialog. FS Thomas Söding, Freiburg u.a. 2021, 241–256.

[29] Werner Klän, Realpräsenz des Leibes und Blutes Jesu Christi. Konkordienlutherische Kritik einer ökumenischen Bestandsaufnahme, in: Catholica 74 (2020) 45–63.

[30] Werner Klän / Jobst Schöne, Gemeinsam am Tisch des Herrn. Eine lutherische Antwort (Lutherische Orientierung 15), Hannover 2020. Dieser Text ist möglicherweise das „Gutachten" der SELK, von welchem die „Tagespost" im Zusammenhang mit einem Interview mit Werner Klän spricht (https://www.die-tagespost.de/kirche-aktuell/aktuell/konfessionelle-gegensaetze-werden-verschleiert;art4874,210181?fbclid=IwAR3Eh_1lGxxh3zIjdAEocliFEr2BsYMnMPcHS7aLSXFQgIx5Vh9CaIsj81w (Aufruf: 02.07.2021)). Ein Gutachten im strengen Sinne existiert jedenfalls nicht (E-Mail-Auskunft von Werner Klän, 02.07.2021).

[31] Werner Klän, Realpräsenz (Anm. 29) 56; Werner Klän / Jobst Schöne, Gemeinsam am Tisch des Herrn. Eine lutherische Antwort (Anm. 30) 13, mit dem Unterschied, dass „Heilige Schrift" hier ausgeschrieben ist.

zum Ausdruck bringt, unterstellt den an den Gesprächen Beteiligten Lutheranerinnen und Lutheranern ebenso wie den ihre Ergebnisse rezipierenden lutherischen Kirchen Schrift- und Bekenntniswidrigkeit. Offenkundig besteht der Anspruch, dass allein die Auslegung von Schrift und Bekenntnissen, wie sie die SELK pflegt, Treue zu diesen wahre. Hinter der Schärfe der Aussage steht – das benennen Klän und Klän / Schöne auch – die Kritik an der Leuenberger Konkordie und die Vermutung, dass diese auch für GaTH leitend gewesen sei.[32] Der Hinweis sei hier im Blick auf beide Dokumente, auf die Leuenberger Konkordie ebenso wie auf die Studie GaTH erlaubt, dass das, was nicht gesagt wird – in GaTH die Formulierung einer Realpräsenz „in, mit und unter" den Elementen –, damit nicht auch schon automatisch bestritten wird. Was nicht gesagt wird, kann ja auch ganz selbstverständlich vorausgesetzt sein. Anders formuliert: Es gibt die Möglichkeit, unter Wahrung der eigenen Überzeugung die grundsätzliche Legitimität anderer Vorstellungen zu respektieren. Im konkreten Fall: In der genannten Formulierung sollten sich lutherische Theologinnen und Theologen wiederfinden können, auch wenn sie in einer dogmatischen Entfaltung der eigenen Überzeugung die Bindung an die Elemente stärker hervorheben wollten. Sie können mit dieser Formulierung aber zugleich reformierte Deutungen der Realpräsenz Christi als legitime Deutung der Selbstvergegenwärtigung Christi anerkennen. Solchen offenen Formulierungen aber „mangelt" nach Klän „schlicht theologische Genauigkeit"[33] – was suggeriert, nur die Grenzziehung könne Genauigkeit erreichen, nicht aber die Setzung eines in sich präzisen Begriffs, der auf einer höheren Abstraktionsebene ansetzt und offen ist für nähere Einzelbestimmungen. Trotz der argumentativen Schwächen ist die Kritik von Klän hilfreich, da sie belegt, dass offenbar die Weise der Rede von Realpräsenz in GaTH der weiteren Erläuterung bedarf. Erfreulich ist, dass der Bischof der SELK, Hans-Jörg Voigt, das ökumenische Anliegen der Studie GaTH würdigt und auch die lutherische Theologie in die Pflicht nimmt, die Konvergenzen beispielsweise im Blick auf den Opfercharakter des Abendmahl zu bedenken.[34]

Inhaltliche Herausforderungen für die theologische Weiterarbeit markiert auch die Studie von Christoph Raedel, der GaTH aus freikirchlicher Sicht würdigt.[35] Raedel weist auf das in dieser Hinsicht grundle-

32 Werner Klän, Realpräsenz (Anm. 29) 56; Werner Klän / Jobst Schöne, Gemeinsam am Tisch des Herrn. Eine lutherische Antwort (Anm. 30) 13.

33 Werner Klän, Realpräsenz (Anm. 29) 58.

34 Vgl. Hans-Jörg Voigt, Geleitwort, in: Gemeinsam am Tisch des Herrn. Eine lutherische Antwort (Anm. 30) 4f.

35 Christoph Raedel, „Gemeinsam am Tisch des Herrn" – ein Kommentar aus freikirchlicher Perspektive, in: Catholica 74 (2020) 64–79.

gende Problem hin, dass die enge Verbindung von Taufe und Eucharistie, die GaTH vorschlägt, im Blick auf die täuferischen Kirchen, die sich der von GaTH herangezogenen Magdeburger Erklärung nicht anschließen konnten, eine schwer zu nehmende Hürde darstellt.[36] Hier findet GaTH offenkundig seine innerchristliche Grenze. Es ist hervorzuheben, dass Raedel dem nicht einen exkludierenden Bekenntnisduktus entgegenstellt, sondern auf die „Gaben" der Freikirchen „im Blick auf die Feier des Abendmahls" verweist, nämlich die Riten von Agape und Fußwaschung.[37] Gerade in Zeiten der Debatten um die digitalen Erweiterungen liturgischer Handlungsmöglichkeiten sind solche Hinweise außerordentlich hilfreich und weiterführend[38] und sollten in die weitere Arbeit des ÖAK einbezogen werden.

b. Kommentierung der Rezeption römisch-katholischer Beiträge

Angesichts der bestehenden theologischen Kontroversen in der Frage nach der eucharistischen Gemeinschaft von getauften Christinnen und Christen war zu erwarten, dass es in der wissenschaftlichen Theologie aus römisch-katholischer Feder viele Stellungnahmen zur Studie GaTH geben würde. Die Polarisierung in der Meinungsbildung wurde durch das große öffentliche Interesse an dem offenkundigen Konflikt zwischen Verantwortlichen in der Deutschen Bischofskonferenz sowie im Zentralkomitee der deutschen Katholiken auf der einen Seite und den römischen Kongregationen auf der anderen Seite verschärft. Bei der Lektüre mancher Beiträge drängt sich der Eindruck auf, dass Vorverständnisse und bereits gefestigte Meinungen eine unbefangene Lektüre der Studie GaTH kaum haben möglich sein lassen. Gewiss müssen sich auch die römisch-katholischen Mitglieder des ÖAK redlich fragen, in welcher Weise Begegnungen und Freundschaften mit Christgläubigen anderer Konfessionen die eigene akademische Urteilskraft beeinflussen. Dieser Schwierigkeit entkommt niemand. Das Erleben der christlichen Geschwister in ihrer Weise, das Gedächtnis Jesu Christi im Abendmahl zu feiern, verändert die Wahrnehmung und die Perspektive auf die verbleibenden Kontroversen.

Ein wichtiger Ort der kontroversen Debatte um GaTH war (und bleibt wohl) die monatlich erscheinende Herder Korrespondenz[39], die

---

[36] Ebd., 67–69.
[37] Ebd., 73.
[38] Vgl. Volker Leppin, Abendmahl und Agape. Zu den liturgischen Möglichkeiten in der Krise; https://zeitzeichen.net/node/8291 (Aufruf: 01.07.2021).
[39] Vgl. Helmut Hoping, Mit dem Brecheisen. „Gemeinsam am Tisch des Herrn": Darum ist die römische Kritik berechtigt, in: HK 74/11 (2020) 25f.; Barbara Hallensleben, Nach uns die Sinnflut. „Gemeinsam am Tisch des Herrn" in der Diskussion, in: HK 75/4 (2021)

den Raum für differenzierte und zugleich konzentrierte Stellungnahmen bietet. Die Zeitschrift „Catholica"[40] – herausgegeben vom Johann-Adam-Möhler-Institut in Paderborn – hat sich um eine multilaterale und interdisziplinäre Rezeption von GaTH bemüht. Auch in anderen Zeitschriften[41] sind Beiträge erschienen – einzelne in Gestalt von Rede und Widerrede. Angesichts der Präsenz wissenschaftlicher Kompetenz im ÖAK lag es nahe, dass sich in den geschilderten Kontexten auch Mitglieder des ÖAK[42] in wissenschaftlichen Beiträgen zu Wort gemeldet haben.

Als wiederkehrende kritische Anfragen an die Studie GaTH erkennen wir folgende Aspekte, die in ähnlicher Weise auch in den „Lehrmäßigen Anmerkungen" der Kongregation für den Glauben (siehe Anhang 4) zur Sprache gebracht werden: Wird das Verhältnis zwischen (noch nicht gegebener) Kirchengemeinschaft und (dennoch) bereits gefeierter eucharistischer Gemeinschaft angemessen bedacht? Votiert der ÖAK für die Möglichkeit eucharistischer Gemeinschaft trotz bestehender Kirchenspaltung? Ist das Votum nicht zu stark individualistisch auf die Gewissensentscheidung einzelner Personen ausgerichtet? Wird in den ausführlichen bibeltheologischen Partien in genügendem Maße zwischen der historischen Genese der eucharistischen Mahlpraxis und der späteren Formierung von normativen Geltungsansprüchen unterschieden? Ist die in GaTH angenommene Basis für eine theologische Verständigung überhaupt gegeben – konkret: Sind die evangelischen Landeskirchen in ihrem ekklesialen Selbstverständnis und bei der Gestaltung der sakramentalen Feier des Abendmahls theologisch so orientiert, wie es die Studie GaTH voraussetzt?

36–39.

40 Vgl. Robert Vorholt, „Gemeinsam am Tisch des Herrn" – exegetische Highlights einer ökumenischen Spurensuche, in: Catholica 74 (2020) 11–17; Benedikt Kranemann, „Gemeinsam am Tisch des Herrn" – eine liturgiewissenschaftliche Stellungnahme, in: ebd., 18–30; Bernward Schmidt, Die Trennung erklären – an der Gemeinschaft mitarbeiten? Historische Argumentationen auf dem Weg zur Einheit im Herrenmahl, in: ebd., 31–44; Josef Freitag, Gemeinsam am Tisch des Herrn?, in: ebd., 81–92.

41 Bertram Stubenrauch, Ökumene mit dem Brecheisen? Kritische Nachfragen zum Dokument „Gemeinsam am Tisch des Herrn" von 2019, in: Münchener Theologische Zeitschrift 71 (2020) 76–79; Achim Buckenmaier, Gemeinsam am Tisch des Herrn – nur dort? Ekklesiologische Anmerkungen zum Votum des Ökumenischen Arbeitskreises evangelischer und katholischer Theologen, in: Internationale Katholische Zeitschrift Communio 50/2 (2021) 187–199; Margit Eckholt, Gast sein und Gott hereinbringen. Geistlich-theologische Anmerkungen zum ökumenischen Weg in der deutschen Ortskirche, in: ebd., 200–214.

42 Vgl. Albert Gerhards, „Gemeinsam am Tisch des Herrn". Zu einer neuen Studie des Ökumenischen Arbeitskreises, in: Liturgisches Jahrbuch 69 (2019) 244-252; Thomas Söding, Vorgeschmack der Einheit. Eine Einordnung der Studie „Gemeinsam am Tisch des Herrn", in: HK 74/8 (2020) 27–30; Christoph Böttigheimer, Alles oder nichts? „Gemeinsam am Tisch des Herrn": Darum ist die römische Kritik nicht berechtigt, in: HK 74/11 (2020) 23f.

Solche Anfragen an die ökumenische Methodik von GaTH lassen sich nicht leicht beantworten. Sie sind ganz gewiss sehr ernst zu nehmen. Allerdings stellt sich die Frage, welche Alternative methodisch zu wählen wäre, wenn es nicht gehen soll, wie es der ÖAK versucht hat: wissenschaftlich redlich im Gespräch der theologischen Disziplinen und in Achtung der konfessionellen Traditionen. Aus Sicht jener ökumenischen Gremien, die an der Suche nach einer intelligiblen, durch Argumentation zu erreichenden Konsensbildung festhalten, ist es unerlässlich, auf die Verbindlichkeit der Bekenntnistraditionen in allen Konfessionen zu vertrauen. Zugleich steht der Weg der Reform nach den Weisungen der biblischen Schriften allen Kirchen stets offen. Wie gelingt eine Hermeneutik des Vertrauens in der Ökumene? Manche der kritischen Zurückweisungen des Votums des ÖAK lassen ratlos zurück. Offenkundig erscheint es leichter aufzuzeigen, wie es vermeintlich nicht gehe, als konstruktive Konzepte zu entwerfen oder gar sich selbst in ökumenischen Gremien zu engagieren.

Es muss an dieser Stelle bei einzelnen konkreten Anmerkungen zu den Stimmen in der wissenschaftlichen römisch-katholischen Theologie bleiben: Die mehrfach verwendete metaphorische Rede davon, die Methode von GaTH gleiche der Anwendung von einem „Brecheisen“[43] insinuiert die Vorstellung eines unerwarteten gewaltsamen Vordringens in einen zu schützenden Raum. Nicht beachtet wird bei dieser Bildwahl, dass der ÖAK – ganz im Sinne der gegenwärtigen ökumenischen Methodik – ökumenische Erkenntnisse zur Wirksamkeit bringen möchte, die über viele Jahrzehnte hin gewonnen wurden.

Nicht recht nachvollziehbar sind auch Bildwelten wie „Nach uns die Sinnflut“[44] (so in der Überschrift von Barbara Hallensleben verwendet und im Text als Bild nicht wieder aufgenommen). Welche Intention wird dem ÖAK bei der Veröffentlichung von GaTH hier unterstellt? Was ist gemeint, wenn in der eigenen Kurzcharakterisierung dieses Beitrags zu lesen ist: „Echte Ökumene geht anders“[45] – und dann doch am Ende desselben Artikels formuliert wird, es gelte den „Weg zum gemeinsamen verbindlichen Kirche-Werden fruchtbar fortzusetzen“ – und Barbara Hallensleben sogar mit den Worten schließt: „Auf diesem Weg gilt allen Beteiligten meine ungeteilte Solidarität und meine größte Dankbarkeit!“[46] Immerhin kommen in nicht wenigen kritischen Beiträgen auch Worte der Anerkennung vor.

---

[43] So übereinstimmend in der Wahl der Metapher Bertram Stubenrauch (Anm. 41) und Helmut Hoping (Anm. 39).

[44] Vgl. Barbara Hallensleben, Nach uns die Sinnflut (Anm. 39).

[45] Ebd., 36.

[46] Ebd., 39.

Sehr hilfreich und weiterführend sind die Hinweise von Bernward Schmidt[47], der die Rolle der historischen Forschung auf dem Weg zur Einheit der Kirchen bedenkt. Seine Stellungnahme lässt Wertschätzung erkennen; zugleich hätte er sich eine stärkere Berücksichtigung der reformierten Bekenntnistradition gewünscht. In den Beiträgen von Robert Vorholt[48] und Benedikt Kranemann[49] wird die Argumentation von GaTH mit weiteren Hinweisen auf exegetische und liturgiewissenschaftliche Überlegungen gestärkt, bei denen die Mahlpraxis im Mittelpunkt steht. Auch in den Beiträgen von Achim Buckenmaier[50] und Margit Eckholt[51], die im Ergebnis zu unterschiedlichen Einschätzungen der Qualität der Argumentation in GaTH kommen, sind Bezüge zur Mahlpraxis wichtig. Während Buckenmaier die Praxis des eucharistischen Mahls nicht als theologische Erkenntnisquelle verstehen möchte, votiert Eckholt für die Praxis der Gastfreundschaft, die es ermöglicht, gemeinsam Jesus Christus zu begegnen. Diese Hinweise können als eine Bestärkung des Anliegens des ÖAK wahrgenommen werden, die liturgischen Feiern in konfessioneller Tradition auch künftig mit ökumenischer Sensibilität zu reflektieren.

2.4 Rezeption im Kontext des 3. Ökumenischen Kirchentags 2021

Die Arbeiten an der Studie GaTH begannen viel früher als die Vorbereitungen des 3. ÖKT. Bei der Formulierung des Votums in der Studie GaTH war der 3. ÖKT perspektivisch nicht im Sinn, im Blick auf die gottesdienstliche Praxis hatten die Mitglieder des ÖAK vielmehr vor allem die Feiern von Abendmahl und Eucharistie auf ortskirchlicher Ebene im Kirchenjahr vor Augen. Zugleich ergab sich jedoch aufgrund der zeitlichen Nähe der Veröffentlichung der Studie GaTH zu den Planungen des 3. ÖKT die Gelegenheit, den erreichten Stand der ökumenischen Gespräche bei den Sitzungen im Gemeinsamen Präsidium (bestehend aus Mitgliedern des Deutschen Evangelischen Kirchentags, des Zentralkomitees der deutschen Katholiken sowie Verantwortlichen der einladenden Kirchen Bistum Limburg und Evangelische Kirche von Hessen und Nassau) zu präsentieren und bei Entscheidungen wirksam werden zu lassen.

Bei der Vorbereitung des 3. ÖKT, der aufgrund der Corona-Pandemie nur mit wenigen Veranstaltungen in Frankfurt in Präsenz sowie dar-

---

47 Vgl. Bernward Schmidt, Historische Argumentation auf dem Weg zur Einheit im Herrenmahl (Anm. 40).
48 Vgl. Robert Vorholt, „Gemeinsam am Tisch des Herrn" (Anm. 40).
49 Vgl. Benedikt Kranemann, „Gemeinsam am Tisch des Herrn" (Anm. 40).
50 Vgl. Achim Buckenmaier, Gemeinsam am Tisch des Herrn (Anm. 41).
51 Vgl. Margit Eckholt, Gast sein und Gott hereinbringen (Anm. 41).

über hinaus digital und dezentral stattfand, war die Thematik „Abendmahl und Eucharistie“ von Beginn an im Blickpunkt des Interesses. Wie auch bei den beiden vorausgehenden Ökumenischen Kirchentagen 2003 in Berlin und 2010 in München sahen die Planungen im Gemeinsamen Präsidium vor, am Samstagabend konfessionelle eucharistische Gottesdienste in ökumenischer Sensibilität zu feiern.[52] Es lag nahe, bei den Vorbereitungen dieser Feiern von Abendmahl und Eucharistie das Votum des ÖAK als ein geeignetes Modell heranzuziehen, in Achtung der konfessionellen Liturgien vor Ort zugleich Offenheit für eine gastweise Teilhabe zu zeigen.

Die evangelische Präsidentin des 3. ÖKT, Bettina Limperg, hat ebenso wie der römisch-katholische Präsident, Thomas Sternberg, auch nach der Veröffentlichung des Briefes der Glaubenskongregation in Verbindung mit den „Lehrmäßigen Anmerkungen“ zur Studie GaTH[53] an der Entscheidung des Gemeinsamen Präsidiums des 3. ÖKT festgehalten, das Votum des ÖAK als Leitlinie für die liturgische Praxis bei der Gestaltung der konfessionellen Gottesdienste während des 3. ÖKT zu betrachten, ohne diese Studie in den Status eines verbindlichen Dokuments für den 3. ÖKT zu erheben. In einem Interview mit epd am 10. Oktober 2020[54] haben die Präsidentin und der Präsident auf die folgende Frage geantwortet: „Bei der eucharistischen Gastfreundschaft hat die jüngste Intervention aus dem Vatikan zu einer Vertagung der Entscheidung der Bischofskonferenz geführt. Wird es die eucharistische Gastfreundschaft auf dem Kirchentag wirklich geben? *Limperg*: Wir gehen davon aus, dass wir die beschlossenen Konzepte umsetzen. Wir freuen uns sehr darauf. Das ist ein großer Schritt in der praktischen, gelebten Ökumene und in der Sichtbarkeit unserer Gemeinsamkeiten. Es war uns immer klar, dass das Themen sind, die vielleicht theologisch noch nicht zu Ende diskutiert sind. Wir sind aber auch nicht ‚die‘ Kirche, wir sind vor allem Laienbewegungen. Und: Wir stellen eine Gewissensprüfung in den Mittelpunkt, die für alle Christinnen und Christen immer eine wichtige Instanz sein sollte. *Sternberg*: Der Vatikan hat gesagt, dass das Papier des Ökumenischen Arbeitskreises evangelischer und katholischer Theolo-

---

[52] Vgl. Dorothea Sattler, Ökumenische Kirchentage und die Frage nach eucharistischer Gemeinschaft. Erinnerungen – Planungen – Perspektiven, in: Anzeiger für die Seelsorge 139 (2021) H.5, 21–25.

[53] Vgl. die Anhänge (3) und (4) in diesem Buch.

[54] Vgl. den unter dem Titel „Ökumenischer Kirchentag: ‚Wir werden bei Konzeption bleiben‘“ veröffentlichten Abdruck von Auszügen des Interviews von Bettina Limperg und Thomas Sternberg am 10. Oktober 2020 mit epd in: „Gemeinsam am Tisch des Herrn“. Texte zur Debatte um das Papier des Ökumenischen Arbeitskreises evangelischer und katholischer Theologen (ÖAK) zum gemeinsamen Abendmahl. Epd – Dokumentation Nr. 10 / 2021 (09. März 2021), 9.

gen nicht ausreicht. Das heißt für mich, dass ich mich bei meiner Gewissensentscheidung beim 3. ÖKT in Frankfurt nicht auf dieses Papier berufen werde. Wir werden aber natürlich für den ÖKT bei unserer Konzeption bleiben."[55] Im Oktober 2020 hat Präsident Thomas Sternberg noch offen gelassen, in welcher Weise er am Samstag des 3. ÖKT Abendmahl und Eucharistie feiert. Begleitet vom Kirchenpräsidenten der Evangelischen Kirche von Hessen und Nassau, Volker Jung, hat er in Frankfurt am evangelischen Abendmahl teilgenommen; Präsidentin Bettina Limperg hat in Gegenwart des Bischofs von Limburg, Georg Bätzing, an der römisch-katholischen Eucharistiefeier im Frankfurter Dom teilgenommen. Zeitgleich feierten in Frankfurt im Livestream eine freikirchliche Gemeinde Abendmahl und eine orthodoxe Kirchengemeinde die Vesper. All dies geschah – wie vorgesehen – in ökumenischer Sensibilität.

„Kommt und seht. Ökumenisch sensibel Abendmahl und Eucharistie feiern" – so lautet der Titel des Materialhefts zur Vorbereitung der konfessionellen Gottesdienste am Abend des Samstags des 3. ÖKT, in dem sich theologische Auskünfte und Anregungen für die liturgische Praxis finden.[56] Bei aller Anerkennung der Bedeutsamkeit theologischer Reflexionen zum Thema Abendmahl und Eucharistie war es dem Gemeinsamen Präsidium des 3. ÖKT wichtig, die spirituelle Bedeutung des Geschehens nicht aus dem Blick zu verlieren. 2021 in Frankfurt wurde ein Gemeinsames Zeugnis für den Glauben an die Gegenwart Jesu Christi im Eröffnungsteil der Liturgien von Vertreterinnen und Vertretern christlicher Kirchengemeinden vor Ort gesprochen. Dieses Gemeinsame Zeugnis, das im Präsidium des 3. ÖKT auf breite Zustimmung traf, lautet:

Als Christinnen und Christen erfahren wir die Gegenwart Jesu Christi an allen Orten, an denen sich Menschen in seinem Namen versammeln. Wir glauben gemeinsam, dass Jesus Christus selbst uns im verkündigten Wort des Evangeliums anspricht. Wir vertrauen darauf, dass Jesus Christus – wie er es uns zugesagt hat – in der Feier des Abendmahls und in der Feier der Eucharistie wahrhaft und wirksam gegenwärtig ist. Wir verkündigen seinen Tod für uns; wir glauben, dass er auferstanden ist und lebt; wir hoffen, dass er wiederkommt zum Heil der Welt.

Gemeinsam feiern wir dieses Geheimnis unseres Glaubens und lassen uns von ihm zu seinem Gedächtnis sagen: schaut hin und erkennt mich beim

---

55 Ebd.

56 Vgl. „Kommt und seht!" (Joh 1,39). Ökumenisch sensibel Abendmahl und Eucharistie feiern. Materialheft zur Gestaltung konfessioneller Gottesdienste. Eigendruck 3. Ökumenischer Kirchentag, Frankfurt 2021 (zugänglich für unbestimmte Zeit über www.oekt.de).

Brechen des einen Brotes und in der Gabe des einen Bechers für euch alle. Dann geht in meinem Geist verwandelt und gestärkt in die Welt.

Dieses Gemeinsame Zeugnis nimmt theologische Erkenntnisse der Studie GaTH auf: das Vertrauen auf die Gegenwart Jesu Christi aufgrund seiner eigenen Verheißung; die Achtung des Glaubens der versammelten Gemeinde an die Gegenwart Jesu Christi; die Wertschätzung der Gegenwart Jesu Christi auch im verkündigten Wort; die Verbindung zwischen liturgischer Feier und missionarischer Sendung zum Dienst in der Welt.

2.5 Rezeption in der multilateralen Ökumene

Die Studie GaTH hat auch jenseits der reformatorischen und römisch-katholischen bilateralen Ökumene im multilateralen Kontext Aufmerksamkeit erfahren. Alle Kirchen stehen vor der Herausforderung, wie sie zum Gedächtnis Jesu Christi eucharistisch Mahl feiern. Es gibt christliche Traditionen, die prinzipiell keine sakramentalen Liturgien feiern – beispielsweise die Quäker und die Heilsarmee. Die Studie GaTH hat – verstärkt durch die Erfahrungen bei der Vorbereitung des 3. ÖKT – in der Arbeitsgemeinschaft Christlicher Kirchen in Deutschland (ACK) das Interesse geweckt, einen theologischen Austausch über das Verständnis von Abendmahl, Eucharistie und Göttlicher Liturgie zu gestalten. Im September 2021 wird es dazu einen Studientag der Mitgliederversammlung geben, auf dem auch die Ergebnisse einer Befragung zur Thematik unter den 25 Mitgliedskirchen besprochen werden, die in Verantwortung des Deutschen Ökumenischen Studienausschusses durchgeführt wurde. Geplant ist zeitnah eine Veröffentlichung der Erkenntnisse in Verantwortung der Ökumenischen Centrale in Frankfurt.

Schon jetzt lässt sich somit eine Richtung des Gesprächs erkennen, die noch weitere Verstärkung erfahren könnte: Die Thematik Abendmahl und Eucharistie wird im multilateralen Gespräch wieder aufgenommen. Die diesbezüglich letzten bedeutsamen ökumenischen Bemühungen liegen lange zurück. Auf Weltebene wurden von „Faith and Order“, der „Bewegung für Glaube und Kirchenverfassung“, 1982 in Lima Konvergenzerklärungen unterzeichnet, die (auch) das Thema „Eucharistie“ behandeln – zudem die Themen „Taufe“ und „Amt“.[57] Im August

[57] Vgl. Kommission für Glauben und Kirchenverfassung, Taufe, Eucharistie und Amt, in: Harding Meyer u.a. (Hg.), Dokumente wachsender Übereinstimmung, Bd. 1 (1931 – 1982), Paderborn / Frankfurt 1983, 545–585. Basierend auf diesen Konvergenzen wurde eine eucharistische Liturgie konzipiert, in die Elemente aus den unterschiedlichen konfessionellen Traditionen aufgenommen wurden. Diese sogenannte „Lima-Liturgie“ wurde bei der Vollversammlung des Ökumenischen Rats der Kirchen 1983 in Vancouver

und September 2022 wird in Karlsruhe die 11. Vollversammlung des Ökumenischen Rats der Kirchen unter dem Leitwort „Die Liebe Christi bewegt, versöhnt und eint die Welt" stattfinden. Es ist zu hoffen, dass angesichts dieser thematischen Grundausrichtung die Vollversammlung den Themenbereich Abendmahl und Eucharistie in theologisch-reflexiver sowie praktisch-liturgischer Form in der multilateralen weltweiten Ökumene präsent halten wird.

Im deutschsprachigen Raum haben inzwischen im multilateralen Kontext einzelne Studientagungen beispielsweise im März 2021 in Verantwortung der Arbeitsgemeinschaft Christlicher Kirchen in Nordrhein-Westfalen stattgefunden. Der Tendenz nach ist zu erkennen, dass aus orthodoxer Perspektive Vorbehalte geäußert werden[58], während evangelisch-freikirchliche Stimmen sich eher anerkennend äußern, da das Votum insbesondere die eigene Wertschätzung der versammelten Gemeinde mit ihrer Wahrnehmung der verheißenen Gegenwart Jesu Christi teilt. Auch der in den Studien des ÖAK vertretene Ansatz zu einer pneumatologischen Fundierung der Theologie des Amtes[59], bei der die erfahrbare Wirksamkeit eines Geschehens ein Kriterium für die Berufung auf ihre apostolische Gründung ist, kommt der evangelisch-freikirchlichen Tradition entgegen.

3. Die Beiträge in diesem Band und eine Vorschau auf den nächsten Band zum Thema

Der ÖAK hat sich angesichts der hohen Aufmerksamkeit, die die Studie GaTH in der interessierten Öffentlichkeit gefunden hat, dazu entschieden, zwei weitere Bände zum Thema zu veröffentlichen. In dem vorliegenden Band werden im Blick auf die fortzuführende öffentliche theologische Diskussion um die Studie GaTH die kirchenamtlichen Positionie-

erstmals von jenen Kirchen gefeiert, die einander eucharistische Gemeinschaft schenken (viele Kirchen in reformatorischer Tradition und auch die Altkatholische Kirche).

58 Vgl. Georgios Vlantis, Bitte keine Lungenentzündung: „Gemeinsam am Tisch des Herrn" aus orthodoxer Sicht, in: HK 74/12 (2020) 50f. Georgios Vlantis findet lobende Worte für die wissenschaftliche Qualität der Argumentation insbesondere im Hinblick auf die biblische Fundierung sowie die eschatologische Perspektivierung. Zugleich bedauert er die methodische Beschränkung auf die westkirchlichen Liturgien und votiert für eine multilaterale Befassung mit der Thematik. Er äußert die Sorge, dass sich im Blick auf die ekklesiologischen Implikationen der Studie GaTH neue Gräben zwischen den Kirchen auftun.

59 Vgl. Ökumenischer Arbeitskreis evangelischer und katholischer Theologen, Abschließender Bericht, in: Dorothea Sattler / Gunther Wenz (Hg.), Das kirchliche Amt in apostolischer Nachfolge, Bd. III: Verständigungen und Differenzen (Dialog der Kirchen 14), Freiburg / Göttingen 2008, 167–267; im Blick auf die pneumatologische Perspektive vgl. bes. S. 261–263.

rungen zu GaTH gemeinsam dokumentiert. Manche Dokumente waren zuvor nicht leicht zugänglich; nun sind sie an einem Ort „greifbar". Auch die Stellungnahme des ÖAK zur Kritik der römisch-katholischen Kongregation für den Glauben ist mit dem Erscheinen dieses Bandes nun nicht mehr nur digital zugänglich. In den Interviews mit den Bischöflichen Vorsitzenden des ÖAK, *Georg Bätzing und Christian Schad*, wird deutlich, mit welcher hohen Sensibilität von kirchenamtlicher Seite aus die theologischen Erkenntnisse bedacht werden, die zu einem neuen Nachdenken über die mögliche Praxis der Teilhabe an den liturgischen Feiern anderer Konfessionen führen. Beide Vorsitzende sind davon überzeugt, dass sich ökumenische Annäherungen nur durch Reformen jeweils innerhalb der Kirchen erreichen lassen. Beide Vorsitzende lassen keinen Zweifel daran, dass sie die Studienarbeit des ÖAK formal wie inhaltlich unterstützen.

Mitglieder des ÖAK haben in Einzelbeiträgen an die Anliegen von GaTH erinnert und thematisch exemplarisch einzelne Linien nachgezeichnet, die den ÖAK zu seinem Votum motiviert haben:
Bischof i.R. *Martin Hein* war vor Kirchenpräsident i.R. Christian Schad in den vielen Jahren der Beratung über die Studie GaTH der Bischöfliche Vorsitzende des ÖAK von evangelischer Seite; sein Anliegen war es beständig, es nicht bei einer theologischen Studie zu belassen, sondern gestützt auf die Erkenntnisse ein Votum mit Blick auf die Handlungsebene zu formulieren; in seinem Beitrag setzt er sich kritisch mit der Rezeption von GaTH auseinander und bleibt seiner Grundhaltung treu: Es gibt gute Gründe, gemeinsam an den Tisch des Herrn zu treten.

Mehrere Beiträge nehmen einen Gedanken auf, der zur Begründung des Votums diente: Immer war in der Geschichte der Kirchen die Hoffnung auf die Gegenwart Jesu Christi mit dem Wissen um die Differenz zwischen Gott und den Geschöpfen verbunden; In einem gemeinsamen Beitrag in ökumenischer Partnerschaft votieren *Albert Gerhards und Helmut Schwier* für eine geistliche Haltung der Toleranz, die es ermöglicht, auch in unvertrauten Formen liturgischen Handelns eigene Anliegen zu erkennen – und sogar auf diese Weise bereichert zu werden. Der auf die Reformationszeit bezogene Beitrag von *Volker Leppin* zielt eine hermeneutische Besinnung auf die Frage nach dem Umgang mit Detailfragen in den Kontroversen (beispielsweise in der Abendmahlsfrage) an: Sollte nicht zunächst viel grundsätzlicher die Frage gestellt werden, wie das Geschehen der Beziehung zwischen Gott und dem Menschen zu verstehen sein könnte? Auch die innerreformatorischen Unterschiede lassen sich so reformulieren

Einzelne Beiträge konzentrieren sich auf inhaltliche Kontroversen zwischen Konfessionen: *Theodor Schneider* erinnert als langjähriges

Mitglied und früherer Wissenschaftlicher Leiter des ÖAK an die Ergebnisse der Opferstudie des ÖAK, die bereits in den 80er Jahren formuliert worden, ökumenisch aber kaum rezipiert sind. Die Kritik der Glaubenskongregation an den auf diese Thematik bezogenen Passagen ist vor diesem Hintergrund ganz unangemessen. *Christine Axt-Piscalar* legt dar, dass die Reflexion auf das Vertrauen auf die Selbstvergegenwärtigung Jesu Christi im eucharistischen Mahlgeschehen von entscheidender Bedeutung im Blick auf die eucharistische Mahlgemeinschaft ist.

Drei Beiträge im vorliegenden Band konzentrieren sich auf die Frage nach dem Amt im Kontext des eucharistischen Geschehens: *Klaus Unterburger* setzt sich kritisch mit der Frage auseinander, welche Bedeutung die bischöfliche Verfassung der Kirche für die Feier der Eucharistie und des Abendmahls hat. *Gunther Wenz* erinnert an die lutherische Bekenntnistradition in dieser Thematik und nimmt Differenzierungen vor. *Christoph Böttigheimer* zeigt eine Perspektive auf, wie unter Achtung pneumatologischer Überlegungen die Kontroversen über das Amt in Apostolischer Nachfolge überwunden werden können.

Es wird neben dem vorliegenden Band einen weiteren Band zum Thema von GaTH geben[60], in dem auf der Basis vor allem exegetischer Beiträge die Grundlagen der theologischen Argumentation dargelegt werden. Auch kontroverse Fragen – wie etwa die Teilhabe von Frauen an allen Diensten und Ämtern – werden darin bedacht werden. Der gegenwärtige Stand der weltweiten bilateralen ökumenischen Gespräche in Nähe zum Thema Abendmahl und Eucharistie wird gesichtet. Der ÖAK möchte damit einen nicht zuletzt von Kurt Kard. Koch, dem Präsidenten des Päpstlichen Rates zur Förderung der Einheit der Christen, angeregten Prozess mit gestalten, in dem auf Weltebene nach einem Weg zu suchen ist, möglicherweise eine Gemeinsame Erklärung zu den Themenbereichen Abendmahl und Eucharistie, Amt und Kirche vorzubereiten.

4. Dank

Als Wissenschaftliche Leitung des ÖAK sagen wir allen Dank, die auf unterschiedliche Weise dazu beigetragen haben, dass das mit der Studie GaTH verbundene Votum mehr geworden ist als eine weitere papierene Gestalt ökumenischer Erkenntnisse: Das Votum hat eine Wirkungsgeschichte auf der Handlungsebene erreicht. Dazu haben viele beigetragen

[60] Vorgesehen ist das Erscheinen für Frühjahr 2022: Volker Leppin / Dorothea Sattler (Hg.), Gemeinsam am Tisch des Herrn, Bd. III: Grundlagen und Perspektiven (Dialog der Kirchen 19), Freiburg / Göttingen 2022.

– und sie tun es noch immer. Möge die Erfahrung, sich am Tisch des Herrn zu versammeln, den gemeinsamen christlichen Glauben stärken!

Wir sagen einen besonderen Dank jenen Menschen, die uns bei unserer Tätigkeit unterstützt haben: Die Protokolle der zurückliegenden Jahrestagungen des ÖAK haben von evangelischer Seite Dr. Jonathan Reinert und Fabian Kunze, von römisch-katholischer Seite Dr. Thomas Hilker, Jan-Hendrik Mönch und Dr. Rüdiger With geschrieben. Theodor Schneider konnten wir gewinnen, alle Texte Korrektur zu lesen. Unser besonderer Dank gilt Yannick Selke, der mit sehr großer Sorgfalt die Druckversion erstellt hat und dabei unermüdlich jede Frage stellte, die es im Blick auf inhaltliche und formale Aspekte zu beantworten galt. Karin Moshammer hat bei der abschließenden Durchsicht des Manuskripts ein wachsames Auge auf die Seitengestaltung gerichtet.

Besonders herzlich danken wir Klaus Nientiedt, der sich bereit erklärt hat, das Interview mit den Bischöflichen Vorsitzenden zu führen. Das Wissen um seine schwere Krankheit rührt uns schmerzlich an. Sein journalistisch orientiertes Anliegen ist es, den unterschiedlichen Perspektiven auf eine Wirklichkeit jeweils mit Wertschätzung zu begegnen. Möge diese Weisheit sich auch im ökumenischen Miteinander bewähren!

Tübingen und Münster, am 22. Juli 2021,
dem Festtag der Maria von Magdala

Volker Leppin und Dorothea Sattler

Interviews mit den Bischöflichen Vorsitzenden

Georg Bätzing / Christian Schad

Redaktionelle Vorbemerkung von Dorothea Sattler

Die Fragen, auf die die Bischöflichen Vorsitzenden des Ökumenischen Arbeitskreises in schriftlicher Form geantwortet haben, wurden von Klaus Nientiedt konzipiert. Aus gesundheitlichen Gründen konnte der langjährige Chefredakteur der Kirchenzeitung des Erzbistums Freiburg, „Konradsblatt", zuvor Redakteur bei der „Herder Korrespondenz", die Gespräche nicht persönlich führen. Rückfragen und inhaltliche Bezüge der Vorsitzenden aufeinander waren daher nicht möglich. Die Äußerungen beider Vorsitzenden in Interview-Gestalt werden hier jeweils gesondert veröffentlicht.

Interview mit Bischof Georg Bätzing

(1) Bischof Dr. Bätzing, worin sehen Sie Wert und Bedeutung der Erklärung „Gemeinsam am Tisch des Herrn" (GaTH) des Ökumenischen Arbeitskreis evangelischer und katholischer Theologen (ÖAK)?

Die Studie „Gemeinsam am Tisch des Herrn" mit dem Votum ist ein weiterführender Beitrag auf dem Weg zur vollen Eucharistie- und Kirchengemeinschaft. In überzeugender Weise werden die Ergebnisse früherer ökumenischer Dialoge und neuere Erkenntnisse der verschiedenen theologischen Disziplinen zusammengefasst. Auf Grundlage einer solch differenzierten und höchst anspruchsvollen Behandlung des Themas betrachtet der Ökumenische Arbeitskreis „die Praxis der wechselseitigen Teilnahme an den Feiern von Abendmahl/Eucharistie in Achtung der je anderen liturgischen Traditionen als theologisch begründet" (GaTH, 8.1). Damit öffnet der Text eine Tür für einen weiteren Zwischenschritt. In Deutschland, wo das gemeinsame Christusfest zum 500. Jahrestag der Reformation die Verbundenheit im gemeinsamen

Zeugnis vertieft und große Hoffnungen geweckt hat, aber ebenso für die weltweite Ökumene ist das ein wichtiges Signal.

Jetzt kommt es darauf an, dass die Impulse des Textes auf verschiedenen Ebenen weiter erörtert werden und so der Prozess einer qualifizierten Rezeption in Gang kommt. Ich freue mich sehr darüber, dass die Diskussion bereits in der Breite geführt wird, sowohl in der Deutschen Bischofskonferenz als auch in ökumenischen Gremien wie dem Kontaktgesprächskreis von Vertretern der Deutschen Bischofskonferenz und des Rates der Evangelischen Kirche in Deutschland oder dem Deutschen Ökumenischen Studienausschuss (DÖSTA), in der theologischen Fachwelt durch Tagungen und Veröffentlichungen und ebenso in einer größeren Öffentlichkeit.

(2) Aus dem Vatikan kam eine auffallend deutliche Kritik an GaTH (Lehrmäßige Anmerkungen): Was erscheint Ihnen daran berechtigt, was weniger?

Die Kritik, die von römischer Seite an dem Votum des Ökumenischen Arbeitskreises geübt wurde, hat auf einige theologische Problemfelder aufmerksam gemacht, die noch einmal genauer zu untersuchen sind. Ähnlich hatte die Frühjahrs-Vollversammlung der Deutschen Bischofskonferenz im Jahr 2020 auf offene Fragen hingewiesen, die sich unterschiedlich an die katholische und an die evangelische Seite richten. Der Text des Votums selbst nennt ja auch solche Anforderungen. Die Tragweite dieser Fragen ist aus katholischer Sicht so groß, dass eine generelle Einladung nichtkatholischer Christinnen und Christen zur Eucharistie derzeit noch nicht möglich ist. Ich sehe – auch in Aufnahme der Einwände der Glaubenskongregation – im Wesentlichen drei Themenkomplexe, die der vertieften Auseinandersetzung bedürfen: die hermeneutische Frage nach dem Verhältnis von Einheit und Vielfalt, die weitere Klärung des Zusammenhangs von Kirche, Eucharistie und Amt, die aus katholischer Sicht von zentraler Bedeutung ist, und die Frage nach der Dignität einer persönlichen Gewissensentscheidung.

Die Glaubenskongregation versteht das Votum des Arbeitskreises als einen Ansporn für ein weiteres theologisches Arbeiten an bestehenden Divergenzen. Es ist gut, dass der Ökumenische Arbeitskreis selbst auf die Einwände aus Rom in sehr differenzierter Weise geantwortet hat. Auch er behauptet nicht, dass alle Fragen zur Eucharistie-/Abendmahlsgemeinschaft in ihrem Zusammenhang mit Kirchengemeinschaft abschließend beantwortet seien. Bestehende Differenzen im Kirchenverständnis sollen ausdrücklich nicht relativiert werden (vgl. Stellungnahme des ÖAK zu den „Lehrmäßigen Anmerkungen zum Dokument ‚Gemeinsam am Tisch des Herrn'" (Schreiben der Glaubenskongregation vom 18.09.2020, Nr. 3.4.4)). Das Votum gibt vielmehr eine Antwort auf die Frage, wie wir mit einer Situation umgehen, in der eine „communio plena" zwar noch nicht gegeben ist, wohl aber doch zumindest einiges an Übereinstimmungen wiedergefunden und an Annäherungen erreicht wurde. In dieser Situation ist „die wechselseitige, gastweise Öffnung der Mahlfeiern für Christinnen und Christen der anderen Konfession ein kleiner, erster und in Demut vollzogener Schritt, der das Bemühen um die volle Wiederherstellung der Gemeinschaft im Glauben nicht ersetzen, wohl aber beflügeln kann" (Stellungnahme des ÖAK zu den „Lehrmäßigen Anmerkungen", Nr. 3.4.4).Von daher bedauert der Ökumenische Arbeitskreis in seiner Stellungnahme zu den „Lehrmäßigen Anmerkungen" der Glaubenskongregation zu Recht, dass dort „die Frage, ob wir angesichts der erreichten ökumenischen Übereinkünfte die Trennung am Tisch des Herrn noch verantworten können", zu wenig thematisiert wird (Stellungnahme des ÖAK zu den „Lehrmäßigen Anmerkungen", Nr. 1). Bei der Vorstellung der Studie des ÖAK im September 2019 habe ich deutlich gemacht, dass die nun einsetzende Rezeption mit Kritik rechnet; nur so werden wir ja ökumenisch weiterkommen. Ich habe allerdings auch gesagt, dass ich auf ein kritisch ablehnendes Gesamturteil („So nicht!") die Frage stellen werde: „Wie denn dann?" Insofern bieten die lehrmäßigen Anmerkungen der Glaubenskongregation bedauerlicherweise wenig konstruktive Weiterführung an. Diese kann nicht nur der theologischen Debatte überlassen bleiben. Hier ist auch das Lehramt der katholischen Kirche gefragt, Wege zur Einheit aufzuzeigen.

Jetzt muss der theologische Diskurs über die offenen Fragen aber weitergeführt, die Argumente und Gegenargumente müssen gut abgewogen werden. Das gilt umso mehr, als es bei der Eucharistie um die zentrale Lebensäußerung der Kirche geht. Dabei wünsche ich mir von allen am Diskurs Beteiligten eine ökumenisch aufgeschlossene Perspektive, die nicht zuerst die Unterschiede in den Blick nimmt, sondern von den Gemeinsamkeiten ausgeht, und die wahrnimmt, dass wir es zumindest in Deutschland und in Europa mit Zusammenschlüssen verschiedener konfessioneller Ausprägungen der reformatorischen Tradition zu tun haben. Diese sind auch im Ökumenischen Arbeitskreis vertreten; darin liegt eine seiner Stärken.

(3) Was kann von römisch-katholischer Seite aus geschehen, um ökumenisch sensibel Liturgie zu feiern?

Neben ökumenischen Gottesdiensten sind konfessionelle Gottesdienste, an denen nichtkatholische Glaubensgeschwister teilnehmen, gelebte Formen eines geistlichen Ökumenismus, der nach dem Zweiten

Vatikanischen Konzil „die Seele der ganzen ökumenischen Bewegung" (UR 8) darstellt. Die Gestaltung solcher Gottesdienste verlangt ökumenische Sensibilität, damit sie Versöhnung stiften und das in der Taufe bereits bestehende sakramentale Band der Einheit festigen können. Ökumenisch sensibel Liturgie feiern bedeutet aus katholischer Perspektive, einerseits so zu feiern, dass sie als authentische katholische Liturgie, die nichtkatholische Mitfeierende ja erleben und mitfeiern möchten, gestaltet wird, und andererseits das zu vermeiden, was aufgrund abweichender Anschauungen und Praktiken verletzend wirken könnte. Es ist das Mögliche zu tun, damit die konfessionell getrennten Geschwister sich als willkommene Schwestern und Brüder in Christus fühlen können. Das Votum selbst gibt dazu konkrete Hinweise (vgl. GaTH, 8.4). So ist unsererseits darauf zu achten, dass unter normalen Umständen der Kommunion unter beiden Gestalten der Vorzug gegeben wird. Dagegen sprechen keine dogmatischen Gründe, allenfalls äußere Bedingungen wie die Einschränkungen durch die derzeitige Corona-Pandemie. Bei der Auswahl des Hochgebetes sollte solchen Formularen der Vorzug gegeben werden, die nicht dem möglichen Missverständnis Vorschub leisten, es handle sich bei der Eucharistie statt um eine erinnernde Vergegenwärtigung um eine Wiederholung des Kreuzesopfers Christi. Hilfreich kann es sein, im Vorfeld oder im Anschluss an die Eucharistiefeier ein Gespräch über unterschiedliche Feierformen zu ermöglichen, um so das wechselseitige Verständnis zu fördern. Ökumenisch sensibel feiern heißt auch, auf eine starke Beteiligung von Gemeindemitgliedern zu achten, um deutlich zu machen, dass die Eucharistiefeier im Sinne der „participatio actuosa" Feier des ganzen gegliederten Volkes Gottes in der versammelten Gemeinde und nicht vor allem eine Angelegenheit des Priesters ist. Das schließt ein, Vertreterinnen und Vertreter anderer Kirchen und Gemeinschaften im Rahmen der geltenden Normen zu einer aktiven Rolle einzuladen und sie zum Beispiel um das Sprechen eines Gebetes oder einer Fürbitte, ein Glaubenszeugnis oder ein Grußwort zu bitten. Auch ökumenisch bekannte und gern gesungene Lieder ermöglichen die aktive Teilnahme der Mitfeiernden aus anderen Konfessionen.

(4) Manche Reaktionen auf GaTH wecken den Eindruck, der ÖAK befürworte Interkommunion und Interzelebration, was nicht der Fall ist. Wie unterscheiden Sie die gemeinsame Feier auf der einen Seite und das Hinzutreten zum Abendmahl/ zur Eucharistiefeier auf der anderen Seite?

Interkommunion als generelle Einladung und Teilnahme nichtkatholischer Christinnen und Christen an der Eucharistie setzt aus katholischer Sicht ein hohes Maß an kirchlicher Communio voraus, was katholisch-evangelisch bislang nicht gegeben ist. Interzelebration im Sinne einer gemeinsamen Leitung der Eucharistiefeier durch Geistliche verschiedener Konfessionen ist grundsätzlich nicht möglich. Wohl aber ist durch die theologischen Dialoge über ehemals kontroverse Themen, durch die Ökumene des Lebens und durch die Erfahrung von geistlicher Gemeinschaft in Gebet und Gottesdienst die Communio zu den evangelischen Geschwistern seit dem Zweiten Vatikanischen Konzil und seinen Regelungen zur „communicatio in sacris" gewachsen. Daher ist die Frage berechtigt, wie damit angemessen umzugehen ist. Wenn in dieser Situation einzelne Christinnen und Christen nach ernster Gewissensprüfung wechselseitig zur Eucharistie oder zum Abendmahl hinzutreten, ist dem mit Respekt zu begegnen. Theologisch fundierte Argumente hierfür will die Erklärung des Ökumenischen Arbeitskreises bereitstellen. Eine solche theologische Klärung „kann sowohl die persönliche, im Gewissen zu treffende Entscheidung der Glaubenden über die Teilnahme an der Feier des Abendmahls und der Eucharistie in der anderen Tradition unterstützen als auch dazu ermutigen, die Einladung Jesu Christi zu seinem Mahl nicht auf die Angehörigen der je eigenen Konfession begrenzt zu sehen" (Stellungnahme des ÖAK zu den „Lehrmäßigen Anmerkungen", Nr. 1).

(5) Sie haben verschiedentlich die Gläubigen aufgefordert, an Gottesdiensten anderer Konfessionen teilzunehmen. In welcher Hinsicht kann man die Teilnahme an einer Liturgie einer jeweils anderen Konfession als Bereicherung erleben?

Liturgie ist gelebter und gefeierter Glaube. Vertraute Texte, gewohnte Abläufe und nicht zuletzt die gemeinsam gesungenen Lieder schenken Beheimatung. Wie sehr dies Halt zu geben vermag, wird gerade in schwierigen Lebenslagen immer wieder erfahren. Das bedeutet aber auch, dass die Mitfeier von Gottesdiensten anderer Konfessionen einen tiefen Einblick in ihr Glaubensleben geben kann. Man wird Unterschiede feststellen, aber auch Gemeinsamkeiten entdecken. Ich finde es bereichernd, zu erleben, dass Menschen, die wie ich selbst von Christus ergriffen sind, diesen Glauben in Gebet und Gottesdienst auf andere, aber überzeugende Weise zum Ausdruck bringen. Die Vielgestalt liturgischer Traditionen weitet die Perspektive und kann als Bereicherung der eigenen Spiritualität erfahren werden; übrigens stellt eine solche Vielfalt ja auch bereits innerkatholisch einen kostbaren Reichtum dar. Das setzt, so die Erklärung „Gemeinsam am Tisch des Herrn", voraus, „dass man auf der Grundlage eines gemeinsamen Verständnisses des theologischen Sinngehalts des von Jesus gestifteten Abendmahls die Andersheit des anderen akzeptiert und die eigene Tradition nicht absolut setzt" (GaTH, 4.9).

Für die Liturgie gilt wie für die Ökumene generell, dass die Vielfalt der Gaben, die in den Konfessionen gegeben sind, auch als Reichtum und Geschenk zu betrachten ist. Papst Johannes Paul II. spricht in seiner Enzyklika „Ut unum sint" im Rückgriff auf das Zweite Vatikanische Konzil von einem „Austausch von Gaben und Geschenken" (UUS, 28) und unterstreicht, dass die Anerkennung und Wertschätzung der bei anderen Christen vorhandenen Güter für den Glauben und die Spiritualität der Katholiken wertvoll ist (vgl. UUS, 47–48). In diesem Sinne schreibt Papst Franziskus in seinem Apostolischen Schreiben „Evangelii Gaudium" über die Ökumene: „Es handelt sich nicht nur darum, Informationen über die anderen zu erhalten, um sie besser kennenzulernen, sondern darum, das, was der Geist bei ihnen gesät hat, als ein Geschenk aufzunehmen, das auch für uns bestimmt ist" (Evangelii Gaudium, 246). Dies ist auch die Perspektive, in der das Votum „Gemeinsam am Tisch des Herrn" geschrieben ist. Es macht die pneumatologische Sicht des Zweiten Vatikanischen Konzils, dass es auch außerhalb der katholischen Kirche ekklesiale Realitäten gibt, die vom Heiligen Geist gewirkt sind, stark und wendet diese Einsicht auf die Feier von Eucharistie und Abendmahl an (vgl. Stellungnahme des ÖAK zu den „Lehrmäßigen Anmerkungen", Nr. 2.3).

(6) Was hat aus katholischer Sicht eigentlich GaTH theologisch-liturgisch möglich gemacht? Eine neue Sicht auf die Vielfalt an liturgischen Feiergestalten in der Geschichte des Christentums oder vor allem eine neue Gewichtung der persönlichen Gewissensentscheidung, wie sie auch in anderen Fragen unter Papst Franziskus an Bedeutung gewonnen hat?

Eines der zentralen Argumente des Votums ist in der Tat die Einsicht, dass die Vielgestalt liturgischer Traditionen bei der Feier von Eucharistie und Abendmahl keinen Widerspruch zur Einheit bedeutet, sondern legitim und bereichernd ist, wenn in den unterschiedlichen Formen ein gemeinsamer Sinngehalt zum Ausdruck kommt. Diese Voraussetzung sieht das Votum als gegeben an: „Der Gehalt der Feiern von Abendmahl/Eucharistie kann heute ökumenisch einvernehmlich beschrieben werden. Ihr Grund und ihr Ziel sind identisch: Wir feiern in österlicher Hoffnung das von Jesus Christus selbst gestiftete Gedächtnis seines erlösenden Lebens und Sterbens für uns in einer liturgischen Handlung, in der seine Gegenwart in der Kraft des Heiligen Geistes im verkündigten Wort und im Mahl erfahrbar und wirksam wird" (GaTH, 8.2). Auch die Stellungnahme des ÖAK zu den „Lehrmäßigen Anmerkungen" der Glaubenskongregation unterstreicht dies: „Die in den vorausgegangenen Jahrzehnten erkannten Konvergenzen im Sinngehalt und bei der Feiergestalt von Abendmahl und Eucharistie bilden die Basis für eine Teilhabe an der Feier von Abendmahl oder Eucharistie einer anderen Konfession im Vertrauen auf die Gegenwart Jesu Christi auch dort" (Stellungnahme zu den „Lehrmäßigen Anmerkungen", Nr. 1). Daneben finden aber auch Erkenntnisse der Exegese, der historischen, systematischen und praktischen Theologie Berücksichtigung, außerdem frühere Studien des Ökumenischen Arbeitskreises und anderer ökumenischer Dialoge zum Themenkreis Eucharistie, Kirche und Amt. Ein entscheidendes Kriterium ist auch der pastorale Kontext. Das Votum „Gemeinsam am Tisch des Herrn" bündelt all diese Stränge und führt sie zu einem Ergebnis zusammen, das die persönliche Gewissensentscheidung zu stützen vermag. Deren theologische Dignität, die zum Kern der katholischen Morallehre gehört, hat Papst Franziskus neu ins Bewusstsein gerufen und gestärkt. Diesen Aspekt auch in der Ökumene und konkret in der Frage der Eucharistiegemeinschaft weiter zu bedenken, halte ich in der aktuellen Situation für zielführend.

(7) In Sachen Ökumene prallen derzeit zwei Sichtweisen aufeinander: das Beharren auf dem Trennenden und Unterscheidenden einerseits, das Bemühen um (differenzierten) Konsens und Gemeinsamkeit andererseits. Was ist das Ziel von Ökumene?

Das Votum des Ökumenischen Arbeitskreises sieht in dem wechselseitigen Hinzutreten zu Eucharistie und Abendmahl einen weiteren Zwischenschritt hin zu einer „Gestalt umfassender sichtbarer Einheit der Kirche Jesu Christi in irdischer Zeit und in den Lebensräumen der Menschen". Umfassende sichtbare Einheit meint keine Uniformität, die ja auch innerhalb der katholischen Kirche nicht gegeben ist und die nicht das Ziel der Ökumene sein kann. Es kann und muss um eine Gestalt von Einheit gehen, in der legitime Unterschiede bestehen bleiben und als miteinander versöhnt angenommen werden können. Ökumenische Dialoge zielen darauf, in überkommenen strittigen Fragen Konvergenzen und Übereinstimmungen aufzuzeigen. In der Gemeinsamen Erklärung zur Rechtfertigungslehre, der sich nach der Unterzeichnung durch die katholische Kirche und den Lutherischen Weltbund im Jahr 1999 später auch der Weltrat der Methodistischen Kirchen, die Weltgemeinschaft Reformierter Kirchen und die Anglikanische Kirchengemeinschaft angeschlossen haben, ist es mit Hilfe der Methode des differenzierenden Konsenses für ein zentrales Thema des christlichen Glaubens gelungen, die Einheit im Glauben an die Rechtfertigung allein durch Jesus Christus bei bleibenden Differenzen in der Sprache, der theologischen Ausgestaltung und der Akzentsetzung offiziell festzustellen. Auch an vielen Stellen gelebten Miteinanders wird schon heute Einheit sichtbar: im gemeinsamen Gebet und der Feier von Gottesdiensten, in der wechselseitigen Anerkennung der Taufe, im diakonischen Handeln, um nur einige zentrale Bereiche zu nennen. Der Einsatz für mehr Sichtbarkeit in der Einheit und mehr Versöhnung in der Verschiedenheit ist die ökumenische Herausforderung der Stunde.

(8) Beim „Synodalen Weg" wird gegenwärtig immer wieder danach gefragt, welche Sachfrage im eigenen Land entschieden und geregelt werden kann und welche eine Entscheidung der Weltkirche erfordert. Wie verhält es sich in dieser Hinsicht mit den von GaTH aufgeworfenen Fragen?

Die Frage der Eucharistie- und Abendmahlsgemeinschaft berührt zuinnerst die Einheit der katholischen Kirche. Die offenen Fragen sind gewichtig, und wir müssen die kritischen Hinweise und Einwände ernst nehmen. Angesichts der besonderen Situation in Deutschland mit einer etwa gleich großen Zahl von katholischen und evangelischen Christen in einem ökumenisch multilateral geprägten Umfeld und auf dem Fundament gewachsener ökumenischer Beziehungen ist es unsere Aufgabe, den Diskurs darüber wachzuhalten und uns nach Kräften darin einzubringen. Wenn wir Synodalität und die damit einhergehende Kontextualität ernst nehmen, bedeutet das auch, dass es einen je spezifischen Beitrag der Ortskirchen für die Weltkirche geben kann. Darauf hat Margit Eckholt in einem Beitrag in der Internationalen katholischen Zeitschrift Communio aufmerksam gemacht (Margit Eckholt, Gast sein und Gott hereinbringen. Geistlich-theologische Anmerkungen zum ökumenischen Weg in der deutschen Ortskirche, in: IkaZ 50 (2021) 200–214). Als einen solchen Beitrag sieht die Theologin auch die besonderen ökumenischen Erfahrungen in Deutschland. Ausgehend vom Schmerz der Trennung über die bis in die Gegenwart reichenden Folgen der Reformation und der nachfolgenden Ereignisse gibt es bei uns seit vielen Jahren ein lebendiges ökumenisches Miteinander auf vielen Ebenen kirchlichen Lebens und eine vertiefte theologische Dialogarbeit, für die auch der Ökumenische Arbeitskreis in seinem Bemühen über nunmehr 75 Jahre hinweg steht. All dies können und sollten wir selbstbewusst in die Weltkirche einbringen. Wenn Synodalität in der katholischen Kirche mehr Gewicht bekommt – und Papst Franziskus drängt sehr darauf –, dann wird sich auch in ihr die Perspektive für einen Austausch von Gaben, die in der Ökumene leitend geworden ist, weiten. Ich kann mir vorstellen, dass sich auf diese Weise in Zukunft auch Wechselwirkungen ergeben, die der katholischen Kirche und der Ökumene gut tun.

Interview mit Kirchenpräsident Christian Schad

(1) Herr Kirchenpräsident Dr. Schad, worin sehen Sie Wert und Bedeutung der Erklärung „Gemeinsam am Tisch des Herrn" (GaTH) des Ökumenischen Arbeitskreises evangelischer und katholischer Theologen (ÖAK)?

Der Wert und die Bedeutung dieser Abendmahlsstudie bestehen darin, dass sie die in den vergangenen Jahrzehnten erreichten Konvergenzen hinsichtlich des Herrenmahls sowie im Kirchen- und Amtsverständnis konstruktiv aufgreift – und als Folge daraus die Frage zu klären versucht, „ob sich nicht auch im Blick auf das Abendmahl/die Eucharistie ein gemeinsames ‚Grundeinverständnis' herausstellen lässt, das analog zur Anerkennung der Taufe eine wechselseitige Anerkennung der jeweiligen liturgischen Gestalt der Mahlfeier und ihres theologischen Gehalts ermöglicht und damit zur gegenseitig ausgesprochenen Einladung berechtigt" (GaTH, 2.5). Dieser Aufgabe stellt sich die Schrift, indem sie bibel-theologische, kirchen- und liturgiegeschichtliche sowie dogmatische Zugänge zum Thema beleuchtet und aufeinander bezieht. Auf dieser wissenschaftlichen Basis und unter Einbeziehung der Erfahrung erlebter christlicher Glaubensgemeinschaft betrachtet der ÖAK sodann „die Praxis der wechselseitigen Teilnahme an den Feiern von Abendmahl/Eucharistie in Achtung der je anderen liturgischen Traditionen als theologisch begründet" (GaTH, 8.1). Bei diesem „Votum" (GaTH, 8.1) handelt es sich um eine im theologischen Dialog entstandene ökumenische Expertise, also nicht um eine kirchenrechtlich verbindliche Aussage oder gar um eine offizielle Erklärung von Kirchen. Wenn diese evangelisch-katholische Studie nun besagt, dass wir im Abendmahl/in der Eucharistie das „in österlicher Hoffnung [...] von Jesus Christus selbst gestiftete Gedächtnis seines erlösenden Lebens und Sterbens für uns in einer liturgischen Handlung [feiern], in der seine Gegenwart in der Kraft des Heiligen Geistes im verkündigten Wort und im Mahl erfahrbar und wirksam wird" (GaTH, 8.2), dann vermag dieses Grundeinverständnis den Begründungsrahmen abzugeben für die individuelle Gewissensentscheidung einzelner Glaubender, wechselseitig zur Eucharistie bzw. zum Abendmahl hinzuzutreten. Es ist die Zusage der Selbstvergegenwärtigung und der Selbstgabe Jesu Christi im Mahl, „die konfessionelle Grenzen und Grenzziehungen, die der sichtbaren Einheit im Wege stehen" überschreitet (GaTH, 2.2) und dazu ermutigt, die Einladung Jesu Christi zu seinem Tisch nicht auf die Angehörigen der je eigenen Konfession zu begrenzen. Dies umso mehr, als hier ein ökumenischer Grundkonsens formuliert ist, in dem sich auf evangelischer Seite – spiegelbildlich zur Zusammensetzung des ÖAK – die lutherische, die reformierte und die unierte Tradition gemeinsam wiederfinden. Insofern plädiert die Studie für die Möglichkeit wechselseitiger Teilnahme für getaufte evangelische und römisch-katholische Christinnen und Christen an der Abendmahls- bzw. Eucharistiefeier der jeweils anderen Kirche. Die damit anvisierte Öffnung der bisherigen Praxis besteht also darin, dass nach vorheriger Prüfung katholische Christen verantwortet, begründet und ohne Gewissensnot an der evangelischen Abendmahlsfeier teilnehmen – und umgekehrt evangelische Christen verantwortet, begründet und ohne Gewissensnot an der katholischen Eucharistiefeier teilnehmen können. Das Neue besteht in der so ermöglichten Wechsel- und Gegenseitigkeit der Teilnahme an der Abendmahls- bzw. Eucharistiefeier, die nicht allein beschränkt sein soll auf die in konfessionsverbindenden Ehen lebenden (evangelischen) Ehepartnerinnen und Ehepartner.

(2) Aus dem Vatikan kam eine auffallend deutliche Kritik an GaTH (Lehrmäßige Anmerkungen): Was erscheint Ihnen daran berechtigt?

Der ÖAK hat am 23. Januar 2021 ausführlich Stellung bezogen zu den „Lehrmäßigen Anmerkungen" der Glaubenskongregation (Schreiben vom 18. September 2020). Nach einer sachintensiven, in ökumenisch wertschätzendem Geist geführten Auseinandersetzung mit den römischen Einwänden kommt diese Stellungnahme zu dem Schluss: „Gewiss setzt eine volle, umfassende Eucharistie- und Abendmahlsgemeinschaft zwischen Kirchen die Verwirklichung ihrer Kirchengemeinschaft voraus [...] Demgegenüber ist die wechselseitige, gastweise Öffnung der Mahlfeiern für Christinnen und Christen der anderen Konfession ein kleiner, erster und in Demut vollzogener Schritt, der das Bemühen um volle Wiederherstellung der Gemeinschaft im Glauben nicht ersetzen, wohl aber beflügeln kann." In einer ersten Reaktion darauf durch den Präsidenten des Päpstlichen Rates zur Förderung der Einheit der Christen, Kurt Kardinal Koch, kritisiert er, dass die Stellungnahme des ÖAK – wie schon das Votum von 2019 – „im rein akademischen Bereich" verbleibe und „nicht an die konkrete kirchliche Realität zurückgekoppelt" sei. In der Praxis zeige sich, dass vieles von dem, was der ÖAK als Konsens darstelle, nicht mit der gelebten Wirklichkeit übereinstimme. „Dass diese Erdung zu einem großen Teil nicht geschehen ist", so Kardinal Koch weiter, „erstaunt umso mehr, als der ÖAK sich immer wieder auf den Primat der Praxis beruft, ihn aber weitgehend nicht einlöst." Zuletzt hat Kurt Kardinal Koch in einem „Offenen Brief" vom 9. Februar 2021 an Professor Dr. Volker Leppin, den wissenschaftlichen Leiter des ÖAK auf evangelischer Seite, seine Einwände wiederholt. Hier bezieht er sich vornehmlich auf die Abendmahlspraxis in der Evangelischen Kirche in Hessen und Nassau (EKHN), die gegen eine wechselseitige Teilnahme evangelischer und katholischer Christen an der Abendmahls- bzw. Eucharistiefeier der jeweils anderen Kirche spreche. In einer Stellungnahme vom 15. Februar 2021 hat die EKHN ihrerseits darauf reagiert und die Kritik des Kurienkardinals zurückgewiesen. – In dieser Kontroverse freilich weist Letzterer zu Recht auf offene Fragen im Blick auf die Praxis evangelischer Abendmahlsfeiern hin, die jedoch den ökumenischen Grundkonsens nicht einzuschränken vermögen. Hiernach setzt die öffentliche Wortverkündigung sowie die Leitung der Sakramente eine ordnungsgemäß dazu berufene Person voraus (vgl. Confessio Augustana 14). Die Ordination bzw. Beauftragung, vollzogen durch Handauflegung und Gebet, gilt lebenslang und unter Beanspruchung der ganzen Person. Das so geordnete Amt (vgl. 1 Kor 14,40) gehört zum Sein der Kirche. Falls darum eine solche „ordentliche" Mahlpraxis in evangelischen Kirchen irgendwo nicht gegeben sein sollte, haben diese – um ihrer selbst willen – jenen Zustand herzustellen, der auch den ökumenischen Erfordernissen entspricht. Ebenso verhält es sich im Blick auf den inneren Zusammenhang von Taufe und Abendmahlsempfang. Ja, „die Taufe begründet", wie das Zweite Vatikanische Konzil zu Recht sagt, „ein sakramentales Band der Einheit zwischen allen, die durch sie wiedergeboren sind" (UR 22). Sie begründet eine Gemeinschaft der Getauften im Leib Christi, die als Eucharistiegemeinschaft gelebt werden will. Insofern ist die Taufe Voraussetzung der Teilnahme am Herrenmahl. Dieser Grundsatz wird nicht dadurch in Frage gestellt, dass es in der Praxis beider Kirchen immer wieder vorkommt, dass auch Ungetaufte zum Tisch des Herrn hinzutreten. Gerade dann sollte nicht einfach nur widersprochen, sondern in einer auch pastoral angemessenen Weise der wesentliche Konnex zwischen Taufe und Abendmahl evident gemacht werden. So hat bereits die Stellungnahme des Rates der Evangelischen Kirche in Deutschland (EKD) zum Votum des Ökumenischen Arbeitskreises „Gemeinsam am Tisch des Herrn" vom 28. Februar 2020 auf die Aufgaben hingewiesen, die innerhalb der evangelischen Landeskirchen zu klären sind. „Dem Rat", so heißt es hier, „ist bewusst, dass mit dieser Perspektive [der wechselseitigen Teilnahme am Abendmahl bzw. der Eucharistie] auch Fragen an die evangelische Abendmahlspraxis im Blick auf Leitung und Gestaltung verbunden sind. Daran wollen wir weiterarbeiten." Gemeint sind damit diejenigen Punkte, die auch im oben zitierten „Offenen Brief" angesprochen werden. Kardinal Koch rennt mit seiner Kritik gleichsam offene Türen ein. So ernst ich seine Fragen nehme: Für das ökumenische Miteinander ist es eher hinderlich, wenn man zugestandene Herausforderungen in der Praxisgestaltung sogleich als fundamentale Problematisierung des gemeinsamen theologischen Grundeinverständnisses herausstellt. Denn eine Diskrepanz zwischen Sein und Sollen, zwischen Anspruch und Wirklichkeit, zwischen theologischer Einsicht und pastoraler Praxis dürfte sich wohl in jeder Kirche finden.

(3) Was kann und muss von evangelischer Seite aus geschehen, um ökumenisch sensibel Liturgie zu feiern?

Gerade wegen des Wechselverhältnisses von Kirchen- und Eucharistie- bzw. Abendmahlsgemeinschaft ist es zentral, dass es die in der Taufe bereits sakramental verbundenen Menschen sind, die in der Feier des Mahls zusammenkommen. Auch, dass ihr eine ordnungsgemäß dazu berufene Amtsperson vorsteht (s.o.). Darüber hinaus respektieren evangelische Christen die Auffassung, dass die eucharistische Gegenwart Jesu Christi, so sehr sie auf den gläubigen Empfang der Abendmahlselemente ausgerichtet ist, nicht nur auf den Augenblick des Empfangs beschränkt ist und auch nicht vom Glauben des Empfangenden abhängt. Das erfordert auf evangelischer Seite den „sorgsamen Umgang mit den Mahlgaben" (GaTH, 8.4) auch nach der Kommunion. Ihn zu praktizieren, gehört ebenso zur ökumenischen Sensibilität bei der liturgischen Abendmahlsfeier.

(4) Manche Reaktionen auf GaTH erwecken den Eindruck, der ÖAK befürworte Interkommunion und Interzelebration, was nicht der Fall ist. Wie unterscheiden Sie die gemeinsame Feier auf der einen Seite und das Hinzutreten zum Abendmahl/zur Eucharistie auf der anderen Seite?

Hier ist in der Tat eine Definition der Begriffe vonnöten. Das Anliegen von GaTH ist – mit Rücksicht auf die genannten, noch zu klärenden „offenen Fragen" (GaTH, 6.2) – begrenzt und markiert nur den Anfang eines gemeinsamen Weges hin zu voller Kirchen- und Eucharistiegemeinschaft. GaTH geht es gerade nicht um eine voreilige, vorhandene Differenzen – namentlich im Kirchen- und Amtsverständnis – nivellierende Abendmahlsgemeinschaft, sondern um einen theologischen Begründungsrahmen für die individuelle Gewissensentscheidung einzelner Glaubender, wechselseitig zur Eucharistie bzw. zum Abendmahl hinzuzutreten. Intendiert ist somit eine gegenseitige eucharistische Öffnung als Ausdruck schon bestehender, geistlicher Kirchengemeinschaft, die dynamisch auf die volle Kirchen- und Gottesdienstgemeinschaft hindrängt. Es geht hier – jenseits von einer Alles-oder-nichts-Position – um einen intermediären Bereich zwischen völliger Kirchentrennung einerseits und voller Kirchengemeinschaft andererseits, mithin um eine

Form der Teilhabe am Tisch des Herrn, die der vorhandenen Nähe und der erreichten Konvergenzen zwischen unseren Kirchen entspricht (s.o.). Es ist also ein vorsichtiger erster Schritt, der die weitere Suche nach der Gestalt umfassender, sichtbarer Einheit der Kirche Jesu Christi einschließt. Entsprechend betont GaTH, „dass das Erleben eucharistischer Gemeinschaft in der Feier des Abendmahls auch eine Quelle der Hoffnung auf dem Weg zu dem von Gott gewünschten Ziel ist: der vollen sichtbaren Einheit der Kirche in der Gegenwart des Reiches Gottes. Auf dem Weg dorthin können die in der Taufe sakramental bereits verbundenen Menschen in der Feier des Mahls Kraft schöpfen sowie Ermutigung erfahren für den Dienst am Nächsten in der Welt" (GaTH, 8.5). Konkret wird die gegenseitige eucharistische Öffnung darin, dass katholische Christinnen und Christen an der evangelischen Abendmahlsfeier und evangelische Christinnen und Christen an der katholischen Eucharistie teilnehmen können – im wechselseitigen Respekt vor den je anderen Traditionen und liturgischen Feierformen. – Beruht die Teilnahme hier auf der Achtung vor der Gewissensentscheidung des einzelnen Kirchenmitglieds, so hat bei der „Interkommunion" die Zulassung zum Herrenmahl den Charakter einer gegenseitigen Einladung zweier Kirchen zur eigenen Abendmahls- bzw. Eucharistiefeier. Sie wird – nach wechselseitiger Absprache – gegenüber den Mitgliedern der anderen Konfession ausgesprochen. Entsprechende Vereinbarungen und Einladungen gibt es beispielsweise zwischen der EKD und der Church of England oder zwischen der EKD und dem Bistum der Altkatholiken in Deutschland. – „Konzelebration" bzw. „Interzelebration" setzt hingegen die volle Abendmahlsgemeinschaft resp. die volle Kirchengemeinschaft und damit die volle gegenseitige Anerkennung der Sakramente und der Ämter voraus. Bei der „Konzelebration" leiten die Geistlichen verschiedener Konfessionen den gemeinsamen Abendmahlsgottesdienst; bei der „Interzelebration" sind zwei oder mehrere Kirchen bereit, wechselseitig den Amtsträgern zu erlauben, ihren eucharistischen Gottesdienst zu leiten. Entsprechende Vereinbarungen sind z.B. Folge der Kanzel- und Abendmahlsgemeinschaft innerhalb der Gemeinschaft Evangelischer Kirchen in Europa (GEKE).

(5) In welcher Hinsicht kann die Teilnahme an der Liturgie einer anderen Konfession – was möglicherweise viel zu selten geschieht – für einen Gläubigen eine Bereicherung darstellen?

Gerade die bibel-theologischen und liturgiegeschichtlichen Kapitel der vorliegenden Studie zum Herrenmahl zeigen, dass Vielfalt in gewisser Weise Voraussetzung und dann auch Ausdruck lebendiger Einheit ist. Schon das Neue Testament bezeugt das eine Christusgeschehen in pluraler Gestalt. Entsprechend steht am Beginn der Abendmahlsüberlieferung weder das *eine* Abendmahlsverständnis noch die *eine* ursprüngliche Feierform, vielmehr eine Vielfalt – bis in die unterschiedlichen Fassungen der Einsetzungsworte hinein. Deshalb plädiert GaTH – anders als etwa das Lima-Dokument – nicht für eine neue, einheitliche Gestalt der eucharistischen Liturgie, sondern achtet die in den christlichen Konfessionen gewachsenen unterschiedlichen Formen der Abendmahls- und Eucharistiefeiern: nicht als Manifestation der Trennung, sondern als Ausdruck sich ergänzenden Reichtums; auch als Ressource der sichtbaren Einheit in versöhnter und versöhnender Verschiedenheit. Die positive Würdigung der Vielfalt bedeutet freilich nicht bloße Bestätigung des jeweiligen kirchlichen Status quo. Vielmehr führt sie ekklesiologisch zu einem konfessionellen Selbstverständnis, das die eigene Identität nicht als exklusiv, sondern als partizipativ bestimmt, weil die christlichen Konfessionen zu der einen Kirche Jesu Christi gehören und diese repräsentieren. Konfessionelle Polyphonie, die gegenseitige Verurteilung oder Fundamentalkritik hinter sich lässt, wird als Ausdruck der Gabenvielfalt des einen Leibes Jesu Christi begriffen, mit der sich beschenken zu lassen Zeichen christlicher Geschwisterlichkeit ist. „Die Kirchen brauchen die je anderen Kirchen, um ganz und vollständig werden zu können" (Fulbert Steffensky). Ökumene ist ein Mehrungsprozess, in dem sich die eigene Tradition von den Schätzen der anderen bereichern lässt. Das erlebt konkret, wer den Gottesdienst einer anderen Konfession besucht und deren Liturgie mitfeiert.

(6) Was hat eigentlich GaTH theologisch-liturgisch möglich gemacht? Auffallend ist eine neue Sicht auf die Vielfalt an liturgischen Feiergestalten in der Geschichte des Christentums, vor allem auch eine neue Gewichtung der persönlichen Gewissensentscheidung. Sind das auch aus evangelischer Sicht die entscheidenden Punkte?

Wie bereits erwähnt, macht GaTH sowohl die synchrone als auch die diachrone Pluralität von Feiergestalten des Herrenmahls bewusst. Sie steht der Einheit der Eucharistie nicht entgegen, sondern verleiht ihr auf verschiedene Weise Ausdruck. Die Studie zeigt, dass nicht trotz, sondern in den und aufgrund der unterschiedlichen liturgischen Formen der Abendmahls- bzw. Eucharistiefeier ein und dasselbe Geheimnis begangen wird. Vielfalt bedeutet freilich keineswegs Beliebigkeit! Die unterschiedlichen Weisen der Feier des Herrenmahls verbindet nämlich dies: dass sie immer im Glauben an die von Jesus Christus selbst verheißene Gegenwart stattfinden. Klar benennt GaTH – bei aller Variabilität – die unhintergehbaren Gemeinsamkeiten. Im Wesentlichen sind dies die folgenden sechs Markierungen (vgl. GaTH, 5.4): 1.) Jesus Christus ist in der Mahlfeier der Einladende. 2.) Jesus Christus ist im Mahl als Person real gegenwärtig. 3.) Im Herrenmahl vergibt Jesus Christus uns unsere Sünden und stiftet Gemeinschaft mit sich und untereinander. 4.) Die Mahlfeier setzt den physischen Genuss der Mahlelemente und die Teilnahme in glaubendem Vertrauen voraus. 5.) „Das Abendmahl/die Eucharistie soll regelmäßig im sonntäglichen Gottesdienst gefeiert werden. Die Leitung der Feier obliegt einem/einer Ordinierten. Es sollte allgemeine Regel sein, dass die das Mahl Feiernden mit Brot und Wein kommunizieren. Der würdevolle Umgang mit dem nicht verzehrten Element ist zu gewährleisten" (GaTH, 5.4.5). 6.) Es geht im Herrenmahl um die „Vergegenwärtigung des (einmaligen) Kreuzesgeschehens" (GaTH, 5.4.6). Die Vielfalt der Feierformen entfaltet sich um dieses Zentrum herum. Entscheidend ist dabei: Vielfalt und Einheit, Einheit und Vielfalt bedingen sich wechselseitig. – Das „Votum" des ÖAK ist seelsorglich orientiert. Es ruft nicht pauschal zur wechselseitigen Teilnahme an den Feiern von Abendmahl oder Eucharistie auf, sondern zielt auf das Gewissen des Einzelnen und die geistliche Qualität seines Urteils. Dabei handelt es sich nicht um eine nur formal oder neutral urteilende Instanz im Innern des Menschen. So war das Gewissen für Luther etwa derjenige Ort, an dem ich im Letzten von Gott berührt, geformt, verändert werden kann. Daran, ob ich die einladende Stimme Jesu Christi höre, indem ich die Worte und Zeichen der Abendmahls- bzw. Eucharistiefeier wahrnehme, und davon in meinem Herzen berührt werde, fällt die Entscheidung, ob ich an den Tisch des Herrn hinzutrete oder nicht.

(7) Innerhalb der Ökumene prallen derzeit zwei Sichtweisen aufeinander: das Beharren auf dem Trennenden und Unterscheidenden einerseits, das Bemühen um (differenzierten) Konsens und Gemeinsamkeit andererseits. Was ist das Ziel von Ökumene?

Die Studie GaTH ist der Methode des differenzierten Konsenses verpflichtet, indem, ausgehend von dem gemeinsamen Grundverständnis des Herrenmahls als Selbstvergegenwärtigung und Selbstgabe Jesu Christi, verschiedenen konfessionellen Entfaltungen dieses Geheimnisses Raum gegeben werden kann. Im Blick auf das eine Zentrum können unterschiedliche Ausgestaltungen gewürdigt werden, denn sie führen nicht zu Trennungen, auch nicht zu Abgrenzungen, sondern sind Ausdruck der „bunten Gnade Gottes" (vgl. 1 Petr 4,10). Nicht die Auflösung der konfessionellen Profile, auch nicht dies, sich selbst unkenntlich zu machen, ist somit Ziel der Ökumene. Vielmehr soll ihr trennender Charakter überwunden werden. Es geht um eine Ökumene der Gaben und der wechselseitigen Begabungen. Nicht Differenzen an sich sind das Problem. Sie werden allerdings zu einem solchen, wenn und insofern sie trennen und spalten. Was wir darum brauchen, ist dies: mehr Sichtbarkeit in der Einheit – und mehr Versöhnung in der Verschiedenheit und Vielfalt. Das Ziel aller ökumenischen Bemühungen besteht darum in der sichtbaren Einheit der Kirche Jesu Christi als vielfältig gestalteter Gemeinschaft unter dem einen Herrn, die in einem Glauben Gottesdienst feiert und sich an seinem Tisch versammelt.

(8) Die katholische Kirche in Deutschland unternimmt gegenwärtig einen sogenannten „Synodalen Weg" mit weitreichenden Reformzielen. Gibt es auch in den evangelischen Kirchen einen ähnlichen weitreichenden Reformbedarf? Und wenn nein, bräuchte es ihn?

Die Evangelische Kirche versteht sich seit ihren Anfängen als „ecclesia semper reformanda", als „eine stets reformbedürftige Kirche". Diese Formel hat erstmals der Schweizer Dogmatiker Karl Barth geprägt: in einem 1947 gehaltenen Vortrag über die sechste These der Barmer Theologischen Erklärung von 1934. In der Kirchenkonstitution des Zweiten Vatikanischen Konzils von 1964 findet sich übrigens eine vergleichbare Bestimmung. Da heißt es: „Ecclesia [...] sancta et semper purificanda", „die Kirche ist [...] zugleich heilig und immer der Reinigung bedürftig". Sie geht „immerfort den Weg der Buße" (LG 8), wie das Konzil – in einer auffälligen Parallele zu Luthers erster These zum Ablass von 1517 – sagt. Subjekt der permanenten Reformation ist nach Karl Barth die durch den Geist in Wort und Sakrament vermittelte Gnade Gottes; Objekt ist die Kirche. Damit trifft der Theologe präzise Luthers Verständnis von „Reformation". 1528 schrieb jener: „Die Kirche bedarf der Reformation, und diese ist nicht Werk eines einzigen Menschen [...], sondern der ganzen Welt, ja Gottes allein" (vgl. Luthers „Resolutionen oder Erklärung und Beweis der Thesen von der Kraft der Ablässe" zu These 89). Ziel aller evangeliumsgemäßen Reformen ist es, dass die Kirche in jeder Gegenwart auf Gott und sein Wort hört, mithin aufmerksame Kirche ist – und sich von da aus stets erneuert. – „Geistliche Profilierung statt undeutlicher Aktivität", so lautet entsprechend die erste Grundannahme des 2006 veröffentlichten Impulspapiers des Rates der EKD, das unter dem Motto „Kirche der Freiheit" Perspektiven für die evangelische Kirche im 21. Jahrhundert formuliert hat. Diese Schrift markiert den Beginn permanenter Reformprozesse in den Gliedkirchen, die 2020, mitbedingt durch die Corona-Krise, einen neuen Schub erhalten haben. Zeichenhaft stehen dafür „Zwölf Leitsätze zur Zukunft einer aufgeschlossenen Kirche" unter dem Titel „Hinaus ins Weite – Kirche auf gutem Grund", verabschiedet am 9. November 2020 von der EKD-Synode. Sie „bittet die Landeskirchen, die Leitsätze als Impulse in ihren eigenen Veränderungsprozessen zu berücksichtigen". „Christusbindung“, „Geistverheißung“ und „Nächstenliebe“, so lauten die drei Grundpfeiler, an denen sich die Evangelische Kirche von morgen zu messen habe. Und die Verpflichtung zu konfessionsverbindendem Handeln, sie findet sich sogleich in der Präambel zu den „Zwölf Leitsätzen“: „In einer Gesellschaft, in der Christen weniger werden, sollten wir in Zukunft mehr denn je in ökumenischer Verbundenheit handeln. Denn die evangelische Kirche ist immer nur ein Teil der einen Kirche Jesu Christi.“

Die Rezeption des Votums des Ökumenischen Arbeitskreises in leitenden Gremien der evangelischen Kirchen in Deutschland: Eine Zwischenbilanz

Martin Hein

The article describes the way the joint statement "Together at the Lord's table" has been received by church-governing bodies of the Protestant churches in Germany since its publication in 2019. In contrast to some doctrinal objections by the Catholic Church, there is overwhelming agreement among the Protestants. The statement has been regarded as a milestone on the path of ecumenical understanding on the Lord's Supper / Eucharist. From a Protestant perspective, there are no obstacles preventing mutual invitation. Nevertheless, questions about the way ministry and ordination are understood remain to be clarified, also in Protestant churches.

1. Die Präsentation

Am 11. September 2019 fand die öffentliche Vorstellung des Votums „Gemeinsam am Tisch des Herrn“ durch Prof. Dr. Dorothea Sattler und Prof. Dr. Volker Leppin als wissenschaftlicher Leitung des Ökumenischen Arbeitskreises und Bischof Dr. Georg Bätzing und mich als den beiden bischöflichen Vorsitzenden im Frankfurter „Haus am Dom" statt.[1]

Der Vorgang als solcher war bemerkenswert: Bis in die 1960er Jahre hinein tagte der 1946 gegründete Arbeitskreis in selbstgewählter Diskretion, um dadurch einen unbefangenen und unreglementierten Austausch untereinander zu ermöglichen. Erstmals wurden 1963 überhaupt einzelne bisher gehaltene Vorträge in einem Sammelband publiziert[2] und damit – im zeitlichen Kontext zum Zweiten Vatikanischen Konzil – einer interessierten Öffentlichkeit zur Kenntnis gebracht. Obwohl seit 1982 in der eigens ins Leben gerufenen Reihe „Dialog der Kirchen" regelmäßig die Vorarbeiten und Ergebnisse der Beratungen des Arbeitskreises publiziert wurden, verblieben die Beschäftigung und Auseinandersetzung damit überwiegend im theologisch-kirchlichen Raum.

Eine breitere Öffentlichkeit wurde erstmals bewusst intendiert, als die Studie „Reformation 1517-2017. Ökumenische Perspektiven"[3] – zeitlich verzögert – am 25. März 2015 im Rahmen einer Pressekonferenz im Exerzitienhaus Himmelspforten in Würzburg vorgestellt wurde.[4] Den Mitgliedern des Arbeitskreises lag angesichts der kaum überschaubaren Vielzahl von Publikationen im Vorfeld des Reformationsjahres 2017 daran, den eigenen Überlegungen die Chance einer größeren Publizität und Rezeption zu geben, als das bei den bisherigen Veröffentlichungen der Fall war. Dem Ziel einer breiteren medialen Resonanz diente zugleich die Entscheidung, dass der Band auch eine englische Übersetzung enthalten solle.

Die Thematik „Abendmahl / Eucharistie" beschäftigte den Arbeitskreis seit etlichen Jahren. Angesichts mancher Debatten, die dazu in der Öffentlichkeit geführt wurden, ging er davon aus, dass seine Ergebnisse nicht ausschließlich den Kreis ökumenisch Engagierter interessieren würden.[5] Daher wählten Leitung und Vorsitzende erneut den Weg eines

---

1 https://bistumlimburg.de/beitrag/gemeinsam-am-tisch-des-herrn/ (Aufruf: 16.01.2021).

2 Edmund Schlink / Hermann Volk (Hg.), Pro veritate. Ein theologischer Dialog. Festgabe für Erzbischof Lorenz Jaeger und Bischof Wilhelm Stählin, Münster / Kassel 1963. – Zur Öffentlichkeitsscheu des Arbeitskreises in den Anfangsjahren vgl. Barbara Schwahn, Der Ökumenische Arbeitskreis Evangelischer und Katholischer Theologen von 1946 bis 1975 (Forschungen zur systematischen und ökumenischen Theologie 74), Göttingen 1996, 59–62.

3 Volker Leppin / Dorothea Sattler (Hg.), Reformation 1517-2017. Ökumenische Perspektiven (Dialog der Kirchen 16), Freiburg / Göttingen 2014.

4 https://www.luther2017.de/neuigkeiten/studie-reformation-1517-2017-oekumenische-perspektiven/index.html; https://bistummainz.de/pressemedien/pressestelle/nachrichten/nachricht/Reformation-1517-2017.-Oekumenische-Perspektiven/ (Aufruf: 16.01.2021).

5 Die englische Fassung erschien erst in der Druckausgabe: Volker Leppin / Dorothea Sattler (Hg.), Gemeinsam am Tisch des Herrn. Ein Votum des ökumenischen Arbeitskrei-

medialen Aufschlags in Gestalt der Einladung zu einer Pressekonferenz.[6]

Es war nach der Lektüre des Textes für alle deutlich: Das Votum spricht sich nicht für eine *gemeinsame* Feier des Abendmahls / der Eucharistie im Sinne der Interzelebration oder Interkommunion aus, sondern allein für eine *wechselseitige* Einladung. Womöglich ist in dieser Hinsicht – rückblickend betrachtet – der Titel „Gemeinsam am Tisch des Herrn" unscharf, weil er Erwartungen wecken konnte, die das Papier nicht intendiert. Seine Absicht bleibt einstweilen begrenzt, wenn auch über die bestehenden lehramtlichen Restriktionen hinausführend. Und es geht – um weiteren Missverständnissen zu wehren – nicht darum, für Einzelfälle eine „seelsorglich" begründete Ausnahme dergestalt zu eröffnen, dass Angehörige anderer Konfessionen ohne Gewissensnot an der katholischen Eucharistiefeier partizipieren können – und umgekehrt. Nein, der Akzent liegt eindeutig auf der theologisch begründeten Voraussetzung, dass trotz aller ekklesialen Unterschiede im Verständnis von Eucharistie / Abendmahl inzwischen eine gemeinsame Basis besteht, die es nach gewissenhafter persönlicher Prüfung Christinnen und Christen *prinzipiell* ermöglicht, das Abendmahl / die Eucharistie in der jeweils anderen Kirche unter den dort leitenden Bedingungen zu empfangen!

Die Ausführungen in der Frankfurter Pressekonferenz gipfelten in zwei Spitzenbemerkungen. Bischof Georg Bätzing drückte angesichts bereits zu vermutender Vorbehalte auf römisch-katholischer Seite die Erwartungen aus: „Das Einzige, was ich mir in dem nun beginnenden Diskussionsprozess nicht vorstellen kann, ist ein apodiktisches: so nicht! Dann werde ich zurück fragen: Wie denn dann? Wie denn anders?"[7] Und Volker Leppin forderte explizit eine Umkehrung der Argumentationslinie. Nicht mehr die gegenseitige Einladung, sondern die Restriktionen gegenüber der Teilnahme von Christinnen und Christen anderer Konfession müssten ihrerseits begründet werden: „Damit scheue ich mich nicht zu sagen: Heute ist ein historischer Tag für die Kirche. Und unser Votum argumentiert auf einer so breiten biblischen und wissenschaftlichen Grundlage, dass sich die Argumentationslast gegenüber dem Gewohnten umkehrt: Wer etwas gegen die Abendmahlsgemeinschaft sagen will, braucht sehr starke Gründe."[8]

---

ses evangelischer und katholischer Theologen / Together at the Lord's table. A statement of the Ecumenical Study Group of Protestant and Catholic Theologians (Dialog der Kirchen 17), Freiburg / Göttingen 2020.

6 https://bistumlimburg.de/beitrag/gemeinsam-am-tisch-des-herrn/ (Aufruf: 16.01.2021).

7 https://bistumlimburg.de/fileadmin/user_upload/PK_11092019_Ba_tzing.pdf (Aufruf: 16.01.2021).

8 https://bistumlimburg.de/fileadmin/user_upload/PK11092019.pdf (Aufruf:

2. Eine erste kirchenleitende Reaktion im evangelischen Raum

Trotz des Gangs in die Öffentlichkeit blieb die unmittelbare Reaktion auf „Gemeinsam am Tisch des Herrn" eher wohlwollend verhalten[9] – auch in der Evangelischen Kirche in Deutschland (EKD) und den evangelischen Landeskirchen. Das mag vorderhand seinen Grund darin haben, dass evangelische Kirchen seit langem die so genannte „eucharistische Gastbereitschaft" erklärt hatten[10], es sich also für sie um eine bereits bewährte Praxis handelt. Das Votum des Arbeitskreises setzt nun einen inhaltlich begründeten Impuls zur *Mutualität*!

Damit beschäftigte sich der Rat der EKD auf seiner Tagung am 6./7. Dezember 2019. In der internen Vorlage für diesen Tagesordnungspunkt heißt es: „Entscheidend [...] ist für die evangelische Kirche, dass dieser Text mit einer theologisch substantiellen Begründung die Last von den Gewissen jener nimmt, die schon jetzt an der jeweils anderen Gestalt des Herrnmahls feiernd, betend und hoffend teilnehmen. Die Erfahrung zeigt, dass die wechselseitige Teilnahme an der je anderen Herrenmahlsfeier ohne Identitätsverlust oder Interzelebration eine faktisch genutzte Form der Ökumene auch jenseits von Ehepaaren geworden ist."[11]

Diesen Duktus aufnehmend, veröffentlichte der Rat – nach weiteren Erörterungen – am 28. Februar 2020 eine offizielle Stellungnahme zum Votum des Arbeitskreises.[12]

Er dankt ausdrücklich für die Ausarbeitung des Textes und würdigt „das Dokument als eine theologisch konsequente Fortsetzung des mit der wechselseitigen Anerkennung der Taufe 2007 und des in diesem Zusammenhang formulierten Grundeinverständnisses beschrittenen Weges der Vertiefung der ökumenischen Beziehungen." Für den Rat ist also der enge Konnex zwischen Taufe und Abendmahl leitend! Darauf aufbauend hofft er, „die in vielfacher Hinsicht bereits erzielten Gemeinsamkeiten auch mit Blick auf die gegenwärtige Praxis der Feier des

16.01.2021).

9 Vgl. aber immerhin unmittelbar aus der Città del Vaticano: Stefan von Kempis, Gemeinsam am Tisch des Herrn?, https://www.vaticannews.va/de/kirche/news/2019-09/eucharistie-abendmahl-gastfreundschaft-oekumene-arbeitskreis-deu.html (Aufruf: 16.01.2021): „Dennoch – ein inspirierendes, weiterführendes Papier! Es hat das Zeug, uns näher zur Einheit hinzuführen. Der Vatikan wird es, auch wenn er sich öffentlicher Kommentare enthalten dürfte, aufmerksam zur Kenntnis nehmen." In der Tat!

10 Vgl. etwa die Bekanntmachung des Evangelischen Oberkirchenrats der Evangelischen Landeskirche in Baden vom 19. November 1974, https://www.kirchenrecht-ekiba.de/document/4391 (Aufruf: 01.02.2021).

11 Kirchenamt der EKD, Az. 5504/4 4.01, Hannover, 26.11.2019.

12 https://www.ekd.de/ekd_de/ds_doc/200228_Stellungnahme_Rat_der_EKD_Gemeinsam_am_Tisch_des_Herrn.pdf (Aufruf: 16.01.2021).

Abendmahles bzw. der Eucharistie zu vertiefen". Die Ausführungen des Votums würden gewährleisten, dass sowohl evangelische wie katholische Christinnen und Christen „ihren Glauben darin wiedererkennen können". Zugleich sieht er die evangelische Praxis der „eucharistischen Gastfreundschaft" bestärkt. Das Votum eröffne „einen Raum, in dem die oftmals in den Gemeinden vorzufindende Praxis einer wechselseitigen Teilnahme am Abendmahl bzw. Eucharistie ohne Belastung der Gewissen möglich wird".

Der Rat der EKD verkennt freilich nicht, „dass in dieser Perspektive auch Fragen an die evangelische Abendmahlspraxis im Blick auf Leitung und Gestaltung verbunden sind". Hinter dieser eher allgemeinen Formulierung verbergen sich konkrete katholische Rückfragen hinsichtlich eines ökumenisch kompatiblen Verständnisses des evangelischen ordinationsgebundenen Amtes[13], des Umgangs mit den Elementen nach der evangelischen Abendmahlsfeier[14] und des konstitutiven Zusammenhangs von Taufe und Abendmahl[15].

Die ausgesprochen wohlwollende Stellungnahme des Rates der EKD schließt mit der Bitte an die katholische Seite, „das Votum des Ökumenischen Arbeitskreises als Fortschreibung der mit der pastoralen Handreichung der Deutschen Bischofskonferenz ‚Mit Christus gehen – Der Einheit auf der Spur'[16] von 2018 eröffneten Perspektive einer eingehenden Beratung zu unterziehen".

3. Die Intervention der Glaubenskongregation

Bei dieser kirchenleitenden Reaktion blieb es einstweilen auf evangelischer Seite. Der Arbeitskreis hätte sich bereits zu diesem Zeitpunkt gewünscht, dass sich mehr Synoden, Kirchenleitungen oder Theologische Ausschüsse in den Landeskirchen mit dem Votum befassen.

Zu Hilfe kam einer eingehenderen Diskussion in evangelischen Gremien unwillentlich der retardierende Zwischenruf der Römischen Glaubenskongregation in Gestalt eines Briefes des Präfekten, Luis Kardinal Ladaria, vom 18. September 2020.[17] Er war an den Vorsitzenden der

13 Volker Leppin / Dorothea Sattler (Hg.), Gemeinsam am Tisch des Herrn (Anm. 5) 70–74.

14 Ebd., 63.

15 Ebd., 82.

16 Orientierungshilfe: „Mit Christus gehen – Der Einheit auf der Spur. Konfessionsverbindende Ehen und gemeinsame Teilnahme an der Eucharistie" vom 20. Februar 2018; https://www.dbk.de/fileadmin/redaktion/diverse_downloads/dossiers_2018/08-Orientierungshilfe-Kommunion.pdf (Aufruf: 16.01.2021).

17 https://www.dbk.de/fileadmin/redaktion/diverse_downloads/dossiers_2020/2020-

Deutschen Bischofskonferenz, Bischof Bätzing, gerichtet, inzwischen seit 2019 – in der Nachfolge von Karl Kardinal Lehmann – zugleich katholischer Vorsitzender des Ökumenischen Arbeitskreises.[18] Das Bekanntwerden der Bedenken, die die Glaubenskongregation in vier Anfragen im Anhang der Schreibens formulierte[19], erzeugte schlagartig auch in den evangelischen Kirchen wie in der allgemeinen Öffentlichkeit die Aufmerksamkeit, die sich der Arbeitskreis von Anfang an gewünscht hatte, aber wohl nie erreicht hätte!

4. Synodale Befassung

Es war der pfälzische Kirchenpräsident Dr. h.c. Christian Schad, der am 9. November 2020 im Rahmen der 7. Tagung der 12. Synode der EKD in seinem „Bericht über die Catholica-Arbeit in der EKD und GEKE" eingehend das Votum aufnahm und würdigte.[20] Schad war dazu insofern prädestiniert, als er nicht nur Vorsitzender der Union Evangelischer Kirchen in der EKD (UEK) und evangelischer Vorsitzender des Kontaktgesprächskreises zwischen Deutscher Bischofskonferenz und dem Rat der EKD ist[21], sondern im April 2020 – nach meiner Pensionierung – für

09-18_Kard.-Ladaria_Lettera-Vorsitzender-DBK.PDF (Aufruf: 16.01.2021).

18 Darüber wird an anderer Stelle dieses Bandes berichtet.

19 https://www.dbk.de/fileadmin/redaktion/diverse_downloads/dossiers_2020/2020-09-18_Kard.-Ladaria_Lettera_Anlage-Vorsitzender-DBK.PDF (Aufruf: 16.01.2021).

20 Bereits in der gemeinsamen Sitzung der 12. Generalsynode der Vereinigten Evangelisch-Lutherischen Kirche Deutschlands (VELKD) und der 3. Vollkonferenz der Union Evangelischer Kirchen in der EKD (UEK) am 9.November 2019 in Dresden hatte Kirchenpräsident Schad das Votum des ÖAK vorgestellt und dabei unterstrichen, der neutestamentliche Befund zeige, „dass es weder das eine Abendmahlsverständnis noch die eine ursprüngliche Feierform gibt, vielmehr am Anfang die Vielfalt steht – bis in die unterschiedlichen Fassungen der Einsetzungsworte hinein". Diese Einsicht räume „auf mit der Fiktion, als habe am Beginn eine Einheit gestanden; das Gegenteil ist der Fall. Am Anfang steht auch hier die Vielfalt der Feierformen." Dementsprechend rede „die Studie nicht einer neuen, einheitlichen Form der eucharistischen Liturgie das Wort. Sie plädiert vielmehr für die wechselseitige Teilnahme an den Feiern von Abendmahl bzw. Eucharistie – in Achtung der je anderen liturgischen Traditionen"; https://www.uek-online.de/downloads/Catholica_Bericht_Schad_2019.pdf (Aufruf: 31.01.2021). – Der Catholica-Beauftragte der VELKD, Landesbischof Dr. Karl-Hinrich Manzke (Bückeburg), ging am 7. November 2020 in seinem Bericht vor der Generalsynode der VELKD absprachegemäß nur kurz auf das ÖAK-Votum ein und betonte, die Studie zeige „eine Grundlage dafür auf, dass evangelische Christinnen und Christen an der katholischen Eucharistiefeier teilnehmen können und umgekehrt". Sie biete „die argumentative Grundlage für eine Praxis, die vielerorts längst im Wissen der beteiligten Kirchen angewendet wird, und legt diese den Kirchen ans Herz"; https://www.velkd.de/downloads/DS08-Catholica-Bericht-GS-2020.pdf (Aufruf: 31.01.2021).

21 Der Kontaktgesprächskreis hatte sich seinerseits am 6. Mai 2020 über das Votum und eine gemeinsame „Würdigung" beraten. Dieser Text sollte auf der Herbstvollversammlung der Deutschen Bischofskonferenz vorgelegt werden, wurde aber angesichts des

die evangelische Seite auch den bischöflichen Vorsitz im Ökumenischen Arbeitskreis übernommen hatte.

Kirchenpräsident Schad ging auf die bisherige Rezeption des Votums im Rat der EKD und im Kontaktgesprächskreis ein und formulierte eingangs drei Aspekte, die „für die Auseinandersetzung mit dem Text auf evangelischer wie auf katholischer Seite von besonderer Bedeutung zu sein scheinen – und die für die noch ausstehende Beratung in beiden Kirchen zentral sein können“[22]:

1. Es sei beachtlich, dass in dem Votum „evangelische und katholische Christen mit guten Gründen anerkennen können, dass sie nicht nur im Verständnis der Taufe, sondern auch im Verständnis des Herrenmahls von einem ‚Grundeinverständnis' getragen sind“. Katholischerseits werde explizit bejaht, „dass das Geheimnis von Tod und Auferstehung Jesu Christi in dessen sakramentaler Selbstvergegenwärtigung auch im evangelischen Abendmahl zum Heil der Glaubenden wirksam wird“.

2. Damit verbinde sich – bei allen weiterhin amtstheologisch und ekklesiologisch bestehenden Differenzen zwischen beiden Kirchen – die Einsicht, „dass das ordinierte Amt, das dem Abendmahl vorsteht, in seiner geistlichen Dignität und Wirksamkeit von katholischer Seite anerkannt wird“. Wenn dies aber zutreffe, sei die evangelische Seite ihrerseits genötigt, „die regional uneinheitlich geregelte und ökumenisch nicht immer transparente Ordinationspraxis theologisch und rechtlich zu klären“. Hier zeigte sich Schad zuversichtlich: „Dieser notwendige Klärungsprozess ist in vollem Gange!“

3. Das Votum des Ökumenischen Arbeitskreises folge der „Methode des differenzierten Konsenses“ und sehe die „verbleibenden Differenzen als nicht mehr kirchentrennend“ an. Dies bedeute keineswegs eine Relativierung der Unterschiede zwischen evangelischer und katholischer Kirche. Aber die Wahrnehmung des differenzierten Konsenses ermögliche es, das eigene ekklesiologische Selbstverständnis nicht „primär durch Abgrenzung zu definieren“. Die Verurteilungen der Vergangenheit könnten „in der Einsicht überwunden

---

Einspruchs der Glaubenskongregation nicht behandelt. Allerdings erfolgte zeitgleich am 6. Oktober 2020 die Veröffentlichung des Wortlauts durch die Pressestelle der EKD und der DBK:
https://www.ekd.de/ekd_de/ds_doc/201006_Wuerdigung_Kontaktgespraechskreis_zum_Votum_des_OEAK.pdf (Aufruf: 29.01.2021).

[22] https://www.ekd.de/ekd_de/ds_doc/04-TOP-IV-Bericht-Catholica-Arbeit.pdf (Aufruf: 31.01.2021).

> werden, dass die verschiedenen Konfessionen unterschiedliche Traditionen bewahrt haben, die von der Mitte, von Jesus Christus her konstruktiv aufeinander zu beziehen sind".

Damit sind für die weitere Diskussion um das Votum des ÖAK wesentliche Markierungen gesetzt. Es wird aufschlussreich sein zu beobachten, ob die darin ausgesprochenen Voraussetzungen und Konsequenzen von lehramtlicher katholischer Seite geteilt werden oder ob Schads Plädoyer für eine Wahrnehmung der transzendierenden Funktion des Votums als zu optimistisch eingeschätzt wird. Aus evangelischer Perspektive ist Schads Argumentation jedenfalls vollkommen schlüssig!

Entsprechend enttäuscht zeigte er sich, dass die „Lehrmäßigen Anmerkungen" der Glaubenskongregation nun doch wieder die Abgrenzung zu evangelischer Kirche und Theologie in den Vordergrund rückten: „Von evangelischer Seite wird man nicht umhin können, nüchtern zur Kenntnis zu nehmen, dass die in jahrzehntelanger ökumenischer Arbeit an theologisch kontroversen Themen erzielten Einsichten und Ergebnisse – gerade auch im Blick auf das Abendmahlsverständnis und die Lehre von den kirchlichen Ämtern – es nicht vermochten, zu einer Überwindung der Trennung am Tisch des Herrn zu führen. Die Bereitschaft, aus theologischen Einsichten praktische Folgerungen zu ziehen, ist noch mit erheblichen Vorbehalten behaftet."

Dem ist im Grunde nichts hinzuzufügen. Die am 6. Januar 2021 publizierte Antwort des Arbeitskreises[23] auf die vier Anfragen der Glaubenskongregation und erste Reaktionen darauf zeigen die Dringlichkeit, aber auch die Brisanz der theologischen Auseinandersetzung. Hier sollten sich Synoden und kirchenleitende Gremien ihrer lehrmäßigen Verantwortung bewusst sein und die Thematik intensiv erörtern, um damit dem Anliegen von „Gemeinsam am Tisch des Herrn" einen starken Schub zu geben.[24]

---

23 https://dynamic.faz.net/download/pdf/GaTH_Lehrma_ige_Anmerkungen._Stellungnahme_des_OAK.pdf (Aufruf: 31.01.2021).

24 Ein Beispiel, wie dies geschehen kann, ist die Lesehilfe, die im Auftrag der Kirchenverwaltung der Evangelischen Kirche in Hessen und Nassau von Pfarrer Dr. Jörg Bickelhaupt und Pfarrer Martin Bräuer DD. erarbeitet wurde;
https://www.zentrum-oekumene.de/fileadmin/redaktion/Kirchen_und_internationale_Gemeinden/Hinf%C3%BChrung_zum_Text_Gemeinsam_am_Tisch_des_Herrn%E2%80%9C.pdf (Aufruf: 31.01.2021);
vgl. auch ausführlich Jörg Bickelhaupt, Gemeinsam feiern, was (noch nicht ganz!?) gemeinsam ist, in: Hessisches Pfarrblatt 2 / April 2020, 47–57.

5. Ein Seitenblick

Es mag überraschen, dass sich im aktuellen Rezeptionsprozess des Votums auch die Selbständige Evangelisch-Lutherische Kirche (SELK) zu Wort meldete, indem sie eine Stellungnahme veröffentlichte, die ihr ehemaliger Bischof Dr. Jobst Schöne und Prof. em. Dr. Werner Klän erarbeitet hatten.[25]

Bei näherem Hinsehen allerdings erschließt sich relativ schnell, warum von Seiten der SELK eine „lutherische Antwort" erfolgt bzw. geradezu erfolgen musste: Denn jede gemeinsam beschriebene und gemeinsam geteilte Grundvoraussetzung im Blick auf Abendmahl und Eucharistie tangiert prinzipiell in doppelter Hinsicht das Selbstverständnis einer sich ausdrücklich und ausschließlich lutherisch definierenden Kirche: zum einen im Verhältnis zur römisch-katholischen Kirche[26], zum anderen gegenüber den evangelischen Kirchen in Deutschland, zumindest aber zur VELKD.

Im Ton verbindlich angesichts der Reputation der an der Abfassung von „Gemeinsam am Tisch des Herrn" beteiligten Theologinnen und Theologen, hebt die umfangreiche Stellungnahme in der Sache umso härter einen unüberbrückbaren Gegensatz zur lutherischen Lehre hervor, wie die Verfasser sie ihrerseits deuten. Das führt zu dem Urteil: „Non possumus"![27]

Ihre Ablehnung des Votums resultiert aus dem Vorwurf, hier sei eine ungenügende, weil unterbestimmte Deutung der Realpräsenz Jesu Christi im Abendmahl bestimmend. Das im Votum des Arbeitskreises zum Ausdruck kommende Verständnis der Gegenwart Christi orientiere sich bedauerlicherweise an der nivellierenden Tendenz der Leuenberger Konkordie – ein Vorwurf (oder Vorbehalt), der sich auch in den „Lehrmäßigen Anmerkungen"[28] findet.

Im Votum des ÖAK entdecken die Verfasser „eine erstaunliche Abwertung der Schriftautorität und eine hurtige Preisgabe des katholischen Bekenntnisses zur sakramentalen Wirklichkeit", bei den evangelischen Mitgliedern des Arbeitskreises zudem „Union" und „Leuenberg", um abschließend – in militärischer Diktion – denn doch schweres Ge-

---

25 Jobst Schöne / Werner Klän, Gemeinsam am Tisch des Herrn. Eine lutherische Antwort (Lutherische Orientierung 15), Hannover 2020.

26 Zwischen dem Internationalen Lutherischen Rat, dem die SELK angehört, und dem Päpstlichen Rat zur Förderung der Einheit der Christen gab es bis 2019 eine gemeinsame Arbeitsgruppe, die einen informellen Dialog führte; https://ilc-online.org/tag/roman-catholic/ (Aufruf: 01.02.2021).

27 Jobst Schöne / Werner Klän, Gemeinsam am Tisch des Herrn. Eine lutherische Antwort (Anm. 25) 25.

28 Vgl. Lehrmäßige Anmerkungen (Anm. 17) 4.

schütz aufzufahren: „Auf lutherische Christen muss deshalb die Studie des ÖAK wie ein Frontalangriff auf ihr Bekenntnis wirken, wie es in den lutherischen Bekenntnisschriften und den Schriften des Reformators zu finden ist". Die katholischen Mitglieder hätten sich „gründlich von der Lehrtradition ihrer Kirche" abgewandt. Dieser „Angriff" komme „umso massiver daher, weil er sich ausgibt als dem ökumenischen Gedanken, der Einheit der Christenheit, verpflichtet, wissenschaftlich abgesichert zu sein vorgibt, den ‚Stand der Forschung' wiedergeben will und von vielen namhaften Theologinnen und Theologen sowohl protestantischer wie römisch-katholischer Seite unterzeichnet ist".[29]

Schärfer hätte auch das Urteil der katholischen Glaubenskongregation nicht ausfallen können!

Innerevangelisch betrachtet gründet das Urteil, das in „Gemeinsam am Tisch des Herrn" entfaltete Verständnis von Abendmahl / Eucharistie widerspreche den lutherischen Bekenntnisschriften, denn doch in einer sehr verengten Bekenntnishermeneutik![30] Die Verfasser werden sich vermutlich auch durch die Stellungnahme des Ökumenischen Arbeitskreises, die ausführlich auf die Frage des Verständnisses von „Realpräsenz" eingeht, kaum überzeugen lassen.[31]

6. Die Stellungnahme der Bischofskonferenz der VELKD

Verhältnismäßig spät, im März 2021, äußerte sich die Bischofskonferenz der VELKD zur Studie des Arbeitskreises.[32] Die Stellungnahme war von einer Arbeitsgruppe vorbereitet und in der Bischofskonferenz diskutiert und verabschiedet worden. Ein eigenes Votum erschien der Bischofskonferenz insofern notwendig, als der Arbeitskreis „kein lutherisch-katholisches Gremium" darstelle und er eine Position entfaltet habe, „in der sich die lutherische, reformierte und unierte Tradition ge-

[29] Jobst Schöne / Werner Klän, Gemeinsam am Tisch des Herrn. Eine lutherische Antwort (Anm. 25) 28.
[30] Vgl. demgegenüber den Ansatz in „Gemeinsam am Tisch des Herrn" (Anm. 5) 54–64.
[31] Vgl. Stellungnahme zu den „Lehrmäßigen Anmerkungen" (Anm. 23) 15–18 „Realpräsenz": „Bei gegenwärtigen ökumenischen Lernprozessen ist es sehr wichtig, sich nicht allein eines überlieferten Denkmodells mit philosophischen Anleihen zu bedienen, sondern unter Wahrung des Sachgehaltes der theologischen Erkenntnis auch nach neuen Ansätzen zum Verständnis der Gegenwart Jesu Christi im Mahlgeschehen zu fragen. Hier hat gerade der in den aktuellen Dialogpapieren etablierte, differenzierte Konsens eine ökumenische Methodik auf hermeneutischer Ebene begründet, die es ermöglicht, nach neuen Worten bei der Beschreibung der Realpräsenz Jesu Christi zu suchen, bei denen die jeweiligen Anliegen der Konfessionen bewahrt bleiben" (17f.).
[32] Vgl. www.velkd.de/velkd-texte-190-Stellungnahme-BIKO-GTH (Aufruf: 12.04.2021).

meinsam wiederfinden können“[33]. Es sei folglich „naheliegend, die Überlegungen […] aus lutherischer Perspektive eigens zu sichten und zu würdigen“.

Die Stellungnahme beschränkt sich darauf, zwei Kernthemen in den Blick zu nehmen, die für eine sich lutherisch verstehende Abendmahlslehre von grundlegender Bedeutung sind: „Die Selbsthingabe Jesu Christi in der Feier des Abendmahls“[34] und „Amtstheologische Aspekte“[35].

Ausdrücklich betont sie, die lutherische Tradition halte unbedingt „an der Realpräsenz des Leibes und Blutes Christi ‚in‘, ‚mit‘ und ‚unter‘ Brot und Wein“ fest, richte den Fokus allerdings nicht isoliert auf diesen Gesichtspunkt, sondern suche „Realpräsenz“ in Verbindung mit den Einsetzungsworten „im Zusammenhang der Mahlfeier als Ganzer“ zu verstehen. Das Abendmahl sei „als eine den Glauben stärkende und vergewissernde Verheißung zu sehen, als bedingungslose Zusage Jesu Christi selbst“. Der in den Elementen gegenwärtige Christus schenke sich uneingeschränkt allen, die Brot und Wein empfangen. Indem auch das Votum des ÖAK das Abendmahl als „Selbsthingabe Jesu Christi“[36] begreife – und die Versuche einer angemessenen Deutung von Realpräsenz nicht einfach überspiele, aber „letztlich als ‚nachgeordnet‘“ verstehe –, nehme es „entscheidende Anliegen der lutherischen Tradition auf“. Von der „im Abendmahl gewährten Gemeinschaft mit Christus“ her stelle das Votum zu Recht den „Zusammenhang von Abendmahl und Kirchengemeinschaft“ heraus.

Sachgemäßheit aus lutherischer Perspektive attestiert die Stellungnahme dem Votum auch hinsichtlich des dort entfalteten evangelischen Amtsverständnisses. Dessen wesentliche Charakteristika findet sie angemessen wiedergegeben: Von Gott eingesetzt, werde das Amt durch eine „ordnungsgemäße Berufung“ übertragen. Es sei „eingebettet in die apostolische Sendung der ganzen Kirche“. Die Übertragung erfolge durch Ordination oder Beauftragung „unter Handauflegung durch einen Repräsentanten bzw. eine Repräsentantin der überregionalen Episkopé“. Sie gelte „lebenslang“. Die Feier des Abendmahls vollziehe sich unter der Leitung einer „ordnungsgemäß“ berufenen Person. Diese fünf Aspekte seien geeignet, „die ökumenische Verständigung im Blick auf das ordinationsgebundene Amt weiter zu fördern“. Die Gültigkeit des römisch-katholischen Amtes und der von ihm vollzogenen Handlungen anzuzweifeln, bestehe weder Grund noch Anlass.

---

33 Ebd., 2.
34 Ebd., 3f.
35 Ebd., 4–6.
36 Ebd., 4.

Können also „lutherische Christinnen und Christen an römisch-katholischen Eucharistiefeiern ohne Gewissensbelastung teilnehmen“[37]? Immerhin heben „die in den eucharistischen Hochgebeten enthaltenen Aussagen [...] die Gemeinschaft mit dem Ortsbischof und dem Papst“ hervor. Die Antwort der Bischofskonferenz lautet: Eine Teilnahme Evangelischer an der Eucharistie impliziere nicht, dass diese sich in Gänze den „Verbindlichkeitserwartungen“ der römisch-katholischen Kirche unterstellen müssen. Die Bitten für Ortsbischof und Papst könnten aber „als Ausdruck geistlicher Verbundenheit innerlich“ mitvollzogen werden. Das Votum des ÖAK vertraue „in seiner Zielsetzung auf die sorgfältige Gewissensbildung der Gläubigen in allen Konfessionen“[38].

Zusammenfassend weist die Stellungnahme der Bischofskonferenz auf das Erfordernis hin, „die Frage nach dem Verhältnis von Kirchengemeinschaft und Abendmahlsgemeinschaft“[39] theologisch weiter zu klären. Sie schließt ihre Würdigung des Votums mit der Empfehlung: „Die ökumenischen Partner sollten einander Zeit und Gelegenheit geben, sich gegenseitig einzuladen und sich einladen zu lassen.“[40]

7. Ausblick

Die Rezeption des ÖAK-Votums in Gremien der evangelischen Kirchen in Deutschland ist keineswegs abgeschlossen. Womöglich können die Diskussionen auf dem 3. Ökumenischen Kirchentag in Frankfurt – selbst unter den sehr eingeschränkten Bedingungen – die Wahrnehmung des Votums noch fördern und intensivieren.

Bei den nächsten Schritten wird nicht allein zu beachten sein, wie die Glaubenskongregation, aber auch die Deutsche Bischofskonferenz auf die erläuternde „Stellungnahme“ des Ökumenischen Arbeitskreises reagieren. Es stellen sich aus meiner Sicht beim weiteren Rezeptionsprozess zumindest drei Erfordernisse:

1. Bisweilen werden von verschiedenen Richtungen die Klärungen, die die Leuenberger Konkordie 1973 im Blick auf die Jahrhunderte langen innerevangelischen Abendmahlsstreitigkeiten brachte[41], kri-

[37] Ebd., 5.
[38] Ebd., 7.
[39] Ebd., 6.
[40] Ebd., 7.
[41] Vgl. LK 15: „Im Abendmahl schenkt sich der auferstandene Jesus Christus in seinem für alle dahingegebenen Leib und Blut durch sein verheißendes Wort mit Brot und Wein. Er gewährt uns dadurch Vergebung der Sünden und befreit uns zu einem neuen Leben aus Glauben. Er läßt uns neu erfahren, daß wir Glieder an seinem Leibe sind. Er stärkt

tisch angefragt. „Leuenberg" erscheint geradezu als Schibboleth einer unsachgemäßen Abendmahlstheologie. Demgegenüber ist von evangelischer Seite nachdrücklich zu betonen, dass es hinter die damals gefundenen Formulierungen aus wohlerwogenen Gründen kein Zurück gibt. Vielmehr gilt es, den Ausgleich zwischen lutherischer und reformierter Tradition als gelungenes Beispiel ökumenischer Annäherung und Gemeinschaft stark zu machen!

2. Das Votum des Ökumenischen Arbeitskreises richtet sich nicht allein und ausschließlich an die römisch-katholische Kirche und deren bisher exklusive Praxis. Solch eine Einschätzung ginge völlig an seiner Intention vorbei. Auch evangelischer Theologie und Kirche werden Aufgaben gestellt, die im Licht des erreichten differenzierten Konsenses zu bearbeiten sind. Darauf verweisen alle bisherigen kirchenleitenden Reaktionen. Die vergleichsweise knappe und normierende Formulierung von Abschnitt 5.4.5 des Votums[42] nötigt vor allem dazu, die während der vergangenen Jahrzehnte in den evangelischen Landeskirchen geführten Diskussionen und unterschiedlichen Entscheidungen zur Ordination und zum ordinationsgebundenen Amt[43] nochmals in ökumenischer Perspektive und Verpflichtung zumindest zu überprüfen.[44]

3. Die Rezeption des Votums ist nicht allein auf seine bloße Kenntnisnahme, sondern auf eine Veränderung der Praxis hin angelegt. Dieser Gesichtspunkt gewinnt umso stärker Gewicht, je mehr leitende Gremien in den Landeskirchen die Intention des Votums zustimmend aufnehmen und ihrerseits darüber mit den Verantwortlichen der einzelnen deutschen Bistümer in einen intensiven Austausch treten. Das setzt auf beiden Seiten einen starken ökumenischen Willen voraus. Der Rezeptionsprozess hat um der biblisch-theologischen Einsichten und der konkreten Erwartung vieler Christinnen und Christen willen weiterzugehen! Aber er darf sich

---

uns zum Dienst an den Menschen." https://www.leuenberg.eu/documents/ (Aufruf: 01.02.2021).

42 Vgl. Volker Leppin / Dorothea Sattler (Hg.), Gemeinsam am Tisch des Herrn (Anm. 5) 63: „Das Abendmahl / die Eucharistie soll regelmäßig im sonntäglichen Gottesdienstgefeiert werden. Die Leitung der Feier obliegt einem / einer Ordinierten. Es sollte allgemeine Regel sein, dass die das Mahl Feiernden mit Brot und Wein kommunizieren. Der würdevolle Umgang mit den nicht verzehrten Elementen ist zu gewährleisten."

43 Vgl. dazu Eberhard Hauschildt, Es lässt sich herrlich streiten. In der Evangelischen Kirche wird eine lebhafte Debatte über Dienst, Amt und Ordination geführt, in: Zeitzeichen 12 (2018) 45–47.

44 Wobei auch unmissverständlich zu betonen ist: Die theologisch gut begründete Ordination von Pfarrerinnen steht hierbei in keiner Hinsicht zur Disposition!

nicht in einer ‚institutionalisierten Dauerreflexion' mit endlosem Austausch der Argumente und Gegenargumente erschöpfen, sondern muss zielorientiert erfolgen. Und das bedeutet: die Trennung am Tisch des Herrn wirklich überwinden zu wollen – als nächstem Schritt „auf dem Weg zu dem von Gott gewünschten Ziel [...] der vollen sichtbaren Einheit der Kirche in der Gegenwart des Reiches Gottes."[45]

[45] Volker Leppin / Dorothea Sattler (Hg.), Gemeinsam am Tisch des Herrn (Anm. 5) 84.

Ambiguitätstoleranz

Liturgiewissenschaftliche Anmerkungen zur Frage der gegenseitigen Einladung zum Tisch des Herrn

Albert Gerhards / Helmut Schwier

Christian ecumenism has established the fundamental commonalities in the different traditions of the celebration of the Eucharist and the Lord's Supper on the basis of exegetical, historical and systematic studies. Liturgical reforms have led to a convergence of the forms of celebration. Opinions differ on the last step, the mutual invitation to the Lord's Table. Differences remain on some issues that are considered central. The article points out that there has never been a homogeneous doctrine and practice, as is sometimes claimed. The celebration after the foundation by Christ has always been bound to conditions determined by space and time. The history of the ecumenical movement is at the same time the history of a learning process that has led not least to the recognition of one's own deficits and the riches of others. In this perspective, alterity is not a threat but a necessary complement to one's own. This can lead to accepting the deficits of the other from one's own perspective without denying one's own identity. In getting to know each other, tolerance of ambiguity grows, which in the face of new challenges facilitates the step towards mutual Eucharistic hospitality in responsibility.

Der Diskurs über die Frage der Zulassung bzw. gegenseitigen Einladung zum Abendmahl bzw. zur Eucharistie wird auf unterschiedlichen Ebenen geführt. Zum einen geht es um den theologischen Diskurs, wie er in den ökumenischen Gremien sowohl der Kirchen als auch in theologischen Fachkreisen seit Jahrzehnten geführt wird. Ein Meilenstein waren die sogenannten Lima-Dokumente,[1] deren Markenzeichen die Eucharis-

[1] Taufe, Eucharistie und Amt. Konvergenzerklärung der Kommission für Glauben und Kirchenverfassung des Ökumenischen Rates der Kirchen („Lima-Dokument") 1982, in: Harding Meyer u. a. (Hg,), Dokumente wachsender Übereinstimmung, Bd. 1 (1931 – 1982), Paderborn / Frankfurt 1983, 545–585; im Internet unter: https://www.oekumene-ack.de/fileadmin/user_up-

tische Liturgie von Lima[2] darstellte. Diese galt für lange Zeit als eine ökumenisch konsensfähige eucharistische Liturgie, insofern sie Elemente verschiedener liturgischer Traditionen aus Ost und West in sich vereinigte. Sie war zugleich ein Zeichen dafür, wie nahe trotz aller Unterschiede im Detail die eucharistischen Liturgien strukturell zueinander stehen. Die Grundstrukturen sind bereits in der Schilderung der Sonntagsliturgie in der ersten Apologie des Justin um die Mitte des zweiten Jahrhunderts erkennbar: „Und an dem Tag, der Sonntag heißt, findet eine gemeinsame Versammlung aller, die in den Städten oder auf dem Land wohnen, statt. Dabei werden die Erinnerungen der Apostel oder die Schriften der Propheten gelesen, solange es möglich ist. Dann, wenn der Leser aufgehört hat, trägt der Vorsteher in einer Rede eine Ermahnung und eine Aufforderung zur Nachahmung dieser guten Dinge. Sodann stehen wir alle gemeinsam auf und bringen Gebete dar. Und, wie wir zuvor schon sagten, wenn wir das Gebet beendet haben, werden Brot, Wein und Wasser herbeigebracht. Und der Vorsteher sendet in gleicher Weise Gebete und Danksagungen mit all seiner Kraft, und das Volk stimmt fromm zu, indem es ‚Amen' sagt. Und es finden die Austeilung und die Teilnahme an den durch die Danksagung geweihten Dingen für einen jeden statt, und den nicht Anwesenden wird es durch die Diakone geschickt. Die Wohlhabenden und die, die wollen, geben – ein jeder nach seinem eigenen Ermessen, was er will".[3]

Die Doppelstruktur Wortgottesdienst und Eucharistieteil ist hier schon klar vorgezeichnet. Der Wortgottesdienst selbst ist gegliedert in Schriftverkündigung aus den Schriften des Alten und Neuen Testaments, Predigt und Allgemeines Gebet. Der Eucharistieteil gliedert sich in die Bereitung der Gaben, das Gebet des Vorstehers, das durch das Amen der Gemeinde bekräftigt wird sowie die gemeinsame Teilnahme am Mahl, an dem auch die nicht Anwesenden Anteil erhalten. Von besonderer Bedeutung ist die Kollekte für die Bedürftigen, auf die auch im Folgenden weiter eingegangen wird.

Das Zweite Vatikanische Konzil, das die Tradition der römisch-katholischen Kirche nach der „ehrwürdigen Norm der Väter" reformieren wollte, orientierte sich an der Grundstruktur der Liturgie der Frühzeit. So heißt es im Art. 6 der Liturgiekonstitution Sacrosanctum Concilium (SC), die hier das Mysterium Paschale als Zentrum einer jeden liturgischen Feier zur Sprache bringt:

load/Themen/Taufe_Eucharistie_Amt_1982.pdf

[2] Vgl. Max Thurian (Hg.), Ökumenische Perspektiven von Taufe, Eucharistie und Amt, Frankfurt / Paderborn 1983, 213–235.

[3] Justin, I Apol 67, 3–6, in: FC 91, 197–199 (Jörg Ulrich).

„Wie daher Christus vom Vater gesandt ist, so hat er selbst die vom Heiligen Geist erfüllten Apostel gesandt, nicht nur das Evangelium aller Kreatur zu verkünden, die Botschaft, dass der Sohn Gottes uns durch seinen Tod und seine Auferstehung der Macht des Satans entrissen und in das Reich des Vaters versetzt hat, sondern auch das von Ihnen verkündete Heilswerk zu vollziehen durch Opfer und Sakrament, um die das ganze liturgische Leben kreist. So werden die Menschen durch die Taufe in das Pascha-Mysterium Christi eingefügt. Mit Christus gestorben, werden sie mit ihm begraben und mit ihm auferweckt. Sie empfangen den Geist der Kindschaft, ‚in dem wir Abba, Vater rufen' (Röm 8,15) und werden so zu wahren Anbietern, wie der Vater sie sucht. Ebenso verkünden sie, sooft sie das Herrenmahl genießen, den Tod des Herrn, bis er wiederkommt. Deswegen wurden am Pfingstfest, an dem die Kirche in der Welt offenbar wurde, ‚diejenigen getauft, die das Wort' des Petrus ‚annahmen'. Und ‚sie verharrten in der Lehre der Apostel, in der Gemeinschaft des Brotbrechens, im Gebet ... sie lobten Gott und fanden Gnade bei allem Volk' (Apg 2,41–47). Seither hat die Kirche niemals aufgehört, sich zur Feier des Pascha-Mysteriums zu versammeln, dabei zu lesen, ‚was in allen Schriften von ihm geschrieben steht' (Lk 24,27), die Eucharistie zu feiern, in der ‚Sieg und Triumph seines Todes dargestellt werden', und zugleich ‚Gott für die unsagbar große Gabe dankzusagen' (2 Kor 9,15), in Christus Jesus ‚zum Lob seiner Herrlichkeit' (Eph 1,12). All das aber geschieht in der Kraft des Heiligen Geistes."[4]

Die anschließende Liturgiereform hat sich an einigen dieser Grundaussagen orientiert. So wurde gegenüber der bisherigen Tradition des römischen Ritus der „Tisch des Wortes" reicher gedeckt (vgl. SC 51).[5] Die Zahl der biblischen Lesungen in der Messe an Sonn- und Feiertagen wurde auf drei erweitert, durch die Einführung von Lesejahren und die fortlaufende Lektüre einzelner Schriften insbesondere an den Werktagen wollte man die Kenntnis der Bibel bei den Gläubigen vertiefen. Dies setzt freilich regelmäßigen Gottesdienstbesuch voraus. Grundsätzlich gilt seit dem Zweiten Vatikanischen Konzil das Prinzip der liturgischen

---

4 Sacrosanctum Concilium Art. 6: LThK², Das Zweite Vatikanische Konzil. Dokumente und Kommentare Bd. 1, Freiburg / Basel / Wien 1966, 20f.; vgl. Reiner Kaczynski, Theologischer Kommentar zur Konstitution über die heilige Liturgie Sacrosanctum Concilium, in: Herders Theologischer Kommentar zum Zweiten Vatikanischen Konzil, hg. von Peter Hünermann und Bernd Jochen Hilberath, Bd. 2, Freiburg / Basel / Wien 2004, 63–65.

5 Dass die Bibelhermeneutik ihre eigenen Fallstricke aufweist, erwies sich jedoch bald aufgrund der problematischen Zuordnung atl. Texte; vgl. Ansgar Franz (Hg.), Streit am Tisch des Wortes? Zur Deutung und Bedeutung des Alten Testaments und seiner Verwendung in der Liturgie (Pietas Liturgica 8), St. Ottilien 1997; zum Stellenwert der Bibel in der Liturgie insgesamt vgl. Alexander Zerfass / Ansgar Franz (Hg.), Wort des lebendigen Gottes. Liturgie und Bibel (Pietas Liturgica 16), Tübingen 2016.

Versammlung gegenüber dem der exklusiven Stellvertretung durch den Priester. Tätige Teilnahme ist dementsprechend nicht additiv, sondern konstitutiv zu verstehen. Das hierarchische Prinzip, wie es bereits in der Apologie des Justin deutlich wird, gilt freilich nach wie vor. Es ist aber gegenüber der Entwicklung der späteren Jahrhunderte wieder in die Communio der Versammelten eingebettet. Ein weiteres Korrektiv besteht in der Wiedergewinnung der pneumatologischen Dimension, die vor allem durch einhellige Bezeugung in den Kirchen des Ostens erkannt und nach deren Vorbild in den römischen Ritus integriert wurde. Während der traditionelle römische Kanon den Heiligen Geist nur in der Schlussdoxologie nennt, enthalten sämtliche neu eingeführte Eucharistiegebete explizite Geistepiklesen. Dies hat vor allem amtstheologische Implikationen, die freilich noch weitgehend ihrer systematisch-theologischen Aufarbeitung harren.[6]

In den deutschen evangelischen Kirchen sind seitens der maßgeblichen Kirchenbünde der VELKD und der EKU, denen allerdings nicht alle Landeskirchen angehören, zwei Liturgie- und Agendenreformen in der zweiten Hälfte des 20. Jhs. zu verzeichnen. Die erste Reform vollzog sich parallel in den lutherischen und den unierten Kirchen in den 1950er Jahren, die zweite war ein gemeinsames Projekt, das über einen Zeitraum von rund 20 Jahren schließlich zur Erarbeitung einer Agende für die Gottesdienste an Sonn- und Feiertagen führte, die zum 1. Advent 1999 als „Evangelisches Gottesdienstbuch" eingeführt wurde und seitdem für ca. zwei Drittel des deutschsprachigen Protestantismus gilt.

Bereits die erste Reform intendierte eine Neuordnung, die die Messform und den Predigtgottesdienst als die beiden Grundformen des evangelischen Gottesdienstes verstand und vorgab. Sie erwiesen sich als verlässliche Struktur des meist als Hauptgottesdienst[7] bezeichneten agendarischen Gottesdienstes.[8] Die gesellschaftlich tiefgreifende Institutionenkritik hatte auch Auswirkungen auf die gottesdienstliche Kultur, vor allem hinsichtlich der als unverständlich empfundenen Gebetssprache, der wenig erkennbaren gottesdienstlichen Gemeinschaft und der aktiven Rolle der Gemeinde. Die seit den 1980er Jahren an vielen Orten neu aufbrechende Abendmahlsfrömmigkeit führte auch zu erstaunli-

---

6 Vgl. Albert Gerhards, Die neuen eucharistischen Hochgebete der Römisch-katholischen Kirche, in: Irmgard Pahl / Stefan Böntert (Hg.), Sacrum Convivium Bd. 2 (im Druck).

7 Vgl. hierzu auch Frieder Schulz, Was ist ein Hauptgottesdienst?, in: ders., Synaxis. Beiträge zur Liturgik, hg. v. Gerhard Schwinge, Göttingen 1997, 123–133.

8 Vgl. Michael Meyer-Blanck, Zwischen den Zeiten. Grundsätzliches zu Agende I von 1955 (1959), in: Konstanze Kemnitzer (Hg.), Gussformen der Gottesdienstgestaltung. Das Agendenwerk der VELKD zwischen Neuaufbruch und Restauration. FS Klaus Raschzok, Leipzig 2021, 21–31; Helmut Schwier, Dienst an Wort und Sakrament mit der Gemeinde. Unierte Perspektiven auf die VELKD-Agende I, in: a.a.O., 219–234.

chen Berücksichtigungen der Limaliturgie und ihrer ökumenischen Impulse.

Die zweite Liturgiereform[9] integrierte unterschiedliche Anliegen, verband die beiden bewährten Grundformen mit einem plausiblen liturgiewissenschaftlichen Konzept, das das alte Wechselspiel von Ordinarium und Proprium aufhob, und transformierte in die Dynamik von Grundstruktur und Ausformungsvarianten. Innerevangelisch wurde hier eine Anerkennung und wechselseitige Wertschätzung von lutherischen, unierten und reformierten Traditionen erreicht, die zudem durch unterschiedliche liturgische Einsichten und Elemente aus katholischen, anglikanischen und orthodoxen Traditionen bereichert wurde. Dies führte zu starken Veränderungen in den Abendmahlsliturgien, die nicht unumstritten waren und gleichzeitig zu einer breit akzeptierten Einsicht in die Grundstrukturen des evangelischen Gottesdienstes und dessen Verankerung in gemeinsamen christlichen Traditionen.

Lassen sich die Grundstrukturen der heutigen Eucharistiefeier und des heutigen Abendmahlsgottesdienstes also schon relativ früh belegen, so heißt dies nicht, dass sich diese Form bereits überall durchgesetzt hätte. De facto herrschte wohl noch längere Zeit eine größere Vielfalt, die erst im Zuge der Dogmenentwicklung des 4. und 5. Jahrhunderts und der damit verbundenen Abspaltung abweichender Traditionen ein Ende fand.[10] Nun entwickelten sich Ritensysteme, die zwar auch weiterhin im Detail eine Vielfalt abbildeten, sich in den wesentlichen Zügen aber weitgehend deckten. „Gemeinsam am Tisch des Herrn" bezieht sich in diesem Zusammenhang auf einen Brief des Augustinus, in dem er wesentliche und unwesentliche Anteile liturgischer Traditionen voneinander unterscheidet, um seinem Adressaten zu Toleranz und Respekt gegenüber dem Anderen zu raten.[11]

---

[9] Vgl. zum Ganzen Helmut Schwier, Die Erneuerung der Agende. Zur Entstehung und Konzeption des „Evangelischen Gottesdienstbuches" (Leit. NF 3) Hannover 2000.

[10] Zur geschichtlichen Entwicklung vgl.: Jürgen Bärsch / Benedikt Kranemann in Verbindung mit Winfried Haunerland und Martin Klöckener (Hg.), Geschichte der Liturgie in den Kirchen des Westens. Rituelle Entwicklungen, theologische Konzepte und kulturelle Kontexte, Bd. I: Von der Antike bis zur Neuzeit, Münster 2018; darin besonders: Michael Theobald, Anfänge christlichen Gottesdienstes in neutestamentlicher Zeit, 37–82; Albert Gerhards, Liturgie in den ersten Jahrhunderten, 83–153; Gerard Rouwhorst, Liturgie in der Alten Kirche des Ostens, 155–200; Martin Klöckener, Liturgie in der Alten Kirche des Westens, 201–269.

[11] Es handelt sich um die ca. 400 geschriebenen Briefe 54 und 55 an einen sonst unbekannten Ianuarius, insbesondere Brief 54 (CSEL 34,159); vgl. dazu Albert Gerhards, *Celebratio memoriae* – Anfragen an das Verständnis des Trägers der eucharistischen Handlung unter Rekurs auf Augustinus, in: Helene Bricout / Benedikt Kranemann / Davide Pesenti (Hg.), Die Dynamik der Liturgie im Spiegel ihrer Bücher / La dynamique de la liturge au miroir de ses livres. FS Martin Klöckener / Mélanges offerts à Martin Klöckener (LQF 110), Münster 2020, 257–271.

Die römisch-katholische Kirche hat mit der Liturgiereform und nicht nur mit ihr in zentralen Punkten ihre eigene Tradition korrigiert. Dies führte bekanntlich zu einer Kirchenspaltung, die bisher trotz einschneidender Maßnahmen Papst Benedikts XVI. nicht überwunden wurde.[12] Die Korrekturen am eigenen System wurden nach damaligem Wissensstand durchgeführt. Was die Liturgie betrifft, so ist die Forschung in einigen wichtigen Fragen, etwa denen des Eucharistischen Hochgebets, inzwischen weiter fortgeschritten. Längst wird eine Reform der Reform gefordert, um dem wieder näher zu kommen, was als Kern des eucharistischen Betens in der altkirchlichen Ökumene gilt.[13]

Auf evangelischer Seite öffnete das „Evangelische Gottesdienstbuch" die Abendmahlsliturgie für das eucharistische Beten, erläuterte deren Grunddimensionen als Lobpreis, Anamnese, Epiklese und Ausblick auf die Vollendung. Nicht weniger als 12 Eucharistiegebete, in bearbeiteter Form auch aus der Traditio Apostolica, empfiehlt die Agende zum Gebrauch.[14] Dieses Ergebnis ist zu werten auf dem Hintergrund der theologischen Auseinandersetzung über das evangelische Abendmahlsverständnis und deren Gestaltung, die im Zuge der Liturgiereform ausgetragen wurde. Zwar wurde mitunter lautstark gegen die sog. Eucharistisierung polemisiert, aber diese Position setzte sich agendarisch gerade nicht durch.[15] Die eucharistische Prägung der Abendmahlsliturgie gehört zur ersten Grundform dieser Agende.[16]

---

12 Vgl. Albert Gerhards (Hg.), Ein Ritus – zwei Formen. Die Richtlinie Papst Benedikts XVI. zur Liturgie, Freiburg / Basel / Wien 2008; Martin Klöckener, Wie Liturgie verstehen? Anfragen an das Motu proprio „Summorum Pontificum" Papst Benedikts XVI., in: ALw 50 (2008) 268–305.

13 Vgl. Harald Buchinger, Liturgiegeschichte im Umbruch – Fallbeispiele aus der Alten Kirche, in: Albert Gerhards / Benedikt Kranemann (Hg.), Dynamik und Diversität des Gottesdienstes. Liturgiegeschichte in neuem Licht (QD 289), Freiburg / Basel / Wien 2018, 152–184, bes. 160–163; vgl. auch Albert Gerhards, Coram Deo – coram Christo. Zur Relevanz der Gebetsanrede im liturgischen Beziehungsgeschehen, in: Daniel Tobias Bauer / Thomas Klie / Martina Kumlehn / Andreas Obermann (Hg.), Von semiotischen Bühnen und religiöser Vergewisserung. Religiöse Kommunikation und ihre Wahrheitsbedingungen. FS Michael Meyer-Blanck (Praktische Theologie im Wissenschaftsdiskurs 24), Berlin / Boston 2020, 217–236.

14 Evangelisches Gottesdienstbuch. Agende für die Evangelische Kirche der Union und für die Vereinigte Evangelisch-Lutherische Kirche Deutschlands, hg. von der Kirchenleitung der VELKD und im Auftrag des Rates von der Kirchenkanzlei der EKU, Berlin 2000, 634–660; liturgiedidaktische Erläuterung ebd., 614, 633.

15 Vgl. Helmut Schwier, Erneuerung (Anm. 9) 355–361. Starke Kritik äußerte Dorothea Wendebourg, Den falschen Weg Roms zu Ende gegangen? Zur gegenwärtigen Diskussion über Martin Luthers Gottesdienstreform und ihr Verhältnis zu den Traditionen der Alten Kirche, in: ZThK 94 (1997) 437–467; dies., Noch einmal „Den falschen Weg Roms zu Ende gegangen?" Auseinandersetzung mit meinen Kritikern, in: ZThK 99 (2002) 400–440.

16 Vgl. Helmut Schwier, Erneuerung (Anm. 9) 426–429.

Allerdings ist das evangelische Verständnis von Reichweite und Funktion einer Agende oder eines Ritualbuches seit dem 19. Jahrhundert Veränderungsprozessen unterworfen, in denen unterschiedliche Positionen zwischen obrigkeitlicher Ordnung und freiem Angebot für die Kirchen und Gemeinden vor Ort immer neu variiert erkennbar und zum Teil ausgehandelt wurden. In der Grundkonzeption des „Evangelischen Gottesdienstbuches" besteht durch die Ausformungsvarianten auch der Spielraum, das Abendmahl in liturgisch konzentrierter Form mit den Elementen der Einsetzungsworte, des Vaterunsers, der Kommunion und des Dankgebets zu feiern. Dieser Spielraum wird innerhalb der Rahmenbedingungen, die das regional und konfessionell wiederum unterschiedlich geordnete und gestufte Verfahren des ius liturgicum ermöglicht, genutzt und ausgestaltet. In der Liturgieausbildung werden die Standards des eucharistischen Betens vermittelt, ebenso wie die Einsicht, dass die vier Grunddimensionen auch in anderen liturgischen Elementen als das Eucharistiegebet gestaltet werden können. In welchen Feiergestalten die eucharistischen Dimensionen in den Gemeinden aufgenommen und umgesetzt werden, ist Teil eines komplexen und langjährigen Aneignungsprozesses.

Solche Gestaltungsspielräume, die nicht auf die eine Feierform der evangelischen Eucharistie festgelegt sind, kann man als einen Rückschritt betrachten. So sieht es zum Beispiel Kardinal Koch in seiner Entgegnung auf ein Interview von Volker Leppin vom 3. Februar 2021 auf dem Internet-Portal katholisch.de in einem offenen Brief vom 9. Februar, wo er auf den evangelischen Sonntagsgottesdienst im Materialheft für den Ökumenischen Kirchentag 2021 Bezug nimmt.[17] Dort stellt er unter anderem fest, dass wesentliche Elemente fehlten, so sei die Anamnese in dem Abendmahlsgebet kaum ausgebildet, und eine Epiklese vermisse er gänzlich, vom Heiligen Geist sei keine Rede. Dem kann man freilich neben der Einsicht in evangelische Pluralität, die aber begrenzt ist und durch die Grundformen und liturgischen Grundelemente in der gemeinsamen biblischen und liturgischen Tradition verankert bleibt, entgegenhalten, dass auch die römisch-katholische Kirche ungefähr 1500 Jahre in ihrem Hochgebet keine Geistepiklese gekannt hat. Dennoch hat sie nach ihrem eigenen Verständnis immer gültig die Eucharistie gefeiert.

Die Kritik des Kardinals ist aus einer klassischen liturgiewissenschaftlichen Position heraus durchaus nachvollziehbar. Gleichwohl macht sie auf zwei inhärente Probleme aufmerksam, auf ein diachrones und ein synchrones. Das diachrone Problem ist bereits das der Reform

---

17 https://www.katholisch.de/artikel/28660-kardinal-koch-an-oeak-kein-konsens-zum-gemeinsamen-abendmahl

des Zweiten Vatikanischen Konzils, auf das unter anderem der Kirchenhistoriker Arnold Angenendt hingewiesen hat.[18] Mit dem Postulat eines idealen Zeitalters, der „goldenen Patristik", wird ein Höhepunkt konstruiert, nach dem es nur noch bergab gehen kann. Dieser Verfallshypothese fallen dann alle nachfolgenden Epochen wie Mittelalter, Renaissance und Barock sowie das 19. Jahrhundert zum Opfer; diese Verfallshypothese gilt vice versa auch für evangelische Positionen, die beispielsweise die Ordnungen der Reformationszeit samt der schrittweisen Abschaffung der Kanongebete als vorbildlich verstehen und daraus einseitige Kritiken gegen Eucharistiegebete meinen ableiten zu können.

Man verliert den Blick für die Reichtümer, die erst dadurch entstehen konnten, dass sich manches aus der Vergangenheit überlebt hatte oder zumindest neu interpretiert werden musste. Auch ignorierte man die offenkundigen Defizite der Spätantike, wie sie uns heute deutlicher vor Augen stehen, zum Beispiel die Machtkonzentration auf das Amt, der Klerikalismus, die Verbannung der Frauen aus der Öffentlichkeit oder der Antijudaismus.[19]

Das synchrone Problem ist die Verabsolutierung des Eigenen auf Kosten der anderen. Dies ist auch eine Folge der jahrhundertelangen Prozesse von Abgrenzungen gegenüber Häresien sowie von Konfessionalisierung. Die eigene Tradition wird als Fülle oder als gereinigter Kern angesehen, gegenüber der alle anderen nur defizitär erscheinen. Dies spiegelt sich selbst noch in der Ekklesiologie des Zweiten Vatikanischen Konzils wider. Man betrachtet und beurteilt den anderen nur mit den eigenen Augen und Maßstäben. Friedrich Lurz hat in seinem Entwurf einer ökumenischen Liturgiewissenschaft demgegenüber die Hermeneutik des anderen eingefordert.[20] Erst so wird man die Anliegen und damit auch die Wirklichkeit des anderen verstehen und ihnen gerecht werden können. Diese Sichtweise wurde im „Evangelischen Gottesdienstbuch" in Gestalt seiner maßgeblichen Kriterien explizit in die Liturgiereform eingeführt, und zwar auch als Selbstkorrektur der Reform in den 1950er Jahren.[21]

---

18 Vgl. Arnold Angenendt, Liturgik und Historik. Gab es eine organische Liturgieentwicklung? (QD 189), Freiburg ^{2}2001; vgl. dazu Albert Gerhards, Wozu und wie heute Liturgiegeschichtsschreibung betreiben?, in: ders. / Benedikt Kranemann (Hg.), Dynamik und Diversität des Gottesdienstes (Anm. 13) 15–32, bes. 23–25.

19 Dazu gibt es derzeit eine umfangreiche Literatur. Vgl. z. B. Gregor Maria Hoff / Julia Knop / Benedikt Kranemann (Hg.), Amt – Macht – Liturgie. Theologische Zwischenrufe für eine Kirche auf dem Synodalen Weg (QD 308), Freiburg / Basel / Wien 2020.

20 Vgl. Friedrich Lurz, Die Feier des Abendmahls nach der Kurpfälzischen Kirchenordnung von 1563. Ein Beitrag zu einer ökumenischen Liturgiewissenschaft (PTHe 38), Stuttgart 1998; ders., Für eine ökumenische Liturgiewissenschaft, in: TThZ 108 (1999) 273–290.

21 Vgl. Evangelisches Gottesdienstbuch (Anm. 14) 13–19; Helmut Schwier, Erneuerung

Die Frage in Bezug auf ein Abendmahlsgebet würde dementsprechend lauten, ob und in welcher Weise der Text dem Anspruch, den die Glaubensgemeinschaft mit diesem Geschehen verbindet, gerecht wird und ob sich dies im Vollzug der Abendmahlshandlung auch an die Teilnehmenden vermittelt. Dann könnte man fragen, ob dies für die Mitglieder der anderen Glaubensgemeinschaft eine hinreichende Schnittmenge bietet, um sich mit dieser feiernden Gemeinde als Teil der einen Kirche Jesu Christi verbunden zu fühlen. Es geht also nicht nur oder gar in erster Linie um das Gemeinschaftsgefühl im zwischenmenschlichen Sinn, sondern um die Frage, ob wesentliche Identifikationsmomente, die das Individuum mit der Kirche Jesu Christi verbinden, zur Sprache kommen. Dies müssen nicht alle sein, die in der je eigenen Tradition vorkommen, aber doch so viele, dass es sich eingeladen fühlt. Diese kritische Revision gilt selbstverständlich für alle Seiten. Hier besteht, wie im Dokument „Gemeinsam am Tisch des Herrn" vermerkt, auch auf katholischer Seite ein erheblicher Nachholbedarf, wie ebenso auf evangelischer Seite Einladungen zur kritischen Reflexion eigener liturgischer Praxis bestehen.

Die Unterschiede zwischen katholischer und evangelischer Feier werden unterschiedlich wahrgenommen. In der Theorie lassen sich aus den agendarischen Vorlagen Gottesdienste gestalten, die für die jeweils andere Konfession ein hohes Maß an Identifikation ermöglichen. Bleibende Unterschiede, wie etwa die Nennung von Papst und Bischof im Eucharistiegebet oder einige evangelische Besonderheiten, sind je nach Wahl der Vorlagen zumindest abzumildern. Sie stellen auch in der Regel aufgrund der ökumenischen Beziehungen vor Ort kaum ein erkennbares Problem dar. Hier wird man auch an tiefer reichenden Differenzen kaum Anstoß nehmen, wenn der Kontext den Blick auf das Gemeinsame fokussiert. Störend hingegen kann sich ein defizitärer Umgang auch bei scheinbar nebensächlichen Komponenten auswirken, wenn sie sensible Fragen der konfessionellen Kontroversen betreffen. Oft sind dies Verhaltensweisen, die den Bestimmungen der eigenen Kirche widersprechen: in der katholischen Liturgie etwa die Reduzierung der Lesungen entgegen dem Prinzip der Aufwertung des Wortes Gottes, die mangelhafte Qualität der Predigt oder ihr Wegfall, die beliebige Auswahl von Gemeindegesängen ohne Bezug auf die Liturgie, die Austeilung der Kommunion an die Gemeinde aus dem Tabernakel. Der Grund für diese Missstände ist nicht selten das Verharren im alten Paradigma der priesterzentrierten Liturgie, bei der die Gemeinde keinen liturgischen Dienst versieht und auch nicht anwesend zu sein braucht. Mit dem Ausbruch

---

(Anm. 9) 386–408.470–494.

der Pandemie und der schnellen, unreflektierten Rückkehr in alte Verhaltensweisen bei sogenannten Privatmessen erwies sich die Dominanz dieser Verharrungstendenz.[22]

Defizite gibt es gewiss auf beiden Seiten. Sie aufzuspüren und zu korrigieren ist ein andauernder ökumenischer Lernprozess, der nur gemeinsam bewältigt werden kann. Dazu braucht es neben ökumenischen Gottesdiensten gerade auch die gegenseitige Einladung zu konfessionsspezifischen Gottesdiensten, auch und gerade zum Abendmahl und zur Eucharistie. Hier geht es natürlich nicht primär um die Korrektur von Defiziten, sondern vor allem um die gegenseitige Entdeckung der liturgischen und spirituellen Reichtümer der anderen Tradition. Diese aber müssen oft freigelegt werden, was mitunter dann besser gelingt, wenn sie mit den Augen anderer wahrgenommen werden. Hat man einmal die eigenen Defizite erkannt, wird man die Vorzüge des anderen umso mehr schätzen lernen und dessen Defizite leichter in Kauf nehmen. Vor allem aber wird man Vielfalt und Alterität nicht mehr als Bedrohung wahrnehmen, sondern als Bereicherung der eigenen Tradition akzeptieren und wertschätzen. Dies ist auf jeden Fall verheißungsvoller als das Beharren auf den klassischen, ermüdenden Vorurteilen einer Katholisierung bzw. Protestantisierung des je anderen. Denn die bereits bestehenden Auswirkungen der je anderen Traditionen auf die eigene liturgische Praxis haben diese Vorurteile längst widerlegt.

Die Erfahrungen nach einem Jahr Pandemie lassen die Frage der gegenseitigen Einladung zum Abendmahl und zur Eucharistie noch einmal in neuem Licht erscheinen. Die Verlagerung der Gottesdienstteilnahme von der Präsenz ins Netz hat zu völlig neuen Erfahrungen und Verhaltensweisen geführt. Kardinal Koch weist in seinem erwähnten offenen Brief verurteilend darauf hin, dass evangelische Landeskirchen die Abhaltung von Hauseucharistien erlaubt hätten. Wer hat hier eigentlich was zu erlauben? Auf evangelischer Seite ist abgesehen von der geistlichen Notsituation zu Ostern 2020, die aus kirchenamtlicher Sicht nicht die Regel der Leitung des Abendmahls durch Ordinierte oder mit der Sakramentsverwaltung Beauftragte außer Kraft setzt, eher zu beobachten, dass es an vielen Orten zu einem Verlust des Abendmahls kam, nicht zuletzt, weil nahezu alle Landeskirchen Abendmahlsgottesdienste als nicht kompatibel mit den Hygienebestimmungen ansahen und entweder verboten oder von ihnen entschieden abrieten. Längst haben

[22] Erste Auswertungen der Erfahrungen in dieser Zeit liegen bereits vor: Hans-Jürgen Feulner / Elias Haslwanter (Hg.), Gottesdienst auf eigene Gefahr? Die Feier der Liturgie in der Zeit von Covid-19, Münster 2020; Stefan Kopp / Benjamin Krysmann (Hg.), Online zu Gott? Liturgische Ausdrucksformen und Erfahrungen im Medienzeitalter (Kirche in Zeiten der Veränderung 5), Freiburg /Basel / Wien 2020.

auch katholische Kreise, selbst klösterliche Gemeinschaften, die Eigeninitiative ergriffen. Auch nach der Aufhebung des Gottesdienstverbots sind Frauenklöster beim weitgehenden Verzicht auf die tägliche Messfeier mit einem auswärtigen Priester geblieben. Manche Gemeinschaften feiern stattdessen Formen von Agapen, die der Eucharistiefeier sehr nahe kommen. Vielen Katholiken, die bisher keinen Sonntag ohne Messbesuch verstreichen ließen, ist die Mitfeier eines Fernsehgottesdienstes längst gute Gewohnheit geworden, wobei es für sie keinen Unterschied macht, welcher Konfession er zugehört. Die Eucharistie, nach Aussage der Kirchenkonstitution Lumen Gentium Quelle und Höhepunkt des ganzen christlichen Lebens (LG 11), verliert ihre zentrale Stellung, zumal an vielen Orten die Wort-Gottes-Feier[23] eine höhere Frequenz aufweist als die Sonntagseucharistie. Die Aufbrüche und Konsolidierungen neuer evangelischer Sakramentsfrömmigkeit und eines wöchentlichen oder zweiwöchentlichen Abendmahlsempfangs sind vorerst zusammengebrochen. Ob und wie sie wiederbelebt werden können, ist noch völlig offen. Was dies alles für die Ökumene bedeutet, ist noch nicht ausgemacht. Doch könnte die aporetische Situation der Gegenwart ein Zeichen sein, den entscheidenden Schritt in Richtung gegenseitiger eucharistischer Gastfreundschaft in Verantwortung zu vollziehen.

23 Zur Entstehung dieser Gottesdienstform und ihrer theologischen Begründung vgl. Wolfgang Meurer, Die Wort-Gottes-Feier als sacra celebratio. Ein nicht ausgeführter Beschluss des Konzils (PTHe 167), Stuttgart 2019.

Dynamiken des Geschehens

Eine Rekonstruktion der Theologien von Abendmahl und Eucharistie in der Reformationszeit in ökumenischem Horizont

Volker Leppin

The essay presents a new perspective on the debates about the Eucharist in reformation time. It does not follow the track of classically controversial issues like real presence or transubstantiation. Instead, it focuses on the dynamics between God and humans. While medieval theology depicted the relation of both as a mutual or reciprocal one in the Eucharist, Luther embraced an understanding of mere condescency: God giving himself, with the believers being merely receptive. In contrast, Zwingli set only the human beings as active and confessing their faith in the Lord's supper. Calvin, at the end, came back to a concept of mutuality, in which a communication would take place between God and congregation.

Die Befassung mit Eucharistie und Abendmahl kann im ökumenischen Kontext etwas Ermüdendes haben: Sie orientiert sich immer neu an den klassischen Kontroverspunkten – insbesondere der Frage der Weise der Präsenz Christi, des Opfercharakters und der Leitung der Feier. Diese Fragen sind durch die Konflikte der Reformationszeit geprägt und durch die konfessionellen Grundlagendokumente gefestigt. Insofern stellen sie konfessionelle Markierungen dar, an welchen das heutige ökumenische Gespräch nicht vorbeigehen kann. Sie drohen aber auch, aus der Festigung zur Starre überzugehen, zumal wenn auf theologischer Ebene erzielte Konsense kirchlich nicht rezipiert werden. Blickt man auf die Debatten der Reformationszeit selbst, so hat die jüngere Forschung gezeigt, dass diese von einer durch die konfessionellen Muster nicht mehr erfassbaren Vielfalt geprägt sind[1]. Hieraus kann aus der Perspektive eines an der Gegenwart orientierten Interesses leicht der Eindruck einer historischen Komplexitätssteigerung entstehen, die den Ausgleich zwischen den heutigen Konfessionen eher weiter erschwert als erleichtert. Man kann aber auch umgekehrt die Vielfalt der Bemühungen um bestimmte prägende Formeln als Hinweis darauf verstehen, dass die einzelnen Wendungen letztlich den Versuch darstellen, ein Geschehen in Worte zu fassen, das sich der Verbalisierung und theologischen Festlegung der Sache nach entzieht. Konfessionelle Normierungen sind immer auch Ausdruck einer je eigenen Begrenztheit. Geschaffen oder jedenfalls genutzt, um Exklusionen zu ermöglichen, drücken sie mehr Folgen einer theologischen Intention aus als diese selbst. Eine auf die ökumenische Situation ausgerichtete Betrachtung der historischen Konfigurationen tut daher gut daran, sich neu über diese Intentionen, das heißt, die hinter den jeweiligen Exklusionsformeln stehenden Auffassungen vom Verhältnis zwischen Gott und Glaubenden, zu verständigen. Eben dies soll im Folgenden anhand der klassischen konfessionellen Modelle gezeigt werden – nicht zuletzt als ein Angebot, ausgetretene Pfade nicht noch weiter auszutreten, sondern nach neuen Sprach- und Denkmöglichkeiten im ökumenischen Diskurs zu suchen. In diesem Sinne wird hier der Versuch gemacht, die unterschiedlichen Modelle der Reformationszeit nicht primär unter den kontroverstheologisch wirksam gewordenen Gesichtspunkten zu betrachten, sondern hinsichtlich der Vorstellung von der Dynamik des Geschehens zwischen Gott und den Glaubenden, die sich in ihnen ausdrückt.

1. Reziprozität

Das mittelalterliche Eucharistieverständnis ist in der Wahrnehmung der konfessionellen Differenzen zunächst einmal durch die Vorstellung von der Transsubstantiation bestimmt. Verbal ist diese durch die berühmte Formulierung des Vierten Lateranums – „unter den Gestalten von Brot

1 Amy Nelson Burnett, Debating the sacraments. Print and authority in the early reformation, Oxford 2019; Corinna Ehlers, Konfessionsbildung im Zweiten Abendmahlsstreit (1552-1558/59), Diss. Masch. Tübingen 2018.

und Wein […] wobei durch göttliche Macht das Brot in den Leib und der Wein in das Blut verwandelt (*transsubstantiatis*) ist"[2] – vorgegeben, auch wenn es noch rund zwei Generationen dauerte, bis Thomas von Aquin dieser Lehre eine Gestalt gab, die er für tragfähig hielt. Das tat er, trotz des reichen Gebrauchs aristotelischer Begriffe, freilich nicht im Sinne einer gänzlichen Auflösung in einen rationalen Zusammenhang, sondern in dem für seine Transsubstantiationslehre entscheidenden Artikel der *Summa Theologiae* erklärte er, hier handele es sich um eine „gänzlich übernatürliche, allein durch Gottes Kraft bewirkte" Wandlung[3]. Ihre Besonderheit bestand darin, dass sie nicht allein als *conversio formalis*, ohne Wandlung der Materie, erfolgte, sondern als Wandlung der gesamten Substanz, also als *conversio substantialis*. Daher „kann sie mit dem eigenen Namen als Transsubstantiation bezeichnet werden"[4]. Dass das Modell nicht alle Zeitgenossen überzeugte, ist bekannt – Wilhelm von Ockham etwa hielt die Vorstellung einer Konsubstantiation, des Erhalts der Substanzen von Brot und Wein neben denen von Leib und Blut, für viel plausibler als die vollständige Wandlung und wollte diese nur akzeptieren, weil sie nun einmal kirchlich gelehrt werde[5].

Entscheidend für die folgenden Überlegungen ist aber nun gerade nicht diese Frage, sondern eine, die Thomas in diesem Zusammenhang gleichfalls entfaltete, die aber theologisch eher dem Problemkreis des Opferverständnisses zuzuordnen ist, nämlich die Stellung des Priesters. Im Blick auf kontroverstheologische Missverständnisse ist zunächst festzuhalten, dass Thomas selbstverständlich die Einmaligkeit des Opfers Christi betonte[6]. Vom Opfer könne man im Zusammenhang der eucharistischen Feier in dem Sinne sprechen, dass es sich bei ihr um ein „Repräsentationsbild des Leidens Christi, welches das wahre Opfer ist", handelt[7]. Die abbildhafte Verbindung mit diesem bewirkt dann die Applikation der Wirkungen jenes Opfers auf die Glaubenden, die so zu Teilhabern am Leiden Christi werden[8]. In diesem Repräsentationsge-

---

2 DH 802: „sub speciebus panis et vini […] transsubstantiatis pane in corpu et vino in sanguinem potestate divina".

3 Thomas von Aquin, Summa Theologiae III q. 75 a. 4 resp. (Sancti Thomas Aquinatis Opera Omnia [Editio Leonina] 12, Rom 1906, 167b): „omnino supernaturalis, sola Dei virtute effecta".

4 Thomas von Aquin, Summa Theologiae III q. 75 a. 4 resp. (Editio Leonina 12, 168b): „proprio nomine potest dici transsubstantiatio".

5 Wilhelm von Ockham, Quaestiones in librum Sententiarum IV q. 8 (Guilelmi de Ockham Opera Theologica 7, hg. v. Rega Wood u. Gedeon Gál, St. Bonavengture 1984, 138,7–140,2).

6 Thomas von Aquin, Summa Theologiae III q. 83 a. 1 ad 1 (Editio Leonina 12, 271b).

7 Ebd., q. 83 a. 1 resp. (Editio Leonina 12, 271a): „imago […] quaedam repraesentative passionis Christi, quae est vera immolatio".

8 Ebd., q. 83 a. 1 resp. (Editio Leonina 12, 271b).

schehen[9] nimmt der Priester die zentrale Rolle ein, er wird selbst „zu einem Abbild Christi, in dessen Person und Kraft er die Worte zur Wandlung ausspricht"[10]. Entsprechend der Gottmenschlichkeit Jesu Christi bedeutet dies, dass der Priester in eine Zwischenstellung eintritt, die Thomas in all ihren Bedeutungsaspekten entfaltet: „Der Priester wird zwischen Gott und Volk gestellt. So wie es ihm daher zukommt, die Gaben des Volkes Gott darzubringen, so kommt es ihm auch zu, die von Gott geheiligten Gaben dem Volk zu übergeben" [11].

In der Eucharistie vollzieht sich demnach eine reziproke Dynamik, innerhalb derer der Priester die entscheidende Scharnierfunktion darstellt. Indem er Jesus Christus repräsentiert, steht er für das Geschenk Gottes an die Menschen wie für das Gott dargebrachte Opfer. Indem die Darbringung nun aber als „Gaben des Volkes" bezeichnet wird, wird der Priester zum Repräsentanten eben dieses Volkes, das Gott seine Gaben darbringt. Der Vorgang ist ein doppelt aspektiver, die Gabe Gottes an die Menschheit ist in ihm ebenso repräsentiert wie die Darbringung der Menschheit für Gott. Das eucharistische Geschehen wird so in eine Reziprozität hineingezogen, die nach den Geschehnissen der Reformationszeit dann auch prägend für die Konstituierung der römisch-katholischen Lehre der Neuzeit wird.

Das kann angesichts der Betonung, die die kontroversen Fragen der Weise der Gegenwart Christi[12], der Spendung unter beiderlei Gestalt[13] oder der Aufbewahrung des Sakramentes nach der Eucharistie[14] in Trient erfuhren, leicht in Vergessenheit geraten. Die relativ spät, in Sessio XXII, am 17. September 1562, erlassenen Lehren über das Messopfer aber drücken eben jene Doppelrepräsentativität des Priesters beziehungsweise des eucharistischen Geschehens aus, wie sie von Thomas her bekannt ist. So betont das zweite Kapitel die Identität zwischen dem irdischen Jesus und dem in der Eucharistie präsenten Christus: „Denn die Opfergabe ist ein und dieselbe, derselbe, der sich selbst damals am Kreuze opferte, opfert jetzt durch den Dienst der Priester; allein die Weise des Opferns ist verschieden"[15]. Christus also schenkt sich in ei-

[9] Zur Vorstellung von der Repräsentation in der mittelalterlichen Frömmigkeit s. Volker Leppin, Repräsentation und Reenactment, im Druck.

[10] Thomas von Aquin, Summa Theologiae III q. 83 a. 1 ad 3 (Editio Leonina 12, 271b): „etiam sacerdos gerit imaginem Christi, in cuius persona et virtute verba pronuntiat ad consecrandum".

[11] Ebd., q. 82 a. 3 resp. (Editio Leonina 12, 263a): „sacerdos constituitur medius inter Deum et populum. Unde, sicut ad eum pertinet dona populi Deo offerre, ita ad eum pertinet dona sanctificata divinitus populo tradere".

[12] Dekret über das Sakrament der Eucharistie (DH 1636f).

[13] Lehre und Kanones über die Kommunion unter beiderlei Gestalt (DH 1726–1729).

[14] Dekret über das Sakrament der Eucharistie (DH 1645).

[15] Lehre und Kanones über das Messopfer (DH 1743): „Una enima eademque est hostia,

nem einzigen, die Zeiten übergreifenden Geschehenszusammenhang, stets neu repräsentiert, aber nicht durch einen zweiten, von Golgotha im Wesen, sondern allein in der Vollzugsweise unterschiedenen Vorgang. So fängt Trient die reformatorische Betonung der Einmaligkeit des Opfers auf Golgotha auf und betont zugleich, dass auf dem Altar jene Selbsthingabe Christi zelebriert wird – durch Priester, die ihrerseits im Vollzug der Messe die Stellvertretung für das Volk Gottes übernahmen. Das wird durch die – für die evangelische Wahrnehmung durchaus problematische – Regelung der Messe ohne Beteiligung des Volkes deutlich, da in dieser der Priester „für alle Gläubigen" kommuniziert[16].

In einer vereinfachenden Zuspitzung der komplexen Entwicklung kann man also in der mittelalterlichen Theologie und durch das Konzil von Trient im neuzeitlichen römischen Katholizismus ein Modell reziproker Dynamik erkennen, in welchem in der Eucharistie Christus sich selbst durch den Priester schenkt und zugleich die Gemeinde gleichfalls durch den Priester Gott Gaben darbringt. Es handelt sich um eine Repräsentation des einmaligen Opfers auf Golgotha, die dessen Wirkung in die Gegenwart der Kirche hineinbringt und in sich die Wendung Gottes zu den Menschen und der Menschheit zu Gott verbindet, also von einer wechselseitigen Dynamik geprägt ist.

2. Deszendenz

Luthers Anliegen ist demgegenüber sehr klar und eindeutig, jede Wechselseitigkeit aus dem Geschehen des Abendmahls auszuschließen. Die exklusive Bindung des Heils an seinen Ursprung in der Gnade Gottes und in Jesus Christus schließt für ihn jedenfalls in der Abgrenzung seiner eigenen Abendmahlslehre von unterschiedlichen anderen Auffassungen menschliche konstitutive Beteiligung am Geschehen aus, um jeden Gedanken zu vermeiden, dass der Mensch an seinem Heil mitwirken könne.

In seinen frühen Jahren hatte sich sein Denken im Blick auf das Herrenmahl weitgehend auf den Bahnen der spätmittelalterlichen Frömmigkeitstheologie und Mystik bewegt. Aus ihr hatte er insbesondere ein vertieftes Bußverständnis aufgenommen[17], das nun auch seinen *Sermo*

---

idem nunc offerens sacerdotum ministerio, qui se ipsum tunc in cruce obtulit, sola offerendi ratione diversa"

16 Lehre und Kanones über das Messopfer (DH 1747): „pro omnibus fidelibus".

17 Siehe Volker Leppin, „omnem vitam fidelium penitentiam esse voluit". Zur Aufnahme mystischer Traditionen in Luthers erster Ablassthese, in: ders., Transformationen. Studien zu den Wandlungsprozessen in Theologie und Frömmigkeit zwischen Spätmittelalter und Reformation (Spätmittelalter, Humanismus, Reformation 86), Tübingen ^{2}2018,

de digna praeparatione cordis pro suscipiendo Sacramento Eucharistie von 1518 prägte: Entscheidend sei die Einsicht in die eigene Sündigkeit, die sich auch in der Mahnung niederschlug, dass das bloße Vertrauen auf eine geleistete Buße nicht zur Vorbereitung auf den Eucharistieempfang ausreichen könne[18]. Luther zielte nicht auf den äußeren sakramentalen Vollzug, sondern, wie schon die Überschrift des Textes anzeigt, auf das Herz. Das bedeutete keineswegs eine individualistische Zuspitzung: Die rechte Bereitung auf das Herrenmahl führte hinein in die Gemeinschaft der Glaubenden. So konnte er über das Abendmahl sagen: „Der Name ist Gemeinschaft (*Communio)*, die Sache Einheit der Herzen, so wie ein Glaube, eine Taufe, ein Herr, eine Hoffnung und einfach alles dasselbe und gemeinsam ist."[19] Weder Mystik noch ihre reformatorische Transformation führen in die Vereinzelung, sondern in die *communio*, die durch die Elemente der eucharistischen Feier dargestellt wird[20].

Der Zusammenhang mystischer Frömmigkeit bildet auch die Grundlage für die Entwicklung jenes für Luther charakteristischen Modells, in welchem eine gewaltige Asymmetrie zwischen der alleinigen Gabe durch Gott und der puren Passivität auf Seiten des Menschen besteht. Die Dynamik im Abendmahl ist so zunächst nicht als eine der Reziprozität gedacht, sondern ohne jede Gegenseitigkeit als eine der Deszendenz Gottes, in welcher dieser sich den Glaubenden unverdient zueignet. In der vollen Ausprägung reformatorischer Theologie ist dies unübersehbar eine Gestaltung der Rechtfertigungslehre – diese erweist sich in diesem Aspekt als Transformation spätmittelalterlicher Spiritualität. Offenkundig wird dies in der Abendmahlsdeutung in Luthers Gründonnerstagspredigt vom 2. April 1523. Alles, so macht er deutlich, stützt sich „auff die blosse gnade Christi"[21] – und das malt Luther unter Rückgriff auf eben jene Vorstellung vom wunderbaren Wechsel aus, die aus der Aufnahme des mystischen Brautbildes in der Freiheitsschrift bekannt ist[22]: „Nu was hat denn Christus? Er hat das, das er ist ein herr

---

261–277.

18 Martin Luther, Sermo de digna praeparatione (WA 1,330,36f).

19 Ebd. (WA 1,329,13f): „Nomen est Communio, Res unitas cordium, sicut una fides, unum baptisma, unus dominus, una spes, ac prorsus omnia eadem et communia".

20 Ebd. (WA 1,329,15–18).

21 Martin Luther, Sermon am Gründonnerstag 1523 (WA 12,485,8–10)

22 Ders., Freiheitsschrift (WA 7,25,26–26,7): „Nit allein gibt der glaub ßovil, das die seel dem gottlichen wort gleych wirt aller gnaden voll, frey und selig, sondernn voreynigt auch die seele mit Christo, als eyne brawt mit yhrem breudgam. Auß wilcher ehe folget, wie S. Paulus sagt, das Christus und die seel eyn leyb werden, ßo werden auch beyder gutter fall, unfall und alle ding gemeyn, das was Christus hatt, das ist eygen der glaubigen seele, was die seele hatt, wirt eygen Christi. So hatt Christus alle guetter und seligkeit, die seyn der seelen eygen. So hatt die seel alle untugent und sund auff yhr, die werden

uber todt, teuffel, hell und alle creaturen, ist almechtig, gewaltig, weys, gerecht, frum und ist aller tugend vol. Seht die gůtter werden uns alzumal. War durch? durch das werck, das du da thust, wenn du das sacrament nympst? Mit nichten, sonder durch den glawben, wenn du glawbest, das Christus seyn leyb und leben fur dich dar gesetzt habe, do mit wirstu auch eyn herr uber todt, teuffel, hell und alle creaturen, mechtig, frum und selig, nicht durch deyn lugen gerechtigkeyt, sonder Christi, der fur dich steht."[23]

Mystische Grundierung und rechtfertigungstheologisch zugespitzte Alleinigkeit der Gnadenzuweisung durch Christus liegen hier ineinander – ebenso wie auch der schon in der Predigt *de praeparatione* ausgesprochene *communio*-Gedanke und die Bedeutung des Glaubens. In seiner *Instructio pro confessione peccatorum* führte Luther 1518 aus, dass das Vertrauen auf die Beichte nicht zureichend sei, um in der Eucharistie Heil zu erfahren, sondern dass es notwendig sei, dass die Empfangenden glauben, denn „dieser Glaube allein macht sie rein und würdig"[24]. Das war eine zuspitzende Transformation der in der spätmittelalterlichen Mystik grundgelegten Verinnerlichung in der Aneignung auch der Sakramente. Der darin eingegangene Gedanke, dass ein Ungläubiger zwar den Leib Christi empfange, aber hinsichtlich seiner subjektiven Bedingungen nicht auf sakramentale Weise, war durchaus schon Thomas von Aquin vertraut[25], und im assoziativen Zusammenhang der Eucharistielehre begegnete bei diesem sogar die Formel *sola fide*[26], freilich anders, nämlich epistemologisch, konnotiert als bei Luther: Allein der Glaube kann nach Thomas begreifen, dass in der Eucharistie Leib und Blut Christi wahrhaft gegenwärtig sind, während für Luther der so-

---

Christi eygen. Hie hebt sich nu der froelich wechßel und streytt. Die weyl Christus ist gott und mensch, wilcher noch nie gesundigt hatt, und seyne frumkeyt unuebirwindlich, ewig und almechtig ist, ßo er denn der glaubigen seelen sund durch yhren braudtring, das ist der glaub, ym selbs eygen macht und nit anders thut, denn als hett er sie gethan, ßo mussen die sund ynn yhm vorschlundenn und erseufft werden, Denn sein unuebirwindlich gerechtigkeyt ist allenn sunden zustarck, also wirt die seele von allen yhren sunden, lauterlich durch yhren malschatzts, das ist des glaubens halben, ledig und frey, und begabt mit der ewigen gerechtickeit yhrs breuedgamß Christi. Ist nu das nit ein froeliche wirtschafft, da der reyche, edle, frummer breuedgam Christus das arm vorachte boeßes hürlein zur ehe nympt, und sie entledigt von allem uebell, zieret mit allen guetern?"

23 Ders., Sermon am Gründonnerstag 1523 (WA 12,485,11–486,5); zum Verhältnis dieser Stellen zur Freiheitsschrift s. detaillierter Volker Leppin, Ein Kuchen werden. Mystische Züge in Luthers Abendmahlslehre, in: ders. / Freimut Löser (Hg.),Von Meister Eckhart bis Martin Luther (Meister-Eckhart-Jahrbuch 13), Stuttgart 2019, 205–219, 208f.

24 Martin Luther, Instructio pro confessione (WA 1,264,14f): „haec sola fides eos facit puros et dignos".

25 Thomas von Aquin, Summa Theologiae III q. 80 a. 3 ad 2 (Editio Leonina 12, 230b).

26 Ebd., q. 75 a. 1 resp. (Editio Leonina 12, 156a).

teriologische Gedanke entscheidend ist, dass allein der Glaube den Genuss heilbringend macht. Diese komplexen Transformationen mittelalterlicher Traditionen wurden durch die Bannandrohungsbulle unter negativen Vorzeichen vereindeutigt, indem eben jene Aussage aus der *Instructio* verurteilt wurde[27]. Für Luther drückte sich in der Betonung des Glaubens die Angewiesenheit des Menschen auf passive Empfänglichkeit aus, die von Gottes Seite dessen alleiniges Gnadenhandeln unterstrich.

Auch dieser Glaube seinerseits war für Luther in die Glaubensgemeinschaft eingebettet. Die Pointe der Gründonnerstagspredigt von 1523 liegt nämlich darin, dass die Glaubenden mit Christus wie auch miteinander „eyn kuchen" werden[28]. Das so gestaltete Deszendenzmodell steht zeitlich am Beginn der innerreformatorischen Auseinandersetzungen, die bekanntlich mit Luthers Streit mit Karlstadt begannen und dann erst ihre Ausrichtung auf Zwingli erfuhren. Es kann mithin als Resultat der Auseinandersetzung mit der altgläubigen Seite ebenso gesehen werden wie als Ausgangspunkt der Wittenberger Profilbildung innerhalb des evangelischen Lagers. Durch die strikte Betonung des Deszendenzmodells erhält es seine gegen die Opfertheologie gerichtete Spitze, die Bindung der mystisch interpretierten Gegenwart Christi an die Elemente formt sich theologisch als Realpräsenzlehre aus. Auch eine so rekonstruierte Auffassung Luthers also verliert die kontroverstheologischen Kanten nicht, aber sie wird doch nach ihren frömmigkeitsgeschichtlichen Hintergründen und spirituellen Intentionen hin lesbar. Das hilft, die Gemeinsamkeit mit dem mittelalterlichen Glauben zu verstehen und doch zugleich auch den Unterschied – zwischen reziproker Dynamik einerseits, deszendenzorientierter andererseits – klar zu fassen.

Zu den in konfessionelle Unterschiede mündenden Transformationen gehört auch, dass Luther seine Überlegungen immer stärker in eine Worttheologie einzeichnete. In seinem *Sermon von dem neuen Testament, das ist von der heiligen Messe* erklärte er im Juli 1520 deutlich den Vorrang der Predigt vor der Abendmahlsfeier: „Und wo die prediget nit hett solt sein, hett er die meß nymmer mehr eyngesetzt. Es ist yhm mehr am wort den an dem zeychen gelegen, den die prediget sol nit anders sein, den vorklerung der wort Christi, da er sagt und die meß einsetzt 'das ist mein leyb, das ist mein blut &c.' Was ist das gantz Evangelium anders, den ein vorclerung dises testaments?"[29]

---

[27] Bulle Exsurge domine 15 (DH 1465).
[28] Martin Luther, Sermon am Gründonnerstag 1523 (WA 12,485,1–4).
[29] Ders., Ein Sermon von dem neuen Testament (WA 6,373,31–374,4).

Und wenig später, in der Gründonnerstagspredigt des Jahres 1522, führte er aus, dass Christen zwar ohne das Zeichen, also ohne das Sakrament leben könnten, nicht aber ohne das Wort[30], da das Wort das Zeichen gemacht habe und in diesem Sinne höher sei als dieses[31]. Je stärker die Worttheologie Luthers Denken über das Abendmahl bestimmte, desto deutlicher wurde jene Deszendenzdynamik: „Dasselb wort gottis ist das erst, der grund, der felß, darauff sich ernoch alle werck, wort, gedancken des menschen bawen, wilchs wort der mensch muß danckbarlich auffnehmen und der gotlichen zusagung trewlich gleuben und yhe nit dran zweyffeln, es sey und gescheh also, wie er zusagt. Diße trew und glaub ist der anfang, mittell und end aller merck und gerechtickeit, dan die weyl er gott die eere thut, das er yhn fur warhafftig helt und bekennet, macht er yhm einen gnedigen gott, der yhn widderumb eeret und warhafftig bekennet und helt, alßo das nit muglich ist, das ein mensch auß seyner vornunfft und vormugen solt mit wercken hynauff genn hymel steygen und gott zuvorkummen, yhn bewegen zur gnade, sondern gott muß zuvorkummen alle werck und gedancken, und ein klar außgedruckt zusagen thun mit worten, wilch den der mensch mit eynem rechten, festen glauben ergreyff und behalte, ßo folgt den der heylig geyst, der yhm geben wirt umb desselben glaubens willen“[32], heißt es im *Sermon von dem neuen Testament*, und die Betonung des Anfangs macht deutlich, dass Luther damit noch keineswegs alle Reziprozität ausschloss. Er konnte im selben Zusammenhang durchaus noch positiv die Opferterminologie aufnehmen, freilich in dem Sinne, dass nicht die Glaubenden opferten, sondern allein Christus sich opferte und die Christinnen und Christen durch ihren Glauben in dieses Geschehen hineingenommen wurden[33]. Der klaren Grundlegung in Gottes Handeln, das allein konstitutiv für das Heil ist, korrespondiert also ein antwortendes Verhalten, das von dieser Aktivität Gottes bestimmt bleibt, aber in es hineingenommen wird. Hier deutete sich an, dass Bo Holm in seiner grundlegenden Studie über „Gabe und Geben bei Luther“ zu Recht in Luthers Rechtfertigungslehre als Gegengewicht zur reinen Deszendenzstruktur auch eine Reziprozitätsstruktur von Gabe und Gegengabe, Wort und Antwort identifiziert hat[34].

---

30 Ders., Das Hauptstück des ewigen und neuen Testaments gepredigt am Gründonnerstag (WA 10/3,68,31f).

31 Ebd. (WA 10/3,70,28–30).

32 Martin Luther, Ein Sermon von dem neuen Testament (WA 6, 356,6–19).

33 Ebd. (WA 6, 369,3–11).

34 Bo Kristian Holm, Gabe und Geben bei Luther. Das Verhältnis zwischen Reziprozität und reformatorischer Rechtfertigungslehre, Berlin / New York 2006, 238.

Das erinnert in historischer wie auch ökumenischer Perspektive[35] daran, dass die Beschreibung von Luthers Abendmahlsverständnis im Sinne eines Deszendenzmodells dieses idealtypisch klar zu erfassen vermag, dabei allerdings möglicherweise, wie Holm gleichfalls hervorhebt, stärker auf die kontroverstheologischen Perspektiven Luthers abhebt als auf die erbaulichen[36]. Tatsächlich findet sich die Betonung der Alleinigkeit des Handelns Gottes stark ausgeprägt in Luthers Wendung gegen ein Verständnis der Messe als Opfer in *De captivitate Babylonica*, wo, anders als in dem wenig älteren Sermon, mit dem Gedanken des Opfers unmittelbar und ausschließlich die Vorstellung eines guten Werkes verbunden ist[37]: Im Abendmahl stehen sich hiernach allein das göttliche Verheißungswort und der annehmende Glaube auf Seiten des Menschen gegenüber[38], Aktivität und Passivität sind also klar und asymmetrisch beziehungsweise komplementär verteilt, und das hängt daran, dass das Wesen der Messe allein in den Verheißungsworten Christi besteht[39]. Das Herrenmahl wurde so, wie Luther 1523 in einer weiteren polemischen Schrift gegen die Anbetung des heiligen Leichnams schrieb, bloßes „geschenck und gabe"[40]. Die damit aufgemachte schroffe Alternative ist dann auch durch die Schmalkaldischen Artikel in die Bekenntnisschriften eingegangen. Im Artikel von der Messe erklärte Luther, das Verständnis der Altgläubigen von der Messe sei „stracks wider den Heubtartikel, der da sagt, das nicht ein böser oder frome meeseknecht mit seim werck, Sondern das Lamb Gottes und Son Gottes unsere sunde tregt"[41].

3. Aszendenz

Die Schärfe, in welcher Luther die Deszendenz im Abendmahl betonte, war nicht allein durch das Gegenüber zur mittelalterlichen beziehungsweise altgläubigen Kirche bestimmt, sondern auch und vor allem durch

35 Siehe zu einem, allerdings stärker an Risto Saarinen orientierten, Versuch, den Gabebegriff ökumenisch aufzunehmen Christine Büchner, Stillstand in der Ökumene? Die gabentheologischen Anregungen R. Saarinens für eine Ekklesiologie im Geiste von „Lumen gentium", in: Veronika Hoffmann (Hg.), Die Gabe. Ein „Urwort" der Theologie? Frankfurt 2009, 165–182.

36 Bo Kristian Holm, Gabe und Geben (Anm. 34) 203f.

37 Martin Luther, De captivitate Babylonica (WA 6, 512,7–9).

38 Ebd. (WA 6, 514,12f).

39 Ebd. (WA 6, 515,17f).

40 Martin Luther, Vom Anbeten des Sakraments des heiligen Leichnams Christi (WA 11, 442,14f.).

41 Schmalkaldsiche Artikel (Die Bekenntnisschriften der Evangelisch-Lutherischen Kirche. Vollständige Neuedition, hg. v. Irene Dingel, Göttingen 2014, 730,22–25).

das zur Schweizer Reformation. Bekanntlich hat der Wittenberger Reformator sich mit dem Zürcher seit Mitte der zwanziger Jahre über das Abendmahl heftig auseinandergesetzt. Beide haben dabei einen Fragenkreis umschritten, der neben den Abendmahlsfragen im engeren Sinne allgemeine sprachtheoretische Fragen, ontologische Probleme, vor allem aber die Christologie betraf. Sie hängen mit der strittigen Frage nach der Realpräsenz zusammen, die Zwingli aufgrund seiner signifikativen Deutung der Abendmahlsworte bestritt, aber in ihnen spiegelt sich auch ein diametral entgegengesetztes Verständnis von der Dynamik des Geschehens im Abendmahl wider.

Zwingli nahm mit der mittelalterlichen Tradition die Bezeichnung des Abendmahls als εὐχαριστία auf, betonte nun aber innerhalb dessen die vom Menschen ausgehende Dynamik. Die Bezeichnung als *eucharistia* bedeutete, dass Christus durch seine Einsetzung die Feier seines Gedächtnisses und einen Ritus der Danksagung stiften wollte[42]. Das stimmte mit seiner Auffassung vom Sakrament überein, das aufgrund seiner antiken Bedeutung nichts anderes sein könne als ein Initiations- oder Verpfändungsritus (*initiatio, oppignoratio*)[43], in dem gerade nicht Gott handelt[44]. Neben den philologischen Grundlegungen bewegte Zwingli hierzu auch die primäre Bestimmung Gottes als Geist, die für ihn eine Verbindung mit den materiellen Gegenständen der Sakramente unmöglich machte. Anders als Luther, war er nicht von der Mystik des späten Mittelalters geprägt, sondern von der scotistischen Theologie und Philosophie, in welcher der unendliche Gegensatz zwischen Schöpfer und Geschöpf eine zentrale Rolle einnahm[45]. Das Ergebnis war eine Auflösung der mittelalterlichen Reziprozität im Abendmahl in einer Luthers Ansatz diametral gegenüber stehenden Weise. Dem Deszendenzmodells Luthers steht bei Zwingli ein Aszendenzmodell gegenüber, in welchem im Vollzug des Abendmahls der Mensch der ist, der an Gott, und zu einem gewissen Grade auch an der Gemeinde handelt. Eben darin liegt auch die Bedeutung Zwinglis für den vorliegenden, ökumenisch orientierten Zusammenhang. Konfessionsprägend nämlich ist er nicht geworden – das reformierte Christentum verdankt sich vielmehr einer theologischen Gestaltung, in welche in überraschender Weise wiederum Elemente einer Reziprozität eingegangen sind.

---

42 Huldrych Zwingli, Commentarius de vera ac falsa religinoe (CR 90 | Z 3, 775,24–26).

43 Ebd. (CR 90 | Z 3, 759,4f.).

44 Ebd. (CR 90 | Z 3, 759,18–21).

45 Siehe hierzu Daniel Bolliger, Infiniti Contemplatio. Grundzüge der Scotus- und Scotismusrezeption im Werk Huldrych Zwinglis. Mit ausführlicher Edition bisher unpublizierter Annotationen Zwinglis, Leiden / Boston 2003; Volker Leppin, Zwinglis Transformation des Scotismus, in: Schweizerische Zeitschrift für Religions- und Kirchengeschichte 111 (2017) 51–64.

4. Kommunikation

Der große Unterschied zwischen Calvin und Zwingli wird allein schon darin erkennbar, dass letzterer dem Sakrament ausdrücklich die Fähigkeit bestritten hatte, Gewissen zu befreien[46]. Calvin hingegen hob in seinem *Petit traicté de la Saincte Cene* von 1541 genau dies als erste Aufgabe des Abendmahls hervor: Es soll „die in seinem [Christi; V.L.] Evangelium enthaltenen Verheißungen in unserem Gewissen beglaubigen und versiegeln"[47]. Damit verband sich die feste Überzeugung von einer geistlichen Vergegenwärtigung des Leibes Christi im Herrenmahl, da in den Zeichen des Abendmahls das Bezeichnete auch gegenwärtig sei[48].

Die Dynamik, die sich hierin entfaltete, ist eine doppelte: Calvin betont nicht minder als Luther, dass Jesus Christus „Ursache und Wirklichkeit der Sakramente" ist[49], und er nimmt aus den reichen Überlegungen Luthers auch jene Verbindung mit dem Bild vom fröhlichen Wechsel auf, das dieser in seiner Gründonnerstagspredigt 1523 auf das Abendmahl angewandt hatte[50]. Die Spur der Mystik führt also sogar bis zu dem sonst eher humanistisch als mystisch geprägten Genfer Reformator, der sich sogar bis zu der Formulierung steigern kann, dass wir im Abendmahl „eines an Leib, Geist und Seele mit ihm werden"[51].

Während Luther aber durch die Auseinandersetzung mit Zwingli immer stärker einseitig die Deszendenz Gottes im Abendmahl betonte, konnte Calvin, der dem Anspruch folgte, Ansätze Luthers und Zwinglis versöhnend zusammenzuführen[52], unter neuen Bedingungen die mittelalterliche Reziprozitätsdynamik reformulieren. So wurde für ihn in dem vorwiegend geistlichen, mit den materiellen Zeichen aber verbundenen Geschehen der Glaube konstitutiv nicht allein für die heilsame Nießung des Abendmahls wie bei Luther, sondern für die Möglichkeit, überhaupt Jesus Christus im Sakrament zu empfangen: Zwar betonte er, dass die Darreichung von Leib und Blut Christi im Sakrament unvermindert bleibe, aber die Ungläubigen kämen dazu, „Gottes Gnade zu-

---

46 Huldrych Zwingli, Commentarius de vera ac falsa religione (CR 90 | Z 3, 759,18–21).

47 Johannes Calvin, Petit tracté (Calvin, Studienausgabe, hg. v. Eberhard Busch u.a.. Bd. 1,2: Reformatorische Anfänge 1533-1541, 446,25f.; 447,28f.): „signer et seeller en noz consciences les promesses contenues en son Evangile".

48 Ders., Institutio IV c. 17, 10 (Joannis Calvini Opera Selecta, hg. v. Peter Barth u. Wilhelm Niesel. Bd. 5, München ^{2}1962, 352,15–18).

49 Ders., Petit tracté (Calvin, Studienausgabe 1,2, 450,12; 451,13): „la matiere et substance des Sacraments".

50 Ders., Institutio IV c. 17, 2 (Calvin, Opera Selecta 5, 343,21–344,6).

51 Ebd., c. 17, 12 (Calvin, Opera Selecta 5,355,21f.): „ut unum corpore, spiritu et anima secum fiamus".

52 Johannes Calvin, Petit tracté (Calvin, Studienausgabe 1,2, 486,3–492,17): „la matiere et substance des Sacraments".

rückzuweisen"[53], und das hieß nach dem gedanklichen Zusammenhang in der *Institutio* nicht allein, die heilbringende Wirkung zu verweigern, sondern Christus selbst[54]. Nicht nur die Behutsamkeit, mit welcher Calvin diese Überlegungen vorträgt, erinnern an Thomas von Aquin – in gewisser Weise tut dies auch die Art, wie er den Charakter des Empfangens von Christi Leib zwischen Glaubenden und Nichtglaubenden unterscheidet. Die Differenz liegt vor allem im Ausmaß der Bindung der Präsenz Christi an die Elemente. Für Calvin war klar, dass der Leib Christi nicht „unter diese vergänglichen Elemente zurückzuholen" [55] sei – jenes *sub speciebus* des Vierten Lateranums war für ihn also ausgeschlossen und mit ihm, wie er lang ausführte, die Transsubstantiationslehre[56].

5. Schlussüberlegungen

Der Durchgang durch die Herrenmahlslehren der Reformationszeit unter dem Gesichtspunkt der sich in ihnen widerspiegelnden Dynamiken des Geschehens soll dazu dienen, eingefahrene Debatten jenseits kontroverstheologischer Verfestigungen neu zu betrachten und damit zu verflüssigen. Dies gelingt an einer markanten Stelle offenkundig: Dass unter dem Gesichtspunkt der Dynamiken die reziproke Struktur des Mittelalters und Trients näher an Calvins kommunikativem Modell ist als an Luthers Deszendenzmodell, steht der üblichen Auffassung entgegen, die die Nähen der Position von Luther beziehungsweise Luthertum zur römisch-katholischen Lehre als stärker ausgeprägt sieht als die der Reformierten. Diese Auffassung hat ihren sachlichen Grund in den Fragen der Realpräsenz. Hier ist es offenkundig, dass die Bindung der Realpräsenz an die Elemente, wie Luther sie vertritt, näher an der römisch-katholischen Position ist als die Auffassung von einer geistlich vermittelten Präsenz Christi bei Calvin.

Das können und sollen die vorgetragenen Überlegungen gar nicht in Frage stellen. Diese zielen eher darauf, eine Neureflexion des Abendmahlsgeschehens im Blick auf die Dynamik zwischen dem einladenden Herrn Jesus Christus und den Gläubigen anzustoßen. Lässt man Zwinglis Sonderposition, die nicht konfessionsprägend geworden ist, außer Acht, so verbindet alle drei konfessionsbildenden Positionen, dass das

[53] Ders., Institutio IV c. 17, 33 (Calvin, Opera Selecta 5,394,3): „repellere Dei gratiam".
[54] Ebd., c. 17, 33 (Calvin, Opera Selecta 5,394,4f.).
[55] Ebd., c. 17, 12 (Calvin, Opera Selecta 5,394,3): „sub haec corruptibilia elementa retrahere".
[56] Ebd., c. 17, 14–17 (Calvin, Opera Selecta 5,357–364).

Prä des Handelns bei Jesus Christus liegt. Auch in der mittelalterlichen Abendmahlsauffassung ist eine Reziprozität nur dadurch möglich, dass das Opfergeschehen auf Golgotha hinsichtlich der beiden Naturen Christi durchdacht wird. Insofern am Selbstopfer am Kreuz auch die menschliche Seite Anteil hatte, sind die Glaubenden als das *corpus mysticum* Christi auch in den Handlungsstrang hineingenommen, aber eben nur auf dieser Grundlage. Dieser christologisch begründeten Reziprozität steht bei Calvin eine pneumatologisch vermittelte Kommunikativität zur Seite, für die gleichfalls das Prä im Geschenk Christi außer Frage steht, das Handeln des Geistes aber als Person der Verbindung zwischen Gott und den Glaubenden deren Erhebung zu Christus hin ermöglicht.

Gegenüber diesen Modellen erstaunt das lutherische, wie es oben skizziert wurde, in seiner Schroffheit. Das mag dazu anregen, jene oben schon angedeuteten Potenziale gründlicher zu befragen, die in das Deszendenzmodell reziproke Aspekte einschreiben. Wie erwähnt, hat der dänische Theologe Bo Kristian Holm hierzu wichtige – freilich nicht unumstrittene[57] – Überlegungen angestellt. Kaum zufällig spielt auch hierfür das bei Luther wie bei Calvin im Zusammenhang mit dem Abendmahl begegnende Motiv des „fröhlichen Wechsels" eine zentrale Rolle zum Verständnis[58]. Was in klassischen Deutungsmustern als reine Passivität des Menschen beschrieben wird, erscheint in Holms Deutung von Luthers Galaterbriefauslegung als ein „Gott-die-Ehre-Geben" und eine Selbsthingabe[59]. Zu einer Schlüsselstelle für das damit eröffnete Verhältnis umfassender Reziprozität im Rechtfertigungsgeschehen aber wird eine Passage aus der lateinischen Fassung der Freiheitsschrift: „Wo aber Gott sieht, dass ihm die Wahrheit übertragen wird und er durch den Glauben unseres Herzens mit so großer Ehre geehrt werde, deren er selbst würdig ist, ehrt er selbst auch wiederum uns, überträgt auch uns Wahrheit und Gerechtigkeit um des Glaubens willen. Der Glaube nämlich bewirkt Wahrheit und Gerechtigkeit, indem er Gott das Seine wiedergibt, daher gibt Gott wiederum unserer Gerechtigkeit die Ehre"[60].

---

57 Siehe Risto Saarinen, Luther and the Gift (Spätmittelalter, Humanismus, Reformation 100), Tübingen 2017, 264–275; vgl. auch die Debatte in Bo Kristian Holm / Peter Widmann (Hg.), Justification – Economy – Ontology, Tübingen 2009.

58 Bo Kristian Holm, Gabe und Geben (Anm. 34) 75 u.ö.

59 Ebd., 81.

60 Martin Luther, De libertate christiana (WA 7,54,21–25): „Ubi autem deus videt, veritatem sibi tribui et fide cordis nostri se honorari tanto honore, quo ipse dignus est, Rursus et ipse nos honorat, tribuens et nobis veritatem et iustitiam propter hanc fidem. Fides enim facit veritatem et iustitiam, reddens deo suum, ideo rursus reddit deus iustitiae nostrae gloriam"; vgl. Bo Kristian Holm, Gabe und Geben (Anm. 34) 114.

Das Geschehen der Rechtfertigung erscheint so auch bei Luther als ein solches, das den Menschen als innerhalb eines gegenseitigen Verhältniszusammenhanges teilaktiven Partner sieht. Holm macht deutlich, wie eng genau diese Vorstellung mit den mystischen Konzeptionen verbunden ist, die Luther aufgenommen hat: „Die Grundlage der Rechtfertigung ist die Vereinigung des Christen mit Christus. *Commercium admirabile* und *unio cum Christo* folgen darauf und ziehen den Christen in die göttliche Gemeinschaft hinein. Was zunächst aussieht wie eine einseitige Übertragung, erweist sich als gegenseitiger Austausch“[61].

Diese ebenso faszinierende wie provozierende Neudeutung von Luthers Rechtfertigungslehre enthält offenkundig das Potenzial, die Dichotomien, die sich im Abendmahlsverständnis zu zeigen scheinen, abzuschwächen. Auch das Deszendenzmodell Luthers ist, gerade dadurch, dass der Reformator es im Horizont des brautmystischen Erbes auslegt, im Letzten Teil eines Reziprozitätsmodells. Die Deszendenz stellt eine Akzentsetzung dar, aber keine Exklusion gegenüber den reziproken Elementen der römisch-katholischen oder den kommunikativen Elementen der Calvinischen Lehre. Christus, der sich im Abendmahl den Menschen schenkt, nimmt sie durch ihr antwortendes Verhalten in sich hinein.

So formuliert beziehungsweise reformuliert, vermag das dargestellte Modell unterschiedlicher Dynamiken dazu beizutragen, bei aller Sicht auf die Unterschiede doch auch die Gemeinsamkeiten in der Abendmahlslehre zu erfassen. Das hebt die Unterschiede im Blick auf die Weise der Realpräsenz oder die Bedeutung des Amtes, die das ökumenische Gespräch bestimmen, nicht auf. Es hilft aber, sie in einem Horizont zu formulieren, der das gemeinsame christliche Erbe, den Dank für die Selbsthingabe Christi, in den Vordergrund stellt.

---

61 Bo Kristian Holm, Gabe und Geben (Anm. 34) 129.

Eucharistie
Opfer Jesu Christi und seiner Kirche

Theodor Schneider

The article shows that the brief statements of the "Doctrinal Notes" of the Congregation for the Doctrine of the Faith about the understanding of the Eucharistic Sacrifice are insufficient and partly even wrong. They are not a theologically founded offer for a scientific discussion about the sacrificial character of the Eucharist. In a second step, a report on the many years of intensive work of the Ecumenical Working Group on this topic will be presented. These efforts have led to a theological consensus on this question, which has been controversial for centuries. In a third step, the most important theological aspects of the ecumenical understanding about the "sacrificial character of the Eucharist" are compiled in this article. Central in this connection is the common realization that the Eucharistic Sacrifice is a liturgical celebration of the sacramental memory of Jesus' sacrifice on the cross, which does not need to be repeated or supplemented.

Dem Schreiben des Präfekten der römischen Glaubenskongregation (vom 18. 9. 2020) an den Vorsitzenden der Deutschen Bischofskonferenz Bischof Dr. Georg Bätzing war eine Anlage beigefügt mit dem Titel: Lehrmäßige Anmerkungen zum Dokument *Gemeinsam am Tisch des Herrn* (GTH) des Ökumenischen Arbeitskreises katholischer und evangelischer Theologen (Jäger-Stählin-Kreis).

Dieser Text von vier Seiten ist auch dem Ökumenischen Arbeitskreis (ÖAK) zur Kenntnis gebracht, intensiv bedacht und mit einer „Stellungnahme" zu Händen der Deutschen Bischofskonferenz beantwortet worden.

Die „Lehrmäßigen Anmerkungen" enthalten auf den Seiten 3 und 4 auch elf Zeilen mit kritischen Bemerkungen zur Behandlung des Themas ‚Eucharistie als Opfer' in GaTH.

Im Folgenden will ich mich zunächst mit den römischen Behauptungen (in diesen elf Zeilen) auseinandersetzen (1). In einem zweiten Schritt erinnere ich an die intensiven, jahrelangen Bemühungen des ÖAK um eine gemeinsame Aussage zum Opfercharakter des Abendmahls/der Eucharistie (2). Der dritte Abschnitt beschreibt dann in gebotener Kürze den Inhalt der ökumenischen Verständigung (3).

1. „Lehrmäßige" Anmerkungen?

Der kurze Abschnitt der „Lehrmäßigen Anmerkungen" (LA) zum Opfercharakter der Eucharistie ist unter dem Aspekt wissenschaftlicher Theologie in Form und Inhalt eine Zumutung! Meine Reaktion auf die dortigen Sätze, die immerhin „lehrmäßige" Aussagen zu sein beanspruchen, bewegt sich (immer noch) zwischen Kopfschütteln und Ärger!

Diesen deutlichen Tadel muss und will ich natürlich begründen! Deshalb zitiere ich zunächst die römischen Sätze im Wortlaut und nehme dann dazu Stellung.

a) „Auch bezüglich des Opfergedankens der Eucharistie, die ebenso zu den Lehren *de fide tenendae* gehören (cf. DH 1740, 1751; 1743, 1752, 1756; CCC nn.1362-1372) besteht immer noch kein ökumenischer Konsens. GTH schlägt als Lösung das Entfernen der Opferaussagen aus den liturgischen Texten vor. Die wirklich gültige diesbezügliche Aussage beschränke sich auf die Selbsthingabe der Kirche, eingeschlossen in der Selbsthingabe Jesu für uns. Deshalb zählt GTH die postkonsekratorischen Opferaussagen der eucharistischen Hochgebete im Missale Pauls VI. zu den Traditionen, die einem theologischen Examen nicht standhalten würden und deshalb einer Reform bedürften (cf. 5.6.3; 8.4.) Der Text unterscheidet damit nicht zwischen legitimer Vielfalt in den liturgischen Formen der Eucharistiefeier, auch als Frucht legitimer Inkulturation, und den den theologischen Sinngehalt ausdrückenden verbindlichen Texten (cf.5.6.1.) Liturgische Vielfalt sollte nicht in Kontrast zum theologischen Verständnis des Gefeierten gesetzt werden (cf.4.9.)"

Soweit der Wortlaut der römischen Anmerkungen.

b) Dass der grammatisch falsche relativische Anschluss im ersten Satz vor der offiziellen Versendung nicht korrigiert wurde, zeugt nicht gerade von formaler Korrektheit. Auch die Rede vom „Opfergedanken" der Eucharistie ist sprachlogisch nicht in Ordnung. Opfergedanken haben die Gläubigen und die Theologen; die Eucharistiefeier hat Opfercharakter oder einen Opferaspekt.

Gewichtiger ist die sachlich falsche Behauptung, immer noch fehle ein ökumenischer „Konsens" in der Opferthematik. So kann nur jemand schreiben, der das grundlegende Ereignis der ökumenischen Verständigung in diesem so umstrittenen Themenfeld offensichtlich gar nicht wahrgenommen hat, der also nicht ausreichend informiert ist, gewissermaßen – salopp gesagt – den Anschluss verpasst hat.[1]

Auch die bloße Aufzählung von Denzinger-Nummern erweckt den fatalen Eindruck, die Verfasser in der römischen Behörde seien der Überzeugung, der schlichte Hinweis auf Sätze des Tridentinums sei der hinreichende Aufweis der „fides tenenda" in der Opferthematik. Hat uns nicht die jahrzehntelange wissenschaftliche Befassung mit dem Phänomen der Dogmenentwicklung[2] und der Notwendigkeit einer sorgfältigen Dogmeninterpretation vor allem gelehrt, wie wichtig die jeweilige Einordnung in die zeitgeschichtliche Situation und den damaligen Problemstand ist, um vor Missverständnissen und kurzschlüssigen Fehldeutungen zu bewahren und so den ursprünglichen Glaubenssinn zu schützen? So sind z.B. die Formulierungen des Konzils von Trient (DH 1752) ohne Kenntnis der mittelalterlichen Praxis[3] und theologischen Deutung der „von den Priestern dargebrachten Messopfer" missverständlich und irreführend und sogar theologisch abwegig[4].

---

1 Karl Lehmann / Edmund Schlink (Hg.), Das Opfer Jesu Christi und seine Gegenwart in der Kirche. Klärungen zum Opfercharakter des Herrenmahles (Dialog der Kirchen 3), Freiburg / Göttingen 1983. Siehe auch: Das Opfer Jesu Christi im Herrenmahl, in: Karl Lehmann / Wolfhart Pannenberg (Hg.), Lehrverurteilungen – kirchentrennend? Bd. I: Rechtfertigung, Sakramente und Amt im Zeitalter der Reformation und heute (Dialog der Kirchen 4), Freiburg / Göttingen 1986, 89–94. Sowie: Elisabeth Hönig, Die Eucharistie als Opfer nach den neueren ökumenischen Erklärungen, Paderborn 1989.

2 Vgl. Michael Seewald, Dogma im Wandel. Wie Glaubenslehren sich entwickeln, Freiburg 2018, außerdem: Theodor Schneider, Gewandeltes Eucharistieverständnis, Einsiedeln 1969, [3]1973; ders., Dogmatische Neuorientierung – Beispiel „Messopfer", in: TThZ 81 (1972); ders., Über die Wandelbarkeit kirchlicher Lehre, in: US 28 (1973) 145–160; ders., Wandlungen im Kirchen- und Abendmahlsverständnis des 19. und 20 Jahrhunderts, in: Richard Boeckler (Hg.), Interkommunion – Konziliarität. Zwei Studien im Auftrag des Deutschen Ökumenischen Studienausschusses, Stuttgart 1974 = Beiheft zur Ökumenischen Rundschau 25, 52-77.

3 Arnold Angenendt, Offertorium. Das mittelalterliche Messopfer (LQF 101), Münster 2013.

4 Vgl. Hans Jorissen, Das Verhältnis von Kreuzesopfer und Messopfer auf dem Konzil von Trient, in: Albert Gerhards / Klemens Richter (Hg.), Das Opfer. Biblischer Anspruch und Liturgische Gestalt (QD 186), Freiburg 2000, 92–99. Theodor Schneider, Das Opfer Jesu

Mit einer bloßen „Denzinger-Theologie" ist die anspruchsvolle Aufgabe einer gläubigen und zugleich wissenschaftlich verantworteten Interpretation früherer dogmatischer Aussagen nicht zu leisten! Sind die Verfasser der „lehrmäßigen Anmerkungen" wirklich anderer Meinung?

Meine Zweifel an der Sorgfalt und der Redlichkeit ihrer Arbeit werden auch durch die Behauptung genährt, GaTH schlage als Lösung die Entfernung der Opferaussagen aus den liturgischen Texten vor. Diese Unterstellung ist eine bloße Erfindung ohne Beleg im Text! Die Glaubensüberzeugung, dass die Selbsthingabe der Kirche als Leib Christi eingeschlossen ist in die Selbsthingabe Jesu Christi, als eine „Beschränkung" der Opferthematik zu werten, ist mehr als diskussionsbedürftig!

Die in LA angesprochenen Opferaussagen im Missale Pauls VI. sind in den verschiedenen Hochgebeten sehr unterschiedlicher Natur. Sie liegen zum Teil genau auf der paulinisch-existentiellen Linie (vgl. Röm 12,1; 15,16). Andere schleppen die mittelalterliche Missverständlichkeit mit sich und könnten durch eine theologische Überprüfung und sprachliche Bearbeitung nur gewinnen![5]

Im Text GaTH wird „die legitime Vielfalt in den liturgischen Formen der Eucharistiefeier" sehr ernstgenommen und keineswegs „in Kontrast zum theologischen Verständnis des Gefeierten gesetzt" wie LA argwöhnt. Es geht auch nicht um unterschiedliche *Formen,* sondern um Texte, und zwar genau um solche, die den theologischen Sinngehalt korrekt ins Wort bringen sollten.

Ich denke, mit diesen wenigen Hinweisen ist deutlich geworden, dass in meiner Wahrnehmung die „Lehrmäßigen Anmerkungen" zur Opferthematik keinerlei hilfreichen Beitrag leisten und kein wirkliches Angebot zu einem theologischen Gespräch darstellen.

2. Das Ringen des ÖAK um eine gemeinsame Glaubensaussage

In den 70er Jahren des vorigen Jahrhunderts arbeitete der ÖAK unter dem Vorsitz von Bischof Hermann Kunst (Bonn) und Kardinal Hermann Volk (Mainz). Die wissenschaftliche Leitung der Arbeit lag in den Händen von Professor Karl Lehmann (Freiburg) und Professor Edmund Schlink (Heidelberg).

In den sieben Jahrestagungen von 1976 bis 1982 bearbeitete der ÖAK das Thema „Opfer". Ihren ausführlichen Bericht über die beide Sei-

Christi und der Kirche. Zum Verständnis der Aussagen des Konzils von Trient, in: Karl Lehmann / Edmund Schlink (Hg.), Das Opfer Jesu Christi (Anm. 1) 176–189.

[5] Vgl. Martin Stuflesser, Das Opfer in nachvatikanischen Hochgebeten, in: Albert Gerhards / Klemens Richter (Hg.), Das Opfer (Anm. 4) 257–285.

ten herausfordernden Bemühungen, die mit einer tiefgreifenden theologischen Verständigung erfolgreich abgeschlossen werden konnten, beginnen die Herausgeber[6] mit folgender Charakterisierung der ökumenischen Gesprächssituation am Anfang der 70ger Jahre: „Die Frage nach dem Opfercharakter der Eucharistie/des Herrenmahls gehört zu den schwierigsten und wohl am meisten umstrittenen Themen zwischen der reformatorischen und der römisch-katholischen Theologie. Darum ist es verständlich, dass zwar bis in die jüngste Gegenwart herein wichtige ökumenische Dokumente zur Gegenwart des Herrn im Abendmahlsgeschehen erscheinen konnten, dass jedoch bei der Behandlung des Problems, ob das Herrenmahl/die Eucharistie ein Opfer und gar ein Opfer der Kirche genannt werden könne, trotz sehr gewichtiger Konvergenzen nur ein Teilkonsens erzielt werden konnte. Der Ökumenische Arbeitskreis evangelischer und katholischer Theologen hatte sich schon früher z.B. mit den Problemen der Realpräsenz und auch der Abendmahlsgemeinschaft beschäftigt. Nun schien es an der Zeit zu sein, die besonders schwierige Kontroverse um den Opfercharakter der Eucharistie/des Abendmahls anzugehen."[7]

Der erste Schritt in dieses schwierige Themenfeld hinein geschah auf der Jahrestagung 1976 in Bonn. Am Beginn stand eine Sichtung der biblischen Grundlagen: Wie erscheint das Opfer im Alten und im Neuen Testament? Dem folgte eine erste systematische Problemansprache: Das Opfer Jesu Christi und der Kirche. Mit einem Vortrag zu diesem Thema begann meine Mitarbeit im Ökumenischen Arbeitskreis. Ich hatte mich schon 1968 in einem Aufsatz zu diesem Thema geäußert: „Das Opfer der Messe als Selbsthingabe Christi und der Kirche. Theologische Vorüberlegungen zu einer Neuformulierung des Messkanons"[8]. Karl Lehmann hatte in seinem phänomenalen Gedächtnis diese Tatsache gespeichert und zum Anlass genommen, mich zur Tagung nach Bonn einzuladen. Im Anschluss kooptierte mich der ÖAK als Mitglied.

In Bonn wurde deutlich, wie riesig dieses Vorhaben war, wie viele Teilbereiche der Gesamtthematik sich vor uns auftaten, die in den folgenden Jahren angesprochen, diskutiert und aufgearbeitet werden mussten. Zum Beispiel: Die Vielschichtigkeit des Begriffs Opfer, die Neubestimmung von Opfer und Priestertum durch Jesu Schicksal bei Paulus und im Hebräerbrief, die veränderte Funktion des christlichen Kultes im Altertum, die Verengung des Blicks auf die Eucharistie im frühen Mittelalter durch die Fixierung auf die Frage der Realpräsenz, die daraus sich ergebende faktische Trennung der Aspekte Gegenwart und

6 Karl Lehmann / Edmund Schlink (Hg.), Das Opfer Jesu Christi (Anm. 1).
7 Ebd., 9.
8 Geist und Leben 41 (1968) 90–106.

Opfer (die sich durch die Jahrhunderte zieht bis hin zu den Verhandlungen des Konzils von Trient), die damit weitgehend die Rede vom Opfer aus dem Verständnis der Eucharistie als Sakrament herausnahm. Lässt sich auf diesem Hintergrund ein Zusammenhang von Kreuzesopfer und „Messopfer" überhaupt noch beschreiben? Wie lässt sich die existentielle Dimension (Röm 12,1) einbeziehen? Wie können wir die Erkenntnisse der jüngeren Exegese, z.B. die Wiederentdeckung des Tiefgangs des Terminus anamnesis/memoria für unser Anliegen nutzen?

Dieses nur grob umrissene Feld theologischer Arbeit wurde also in den folgenden Jahren Schritt für Schritt beackert durch Referate der Spezialisten, durch ausgedehnte Diskussionen (die in den umfangreichen Wortprotokollen festgehalten sind), durch die Bildung von kleinen Arbeitsgruppen, die sich auch zwischen den Jahrestagungen mühten, vorläufige Ergebnisse zu bündeln und zu formulieren. Es lohnt sich immer noch, die detaillierte Schilderung dieses aufwendigen Verständigungsprozesses zu lesen, die Karl Lehmann der Veröffentlichung des Gesamtergebnisses vorangestellt hat.

Der Abschließende Bericht mit der inhaltlichen Darlegung der grundlegenden Verständigung wurde schließlich von allen beteiligten Mitgliedern bestätigt und einstimmig angenommen. „Somit konnte die umfangreiche und zeitraubende Arbeit nach insgesamt mehr als sechs Jahren zu einem guten Abschluss gebracht werden."[9]

Die Erfahrung dieser gemeinsamen Bemühung um die Bewältigung und Bereinigung dieses jahrhundealten, belastenden Streits – von dem Martin Luther in seinen Schmalkaldischen Artikeln meinte, hier sind und bleiben wir ewiglich geschieden – hat die persönlichen Beziehungen der Beteiligten zu einer wachsenden Offenheit und Vertrautheit geführt, die möglich machte, auch die Schwächen und Defizite der jeweils eigenen Sicht offen anzusprechen. Dass das Wort "Messopfer" in der lutherischen und reformierten Tradition seit Jahrhunderten negativ besetzt war, war kein geringes Hindernis. Manche Formulierungen in den Hochgebeten der katholischen Liturgie als irreführend und „haeresi proximae" zuzugestehen, fiel katholischen Kollegen nicht leicht. Auch psychologisch musste also Einiges aufgearbeitet werden.

Ich erinnere mich gut an eine kleine Begebenheit, die ich gerne hier wiedergebe: Wir hatten in einer kleinen Arbeitsgruppe bis tief in die Nacht hinein darum gerungen, unsere gemeinsamen Erkenntnisse in die entsprechende sprachliche Fassung zu bringen, also solche Formulierungen zu finden, die beide Seiten aus Überzeugung mittragen konnten .Am folgenden Morgen kommt Martin Kruse, der damalige Berliner Bi-

[9] Karl Lehmann / Edmund Schlink (Hg.), Das Opfer Jesu Christi (Anm. 1) 12.

schof beim Frühstück an meinen Platz mit den Worten: „Herr Schneider, Herr Schneider, wir müssen unbedingt noch einmal an den einen Satz! Meine Pfarrer steinigen mich, wenn ich mit dieser Formulierung nach Hause komme!" Dank unseres erneuten Bemühens wurde er nicht „gesteinigt". Auch er lebt noch, Gott sei es gedankt! Nicht nur wegen des gleichen Geburtsjahres fühle ich mich ihm sehr verbunden!

Die in den 45 Jahren meiner Mitgliedschaft im ÖAK gewachsenen Freundschaften empfinde ich als eine kostbare ökumenische Frucht und als ein großes Geschenk für meinen Glauben! Zugleich ist mir zunehmend bewusst geworden, dass dieses wichtige persönliche Geflecht, das unseren gemeinsamen Glauben an die Gegenwart des gekreuzigten Erhöhten in Eucharistie und Abendmahl trägt, sich über unseren gemeinsamen Text nur anfanghaft vermitteln und weitergeben lässt.

Etwas Anderes ist allerdings die Tatsache, dass unser erfolgreiches Ringen und das ausführlich dargestellte Ergebnis – das ich in seiner theologischen Qualität nach wie vor für einen entscheidenden Schritt unserer Kirchen aufeinander zu halte – auf beiden Seiten von theologischen Fachleuten und kirchenleitenden Amtsträgern kaum wahrgenommen und nicht wirklich rezipiert wurde. Das verursacht mir seit längerem schmerzhafte Gefühle von Bitterkeit, Vergeblichkeit und Ratlosigkeit! Ich versuche dagegen „anzuhoffen"!

3. Der Inhalt der erzielten Verständigung

Allen, die sich für die Opferthematik besonders interessieren, vor allem denjenigen, die offenkundig „Nachholbedarf" haben, sei empfohlen, sich den Band 3 aus der Reihe „Dialog der Kirchen" aus einer theologischen Fachbibliothek zu besorgen und den „Abschließenden Bericht" als Ganzen zu studieren.

Die nach meiner Einschätzung wesentlichen theologischen Aussagen will ich im Folgenden kurz zusammenfassen[10]:

Grundsätzliches zur Überlieferung

Der biblische Befund bleibt für alle Theologie und jede ökumenische Bemühung richtungsweisend. Nur im Rückgriff auf das Zeugnis der Heiligen Schrift können Streitfragen überwunden und neue Wege gefunden werden. Dabei hat das Alte Testament eine mittelbare Bedeutung, sofern die Überlieferungen des Neuen Testaments nur aufgrund der alt-

10 Vgl. zum Folgenden: Das Opfer Jesu Christi und der Kirche. Abschließender Bericht, in: Karl Lehmann / Edmund Schlink (Hg.), Das Opfer Jesu Christi (Anm. 1) 215–238.

testamentlichen Vorgeschichte und Verheißung erfasst und verstanden werden können. Ausschlaggebend sind die neutestamentlichen Aussagen. Dabei ist zu beachten, wie behutsam die Opfervorstellungen aufgegriffen worden sind und wie konsequent deren christologische Neuinterpretation ist.

Bei allen Lehraussagen der Kirche geht es um Neuinterpretationen, die das ursprünglich Gesagte verständlich machen und im Zusammenhang mit neuen Problemen und Fragestellungen weiter explizieren wollen. Eine direkte und wörtliche Übereinstimmung mit den biblischen Aussagen darf dabei weder erwartet noch gefordert werden, wohl aber müssen die dogmatischen Aussagen von den biblischen Zeugnissen ausgehen und ihnen sachlich voll entsprechen. Insofern haben sich dogmatische Formulierungen und Erklärungen jeweils am biblischen Textbefund auszuweisen.

Das Opfer im Alten Testament

Das Alte Testament kennt die Opferfeiern der semitischen Nomaden und der sesshaften Kanaanäer. An beiden Traditionen partizipiert Israel, aber die Opferhandlungen des Gottesvolkes sind im Sinne des Jahwe-Glaubens umgestaltet. Im „Schlachtopfer" (zebach, mit Teilverbrennung des Opfertiers und Gemeinschaftsmahl) haben wir wegen des Communio-Charakters das eigentliche Bundesopfer vor uns, während das „Brandopfer" (olah, mit Gesamtverbrennung des Opfertiers) der Anerkennung und Huldigung Jahwes dient. Die Kultkritik der Propheten zielt nicht auf eine Aufhebung des Opferkultes. Es geht vielmehr um die Einheit von Kult und Existenzform des Gottesvolkes, in welcher Glaube, Gerechtigkeit und Brudersinn maßgebend sind.

Für die gemeinsame Jahwe-Verehrung hatte der Opferkult wesentliche Bedeutung, blieb aber eingebettet in die geschichtlichen Überlieferungen und die aktuelle geschichtliche Verantwortung des Gottesvolkes. Zudem tritt von Anfang an beim Opferverständnis eine starke Tendenz in Richtung Personalisierung und Relevanz für die Gemeinschaft auf.

Zum Opferverständnis im Neuen Testament

Der Evangelienüberlieferung ist bei historischer Rückfrage eindeutig zu entnehmen, dass Jesus seinen eigenen Tod vorausgesehen und vorausgesagt hat. Die Grundgestalt seines Abschiedsmahles lässt erkennen, dass Jesus sein Sterben als freiwilliges Auf-sich-nehmen des von Gott ihm auferlegten Dienstes im Gehorsam gegenüber dem Vater und als Hingabe für Andere verstanden hat.

Neben den zahlreichen Sühneaussagen stehen verschiedene Überlieferungselemente, die erkennen lassen, dass auch Opferaussagen mit Jesu Tod verbunden und entsprechend transformiert worden sind, wobei die Tatsache der Selbsthingabe Jesu hervorgehoben und das Opfergeschehen mit der Person dessen in feste Verbindung gebracht worden ist, den Gott gesandt hat zum Heil der Menschen.

Vollzug und Feier des Herrenmahls verbinden im Neuen Testament auf sakramentale Weise den Vollzug eines Gemeinschaftsmahles mit der erinnernden Vergegenwärtigung und Teilhabe am geschichtlich einmaligen Opfertod des Herrn. Die Klammer um beides liegt in der neuen Wirklichkeit des *einen Leibes,* den der Auferstandene mit seiner Kirche bildet. In dieser raum- und zeitübergreifenden Einheit erinnert sich die im Herrenmahl vereinigte Gemeinde des Opfertodes ihres Herrn und wird selber in das Geschehen der Hingabe des Sohnes einbezogen.

Dabei geht es um die grundsätzliche Bereitschaft, sich in der irdischen Existenz Gott ganzheitlich darzubringen und um die Realisierung des Dienstes für Gott im konkreten Leben jedes Einzelnen und der Gemeinschaft. Im Hebräerbrief ist der Opfergedanke breit entfaltet. In Verbindung mit der Vorstellung vom Hohenpriester wird Jesu Sterben als Opferhandlung verstanden, bei der er gehorsam sich selbst darbringt. Alle bisherige Kultpraxis im Alten Bund ist durch diese endgültige Opferhandlung im Tode Jesu Christi abgelöst und aufgehoben. Das Opfermotiv im Neuen Testament hat also seinen zentralen Ort in der *Christologie.* Ist das Herrenmahl eine stete Anamnese des Todes Jesu Christi, so ist das christliche Leben eine uneingeschränkte Zugehörigkeit zu Jesus im Sinne der Kreuzesnachfolge.

Der Weg der geschichtlichen Überlieferung

Die aus der christologischen Konzentration resultierende Neuinterpretation der Opfervorstellung, wie sie sich im Neuen Testament zeigt, bleibt auch in der Alten Kirche grundlegend. In diesem Sinne findet in der Väterzeit die Rede vom eucharistischen Opfer Verbreitung sowohl in der lateinischen als auch in der griechischen Kirche. Dabei wird die Eucharistie in engem Zusammenhang mit dem tagtäglichen Christenleben gesehen, und die „Darbringung" bleibt an Christus als das eigentliche, handelnde Subjekt gebunden.

Seit dem frühen Mittelalter wächst die Gefahr, das kultische Handeln der Kirche gegenüber dem Handeln Jesu Christi so zu verselbständigen, dass es als eine eigenständige Opferhandlung erscheint. So kann die Vorstellung entstehen, das eucharistische Opfer der Kirche vermittle aus sich Sündenvergebung, Lebenshilfe und ewiges Heil. So isoliert sich das Motiv des Opfers gegenüber der Grundstruktur des *Gedächtnisses.*

Da eine Theologie der Messe im 14. und 15. Jahrhundert praktisch nicht existiert, können aus der Praxis herrührende Ungereimtheiten auch die vulgäre Lehre, wie sie sich in den Predigten ausdrückt, weithin bestimmen. Zwischen den Aspekten *„Gedächtnis"* und *„Darbringung"* wird im „Messopfer" so sehr unterschieden, dass die Darbringung in der Form des priesterlichen Handelns als eigentlicher Inhalt der Eucharistie erscheint.

Die Auseinandersetzungen der Reformationszeit

Die Kritik der Reformation richtet sich gegen Auswüchse, die durch diese spätmittelalterliche Fehlentwicklung bedingt sind. Für Luther ist das *Gedächtnis* des Kreuzesopfers kein Opfer. Die Messe ist für ihn ein „Werk" der Kirche und als Wiederholung des Kreuzesopfers „ein schändliches Wiederkreuzigen". Aus dieser Sorge um die Einmaligkeit des neutestamentlichen Opfers und das volle Genügen der Erlösungstat Jesu Christi ist seine scharfe Polemik gegen das Messopfer zu verstehen. Besondere Schwierigkeiten ergeben sich daraus, dass beide Seiten die *memoria passionis* als eine im subjektiven Darandenken zu vollziehende Vergegenwärtigung, nicht aber als reale Gegenwärtigsetzung verstehen und deshalb zwischen Gedächtnis und Opfer trennen.

Das Augsburgische Bekenntnis ist zwar bemüht, unter Gedächtnis mehr zu verstehen als bloß eine bewusstseinsimmanente Vergegenwärtigung. Es kommt aber nicht zu der Aussage, dass im Abendmahl als Tatgedächtnis des Todes Jesu Christi das einmalige Kreuzesopfer sakramental, d.h. unter den Zeichen von Brot und Wein wirklich gegenwärtig wird.

Die Antwort des Konzils von Trient

Wie die katholischen Gegner Luthers sah sich das Konzil von Trient vor die Aufgabe gestellt, den Opfercharakter der Messe zu wahren, ohne die Einheit des neutestamentlichen Opfers anzutasten. Es war einmütige Überzeugung der Konzilsväter, dass Messe und Kreuzesopfer ein und dasselbe Opfer sind. Das Lebensopfer Jesu Christi ist ein für allemal geschehen am Kreuz. Dennoch ist sein Priestertum ein ewiges Priestertum, das durch die Kirche in die Zeiten hinein fortwirkt. Das Handeln der Kirche bleibt sein Handeln, der kirchliche Dienst ist sein Werkzeug, wodurch er selbst als Opfernder tätig ist.

In der Gestalt des Abendmahls ist seine Lebenshingabe der Kirche geschenkt. Denn in der Eucharistiefeier dauert die *Memoria* dieser blutigen Hingabe bis zum Ende der Zeiten fort. In ihr wird das Kreuzesgeschehen *repräsentiert* und seine Heilskraft zur Vergebung der Sünden zugewandt, *appliziert*. Das Geschehen der Messe hat deshalb wahrhaft sühnende Kraft, weil es um dieselbe Opfergabe und vor allem um denselben Opferpriester geht. Es ist ein Missverständnis zu meinen, hier sei etwas zum Kreuz Zusätzliches mitgedacht, das seiner Einmaligkeit Abbruch tue!

Die Diskussion in Trient und manche Formulierungen des Messopferdekrets zeigen aber auch, wie schwer sich die Konzilsväter taten, die Einheit von Kreuzesopfer und Messe theologisch hinreichend zu beschreiben. Die Voten der Konzilsväter zeigen, dass man größte Mühe hatte, *„repraesentatio passionis"* als sakramentale, aber reale Gegenwärtigsetzung des Opfers am Kreuz zu verstehen.

Das gemeinsame Glaubenszeugnis vom Opfer Jesu Christi und der Kirche

Zentrum des christlichen Opferverständnisses ist und bleibt das Wort von der Selbsthingabe aus Liebe: „Liebt einander, weil auch Christus uns geliebt und sich für uns hingegeben hat als Gabe und Opfer, das Gott gefällt." (Eph 5,2 und öfter)

Der Hebräerbrief entfaltet diese Aussage in Abhebung vom alttestamentlichen Kult in aller Ausführlichkeit: Gegenüber der allgemeinkultischen Trennung von Priester und Opfergabe geschieht hier eine entschiedene Neuinterpretation: Jesus Christus bewirkt Erlösung, indem er sein eigenes Blut vergießt; er ist Priester und Opfergabe zugleich, Hoherpriester schlechthin und als solcher Mittler eines neuen und ewigen Bundes. Dieser apostolische Grundriss aller christlichen Rede vom Opfer ist also bestimmt durch eine fundamentale christologische Prägung, die sich notwendig aus der Rückbindung an das Schicksal und das Geschick Jesu Christi ergibt. Sie bedingt eine Personalisierung der Opfervorstellung: Fortan geht es nicht mehr um Sachgabe, sondern um Selbstgabe!

Die Einmaligkeit und Einzigartigkeit des Selbstopfers Jesu Christi stellt die oberste Norm für alle weiteren Aussagen dar. Jede Beziehung zu diesem „neuen Kult" bewegt sich auf der Basis dieser Einmaligkeit. Christliche Existenz aus sakramentalem Vollzug ist nie paralleles Geschehen im Sinne eigenständiger Ergänzung, sondern Teilhabe an dem Opfer Jesu Christi! Dieser Gedanke ist von grundsätzlicher Bedeutung für alle folgenden Erwägungen: Nur wenn das Handeln Gottes und die Antwort des Menschen nicht in ausschließender Konkurrenz zueinander gedacht werden, wenn Gottes einzigartiges Heilswirken in Jesus Christus so beschrieben wird, dass es die Antwort nicht nur fordert und zur Folge hat, sondern zuvor überhaupt ermöglicht und trägt, lässt sich so etwas wie Teilhabe am Opfer Jesu Christi angemessen zur Sprache bringen.

Wichtig für die „kultische" Qualifikation des Kreuzestodes Jesu ist der Aspekt der Initiative Gottes, d.h. die Rückbindung der Liebe Jesu Christi an die liebende Hingabe des Vaters. Dieser Gedanke sprengt fast die herkömmliche Vorstellung vom kultischen Opfer, insofern er die Perspektive zunächst einmal umkehrt: Die Liebe des Vaters ist Ursprung der Hingabe des Sohnes. (Vgl. Röm 8,32; Joh 3,16f.) Wenn also vom Opfer am Kreuz oder von seiner Vergegenwärtigung und Zuwendung in der Eucharistie gesprochen wird, dann geht es grundlegend zunächst darum, die Hingabe-Bewegung von Gott zu den Menschen wahrzunehmen, zu empfangen und zu danken.

Von der starken Betonung der absteigenden Linie werden die gegenläufigen Aussagen keineswegs verschlungen. Die Hinwendung des Menschen Jesus zu seinem Vater, vor allem sein grenzenloses Vertrauen angesichts des schändlichen Untergangs, hat volles Gewicht. Sie ist Akt höchster Gottesverehrung und höchste Erfüllung des Menschseins auf Gott hin. Aber sie ist grundlegend Antwort, Annehmen und Bejahung der vorgängigen Zuwendung Gottes!

Die sakramentale Gedächtnisfeier des Todes des Herrn

In der Handlung des Abendmahls, im Lobpreis des Vaters und in den deutenden Worten ist die freiwillige Hingabe Jesu dargestellt, so dass darin er selber gegenwärtig und dargereicht wird. Das sichtbare Zeichen für die Opferhingabe Jesu Christi in der Eucharistiefeier ist nicht irgendein erdachter oder konstruierter Darbringungsritus, sondern das Mahl, also einerseits das Anbieten und Austeilen seiner selbst als Speise – und andererseits unser dankbares Annehmen und Aufnehmen dieser seiner Hingabe an uns und für uns. Im Anbieten seiner selbst als Speise findet Jesu Christi Hingabe auf der Ebene des liturgischen Zeichens ihren deutlichsten Ausdruck. Im gleichen Zeichen des brüderlichen eucharistischen Mahles, in dem die Gläubigen eins werden untereinander, insofern sie eins werden mit Ihm, geschieht auch ihre Teilnahme an seinem Opfer.

Im sakramentalen Mahl wird der Tod des Herrn gegenwärtig. Eucharistiefeier ist die Wirklichkeit des Kreuzesopfer Jesu Christi in der Gestalt der sakramentalen Memoria (im gefüllten biblischen Sinn des Wortes!). Eucharistie ist wahres und eigentliches Opfer nicht in sich, nicht neben oder zusätzlich zum Kreuz, sondern Vergegenwärtigung und Eröffnung des einen, sühnenden, universalen Opfers für die Kirche, insofern eucharistische „Realpräsenz" immer auch Gegenwart des Erhöhten als Mahlherrn („kommemorative Personalpräsenz") und Gegenwart seiner Hingabe am Kreuz („Aktualpräsenz") bedeutet. In dieser „Gemeinschaft des Heiligen Geistes" im Brennpunkt des kirchlichen Lebens wird verwirklicht, dass die Christen am Paschageschehen teilhaben, dass sie, eingepflanzt in seinen Tod, in und aus Jesus Christus leben.

Deshalb sollte, wenn vom „Opfer Jesu Christi und der Kirche" gesprochen wird, tatsächlich zunächst immer auch diese Weise der Gegenwärtigkeit des Opfers Jesu Christi im dankenden Empfangen der Kirche im Blick stehen. Es verkürzt die biblischen Aussagen und die theologische Fragestellung, wenn bei der Beschreibung der Eucharistie als Opfer – wie das immer wieder geschieht – (nur) die absteigende Linie als Tun Gottes in Jesus Christus und (nur) die aufsteigende Linie als Tun der Kirche angesprochen wird.

Das Herrenmahl – Opfer der Kirche?

Bei der Frage, inwiefern auch in Richtung auf Gott hin die Eucharistiefeier Opfer der Kirche genannt werden kann, gewinnt die Sicht, die hinter 1 Kor 10,16f. steht, entscheidende Bedeutung. In dem Maß, wie wir im Mahl der Eucharistie in die Koinonia des Leibes Christi einbezogen werden, erfährt die in der Taufe grundgelegte kultische Qualifikation der gesamten christlichen Existenz (vgl. Phil 2,17; Röm 15,16) eine erneute Akzentuierung. In dem Maß, wie die Kirche Leib Christi wird und ist, lässt sie sich selbst durch ihn und mit ihm und in ihm zur Opfergabe machen. Unser Opfer als Glieder seines hingegebenen Leibes ist die Selbsthingabe mit Jesus an den Vater.

Opfer der Kirche meint also nicht Darbringung einer uns gegenüberstehenden heiligen Gabe auf dem Altar durch die Hand des menschlichen Priesters, sondern Eingehen der Kirche in die Hingabe Jesu Christi als lebendige Opfergabe. Christlicher „Kult des Lebensopfers" umschließt also ein gegenläufiges Zueinander, das aus der Personalisierung des Opfergedankens entspringt. Er umschließt also einmal die Richtung des Vaters auf uns hin: Der Vater gibt uns seinen Sohn, aber auch die Richtung des Menschensohnes auf den Vater: Jesu vertrauensvolles Sich-überantworten an den geheimnisvoll dunklen Willen des Vaters. In beide Bewegungsrichtungen sollen wir eintreten. Es darf nicht unterschlagen werden, dass die eucharistiefeiernde Kirche und besonders die Teilnehmer des Mahles auch in die absteigende Linie, in die Richtung der liebenden Zuwendung Gottes an alle Menschen einbezogen sind: Die Eingliederung in den hingegebenen Leib Christi zielt auf den Einsatz auch unseres Lebens für die Brüder und Schwestern (vgl. 1 Joh 3,16), im

Dienst an der Verkündigung des Evangeliums (vgl. Röm 15,16) und in Ausübung des Dienstes der Versöhnung (vgl. 2 Kor 5,18–20).

Aber auch an der Bewegung des Sohnes auf den Vater hin will die Eucharistie uns Anteil geben: Wenn wir in aller Dunkelheit und Angst, in Ungewissheit und Anfechtung voller Hoffnung auf Jesus Christus blicken und in der Gewissheit seiner Nähe einstimmen in sein Vertrauen zum Vater, dann ist die Feier der Eucharistie zugleich die zuversichtliche, dankbare Hingabe der Brüder und Schwestern Jesu Christi, der Glieder seines Leibes, in die Hände des liebenden Vaters. Insofern ist dies der eigentliche Akt der Gottesverehrung des neuen Volkes Gottes, der Kirche.

In dem Maße, wie wir uns in die Liebe Jesu Christi zu den Menschen und zu Gott dem Vater einbeziehen lassen, werden auch wir selbst zum „lebendigen Opfer" (Röm 12,1), zu einem Opfer, das nicht nur in der Stunde des sonntäglichen Gottesdienstes geschieht, sondern im ganzen mühsamen Lebensalltag.

Die Selbstvergegenwärtigung und Selbstgabe Jesu im Herrenmahl

Christine Axt-Piscalar

The article presents the idea of the self-presentment and self-giving of Jesus Christ in his meal in its fundamental importance for the argumentation of the vote of the Ecumenical Working Group. It emphasizes that Jesus Christ is the subject and Lord of his meal. The interconnection between past, present and eschatological future in cultic commemoration is underlined. The understanding of the self-giving OF THE WHOLE OF CHRIST *in, with and under the elements of bread and wine is discussed. In this context the theological statement of the Leuenberg Agreement about the Last Supper is detailed. For the understanding of the celebration of the meal, the importance of the liturgical celebration as a whole with the words of gift in its center that "speak for themselves" is underlined. As basic understanding of the Lord's Supper and its ecumenical significance the following is emphasized: In the self-presentment and self-giving in the meal, Jesus Christ, the crucified, risen and exalted Lord, gives himself for reconcilia-*

tion, creates community with himself and connects those participating in the meal in the community of his body everywhere and at all times. Thus Jesus Christ in the power of the Holy Spirit is the subject of his supper and Lord of his church as the community of his body.

1. Die abendmahlstheologische Grundaussage des Votums

Dem *Votum* des Ökumenischen Arbeitskreises evangelischer und katholischer Theologen liegt die Auffassung zugrunde, dass bei einer Einigkeit im theologischen Grundverständnis des Abendmahls/der Eucharistie die Unterschiede in der liturgischen Gestaltung der Mahlfeiern als nicht mehr kirchentrennende Unterschiede angesehen bzw. mehr noch als Ausdruck einer legitimen Vielfalt und liturgischen Bereicherung gewürdigt werden können.

Das Grundverständnis des Abendmahls/der Eucharistie wiederum wird durch den Gedanken der *Selbstvergegenwärtigung und Selbstgabe Jesu Christi in seinem Mahl* erfasst. Es ist die Gegenwart des gekreuzigten, auferweckten und erhöhten Herrn, der das Mahl zu dem macht, was es ist: Das von ihm zu seinem Gedächtnis gestiftete Mahl, in dem er sich als der gekreuzigte, auferweckte und erhöhte Herr und Erlöser in seinem für alle dahingegebenen Leib und Blut in, mit und unter[1] Brot und Wein den am Mahl Teilnehmenden schenkt, ihnen Gemeinschaft mit sich gewährt und sie untereinander zur Gemeinschaft seines Leibes verbindet.

Das Herrenmahl ist in seinem Kerngehalt von der Selbstvergegenwärtigung und Selbstgabe Jesu Christi her zu verstehen:

Es ist Jesus Christus, der gekreuzigte, auferweckte und erhöhte Herr seiner Kirche, der zu seinem Mahl einlädt und das Subjekt des Mahlgeschehens ist.

Es ist Jesus Christus, der gekreuzigte, auferweckte und erhöhte Herr, der sich in seinem für alle dahingegebenen Leib und Blut im Mahl schenkt und Anteil gibt an sich und dem in ihm begründeten Heil; das Abendmahl ist *Teilgabe* des auferweckten Gekreuzigten, die den Kommunizierenden Gemeinschaft mit sich und *Teilhabe* der Glaubenden an dem in Jesu Christi Leben und Sterben begründeten Heil schenkt.

Es ist Jesus Christus, der gekreuzigte, auferweckte und erhöhte Herr, der die am Mahl Teilnehmenden mit sich und untereinander zur Gemeinschaft des Leibes Christi verbindet, der im Mahl die Glaubenden mit seiner Selbstgabe stärkt und seine Kirche auferbaut.

---

1 Dazu siehe die Ausführungen unten in Abschnitt 5.

Das *Votum* des ÖAK hebt daher an mit der Verheißung seiner Gegenwart (2.1), die Jesus Christus den Seinen gegeben hat, und von der die Kirche in all ihren Vollzügen lebt: dass er mitten unter ihnen ist, wenn sich zwei oder drei in seinem Namen versammeln (Mt 18,20); wenn sie Gottesdienst feiern, das Evangelium hören und beten; wenn sie die Taufe im Namen des Vaters und des Sohnes und des Heiligen Geistes empfangen und zu Gliedern an seinem Leib werden; wenn er sich ihnen im Herrenmahl in seinem für alle dahingegebenen Leib und Blut schenkt. Als übereinstimmende Überzeugung der christlichen Kirchen stellt das *Votum* die Gewissheit heraus, „dass die Selbstvergegenwärtigung Jesu Christi in der Gemeinschaft am Tisch des Herrn ihren dichtesten und tiefsten Ausdruck findet" (2.4). Die Frage der Zulassung zum Abendmahl/zur Eucharistie ist von diesem für den Charakter des Herrenmahls konstitutiven Verständnis her zu beantworten: Dass der gekreuzigte, auferweckte und erhöhte Herr in seinem für alle dahingegebenen Leib und Blut in seinem Mahl gegenwärtig ist und sich den Kommunizierenden in, mit und unter Brot und Wein schenkt, Gemeinschaft mit sich gewährt und die am Mahl Teilnehmenden untereinander und zur Gemeinschaft seines Leibes verbindet. „Der Becher des Segens, den wir segnen, ist der nicht Teilhabe (*koinonia*) am Blut Christi? Das Brot, das wir brechen, ist es nicht Teilhabe am Leib Christi? Ein Brot, ein Leib sind wir, die vielen; denn wir alle haben Teil an dem einen Brot" (1 Kor 10,16f).[2]

2. Einheit im Grundverständnis und Anerkennung der liturgischen Vielfalt

Für das Verständnis des Herrenmahls ist die Entfaltung des biblischen Zeugnisses von grundlegender Bedeutung. Das gilt, davon geht der ÖAK aus, sowohl für die evangelische als auch für die katholische Kirche. Der Einwand, dass damit der katholischen Verhältnisbestimmung von Schrift und Tradition nicht angemessen Rechnung getragen werde, würde nur dann verfangen, wenn die Tradition, und das heißt in diesem Zusammenhang eine bestimmte kirchliche Rezeption des biblischen Zeugnisses – nämlich diejenige im Lichte der katholischen Tradition – durch den dezidierten Ansatz des ÖAK beim exegetischen Befund nicht entsprechend berücksichtigt werden könnte. Das Gegenteil ist der Fall.

[2] Der Text 1 Kor 10,16f. ist wiedergegeben nach der im *Votum* gegebenen Übersetzung (vgl. 3.10.6). In der Fassung der Lutherbibel: „Der Kelch des Segens, den wir segnen, ist der nicht die Gemeinschaft des Blutes Christi? Das Brot, das wir brechen, ist das nicht die Gemeinschaft des Leibes Christi? Denn ein Brot ist's. So sind wir, die vielen, ein Leib, weil wir alle an einem Brot teilhaben."

Denn die Argumentation des *Votums* im Ganzen und insbesondere die in der exegetischen Grundlegung läuft auf die Aussage hinaus, dass *unter der Voraussetzung einer Einigkeit im Grundverständnis des Herrenmahls* die unterschiedlichen liturgischen Traditionen als Ausdruck der jeweils spezifischen kirchlichen Rezeption der Schrift[3] anerkannt werden können. Darin liegt eine Pointe der Argumentation des *Votums*. Sie ist vor allem durch die exegetische Erörterung begründet und wird durch die Darlegung zur Liturgiegeschichte gestützt.

Dies bedeutet freilich, dass nicht nur *eine* spezifische liturgische Ausdrucksgestalt des Mahls – also die römisch-katholische – als die einzig legitime Gestalt der Mahlfeier begriffen werden kann. Die Aussage des *Votums*, bei Einigkeit im Grundverständnis des Herrenmahls die Vielfalt der liturgischen Ausdrucksgestalten als legitime Formen der Mahlfeier anzuerkennen, zielt nicht allein auf die Anerkennung der liturgischen Gestalt des Herrenmahls in den evangelischen Kirchen. Es greift vielmehr zugleich die *innerkatholische* Vielfalt in der Geschichte der katholischen Liturgie auf und reflektiert diese in ihrer Bedeutung für die *eigene*, katholische, Tradition sowie für die Wertschätzung liturgischer Mahlgestalten anderer Kirchen. Nicht zuletzt: Das *Votum* nimmt mit dieser Auffassung dasjenige auf, was die katholische Kirche selbst im *Ökumenismusdekret* ausgesagt hat und für ihr Verhältnis zu den orientalischen Kirchen ökumenisch zur Geltung bringt.[4]

Mit dieser Auffassung des *Votums* wird keineswegs die bloße Vielfalt als solche und um ihrer selbst willen gutgeheißen. Vielmehr ruht die Anerkennung der liturgischen Vielfalt auf der Einigkeit im Grundverständnis des Herrenmahls auf. Anders gesagt: Die liturgische Gestalt hat

---

3 Damit wird anerkannt und dem Rechnung getragen, dass die Konfessionskirchen die Schrift in der Auslegungsgemeinschaft ihrer jeweiligen Kirchen in bestimmter Weise rezipieren und dabei in unterschiedlicher Weise auf die Schrift zugreifen. Man wird sagen können, dass die unterschiedliche Geprägtheit der Konfessionskirchen zumindest *auch* darin ihren Grund hat, dass sie die Schrift in bestimmter Weise rezipieren; dies gilt nicht nur für die katholische Kirche, sondern auch für die lutherischen und reformierten sowie die orthodoxen Kirchen. Dieser Rückgriff auf die Schrift hat sich wiederum an der Schrift zu bewähren und impliziert – nach Auffassung der evangelischen Kirchen –, dass in der Bewährung an der Schrift dieser die Bedeutung zukommt, „Regel, Richtschnur und Prüfstein" kirchlicher Lehre zu sein. Vgl. zur besagten Verhältnisbestimmung von Schrift und kirchlicher Lehre: Bekenntnisschriften der evangelisch-lutherischen Kirche (BSLK), Göttingen 9. Aufl. u.ö., 769 und 767 (vollständige Neuedition, hg. v. Irene Dingel, Göttingen 2014 (BSELK), 1218 und 1216).

4 *Unitatis Redintegratio*, Nr. 15; vgl. *ut unum sint*, Nr. 50, wo es von den orientalischen Kirchen heißt, dass sie „trotz der Trennung wahre Sakramente besitzen", und dass sie „vor allem [...] in der Kraft der apostolischen Sukzession das Priestertum und die Eucharistie" haben und mit der römisch-katholischen Kirche „in ganz enger Verwandtschaft bis heute [...] verbunden sind". Die liturgische Tradition der orientalischen Kirchen wird sodann als „legitime Verschiedenartigkeit" anerkannt, die „in keiner Weise der Einheit der Kirche entgegensteht".

das exegetisch erhobene Grundverständnis des Herrenmahls zum Ausdruck zu bringen, hat an ihm ihre Richtschnur, darf ihm nicht widersprechen und es nicht grundlegend verstellen.[5] Für die Rezeption dieser im *Votum* vertretenen exegetisch begründeten liturgie-hermeneutischen Auffassung auf Seiten der katholischen Kirche sei im Blick auf die evangelischen Kirchen in Deutschland – und um diese geht es zunächst – ergänzt, dass die liturgische Feiergestalt des Abendmahls nach der Liturgie-Agende[6] der evangelischen Kirchen wenig Spielraum für liturgische Extravaganzen lässt und, was wichtiger ist, in grundlegenden liturgischen Teilen der Mahlfeier mit der römisch-katholischen Liturgie durchaus übereinstimmt. Es ist für die ökumenische Ver-ständigung insofern hilfreich und theologisch angemessen, wenn hinsichtlich der Frage der liturgischen Gestalt die Gottesdienst-Agenden der Kirchen in den Blick genommen werden und die in der Liturgie sich ausdrückende Theologie des Herrenmahls erfasst wird.[7]

3. Die exegetische Grundlegung: Die Mahlfeier als Ganze und die fundamentale Bedeutung der Gabeworte – Der Geber ist in seiner Gabe personal präsent

Für die Auffassung, der zufolge von der Einigkeit im Grundverständnis des Herrenmahls ausgehend die Verschiedenartigkeit liturgischer Formen anerkannt werden können, sind die Ausführungen im exegetischen Teil des *Votums* wegweisend. Dieser legt die Vielfalt der Mahlgestalten, die in der Urgemeinde gefeiert wurden, dar und hebt unterschiedliche theologische Gewichtungen in den verschiedenen Mahlfeiern hervor. Dabei ist es – und dies ist zentral – keineswegs so, dass die exegetischen Erörterungen es bei der Beschreibung der bloßen Vielgestaltigkeit der Mahlfeiern belassen. Vielmehr wird nachdrücklich herausgestellt, was

---

5 Vor diesem Hintergrund wird im *Votum* der Opfergedanke im Zusammenhang des Mahls interpretiert, so dass er der *Einmaligkeit* des Kreuzesopfers Jesu Christi und dem *Gabe*charakter des Mahls nicht widerspricht, und festgehalten, dass „einzelne liturgische Gebete [...] auf ihre Missverständlichkeit bezüglich des Opferbegriffs hin zu prüfen [sind]; es darf nicht der Eindruck entstehen, als opfere die Gemeinde Jesus Christus für Gott, denn es ist vielmehr Gott, der die Gaben der Gemeinde – materiale wie geistige – würdigt, sie zur Feier der Lebenspreisgabe Jesu Christi dienen zu lassen" (8.4).

6 Evangelisches Gottesdienstbuch. Agende für die Evangelische Kirche der Union und für die Vereinigte Evangelisch-Lutherische Kirche Deutschland, hg. v. der Kirchenleitung der Vereinigten Evangelisch-Lutherischen Kirche Deutschlands, neueste Ausgabe Leipzig 2020.

7 Mit der Betonung dieses Zugangs zum Herrenmahl geht einher, dass der theologischen Reflexion gegenüber der Liturgie eine nachgeordnete Bedeutung zukommt. Siehe dazu unten die Abschnitte 6 und 7.

zum Grundverständnis der Feier des Herrenmahls in der Vielgestaltigkeit der urgemeindlichen Praxis gehört und in Abschnitt 3.10 und seinen Unterpunkten entsprechend entfaltet. Zum Grundverständnis des Herrenmahls gehört es nach dem biblischen Zeugnis, dass die Gegenwart des auferweckten Gekreuzigten das konstitutive Geschehen im Mahl darstellt und die Teilhabe an der Selbstgabe Jesu Christi die *communio* der Gemeinde und ihrer Glieder untereinander sowie unter den Gemeinden an allen Orten und zu allen Zeiten begründet; und dass diese *communio* eine Verschiedenartigkeit in der Mahlpraxis nicht ausschließt, vielmehr zulässt, vorausgesetzt, dass der Grundvollzug des Mahls nach seinen zentralen Elementen gegeben ist.

Wichtig im Blick auf die exegetischen Erörterungen ist zunächst, dass die rituelle Mahlfeier *als Ganze* in den Blick kommt, von daher Danksagung, Epiklese, Anamnese sowie die Beteiligung der Gemeinde am Mahlvollzug betont werden und nicht *ausschließlich* auf die *verba testamenti* abgestellt wird, wenngleich diesen eine konstitutive Bedeutung für das Verständnis des Herrenmahls zukommt. Sodann werden die folgenden zum Grundverständnis des Herrenmahls gehörenden Aspekte eigens herausgestellt: dass Brot und Wein als „geistliche Speise" und „geistlicher Trank" (christologisch-pneumatologisch begründet) und nicht bloß als natürliche Gaben begriffen werden; dass die Mahlhandlung in engstem Konnex mit der Taufe, die in die Christusgemeinschaft hineinführt, steht; dass die Segens- und Dankgebete über den Mahlgaben als „Opfer des Lobes" (Hebr 13,15), das die Gemeinde Gott darbringt, verstanden werden; dass der Jesus-Bezug *fundamental* für das sakramentale Mahl ist, wie die Verankerung des Mahls im Stiftungswillen Jesu (1 Kor 12,23f. „In der Nacht, da er verraten ward, nahm er das Brot") und im Wiederholungsbefehl (1 Kor 11,24f. „tut dies zu meinem Gedächtnis") es zum Ausdruck bringt. Für die Feier des Herrenmahls als Gedächtnismahl wird betont, dass das liturgische Gedenken kein bloßes Zurückerinnern an Vergangenes, sondern ein solches Gedenken ist, in welchem das Kreuzesgeschehen und der auferstandene Gekreuzigte im rituellen Mahl für die Gemeinde gegenwärtig werden. Im kultischen Gedenken sind alle Zeitdimensionen Vergangenheit, Gegenwart und Zukunft – das Geschehen am Kreuz, die Gegenwart des gekreuzigten Auferweckten und die Zukunft des wiederkommenden Christus (*maranatha*), der kein anderer ist als der gekreuzigte, auferweckte und erhöhte Herr – miteinander verschränkt und gegenwärtig.

Es wird sodann als zentral herausgestellt, dass die *communio* mit dem Herrn, an der der in seinem Mahl gegenwärtige auferstandene Gekreuzigte teilgibt, und die *communio* der am Mahl Teilnehmenden untereinander unauflöslich zusammengehören, dass mithin die *communio* der am Mahl Teilnehmenden und der Gemeinden untereinander in der *communio* mit Christus gründet (1 Kor 10,16f.; vgl. Gal 3,28). Verschiedene weitere Aspekte der Heilsgaben, die mit der Teilhabe an Christus verknüpft sind, werden angeführt. Insbesondere aber werden die ausdrücklich als *Gabe*worte (und nicht bloß als Deuteworte) verstandenen *verba testamenti* auf ihren zentralen Sinngehalt – die *personale Präsenz des Gebers in seiner Gabe* – hin ausgelegt, indem es heißt: „Jesus sagt den Seinen zu, bei ihrem gemeinsamen Essen nach seinem Tod in seinem Für-uns-Sein gegenwärtig zu sein und sich uns zu schenken. Die Denkform ist die der *repraesentatio*. Brot und Wein im Mahl repräsentieren Jesus Christus. Der Geber ist in seiner Gabe personal präsent. So ist das Mahl mit seinen Gaben vergegenwärtigendes Zeichen und Unterpfand der Anwesenheit und Nähe Jesu Christi, der sich in diesem Mahl uns mitteilt" (3.10.8). In der Teilgabe und Teilhabe an Jesus Christus, dem im Mahl gegenwärtigen auferweckten Gekreuzigten, gründet auch das Liebesgebot und die Sendung der Gemeinde zum Zeugendienst in die Welt.

Das *Votum* rückt auf der Grundlage der exegetischen Darlegung die Selbstvergegenwärtigung Jesu Christi – *der Geber ist in seiner Gabe personal präsent* – ins Zentrum des Verständnisses des Herrenmahls und stellt die Implikationen heraus, die dies für die Frage der *communio* der am Mahl Teilnehmenden hat. Das heißt, es tut nichts anderes, als die Bedeutung der wahren Gegenwart Jesu Christi im Mahl, die der feiernden Gemeinde in den Gabeworten der *verba testamenti* verheißen ist, zur Geltung zu bringen, wenn es unterstreicht (3.11), dass die *communio* der Mahlteilnehmer untereinander in der Gegenwart des Herrn begründet ist und „allen Abgrenzungen zwischen ihnen in der Feier des Mahls entgegen[steht]" (3.11.1); wenn es den *Geschenkcharakter* des in seiner Gabe präsenten Christus betont und festhält, „[k]ein Tun und Lassen der Kirche, keine liturgischen Formen und institutionellen Regeln, keine Unterschiede in Herkommen und Tradition können und dürfen [...] diesem Geschenk im Wege stehen" (3.11.2); und wenn es festhält, dass die Gemeinde in ihren gottesdienstlichen Vollzügen „aus dem *Gegenüber zu ihrem Herrn Jesus Christus" lebt* (3.11.3), und von daher betont, dass der gekreuzigte, auferweckte und erhöhte Jesus Christus *Herr seiner Kirche* und *Subjekt seines Mahls* ist [Kursivierungen CAP].

4. Kultisches Gedenken: Die Verschränkung der Zeiten in der Selbstvergegenwärtigung Jesu Christi im Mahl

Wir haben uns in diesem Beitrag auf den tragenden Gedanken der Selbstvergegenwärtigung Jesu Christi, seiner Selbstgabe und der Teilhabe an der Gemeinschaft mit ihm, die er im Herrenmahl den am Mahl Teilnehmenden schenkt und sie zur Gemeinschaft seines Leibes untereinander verbindet, zu konzentrieren, wie er durch den exegetischen Befund grundgelegt ist; andere Aspekte der Mahlfeier[8] und insbesondere die Frage der geordneten Leitung des Herrenmahls müssen hier unberücksichtigt bleiben.[9]

---

[8] Hier ist insbesondere die Bedeutung von Epiklese, Danksagung, Lobopfer und Sendung zum Dienst an der Welt zu nennen.

[9] Es ist evident, dass auch das geordnete Amt und sein Dienst an Wort und Sakrament vom Verständnis der Selbstvergegenwärtigung Jesu Christi in der Mahlfeier her zu begreifen sind. Dies schließt auch auf evangelischer Seite den Gedanken ein, dass im Dienst (*ministerium*) des ordinationsgebundenen Amtes an Wort und Sakrament die Amtsträger und Amtsträgerinnen die Person Jesu Christi repräsentieren. „*Repraesentant Christi personam*", wie die *Bekenntnisschriften der lutherischen Kirchen* nachdrücklich festhalten (Apologie zu *Confessio Augustana* Art. VII, 28; BSLK, 240 (BSELK, 410) und dafür auf Lk 10,16 „wer euch hört, der hört mich" Bezug nehmen. Ebd. Vgl. *Confessio Augustana* Art. XXVIII, 22; BSLK, 124 (BSELK, 195). Dabei ist es der Dienst an Wort und Sakrament, der für das Verständnis des ordinationsgebundenen Amtes grundlegend ist: Denn die Verheißung der Selbstvergegenwärtigung Jesu Christi ist dem Dienst des ordinationsgebundenen Amtes gegeben, *indem* es das Evangelium verkündigt und die Sakramente dem Willen Jesu Christi gemäß verwaltet. Dazu vgl. das *Votum* Abschnitt 6, bes. 6.2.1–6.2.4. Vgl. 6.2.1: „[N]ach gemeinsamer evangelischer und römisch-katholischer Überzeugung ist für das Sein der Kirche und ihr Bleiben in der Wahrheit die reine Verkündigung des Evangeliums und die der Einsetzung Jesu Christi gemäße Feier der Sakramente konstitutiv, durch die Jesus Christus selbst seine Kirche auferbaut". Wenn man den lateinischen Begriff „ministerium" sowie die Bestimmung des Amtes als *ministerium verbi divini et sacramentorum* aufnimmt und zugleich erfasst, dass nach evangelischer Auffassung das ordinationsgebundene, durch Handauflegung und Gebet übertragene Amt „von Christus eingesetzt" ist, dann sollte deutlich sein, dass das evangelische Amtsverständnis nicht als bloß ‚funktionalistisch' verstanden ist, wie es nicht selten von katholischer Seite geäußert wird. *Indem* das Amt von dem her verstanden wird, was seine der Einsetzung Jesu Christi gemäße Berufung ist – von seinem Dienst an Wort und Sakrament her –, betonen die lutherischen Bekenntnisschriften, dass die Amtsträger und Amtsträgerinnen in ihrem Dienst die Person Jesu Christi repräsentieren. Im *Votum* heißt es: „[W]er die Liturgie leitet, führt darin im Namen der Kirche den Auftrag Jesu Christi aus, der selbst im Heiligen Geist gegenwärtig wird" (6.2.4). Für das Verständnis des Abendmahls bedeutet dies, dass in und durch den liturgischen Vollzug von dazu unter Handauflegung und Gebet ordnungsgemäß Berufenen Jesus Christus repräsentiert wird: Daran hängt die Gewissheit der Heilsgabe des Mahls und des mit ihr verbundenen Verheißungswortes für den Gläubigen: „Für Dich gegeben".
Vor diesem Hintergrund ist dann auch deutlich, dass und inwiefern in der evangelischen Ekklesiologie Jesus Christus und die Kirche zusammengehören: Den Vollzügen der Kirche ist die Verheißung der Gegenwart Jesu Christi in der Kraft des Heiligen Geistes gegeben, indem dem Geschehen der Selbstvergegenwärtigung und Selbstgabe Jesu Christi Raum gegeben wird – durch die Verkündigung des Evangeliums und die dem Willen Jesu

Für das Verständnis der Selbstvergegenwärtigung Jesu Christi im Mahl ist das Verständnis des *kultischen Gedenkens* noch einmal herauszustellen. Im Gedächtnismahl geht es nicht darum, dass das Kreuzesgeschehen als ein vergangenes erinnert wird, indem die Gemeinde sich gleichsam bloß zurückerinnert an das damalige Geschehen als eines gewesenen.[10] Vielmehr kommt es im kultischen Gedenken zu einer Verschränkung der Zeiten von Vergangenheit, Gegenwart und eschatologischer Zukunft: Der im Mahl, das zum Gedächtnis seines Kreuzestodes gefeiert wird, gegenwärtige gekreuzigte, auferweckte und erhöhte Herr ist der Gekreuzigte und ist als der wiederkommende Christus kein anderer als der auferweckte und erhöhte Gekreuzigte – als dieser ist er in seinem Mahl gegenwärtig und nimmt die Kommunizierenden hinein in seine Versöhnung schenkende Wirklichkeit. Die Verschränkung der Zeiten – die Gegenwart des erhöhten in der Einheit mit dem gekreuzigten und wiederkommenden Christus – im Gedächtnismahl gründet in der Selbstvergegenwärtigung Jesu Christi, die in den Gabeworten und dem Wiederholungsbefehl seines Stiftungswillens verheißen ist; und sie geschieht in der Kraft des Heiligen Geistes, in der Jesus Christus in *perso-*

---

gemäße Verwaltung der Sakramente. Es ist die Selbstunterscheidung der Kirche von ihrem Grund in Jesus Christus, die in und durch ihren Dienst an Wort und Sakrament zum Ausdruck kommt. Selbstunterscheidung der Vollzüge der Kirche von Jesus Christus als ihrem Grund heißt nicht Trennung von beidem, heißt indes auch nicht Identifikation, sondern impliziert eine Einheit in der Selbstunterscheidung; und auf diese Weise – der Einheit in der Selbstunterscheidung der Kirche von ihrem Grund – gehören Christus und Kirche als der Kommunikations- und Lebenszusammenhang, in dem Christus sich in der Kraft des Heiligen Geists vergegenwärtigt, unauflöslich zusammen. In den Vollzügen der reinen Evangeliumsverkündigung und stiftungsgemäßen Sakramentsverwaltung, denen das ordinationsgebundene Amt dient, ist die Kirche „Werkzeug" (*instrumentum*) des Dienstes der Versöhnung (2 Kor 5,18–20).

10 Das Verständnis des bloßen Zurückerinnerns, das man gemeinhin insbesondere mit Zwinglis Abendmahlsverständnis verbindet, ist in den innerevangelischen Gesprächen zum Abendmahl im 20. Jahrhundert durch das Verständnis des kultischen Gedenkens, wie es für das Alte und Neue Testament prägend ist, im oben besagten Sinn vertieft worden. Konstitutiv ist die Verschränkung der Zeiten, so dass der im Mahl gegenwärtige Jesus Christus in der Einheit seiner gottmenschlichen Person als gekreuzigter, erhöhter und wiederkommender Herr als Subjekt seines Mahls erfasst, seine Hingabe am Kreuz vergegenwärtigt und seine Selbstgabe dem Glaubenden wirksam zugeignet wird. Es ist das kultische Gedenken, wie es für die Abendmahlsfeier bestimmend ist, insofern dezidiert keine *„nuda commemoratio"* (so Can 3 des *Trienter Konzils* gegen die reformatorische Lehre, DS 1753). Für die katholische Theologie ist in dieser Hinsicht die Arbeit von Odo Casel, Das christliche Kultmysterium, 1932, wichtig geworden. In der Ökumene ist das vertiefte Verständnis des Gedächtnismahls als kultisches Gedenken sowohl innerevangelisch als auch in der katholischen Theologie breit rezipiert worden. Daran hatten wiederum Vertreter der reformierten Theologie maßgeblichen Anteil – sie waren in besonderer Weise gefordert und in eigenem Interesse engagiert, um den Vorbehalt einer bloßen Erinnerung begründet zurückzuweisen. Vgl. zur Diskussion um die Bedeutung des kultischen Gedenkens für das Abendmahl die Darstellung von Ulrich Kühn, in: Art. Abendmahl, TRE Bd. 1, 1977, 145–212, hier 164ff.

naler Präsenz als der gekreuzigte, auferweckte und erhöhte Herr sich im Mahl vergegenwärtigt und sich in, mit und unter Brot und Wein schenkt.

Der Heilige Geist ist es, der Christus „verherrlicht" (Joh 14,16f.), indem er die Gemeinde an Christus „erinnert" (Joh 14,26) und die Herzen der Gläubigen mit dem im Mahl sich selbst schenkenden Christus vereinigt (*unio cum Christo*). Das kultische Gedenken gründet mithin *nicht* im Handeln der Gemeinde.[11] Vielmehr lässt sich die Gemeinde und jeder einzelne Gläubige durch den Heiligen Geist „erheben zum Herrn", wie es in der Liturgie heißt. Die Selbstvergegenwärtigung Jesu Christi, seine Selbstgabe und die Teilhabe der Glaubenden an dem sich selbst schenkenden Christus gehören zusammen. Sie vollziehen sich in der Kraft des Heiligen Geistes. Darum sind „Dank, Erinnerung und Bitte um den Heiligen Geist [...] konstitutive Merkmale des Mahlgeschehens. Im Dank (*eucharistia*) blicken die Feiernden auf die großen Taten Gottes und preisen ihn als ihren Schöpfer, Versöhner und Erlöser. In der Erinnerung (*anamnesis*) wird ihnen in der Kraft des Geistes die Selbsthingabe Jesu Christi am Kreuz und das, was er in seinem stellvertretenden Leiden und Sterben für sie getan hat und ihnen im Mahl schenkt, vergegenwärtigt. In der Anrufung des Heiligen Geistes (*Epiklese*) bitten sie den Geist um sein Kommen, damit er die Präsenz Christi im Mahl vergewissert, die Feiernden erneuert und als Kinder Gottes in die Welt sendet" (5.5.1). Das *Votum* hält von daher entschieden fest, „dass nicht Menschen die Gegenwart Jesu Christi im Mahlgeschehen bewirken, vielmehr Gott selbst im Heiligen Geist seine Präsenz denen gewährt, die darum bitten" (5.5.4).

5. Real- und Personalpräsenz: Die Selbstgabe Jesu Christi im Mahl

Für das Verständnis der Selbstvergegenwärtigung Jesu Christi im Mahl ist sodann zu betonen, dass der *ganze Christus* es ist – die *Person Jesu Christi in der Einheit von Gottheit und Menschheit* als des gekreuzigten, auferweckten und erhöhten Herrn –, der im Mahl gegenwärtig ist und sich „in seinem für alle dahingegebenen Leib und Blut" schenkt. Die Aussage von der Realpräsenz Jesu Christi im Mahl zielt darauf, dass der *ganze Christus* und also die *Persongegenwart* Jesu Christi für die Mahlfeier konstitutiv ist.[12] Die Persongegenwart ist eine solche, in der Jesus

[11] Vgl. 7.6 des *Votums*, wo es heißt: „Die Gemeinschaft der Glaubenden ist dabei ganz von dem bestimmt, was Gott durch Jesus Christus an ihr getan hat und durch die Selbstvergegenwärtigung Jesu in der Kraft des Geistes im Vollzug des Gottesdienstes an ihr tut."

[12] Indem betont formuliert wird, dass der *ganze Christus* im Mahl gegenwärtig ist, wird

Christus als der gekreuzigte, auferweckte und erhöhte Herr, mithin die Person des Erhöhten in der Fülle seiner irdischen Geschichte, in welcher er ist, wer er ist, und also in der Fülle des von ihm in seinem Leben zur Versöhnung der Welt Gewirkten und Erlittenen – in seinem Füruns-Sein –, gegenwärtig ist.[13] Gegenwart von „Leib" und „Blut" Christi im Mahl heißt *Persongegenwart des ganzen Christus in seinem Für-uns-Sein*, an dem er im Mahl den Kommunizierenden Anteil gibt, indem er *sich selbst* in seinem für alle dahingegeben Leib und Blut in, mit und unter Brot und Wein *schenkt*, im Essen und Trinken genossen und glaubend zum Heil empfangen wird.

Das „mit" der *Leuenberger Konkordie* in der Formulierung zum Abendmahl ist als sakramentales Einssein Jesu Christi mit Brot und Wein zu begreifen, so dass Jesus Christus *sich* in der *Ganzheit seiner Person* im Einssein mit Brot und Wein – wobei er nicht identisch ist mit diesen, sondern unvermischt und ungetrennt eins ist mit den Elementen – schenkt und dem Kommunizierenden Anteil an sich gibt und ihn in die Einheit mit sich hineinnimmt.[14] Wir heben dies hervor, um die Formulierung der *Leuenberger Konkordie* zum Abendmahl zu erhellen,[15] in der es heißt: „Jesus Christus schenkt sich uns in seinem für alle dahingegebenen Leib und Blut", will heißen: Er *schenkt sich uns in seiner Persongegenwart als der ganze Christus in der Einheit von Gottheit und Menschheit*. „Dies ist mein Leib" – „Dieser Kelch ist der neue Bund in meinem

---

eingeholt, dass Jesus Christus in der *Einheit von Menschheit und Gottheit in seiner Person* im Mahl wahrhaft gegenwärtig ist. Die soteriologische Bedeutung der Menschheit in der Einheit der Person des erhöhten Gekreuzigten und für die Teilgabe an ihm im Mahl wird im Text oben eigens hervorgehoben.

13 Vgl. Gunther Wenz, Theologie der lutherischen Bekenntnisschriften, Bd. I., Berlin 1996, 638, der für das lutherische Abendmahlsverständnis der Realpräsenz als Persongegenwart mit Recht betont: „Der Personbegriff darf [...] nicht abstrahiert werden von der Tatsächlichkeit des persönlich Gewirkten und Erlittenen, soll er die sakramentale Gegenwart Jesu Christi im Abendmahl angemessen zum Ausdruck bringen. Die abendmahlstheologische Betonung von Leib und Blut Christi hat entsprechend darin ihren wesentlichen Sinn, deutlich zu machen, daß der Herr im Sakrament des Altars persönlich wirksam gegenwärtig ist, in der Fülle seiner Geschichte, in welcher er ist, wer er ist".

14 Dass und wie die *Leuenberger Konkordie* die wahre Persongegenwart Jesu Christi im Mahl mit Brot und Wein aussagt, zeigt sich auch an der Aussage, dass dem Unglauben das Mahl zum Gericht wird. Die *manducatio impiorum* setzt voraus, dass die Gegenwart Christi im Mahl unabhängig ist vom Glauben, und insofern auch vom Nichtglaubenden, nämlich zum Gericht, empfangen wird. Vgl. Nr. 18 der *Leuenberger Konkordie*, dazu siehe Anm. 20.

15 In den Auseinandersetzungen der Reformationszeit ging der innerreformatorische Streit darum, ob Jesus Christus nach seiner Menschheit im Abendmahl gegenwärtig ist. Die Betonung der *Persongegenwart* Jesu Christi im Mahl, die für das Verständnis der *Leuenberger Konkordie* grundlegend ist, indem sie davon spricht, dass „Jesus Christus sich uns in seinem für alle dahingegeben Leib schenkt", hält die Einheit von Menschheit und Gottheit in der Person fest und sagt aus, dass der *ganze Christus* sich in seinem Mahl den am Mahl Teilnehmenden schenkt.

Blut“: Die *verba testamenti* sind *Gabe*worte der *personalen Präsenz des Gebers in seiner Gabe. Der auferweckte Gekreuzigte schenkt sich selbst in sakramentaler Einheit mit Brot und Wein.* Von daher betont das *Votum* als das Zentrum der Mahlfeier die „Selbstvergegenwärtigung Jesu Christi“ (5.4.2; vgl. 7.5), „der sich in seiner Person vergegenwärtigt und schenkt“ (5.4.2); der „sich selbst uns so mit Brot und Wein schenkt“ (5.4.2).

In dem in besagtem Sinn näher bestimmten und in seinem zentralen Aussagegehalt herausgestellten Grundverständnis der Realpräsenz Jesu Christi[16] in seinem für alle dahingegebenen Leib und Blut als Persongegenwart des auferweckten Gekreuzigten mit Brot und Wein im Mahl formuliert das *Votum* ein Verständnis der Selbstvergegenwärtigung und Selbstgabe Jesu Christi, das nicht nur innerevangelisch mit der Unterzeichnung der *Leuenberger Konkordie* als gemeinsamer Ausdruck anerkannt wurde, um das Geheimnis der wirklichen Gegenwart Jesu Christi im Mahl auszusagen. Das *Votum* geht darin vielmehr durchaus auch mit dem überein, was das Römisch-Katholische Einheitssekretariat im Gespräch mit dem *Reformierten Weltbund* ausdrücklich als eine gemeinsam getragene Aussage festhält: dass im Blick auf das biblische Zeugnis „der Ton auf dem Faktum der persönlichen Gegenwart des lebendigen Herrn im Geschehen des Gedächtnis- als Gemeinschaftsmahles, nicht auf der Frage, wie diese reale Gegenwart, das ‚Ist‘, zustande kommt, und zu erklären ist“ liege. Dem entsprechend wird betont, „daß beide Traditionen […] zu dem Glauben an die Realpräsenz Christi in der Eucharistie stehen; […] In der Eucharistie teilt er sich selbst uns mit in der ganzen Realität seiner Gottheit und Menschheit.“[17] Da die katholische Tradition wiederum das „unter“ der Gestalt von Brot und Wein nicht als räumlich distinkte und naturhafte Gegenwart begreift, wäre zu fragen, ob das sakramentale Einssein „mit“ Brot und Wein sowie das Verständnis der Persongegenwart Jesu Christi, wie wir es hier als die Gegenwart und Selbstgabe seiner Person in der Einheit von Gottheit und Menschheit entfaltet haben, gänzlich außerhalb dessen liegt, was katholische Theologie im Blick auf die Gegenwart Jesu Christi im Mahl akzeptieren kann,

---

16 Für die Erörterung des Verständnisses der Realpräsenz Jesu Christi im Mahl vor dem Hintergrund der Auseinandersetzungen in der Reformationszeit sowohl innerevangelisch (lutherisch/reformiert) als auch im Blick auf das katholische Verständnis der Transsubstantiationslehre sind wegweisend die Darlegungen in: Karl Lehmann / Wolfhart Pannenberg (Hg.), Lehrverurteilungen – kirchentrennend? Bd. I: Rechtfertigung, Sakramente und Amt im Zeitalter der Reformation und heute (Dialog der Kirchen 4), Freiburg / Göttingen 1986.

17 Vgl. Die Gegenwart Jesu Christi in Kirche und Welt, Nr. 70; 91; 83, in: Harding Meyer u. a. (Hg.), Dokumente wachsender Übereinstimmung, Bd. 1 (1931 – 1982), Paderborn / Frankfurt 1983, 487ff.; zitiert in Lehrverurteilungen – kirchentrennend? Bd. I. (Anm. 17) 197.

wenn deutlich ist, dass die Selbstgabe des *ganzen* Christus im *sakramentalen Einssein* mit Brot und Wein die Aussage des *Votums* unter Aufnahme der *Leuenberger Konkordie* darstellt.[18]

Jesus Christus schenkt sich in seiner Selbstvergegenwärtigung im Mahl – in seinem für alle dahingegebenen Leib und Blut mit Brot und Wein, wie das *Votum* unter Aufnahme der *Leuenberger Konkordie* (Nr. 15)[19] sagt. Das *Votum* greift die Formulierung der *Leuenberger Konkordie* auf und erläutert als deren Kern: Dass Jesus Christus der „zum Mahl einladende" ist, „der sich in seiner Person vergegenwärtigt und schenkt" (5.4.2) und der „das handelnde Subjekt der Mahlfeier" (5.4.2) ist. Dieser Sichtweise, so wird gesagt, ist „die Frage nach dem Wie der sakramentalen Vergegenwärtigung Christi nach[ge]ordnet" (5.4.2). Das *Votum* des ÖAK rückt die Selbstvergegenwärtigung Jesu Christi als *wahre Persongegenwart* des gekreuzigten, auferweckten und erhöhten Herrn und die *Selbstgabe Jesu Christi* in seinem Mahl ins Zentrum des Mahlverständnisses. Es sieht darin den Grundgehalt des Herrenmahls ausgesagt und entfaltet von diesem Grundgehalt her die Implikationen des Herrenmahls für die *communio* der Glaubenden.[20] Die Frage des ‚Wie' der Real-

---

18 Diese Frage ist auch an diejenigen lutherischen Theologen und Kirchen zu stellen, welche die Aussage der *Leuenberger Konkordie* vom dezidiert lutherischen Verständnis der Realpräsenz Jesu Christi her meinen nicht mittragen zu können. Die Frage lautet präzise dahingehend, ob sie das oben erläuterte Verständnis der *Leuenberger Konkordie* als ein solches meinen begreifen zu müssen, das als *kirchentrennend* zu verstehen ist und Abendmahlsgemeinschaft ausschließt. Die Frage so zu stellen, schließt wiederum nicht aus, sondern durchaus ein, dass verbleibende Differenzen, wie sie sich vom eigentümlich lutherischen Verständnis aus darstellen und die spezifische Aussage der lutherischen Tradition bzgl. der Realpräsenz geltend gemacht werden. Zu letzterem vgl. die Ausführungen der Verfasserin in: Christine Axt-Piscalar, Das ist mein Leib für Euch. Tut dies zu meinem Gedächtnis. Das Wesen der Eucharistie/des Abendmahls und die Frage nach einer gemeinsamen Feier. Vortrag gehalten im Rahmen der Regensburger Religionsgespräche, Regensburg 2019, erscheint in einem Aufsatzband der Autorin, Tübingen 2021.

19 Zum Verständnis der *Leuenberger Konkordie* ist ferner anzuführen: Nr. 16, wo es heißt: „Wir bekennen die Gegenwart des auferstandenen Herrn". Nr. 18 wird betont: „Im Abendmahl schenkt sich der auferstandene Christus in seinem für alle dahingegebenen Leib und Blut durch sein verheißendes Wort mit Brot und Wein. So gibt er sich selbst vorbehaltlos allen, die Brot und Wein empfangen; der Glaube empfängt das Mahl zum Heil, der Unglaube zum Gericht." Nr. 19 betont den Vollzug des Mahls im Essen und Trinken der Mahlgaben. Nr. 21 heißt es: „In dem wahren Menschen Jesus Christus hat sich der ewige Sohn und damit Gott selbst zum Heil in die verlorene Menschheit hineingegeben. Im Verheißungswort und Sakrament macht der Heilige Geist und damit Gott selbst uns Jesus als den Gekreuzigten und Auferstandenen gegenwärtig."

20 Zu einem zentralen Aspekt der Selbstvergegenwärtigung Jesu Christi und seiner Selbstgabe im Mahl gehört die Teilhabe an der in der Gemeinschaft mit ihm begründeten *communio* seines Leibes an allen Orten und zu allen Zeiten. Vgl. besonders 7.11 des *Votums*, wo es heißt, „dass Abendmahl/Eucharistie mit Jesus Christus verbindet und dass die das Mahl Feiernden mit Christus und zugleich mit seinem Volk aller Zeiten und Orte vereint werden."

präsenz „in, mit und unter" den Elementen von Brot und Wein wird dem nachgeordnet.[21] Damit wird die lehrmäßige Aussage zur Erfassung des Geheimnisses des Herrenmahls dem Bekenntnis zur Realpräsenz Jesu Christi im Mahl, wovon der liturgische Vollzug geprägt ist, nachgeordnet.

6. Das Geheimnis der Gegenwart Jesu Christi im Mahl und die Selbstbegrenzung seiner lehrmäßigen Erfassung

Man kann und sollte auch dies noch einmal als einen dem Geheimnis der Gegenwart Jesu Christi im Mahl angemessenen hermeneutischen Umgang mit den konfessionellen Traditionen in der Abendmahls-/Eucharistielehre verstehen. Er impliziert eine Selbstbegrenzung der kirchlichen Lehre im Blick auf die zu erfassende „Sache", das Geheimnis der wahren Gegenwart und Selbstgabe des auferweckten Gekreuzigten in seinem Mahl. Eine solche Selbstbegrenzung der Lehre im Blick auf die Erfassung des Geheimnisses der wahren Gegenwart Jesu Christi im Mahl sollte auch katholischer Auffassung nicht gänzlich zuwiderlaufen, will sie nicht kirchliche Lehre und Dogma mit der Sache selbst unmit-

---

21 Wir formulieren hier „in, mit und unter", wie es in der lutherischen Tradition der Fall ist. Die *Leuenberger Konkordie* formuliert „mit" Brot und Wein und zieht – das steht offenbar im Hintergrund der „lehrmäßigen Anmerkungen" – den Verdacht auf sich, den Aussagegehalt der wahrhaften Gegenwart des *ganzen Christus* im Mahl nicht angemessen festzuhalten. Dazu ist zunächst *innerevangelisch* festzuhalten, dass eine ganze Anzahl lutherischer Kirchen die *Leuenberger Konkordie* unterschrieben und damit zum Ausdruck gebracht haben, dass sie eine von den Konfessionskirchen gemeinsam getragene Aussage bzgl. des Abendmahls formuliert. Diese Überzeugung haben auch all jene lutherischen Kirchen ernst zu nehmen, die die *Leuenberger Konkordie* nicht unterzeichnet haben, mit den lutherischen Kirchen jedoch in Bekenntnisgemeinschaft stehen. Anders gesagt, sie tun gut daran, die lutherische Bekenntnisgemeinschaft nicht gegen die Kirchengemeinschaft der *Leuenberger Konkordie* ‚auszuspielen' – und dies im ökumenischen Dialog mit der katholischen Kirche entsprechend zur Geltung zu bringen. Dies ist nach innen hin, in die innerlutherische Kirchengemeinschaft, gesagt. Die „lehrmäßigen Anmerkungen" nehmen nur indirekt Bezug auf die *Leuenberger Konkordie* und zitieren diese nicht umfassend. Will man die Kritik der „lehrmäßigen Anmerkungen" am *Votum* konstruktiv aufgreifen, dann hat man die Aussage der *Leuenberger Konkordie* von der Persongegenwart Jesu Christi im Mahl, der „sich in seinem für alle dahingegebenen Leib und Blut mit Brot und Wein schenkt", einer theologischen Interpretation zuzuführen, welche die Bedenken der katholischen Kirche aufnimmt und ihnen begegnet, indem die Persongegenwart als Gegenwart des *ganzen Christus* in der *sakramentalen Einheit* (ungetrennt und unvermischt) mit Brot und Wein deutlich wird. Einige entscheidende Bestimmungen haben wir diesbezüglich zu bedenken gegeben – die Gegenwart des ganzen Christus und das sakramentale Einssein mit Brot und Wein – und eigens auf den dezidierten Vorbehalt bezogen, der auf katholischer Seite gegenüber der *Leuenberger Konkordie* besteht (vgl. die Ausführungen oben im Text sowie hier die Anm. 6, 7, 8, 9, 10, 15). Vgl. nicht zuletzt auch Anm. 19.

telbar gleichsetzen, sondern dem Geheimnis der Gegenwart und Selbstgabe Jesu Christi im Mahl, seiner in der Kraft des Heiligen Geistes geschehenden Selbstvergegenwärtigung, geistliche Achtung widerfahren lassen: indem sie eine entsprechende Selbstbegrenzung der kirchlichen Lehre in der Selbstunterscheidung zur ‚Sache' zur Geltung kommen lässt. Diese Einlassung betrifft die Bedeutung der Transsubstantiationslehre für die Erfassung des ‚Wie' der Realpräsenz Jesu Christi im Mahl, von der es im *Trienter Konzil* heißt, dass die Lehre der Transsubstantiation die am meisten geeignete Weise (*aptissime*) sei, die Gegenwart Jesu Christi im Mahl zu erfassen (*conversionem catholica Ecclesia aptissime transsubstantiationem appellat*).[22]

In den ökumenischen Dialogen zwischen der katholischen Kirche und den evangelischen Kirchen wird davon ausgegangen, dass „das heutige Glaubensverständnis [...] nicht gezwungen [ist], sich ausschließlich in der Denk- und Sprechweise des 16. Jahrhunderts verbindlich zu artikulieren."[23] Dies gilt für beide Seiten des Dialogs, und es gilt insofern auch bzgl. der Transsubstantiationslogik und ihrer philosophischen und ontologischen Prämissen in der aristotelischen Metaphysik. Mit Recht wird im ökumenischen Dialog zwischen Katholiken und Lutheranern darauf hingewiesen, dass Luther die Auffassung von der Realpräsenz Jesu Christi „in, mit und unter" den Elementen nicht bestritten, sondern eigens bekräftigt hat (so auch das *Votum* 5.1.4), so dass die lutherische Abendmahlslehre in diesem Punkt von katholischer Seite besonders gewürdigt[24] und von lutherischer Seite besonders herausgestellt werden kann.[25] Dabei sollte innerevangelisch und insbesondere auch innerlutherisch gleichwohl auch berücksichtigt bleiben, dass es Luther primär und schlechthin auf das *Gegebensein der sakramentalen Gabe in Verbindung mit den Gabeworten* ankam, und dass für ihn die Näherbestimmung der Art und Weise des ‚Wie' der Mahlpräsenz demgegenüber sekundär, also nachgeordnet, war. Dies zeigt sich daran, dass und wie er

22 DS 1652.

23 Karl Lehmann / Wolfhart Pannenberg (Hg.), Lehrverurteilungen – kirchentrennend? Bd. I. (Anm. 17) 122.

24 So geschehen in den „lehrmäßigen Anmerkungen" der katholischen Kirche zum *Votum* des ÖAK.

25 So geschehen in dem finnischen Dokument *Communion in growth*: *Declaration on the Church, Eucharist, and Ministry*, 2017, das die *lehrmäßigen Anmerkungen* der katholischen Kirche zitieren und gegen die Aufnahme der *Leuenberger Konkordie* im *Votum* zum Zug bringen (Nr. 3); vgl. zur Verständigung zwischen lutherischem und katholischem Verständnis der Realpräsenz auch das Dokument *Das Herrenmahl*. Bericht der Gemeinsamen Römisch-katholisch/Evangelisch-lutherischen Kommission, 1978, in: DwÜ 1 (Anm. 17) 271–295; sowie das Dokument *Vom Konflikt zur Gemeinschaft*. Gemeinsames lutherisch-katholisches Reformationsgedenken im Jahr 2017. Bericht der Lutherisch/Römisch-katholischen Kommission für die Einheit, Paderborn 2013.

auf den biblischen *Gabeworten als dem elementaren Ausdruck für die Gabe* insistiert hat, und wie er Gabe und *gläubigen Empfang* der Gabe *im Essen und Trinken* miteinander verbunden sah.[26]

7. Die Liturgie als zeichenhafte Darstellung des Grundsinns des Herrenmahls

Der Verweis auf den *liturgischen Vollzug der Mahlfeier* und die Art und Weise, wie Luther in den *Katechismen* das Verständnis des Abendmahls im unmittelbaren Verweis auf die Gabeworte und den liturgischen Vollzug entfaltet, ist hier mit Bedacht als ein theologisch begründeter Hinweis angeführt worden: Er bringt zur Geltung, dass die Gabeworte – im liturgischen Vollzug der Mahlfeier als Ganzer – *für sich sprechen.* Sie sprechen für sich, so dass sie dem, der am Mahl teilzunehmen begehrt und darin sein Begehr *nach der Gemeinschaft mit Christus* zum Ausdruck bringt, die er als *Gabe* dessen begehrt, der in der Nacht, als er verraten ward, das Mahl zu seinem Gedächtnis gestiftet hat, und der zur Versöhnung seinen Leib und sein Blut dahingab; dass die Gabeworte dem zum Mahl Hinzutretenden diesen Grundsinn des Mahls als Selbstgabe Jesu Christi erschließen und er diesen in der Unmittelbarkeit des glaubenden Vertrauens erfassen kann.

---

26 Dieser unmittelbare Zugang zum Verständnis des Abendmahls über die Gabeworte, wie ihn Luther in seinen *Katechismen* entfaltet, um den elementaren Sinn des Abendmahls für den Glaubenden darzutun, ist theologisch eigens zu würdigen. Er verweist auf das Zentrum des liturgischen Vollzugs: auf Jesus Christus selbst als den zum Mahl Einladenden und sich als die Gabe in, mit und unter Brot und Wein Darbietenden – was die Gabeworte verheißen und gegenwärtig werden lassen*:* die personale Präsenz des Gebers in seiner Gabe, die auf den Empfang im Glauben hin ausgerichtet ist. Dieser Hinweis auf den unmittelbaren Zugang zum Abendmahlsverständnis über die Gabeworte im Mahlgeschehen ist für das Verständnis des Mahls zur Geltung zu bringen, und er trägt theologisch, unbeschadet dessen, dass Luther bekanntermaßen auch einen enormen theologischen *Effort* aufgebracht hat, um die Realpräsenz Jesu Christi im Mahl theologisch denken und begründen zu können.
Dass die lutherischen Bekenntnisschriften zur Erfassung der Realpräsenz die Formulierung „in, mit und unter" gebrauchen, ist ein Hinweis darauf, dass das ‚Wie' nicht auf eine bestimmte Weise fixiert wird. Dies unterstreicht Gunther Wenz in seiner Interpretation der Abendmahlslehre der lutherischen Bekenntnisschriften: „Die Bestimmung der Art und Weise elementarer Mahlpräsenz Christi ist demgegenüber [dem Gegebensein der Gabe als Gabe; CAP] sekundär. Das wird durch die zitierten Katechismusbefunde belegt, denen zufolge Leib und Blut Christi im Abendmahl ‚unter' Brot und Wein […] bzw. ‚in und unter' […] zugegen sind, ohne daß die entsprechenden präpositionalen Wendungen begrifflich näher bestimmt werden" (a.a.O., 640). Vgl. besonders auch a.a.O., Anm. 111. Wenz weist zudem darauf hin, dass der lateinische Text von *Confessio Augustana* Art. X knapp und bündig *„vere adsint"* formuliert: *„De coena Domini docent, quod corpus et sanguis Christi vere adsint et distribuantur vescentibus in coena Domini."*

Es ist dieser Hinweis kein Ausweichen vor der Anstrengung der theologischen Reflexion und ihrer Bestimmtheit, wohl aber ein Hineinverweisen in den liturgischen Vollzug des Herrenmahls, der in seinem elementaren Grundsinn – insbesondere durch die Gabeworte im Zusammenhang der Mahlfeier als Ganzer – für sich spricht und die lehrmäßigen Aussagen von Kirche und Theologie in ihrem Anspruch, das Geheimnis des Glaubens an die Gegenwart Jesu Christi im Mahl begrifflich zu fassen, begrenzt. Luther hat dies in seinen *Katechismen* getan, um dem Christenmenschen, dem er abverlangte, dass er um die elementare Bedeutung des Abendmahls weiß, eben diesen Grundsinn des Mahls[27] zu entfalten.

Auf die „Rückübersetzung in das Mahlgeschehen" hat E. Schlink in den ökumenischen Dialogen mit Bedacht gedrungen, um die theologischen „Formeln", die in den Traditionen der verschiedenen Kirchen prägend waren und sind, „in Bewegung zu bringen", so dass in der „Rückübersetzung in das Mahlgeschehen" deren jeweiliger Aussagegehalt im Zusammenhang des Grundsinns der Mahlfeier als Ganzer zum Tragen kommt. „Nimmt man im ökumenischen Dialog den Einsatz bei den Spendeworten als liturgischer Handlung, dann kommen die Formeln, mit denen das Verhältnis von Brot und Christi Leib sowie von Wein und Christi Blut bestimmt worden ist, in Bewegung. Es wird der gemeinsame Bezug auf das Mahlgeschehen deutlich, aber auch die Grenze, die jeder dieser Formeln gesetzt ist. Sie haben gegenüber den elementaren Aussagen der Eucharistiefeier selbst einen sekundären Charakter. [...] Daß die Formeln bei der Rückübersetzung in das Mahlgeschehen in Bewegung kommen, bedeutet keineswegs, daß alle Verhältnisbestimmungen als zutreffend anerkannt werden können. Wohl aber gehören sie enger zusammen, als im allgemeinen angenommen wird. Denn alle diese Verhältnisbestimmungen kreisen um das Geheimnis, das sich einer lehrhaften Definition letztlich entzieht, nämlich um das Mysterium der sich schenkenden Gegenwart des gekreuzigten und wiederkommenden Christus".[28]

---

27 Die theologische Besinnung auf das Grundverständnis des Mahls, das in der Selbstvergegenwärtigung und Selbstgabe Jesu Christi gesehen wird, ist keine Verständigung auf einen bloßen Minimalkonsens, verstanden als den kleinsten gemeinsamen Nenner, auf den man sich verständigen konnte. Vielmehr liegen in diesem Grundverständnis alle weiteren prägenden Aspekte der Mahlfeier begründet, ergeben sich von ihm aus und erfahren durch es ihre grundlegende Bestimmtheit. Das gilt für die Mahlfeier im Ganzen und insbesondere für die *communio* der am Mahl Teilnehmenden als Teilhabe an der Einheit des Leibes Christi; und es gilt auch für das Verständnis des kirchlichen Amtes als Dienst an Wort und Sakrament.

28 Edmund Schlink, Struktur und Rangordnung der dogmatischen Aussagen über das Herrenmahl, in: Karl Lehmann / ders. (Hg.), Das Opfer Jesu Christi und seine Gegenwart in der Kirche. Klärungen zum Opfercharakter des Herrenmahls (Dialog der Kirchen 3),

8. Das Vertrauen auf die Gegenwart Jesu Christi im Mahl und die Zulassung zum Herrenmahl

Indem das *Votum* des ÖAK einen Zugang zum Verständnis des Herrenmahls entfaltet, der auf den Grundsinn des Mahls abstellt, von daher die Persongegenwart des auferweckten Gekreuzigten, der sich in seinem Mahl „in seinem für alle dahingegebenen Leib und Blut" mit Brot und Wein schenkt, herausstellt und die Dimensionen des Mahls benennt, die die Selbstvergegenwärtigung des gekreuzigten, auferweckten und erhöhten Herrn für die Teilhabe der am Mahl Teilnehmenden bedeuten, beschreitet es – exegetisch begründet, liturgie-hermeneutisch fundiert und theologisch reflektiert – den Weg, das Herrenmahl in seinen zentralen Aspekten von der Persongegenwart des auferweckten Gekreuzigten in der Einheit von Gottheit und Menschheit und seiner Selbstgabe im sakramentalen Einssein mit Brot und Wein her zu verstehen. Jesus Christus in seinem Für-uns-Sein schenkt sich uns im Mahl und alle, denen er Gemeinschaft mit sich schenkt, sind *in der Einheit mit ihm* untereinander zur Einheit seines Leibes verbunden. Denn die Selbstgabe Jesu Christi gibt in der *unio cum Christo* teil an der Einheit seines Leibes an allen Orten und zu allen Zeiten.

Die Selbstgabe Jesu Christi im Mahl bedeutet für die Frage der Zulassung zum Herrenmahl, dass „Voraussetzung der Zulassung [...] nur sein [kann], daß im Abendmahl die Gemeinschaft mit Jesus Christus gesucht wird, also der Glaube an die Gegenwart Christi im Mahl, nicht aber diese oder jene theologische Interpretation des Modus der Gegenwart [...]. Grundsätzlich bleibt es immer dabei, daß das im Glauben Ergriffene das Verstehen übersteigt, und Klarheit darüber kennzeichnet gerade das theologische Verstehen."[29]

Ist das Begehren nach der Gemeinschaft mit Christus und das Vertrauen auf die Gegenwart Jesu Christi im Mahl für die Teilnahme an seinem Mahl vorauszusetzen, weil dies mit dem Grundsinn des Mahls verknüpft ist, das von der Selbstgabe Jesu und der Gabe seiner Gemeinschaft her zu verstehen ist, dann ist für die Frage der Zulassung, und dies wird im *Votum* unterstrichen, die Bedeutung der Taufe für die Teilnahme am Mahl eigens zu gewichten.[30] Denn die Taufe begründet von dem dreieinigen Gott her, in dessen Namen der Täufling getauft wird, die unverbrüchliche Zugehörigkeit zu Jesus Christus. Die in der Taufe begründete Zugehörigkeit zu Jesus Christus bedeutet *als solche* die Zu-

Freiburg / Göttingen 1983, 138–175, hier 167f.

29 Wolfhart Pannenberg, Systematische Theologie, Bd. 3, Göttingen 1993, 364.

30 Die Bedeutung der Taufe für die Teilnahme am Abendmahl hebt auch Wolfhart Pannenberg hervor. Vgl. ebd., 363f.

gehörigkeit zu seinem Volk an allen Orten und zu allen Zeiten. Von daher kommt die Bedeutung der *Magdeburger Erklärung* der Kirchen, die im Verständnis der Taufe Einigkeit festgestellt hat, auch für die Frage der Zulassung zum Abendmahl/zur Eucharistie zum Tragen. In ihr heißt es: „*Wer dieses Sakrament empfängt und im Glauben Gottes Liebe bejaht, wird mit Christus und zugleich mit seinem Volk aller Zeiten und Orte vereint. Als ein Zeichen der Einheit aller Christen verbindet die Taufe mit Jesus Christus, dem Fundament dieser Einheit.*" Die Taufe ist das sakramentale Zeichen, das – vom trinitarischen Gott her – die Zugehörigkeit des Getauften zu Jesus Christus begründet, und das – vom Getauften her – Ausdruck der ihm in der Taufe geschenkten Zugehörigkeit zu Jesus Christus und seines Bekenntnisses zu Jesus Christus ist. Von daher wird das sakramentale Zeichen der Taufe im Zusammenhang der Frage nach der Zulassung zum Abendmahl/zur Eucharistie als Ausdruck dafür erachtet, dass der am Mahl Teilnehmende getaufte Christenmensch schon zu Christus und seinem Leib gehört, er im Mahl die Gemeinschaft mit Christus begehrt, auf seine Gegenwart im Mahl vertraut, sich zu Christus und der Gemeinschaft seines Leibes bekennt, und Taufe und Teilnahme zum Abendmahl aufs engste miteinander verknüpft sind.

Die in der Taufe begründete Zugehörigkeit zu Jesus Christus begründet *in einem* die Zugehörigkeit zu seinem Volk. Das Abendmahl/die Eucharistie stärkt als Selbstgabe Jesu Christi die Gemeinschaft mit ihm und die Teilhabe an seinem Leib. Die Einheit des Leibes Christi, die der auferweckte Gekreuzigte in seinem Mahl stärkt und schenkt, gehört zum Grundverständnis des Abendmahls/der Eucharistie, wir können auch sagen: Sie entspricht dem Willen des Herrn.

Das *Votum* des *ÖAK* entfaltet das Grundverständnis des Herrenmahls von der Selbstvergegenwärtigung Jesu Christi und seiner Selbstgabe im Mahl her und bringt dieses und die in ihm mitgesetzten Implikationen in der dargelegten Weise theologisch zur Geltung – und in den ökumenischen Dialog der Kirche ein.[31]

---

31 Bleibt zu ergänzen, dass es auch zum evangelischen Verständnis von Taufe und Abendmahl gehört, dass die konkrete Gestalt der Kirche, also die verfasste Kirche, als derjenige Verkündigungs- und Lebenszusammenhang affirmiert wird, der die Verheißung hat, dass Jesus Christus mitten unter ihnen sein will. Es ist nicht so, dass evangelisches Kirchenverständnis einseitig die *ecclesia invisibilis* betont. Vielmehr ist die Kirche derjenige Verkündigungs- und Lebenszusammenhang, dem die Verheißung der Gegenwart Jesu Christi in der Kraft des Geistes gegeben ist. Zum evangelischen Verständnis von Taufe und Abendmahl gehört der Bezug zur verfassten Kirche in der konkreten Gestalt der Ortsgemeinde hinzu. Für die Ortsgemeinde ist wiederum der universalkirchliche Bezug in ihrem Gottesdienst konstitutiv (liturgisch besonders ausgedrückt in der trinitarischen Eröffnung des Gottesdienstes, dem Credo, dem Vaterunser und den Vollzügen von Taufe und Abendmahl; nicht zuletzt ist das ordinationsgebundene Amt dazu berufen, für die Einheit der Kirche und ihrem Sein und Bleiben in der Wahrheit Sorge zu

tragen). Die Ortsgemeinde ist ganz Kirche, aber nicht die ganze Kirche. Es gehört insofern zum Verständnis der verfassten Kirche, dass sie sich als Kirche auf allen Ebenen (Ortsgemeinde, Landeskirche, EKD, GEKE, konfessionelle Weltbünde) in der *communio ecclesiarum* begreift. Auf diese wenigen Bemerkungen zum Verhältnis von geglaubter Kirche, verfasster Kirche und Gemeinschaft der Kirchen müssen wir uns an dieser Stelle beschränken.

Ecclesia de Eucharistia: Das Band zwischen Eucharistie, Amt und Kirche in der katholischen Tradition

Klaus Unterburger

The most frequent criticism of GaTH from the Roman Catholic side is that it severs the connection between the Eucharist and church communion. In the background there is the conviction of the encyclical Ecclesia de Eucharistia (2003), according to which the Eucharist presupposes the Church constituted in episcopal collegiality and vice versa. There can be no eucharistic communion with Protestants because they are not the Church in this sense. The article argues in three steps: The fathers of Eucharistic ecclesiology have outlined quite different models, so that the thesis that only legitimate Episcopal churches can be Church requires additional justification. Moreover, the accusation that Protestants are not a Church because they lack the episcopal succession of office has only been raised in recent times. It fails to recognise the different allocation and significance of the offices of presbyter and bishop in the 16th century. The Second Vatican Council also had no intention of denying Protestants the status of Church because of a lack of episcopal constitution, which thus only is a later continuation of the Magisterium, the reasons for which can be critically discussed.

Wohl kein Einwand gegen die Erklärung „Gemeinsam am Tisch des Herrn" wurde und wird von katholischer Seite so häufig und nachdrücklich geäußert wie derjenige, sie zerschneide das Band von Eucharistie und Kirche. Ohne Kircheneinheit keine eucharistische Gemeinschaft und umgekehrt. Das Dokument laufe, so Helmut Hoping, „auf eine Trennung von Sakrament und Kirche hinaus, die nicht nur für die römische Kirche, sondern auch für die Kirchen des Ostens inakzeptabel ist."[1] Und andernorts: „Nach katholischer Lehre existieren Eucharistie und Kirche aber nicht unabhängig voneinander."[2] In eine ähnliche Richtung geht die Anfrage Bertram Stubenrauchs: „Vollzieht sich das Mysterium der Eucharistie völlig unberührt von Kirche und Gemeinde? [...] Ist Eucharistie nicht immer auch innerster Ausdruck von Kirche?"[3] Auch von orthodoxer Seite wurde dieser Einwand warnend formuliert: „Eine offizielle römisch-katholische Annahme bestimmter Thesen des Votums würde für den orthodox-katholischen Dialog bedeuten, dass katholischerseits gemeinsamer Boden verlassen wird (zum Beispiel die Glaubensgemeinschaft als Bedingung der Eucharistiegemeinschaft), weil die Anliegen des Arbeitskreises entscheidende ekklesiologische Implikationen haben".[4] Auch Josef Freitags Kritik geht in eine ähnliche Richtung: „Der [...] wichtigste Grund dafür, dass ich die die Kichengemeinschaft überspringende (oder unterlaufende) oder auslassende Schlussfolgerung des Votums nicht mitvollziehen kann, ist für mich aber der Zusammenhang und die gegenseitige Bestimmung und Prägung, anders gesagt: die ‚perichoretische', gegenseitige Verschränkung und Gestaltung von Kirche, Eucharistie bzw. Abendmahl und apostolischem Amt, die untereinander in gegenseitiger Relation und Relationalität, in wechselseitiger, perichoreseanaloger Bestimmung stehen".[5]

Auch die lehrmäßigen Anmerkungen der Glaubenskongregation zum Votum des Ökumenischen Arbeitskreises evangelischer und katholischer Theologen „Gemeinsam am Tisch des Herrn" (GaTH)[6] sehen im Zerschneiden des engen Bandes zwischen Eucharistie und Kirche den

---

1 Helmut Hoping, Sakrament und Kirche, FAZ, 12. Oktober 2020. https://www.faz.net/aktuell/wissen/geist-soziales/trennt-das-gemeinsame-abendmahl-sakrament-und-kirche-16999016.html

2 Ders., Mit dem Brecheisen, in: HK 74/11 (2020) 25 f., hier 25.

3 Bertram Stubenrauch, Ökumene mit dem Brecheisen. Kritische Nachfragen zum Dokument „Gemeinsam am Tisch des Herrn" von 2019, in: MThZ 71 (2020) 76–79, hier 77.

4 Georgios Vlantis, Bitte keine Lungenentzündung, in: HK 74/12 (2020) 50f., hier 51.

5 Josef Freitag, Gemeinsam am Tisch des Herrn?, Catholica 74 (2020) 81–92, hier 86.

6 Volker Leppin / Dorothea Sattler (Hg.), Gemeinsam am Tisch des Herrn. Ein Votum des Ökumenischen Arbeitskreises evangelischer und katholischer Theologen / Together at the Lord's table. A statement of the Ecumenical Study Group of Protestant and Catholic Theologians (Dialog der Kirchen 17), Freiburg / Göttingen 2019.

hauptsächlichen Fehler des Textes.[7] Der Kern der Lehre des II. Vatikanischen Konzils liege in der Eucharistischen Ekklesiologie. Im Zentrum steht die folgende Kritik: „Leider ist die eucharistische Ekklesiologie des II. Vatikanischen Konzils nur einmal Gegenstand des Dokumentes, eher in einer relativistischen Betrachtungsweise"; und vorher heißt es im Text dazu: „Hier erscheint es angebracht, auf die Haltung der römisch-katholischen Kirche in den Worten von Kardinal Henri de Lubac SJ hinzuweisen, der diese Wechselbeziehung zwischen Eucharistie und Kirche als Band ‚gegenseitiger Kausalität und Garantie' qualifiziert". Die Eucharistische Ekklesiologie in einer Form, die die moderne lehramtliche Lehre von der Kirche (*communio*-Ekklesiologie; Lehre vom Bischofskollegium) als *conditio sine qua non* für die Existenz von Kirche und Sakramenten statuiert, gilt als Grundüberzeugung der katholischen Kirche, welche von vorneherein den Kommunionempfang von Protestanten in der hl. Messe und umgekehrt den Empfang des Abendmahls im protestantischen Gottesdienst durch Katholiken unmöglich erscheinen lässt. Beides wäre in Konsequenz nur bei Übertritt bzw. Verleugnung des eigenen Glaubens möglich.

Tatsächlich hat das Konzil die Eucharistiefeier als Quelle (*fons*) und Höhepunkt (*culmen*) des kirchlichen Tuns (SC 10) gedeutet[8], in jeder Eucharistiefeier werde die Kirche als Leib Christi dargestellt und verwirklicht (LG 3).[9] Aus dem in der Messe gefeierten Paschamysterium beziehe sie ihre Kraft; sie verwirkliche sich selbst in dieser Feier und finde in ihr ihre Darstellung. Das kirchliche Lehramt unter Papst Johannes Paul II. spitzte diese Aussagen weiter zu: Aus dem Höhepunkt und der Kraftquelle des kirchlichen Tuns wurde dessen Ursache und Ursprung. Nach der Eucharistischen Ekklesiologie der Enzyklika *Ecclesia de Eucharistia* (2003) bewirkt die Kirche nicht nur die Eucharistie, sondern die Eucharistie die Kirche.[10] Dies nicht nur insofern, als Tod und

---

7 Glaubenskongregation, Lehrmäßige Anmerkungen zum Dokument *Gemeinsam am Tisch des Herrn* (GTH) des Ökumenischen Arbeitskreises katholischer und evangelischer [sic!] Theologen (*Jäger*[sic!]-*Stählin-Kreis*). file:///C:/Users/LOCALA~1/AppData/Local/Temp/2020-09-18_Kard.-Ladaria_Lettera_Anlage-Vorsitzender-DBK.PDF

8 „Attamen Liturgia est culmen ad quod actio Ecclesiae tendit et simul fons unde omnis eius virtus emanat. Nam labores apostolici ad id ordinantur ut omnes, per fidem et Baptismum filii Dei facti, in unum conveniant, in medio Ecclesiae Deum laudent, Sacrificium participent et cenam dominicam manducent." II. Vatikanische Konzil, Konstitution *Sacrosanctum Concilium*, Nr. 10.

9 „Quoties sacrificium crucis, quo ‚Pascha nostrum immolatus est Christus' (1Cor 5,7), in altari celebratur, opus nostrae redemptionis exercetur. Simul sacramento panis eucharistici repraesentatur et efficitur unitas fidelium, qui unum corpus in Christo constituunt (cf. 1 Cor 10,17)." II. Vatikanische Konzil, Dogmatische Konstitution *Lumen gentium*, Nr. 3.

10 Johannes Paul II., Enzyklika *Ecclesia de Eucharistia*, 17. April 2003, Nr. 21.

Auferstehung Jesu, die in der Eucharistie sakramental vergegenwärtigt werden, das Ursprungsgeheimnis der Kirche sind. Der Abendmahlssaal wird vielmehr zum eigentlichen, historischen Ort der Kirchengründung.[11] Aus der konkreten Feierstruktur des Herrenmahls ergeben sich ekklesiologische Aussagen; die Eucharistiefeier impliziert bereits den Kernbestand der katholischen Ekklesiologie, besonders die vier Wesenseigenschaften und Erkennungsmerkmale (*notae*) der wahren Kirche Christi, die im Glaubensbekenntnis genannt werden.[12] Umgekehrt ist die gültige Eucharistiefeier aber Ausdruck der wahren Vorstellung von der Kirche.[13] So scheint die Kritik der Glaubenskongregation an GaTH der Verkündigung des Lehramts der Kirche ganz zu entsprechen: Die Apostolizität von Kirche und Eucharistie ist in dieser lehramtlichen Sicht der Grund, weshalb in protestantischen Gemeinschaften weder Bischofsamt (die *communio* der bischöflichen Kirchen mit dem Papst)[14] noch Eucharistie vorhanden sind; die Konsequenz ist, dass sie deshalb auch keine Kirchen sein können[15], so die Auslegung des 22. Kapitels des Ökumenismus-Dekrets des II. Vatikanischen Konzils[16] und bereits vorher die Erklärung der Glaubenskongregation *Dominus Iesus*.[17] Für das heutige kirchliche Selbstverständnis ist das letzte Konzil aber zentral. Sind dessen kirchlichen und sakramententheologischen Grundüberzeugungen tatsächlich derart in einer so verstandenen Eucharistischen Ekklesiologie gebündelt, so scheint kein Weg zur Sichtweise von GaTH zu führen.

Historisch gesehen ergeben sich hier einige zu erörternde Fragen: (1.) In welchem Sinn ist eine so verstandene Ekklesiologie tatsächlich das grundlegende Theorem der Kirchenlehre des II. Vatikanischen Kon-

11 Ebd., Kap. II.

12 Ebd., Kap. IIIf.

13 „Si, sicut antea memoravimus, Ecclesiam aedificat Eucharistia et Ecclesia Eucharistiam efficit, inde consequitur, ut coniunctio inter utramque est artissima. Tam verum illud est ut liceat eucharistico Mysterio dictionem illam adhibere, quam de Ecclesia proferimus cum in Symbolo Nicaeno-Constantinopolitano eam ‚unam sanctam, catholicam et apostolicam' confitemur. Una et catholica etiam Eucharistia est. Sancta etiam est, quin immo, est Sanctissimum Sacramentum. At nunc in primis mentem Nostram convertere interest ad apostolicam eius indolem." Ebd., Nr. 26.

14 Ebd., Nr. 34f. und Nr. 39.

15 Ebd., Nr. 46.

16 „Communitates ecclesiales a nobis seiunctae, quamvis deficiat earum plena nobiscum unitas ex baptismate profluens, et quamvis credamus illas, praesertim propter sacramenti Ordinis defectum, genuinam atque integram substantiam Mysterii eucharistici non servasse, tamen, dum in Sancta Coena mortis et resurrectionis Domini memoriam faciunt, vitam in Christi communione significari profitentur atque gloriosum Eius adventum exspectant. Quapropter doctrina circa Coenam Domini, cetera sacramenta et cultum ac Ecclesiae ministeria obiectum dialogi constituat oportet." II. Vatikanisches Konzil, Dekret *Unitatis redintegratio*, Nr. 22.

17 Erklärung der Glaubenskongregation, *Dominus Iesus*, 6. August 2000, Nr. 17.

zils bzw. wie steht es um die lehramtliche Kontinuität und Traditionsfundierung dieses Theorems? (2.) Wie sehr entspricht diese moderne eucharistische Ekklesiologie des Konzils der Tradition der katholischen Kirche und hat bereits ihr Selbstbewusstsein in der Formationsphase der konfessionellen Frage bestimmt? (3.) Ist die Eucharistische Ekklesiologie tatsächlich ein derart eindeutiges und klares Konzept, dass aus ihr eindeutig bestimmte Kirchenstrukturen abzuleiten sind, während andere eine gültige Eucharistiefeier unmöglich machen? Lässt sich im Gegensatz dazu nicht gerade aus der Tradition der katholischen Glaubensüberzeugung eine alternative ökumenische Praxis denken? Dann könnten protestantische Gemeinschaften traditions- und konzilskonform Kirche sein und Kirche genannt werden. Eine wechselseitige Teilnahme an der liturgischen Feier der anderen Konfession erschiene dann möglich, ohne damit die bestehende Differenz im Kirchenverständnis bagatellisieren zu wollen bzw. ohne zu behaupten, dass eine weitere Annäherung bzw. eine weitergehende Konvergenz in Bezug auf dasselbe nicht notwendig wäre.

1. Die lehramtliche Rezeption der Eucharistischen Ekklesiologie und das II. Vatikanische Konzil

Zweifelsohne hat die Eucharistische Ekklesiologie, wie sie lehramtlich in den letzten Jahrzehnten konzipiert wurde, Anteil an einer theologischen Erneuerung und Vertiefung des Selbstverständnisses der Kirche, die half, sich selbst nicht nur äußerlich, in Analogie und Abgrenzung zum Staat, zu definieren, sondern von innen zu begreifen. Sie deutet die Kirche theologisch als Leib Christi. Sie sieht sich dadurch im Mysterium von Tod und Auferstehung Jesu gegründet, somit als die die Erlösungswirklichkeit Empfangende, die diesem ihre ganze Existenz verdankt, als begnadete Gemeinschaft. Sie hat so die enge Beziehung neu entdeckt, die nach 1 Kor 10,16f. zwischen dem eucharistischen Leib Christi und der Glaubensgemeinschaft als Leib Christi besteht. Die Kirche feiert im Herrenmahl das Ostermysterium als ihr eigenes Ursprungsereignis. Dies lehrt das Konzil in der Kirchenkonstitution *Lumen gentium* 3.[18] Die Eucharistische Ekklesiologie der Enzyklika *Ecclesia de Eucharistia* (2003) geht darüber aber einige eingrenzende bzw. präzisierende Schritte hinaus. Sie deutet (1.) das Verhältnis zwischen wahrer Eucharistie und wahrer Kirche zumindest prinzipiell als wechselseitige Identi-

[18] Vgl. Anm. 9. Der Bischof übt sein Amt vorzüglich in der Feier der Eucharistie aus; jede rechtmäßige Eucharistiefeier geschieht in Gemeinschaft mit dem Bischof. II. Vatikanisches Konzil, Dogmatische Konstitution *Lumen gentium*, Nr. 26.

tätsbeziehung, die weder Eucharistie außerhalb der Kirche noch Kirche außerhalb der Eucharistie möglich sein lässt.[19] Dies hat (2.) zur Folge, dass eine gemeinsame Eucharistiefeier die vollkommene kirchliche Einheit und die *communio* der Gesamtkirche bereits voraussetzt, also ohne völlige kirchliche Gemeinschaft nicht auf dem Weg dahin vorweggenommen werden darf.[20] (3.) Um auf die Frage zu antworten, welche Kirchenstrukturen in der Eucharistiefeier impliziert sind und sich aus dieser ableiten lassen, wird die Bedeutung der Apostolizität betont. Diese wird gedeutet als Glaubensgehorsam gegenüber der Lehre der Apostel, welche das gegenwärtige katholische Lehramt verbindlich auslegt, und als bischöfliche Sukzession durch Handauflegung, weshalb die Lehre vom Bischofskollegium als *communio* der Bischöfe mit dem Papst als deren Haupt Bedingung für die eucharistische Gemeinschaft und überhaupt für die Bewahrung des eucharistischen Mysteriums ist.[21] Dies hat schließlich zur Konsequenz, dass (4.) Protestanten weder Kirche sind noch in deren Abendmahlsfeier das österliche Mysterium gegenwärtig ist, da ihnen diese bischöfliche Sukzession und damit der Anteil an der kirchlichen *communio* der (Bischofs-)kirchen vor Ort fehlt.[22] Historisch gesehen stellen sich hier zwei Fragen. Einerseits muss gefragt werden, ob diese Form von Eucharistischer Ekklesiologie wirklich bereits diejenige des II. Vatikanischen Konzils gewesen ist. Danach ist zu fragen, welche Strukturmerkmale der Kirche sich bereits eucharistisch herleiten lassen und wann zusätzliche Annahmen ins Spiel kommen.

Tatsächlich ist es nicht so, dass auf dem Konzil die strukturellen Leitannahmen der späteren Eucharistischen Ekklesiologie völlig absent gewesen wären und in den Diskussionen noch überhaupt keine Rolle gespielt hätten: Das Ökumenismusdekret *Unitatis redintegratio* des Konzils ging in vielen Teilen aus Debatten und Entwürfen des päpstli-

---

19 „Vinculum huiusmodi communionis exprimit Sacramentum tum ratione invisibili, quae per Spiritus Sancti motum in Christo nos cum Patre alligat atque inter nos, tum visibili ratione quae communicationem in Apostolorum doctrina, in Sacramentis, in hierarchico ordine secum infert." Johannes Paul II., Enzyklika *Ecclesia de Eucharistia*, 17. April 2003, Nr. 35.

20 „Eucharistiae celebratio tamen non potest esse principium communionis, quandoquidem illam iam veluti exsistentem praeponit, ut eam confirmet et ad perfectionem perducat." Ebd.

21 Ebd. Nr. 27 f. – Hier folgt das Schreiben dem Weltkatechismus, KKK 857.

22 „Communitati sese colligenti ad Eucharistiam celebrandam opus omnino est ordinato sacerdote, qui ei praesideat ut re vera eucharistica convocatio esse possit. Aliunde sibi ex se sola communitas non potest concedere ministrum ordinatum. Hoc enim donum est quod ipsa per successionem episcopalem recipit usque retro ad Apostolorum tempus. Per sacramentum quidem Ordinis Episcopus novum presbyterum constituit eique potestatem Eucharistiae consecrandae tribuit. Quapropter ‚Mysterium eucharisticum nulla in communitate celebrari potest nisi a sacerdote ordinato, ut palam docuit Concilium Lateranense IV'." Ebd., Nr. 29.

chen Einheitssekretariats hervor. Darin spielte der Versuch Yves Congars (1904-1995) eine prominente Rolle, zu bestimmen, was eine wahre Ortskirche sei. Dabei stand für das Konzil fest, dass den getrennten Kirchen des Ostens der Titel Kirche gemäß der katholischen Tradition zuerkannt werden müsse.[23] Bei der Frage, ob dies nur aus Gründen der Konvention geschehe oder de iure aus theologischen Gründen, entwickelte sich eine kontroverse Debatte. Es sei – so Bruno Hünerfeld, der die gesamte Debatte sehr sorgfältig und abgewogen untersucht hat – nun gerade der zunehmende theologische Einfluss Congars gewesen, der bewusst dazu führte, den Begriff Kirche nicht davon abhängig zu machen, dass der päpstliche Jurisdiktionsprimat anerkannt werde, was einem univok-exklusivistischen Kirchenverständnis entsprochen hätte, nach dem nur die römisch-katholische Kirche im theologischen Sinn Kirche sein könne.[24] Congar hatte ein Modell entwickelt, gemäß dem der Begriff Kirche für alle Gemeinschaften angewandt werden müsse, die „la qualité de l'Église locale" besäßen. Hier wurde die traditionelle Lehre der drei *vincula* modifiziert gefasst: Erkennungskennzeichen einer Ortskirche seien der Glaube, die Sakramente und die Ämter in der apostolischen Sukzession.[25] Damit war sozusagen eine theologische Basis für die Tradition gelegt, den getrennten Ostkirchen den Kirchentitel zuzugestehen, was man ja faktisch immer getan hatte. Sind diese nicht in Verbindung mit dem Stuhl Petri, dann sind es „unvollkommene", aber immer noch wahre Ortskirchen. Hier war bei Congar eine Elementen-Ekklesiologie impliziert, die die Elemente Glaube, Sakramente und Ämter und damit das Kirchesein analog und inklusivistisch verstehbar machte. Im Vollsinn ist die römisch-katholische Kirche Kirche, in der die Elemente gänzlich verwirklicht sind. Wie stark Abweichungen möglich sind, bis die Qualität von Kirchesein ganz verschwunden ist, ist dabei nicht definiert.[26] Man kann ja die Frage stellen, ob nicht die Grundsakramente und eine anders geartete (presbyterale) Sukzession wie auch

---

23 So die Anmerkung 20 zu UR 3 in der vorletzten Textfassung explizit: „In traditione ecclesiastica nomen ‚Ecclesiae' Communitatibus orientalibus dissidentibus saepe et constanter attribuitur." Schema decreti de Oecumenismo, ASCOV III/2, 296–327, hier 303 Anm. 20.

24 Bruno Hünerfeld, Ecclesiae et Communitates ecclesiales. Eine Analyse des ekklesiologischen Status von Protestanten und ihren Gemeinschaften in den lehramtlichen Dokumenten der Pontifikate von Pius IX. (1846-1878) bis Benedikt XVI. (2005-2013) (Dogma und Geschichte 9), Berlin 2016, 146–148.

25 Yves Congar, Note sur le mots „Confession", „Église" et „Communion", in: Irénikon 23 (1950) 3–36, hier 27f.

26 Ebd. – Zum theologiegeschichtlichen Ort und der Entstehung der Elementen-Ekklesiologie vgl. Benjamin Dahlke, Elementa ecclesiae. Theologiegeschichtliche Beobachtungen zu einem Konzept katholischer Theologie, in: Catholica 68 (2014) 302–314.

die Grundannahmen des christlichen Heilsglaubens nicht auch den protestantischen Gemeinschaften zugesprochen werden müssen; der Raum des ökumenischen Dialogs in diesen Fragen ist auf diese Weise also durchaus offen.

Tatsächlich wurde der Begriff der *ecclesia particularis* zu einem Schlüsselbegriff des Konzils[27], der es erlaubte, auch die Ostkirchen als solche zu bezeichnen.[28] Sie gelten als *ecclesiae sensu proprio*.[29] Näherhin werden sie als bischöfliche Ortskirchen definiert.[30] Der Begriff Kirche wird auch auf die Ortskirche, die mit ihren Hirten die Eucharistie feiert, angewandt. Auch in ihr, also überall dort, wo in Verbindung mit dem Bischof die Eucharistie gefeiert und das Wort Gottes verkündet wird, sei die Kirche Christi.[31] Damit stellt sich die Frage, ob dieser Begriff von Kirche nur mit Blick auf die östlichen Kirchen oder nicht auch auf die protestantischen Gemeinschaften Anwendung finden kann, die teilweise bischöflich, meist aber presbyteral verfasst sind. Ist in Ihnen, ähnlich wie in den Ostkirchen[32], das Mysterium der Eucharistie gegenwärtig, oder nicht. In *Unitatis redintegratio*, Kap. 22, entfaltet das Konzil diese

---

27 „Inde etiam in ecclesiastica communione legitime adsunt Ecclesiae particulares, propriis traditionibus fruentes, integro manente primatu Petri Cathedrae, quae universo caritatis coetui praesidet, legitimas varietates tuetur et simul invigilat ut particularia, nedum unitati noceant, ei potius inserviant. Inde denique inter diversas Ecclesiae partes vincula intimae communionis quoad divitias spirituales, operarios apostolicos et temporalia subsidia." Lumen gentium 13.

28 „Sacrosanctae Synodo gratum est, inter cetera gravis momenti, omnibus in mentem revocare plures in Oriente florere particulares seu locales Ecclesias, inter quas primum locum tenent Ecclesiae Patriarchales, et ex quibus non paucae ab ipsis Apostolis ortum habere gloriantur." Unitatis redintegratio 14.

29 So die Schlussrelation zum Schema: „Sollemne est in Traditione catholica Communitates Orientales seiunctas vocare Ecclesias – locales sive particulares uique – et quidem sensu proprio." Modi a patribus conciliaribus propositi circa Prooemium et Caput I Decreti de Oecumenismo, in: ASCOV III/7, 12–48, hier 35.

30 „Singuli Episcopi, qui particularibus Ecclesiis praeficiuntur, regimen suum pastorale super portionem Populi Dei sibi commissam, non super alias Ecclesias neque super Ecclesiam universalem exercent." Lumen gentium 23.

31 „Episcopus, plenitudine sacramenti Ordinis insignitus, est ‚oeconomus gratiae supremi sacerdotii', praesertim in Eucharistia, quam ipse offert vel offerri curat, et qua continuo vivit et crescit Ecclesia. Haec Christi Ecclesia vere adest in omnibus, legitimis fidelium congregationibus localibus, quae, pastoribus suis adhaerentes, et ipsae in Novo Testamento ecclesiae vocantur. Hae sunt enim loco suo Populus novus a Deo vocatus, in Spiritu Sancto et in plenitudine multa (cf. 1 Thess 1,5). In eis praedicatione Evangelii Christi congregantur fideles et celebratur mysterium Coenae Domini, ‚ut per escam et sanguinem Domini corporis fraternitas cuncta copuletur' In quavis altaris communitate, sub Episcopi sacro ministerio, exhibetur symbolum illius caritatis et ‚unitatis Corporis mystici, sine qua non potest esse salus'. In his communitatibus, licet saepe exiguis et pauperibus, vel in dispersione degentibus, praesens est Christus, cuius virtute consociatur una, sancta, catholica et apostolica Ecclesia. Etenim ‚non aliud agit participatio corporis et sanguinis Christi, quam ut in id quod sumimus transeamus'." Lumen gentium 26.

32 Vgl. II. Vatikanisches Konzil, Erklärung *Unitatis redintegratio*, Nr. 15.

Frage: In diesen Kirchen sei die genuine und vollständige Substanz des eucharistischen Mysteriums vor allem wegen eines *defectus* des Weihesakraments nicht vorhanden.[33] So eindeutig diese Aussage erscheint, sie ist einerseits keine reine Glaubensaussage, sondern auch von einem empirischen Befund abhängig, dessen Beurteilung sich ändern bzw. der sich auch selbst verändern kann. Zum anderen schließen sich notwendigerweise hier zwei Fragen an. Zunächst: Ist der *defectus* des Weihesakraments ein vollständiges Fehlen oder ein relativer Mangel, das eucharistische Mysterium also gar nicht oder nicht in dessen Vollform verwirklicht? Muss also *defectus* mit Fehlen oder mit Mangel übersetzt werden?

Diese Frage war bereits Gegenstand der konziliaren Auseinandersetzung: Ursprünglich war im Konzilstext von der nicht gewahrten *plena realitas* die Rede.[34] Diese Formulierung schloss eine *realitas imperfecta* nicht aus; deshalb forderten viele Konzilsväter die Streichung des Adjektivs, da es im protestantischen Abendmahl eben gar keine Realpräsenz Christi gäbe. Hierauf wurde der Text aber nur dahingehend verändert, dass die Protestanten die volle Realität des eucharistische Mysteriums (anstatt: „die volle Realität der Eucharistie", was verkürzt als Realpräsenz verstanden werden könnte) nicht bewahrt hätten.[35] Ohne große Diskussion wurde vor der Schlussabstimmung der Text aber noch einmal verändert: nun war von der genuinen und vollständigen (*genuina atque integra*) Substanz des Mysteriums anstatt von der *plena realitas* der Eucharistie die Rede, welche die Kirchen der Reformation nicht gewahrt haben. Was immer die Gründe hierfür gewesen sein mögen, so lässt sich auch dieser Text mit seinen Adjektiven (wie vorher bei *plena*) so deuten, dass von einer Vollwirklichkeit ausgegangen wird, die eine unvollständige und unvollkommene, analog und partizipativ gedachte Realität des Mysteriums nicht ausschließt. Dies korrespondiert mit der Möglichkeit, *defectus* mit Mangel anstatt vollständigem Fehlen beim *ordo*-Sakrament zu übersetzen. Nach der Dissertation von Pierlu-

[33] „Communitates ecclesiales a nobis seiunctae, quamvis deficiat earum plena nobiscum unitas ex baptismate profluens, et quamvis credamus illas, praesertim propter sacramenti Ordinis defectum, genuinam atque integram substantiam Mysterii eucharistici non servasse, tamen, dum in Sancta Coena mortis et resurrectionis Domini memoriam faciunt, vitam in Christi communione significari profitentur atque gloriosum Eius adventum exspectant. Quapropter doctrina circa Coenam Domini, cetera sacramenta et cultum ac Ecclesiae ministeria obiectum dialogi constituat oportet." Ebd., Nr. 22.

[34] Schema decreti de Oecumenismo, ASCOV III/2, 296–327, hier 315.

[35] Peter Walter, *Sacramenti ordinis defectus* (UR 22,3). Die Aussage des II. Vaticanums im Licht des ökumenischen Dialogs. Zum Ergebnis der Studie von Pierluigi Cipriani, in: ders., Syngrammata. Gesammelte Schriften zur systematischen Theologie. Hg. von Thomas Dietrich, Michael Quisinsy, Ulli Roth und Tobias Speck, Freiburg 2015, 387–400, hier 388–390.

igi Cipriani und nach dem sich darauf stützenden Peter Walter spricht sowohl der Kontext der Stelle, die sich Annäherung im Dialog darüber erhofft, ebenso für diese Deutung wie der sonstige Gebrauch von *defectus* zur Deutung ekklesiologischer Mängel innerhalb einer Elemente-Ekklesiologie im Ökumenismusdekret.[36] Diese Deutung korrespondiert mit einer gewissen Logik: Die klassischen *vincula*, die das Kirchesein definieren, wurden und werden in ihrer vom Konzil modifizierten Form (Glaube, Sakramente, Amt) ja auch auf die Orthodoxie abgestuft und analog verwendet, denn völlig identisch ist ja der Glaube in diesen Kirchen mit demjenigen der römisch-katholischen Kirche nicht, zumal die Papstdogmen des I. Vatikanums ja auch Glaubensgegenstand sind; zudem hat auch das ostkirchliche Bischofsamt in dieser Perspektive einen *defectus*, da ja die *communio* mit dem Bischofskollegium und dessen Haupt nicht im Vollsinn verwirklicht ist. So ist es also durchaus naheliegend, das Konzil so zu deuten, dass in den aus der Reformation hervorgehenden Kirchen der Glaube, die Sakramente und das Amt zwar ebenfalls bewahrt wurden, aber doch – in der römisch-katholischen Perspektive des Konzils – in einer noch defizitären Form, in der im Vergleich zur Orthodoxie weitere Elemente des vollständigen Kircheseins fehlen, ohne dass es den Protestanten aber grundsätzlich abgesprochen werden muss.

Die zweite Frage ergibt sich aus der ersten: Kann den protestantischen Gemeinschaften der Ekklesiologie des Konzils gemäß das Kirchesein zugeschrieben werden, oder wurde dieses vom Konzil explizit negiert? Tatsächlich ist in *Unitatis redintegratio*, Kap. 19, ja von *Ecclesiae* und *communitates ecclesiales* im Westen die Rede[37], während die getrennten Ostkirchen wegen der von ihnen bewahrten *elementa Ecclesiae* schlechthin *Ecclesiae* genannt werden.[38] Hier wird man mit Bruno Hünerfeld zunächst betonen müssen, dass ebenso orthodoxe Kirchen wie protestantische kirchliche Gemeinschaften nach der Lehre des Konzils[39] an der Grundfunktion der Kirche partizipieren, *medium salutis* zu sein.[40] Welche Bedeutung verbindet das Konzil deshalb mit der terminologischen Differenzierung zwischen Kirchen und kirchlichen Gemeinschaften? Tatsächlich diskutierte das Konzil die Frage, ob in Bezug auf die Protestanten nicht auch der Begriff der Kirche zu verwenden sei. Einer-

---

36 Ebd., 387–393.

37 II. Vatikanisches Konzil, Erklärung *Unitatis redintegratio*, Nr. 19.

38 Ebd. Nr. 15.

39 „Proinde ipsae Ecclesiae et Communitates seiunctae, etsi defectus illas pati credimus, nequaquam in mysterio salutis significatione et pondere exutae sunt. Iis enim Spiritus Christi uti non renuit tamquam salutis mediis, quorum virtus derivatur ab ipsa plenitudine gratiae et veritatis quae Ecclesiae catholicae concredita est." Ebd. Nr. 3.

40 Bruno Hünerfeld, Ecclesiae (Anm. 24) 205–207.

seits gab es Forderungen, dies aus ökumenischen, praktischen und theologischen Gründen zu tun; auf der anderen Seite gab es aber auch zahlreiche Gegenstimmen, die aus Rücksicht auf die Orthodoxie und aus theologischen Gründen dies ausdrücklich ablehnen wollten.[41] Die Entscheidung, beide Begriffe, „Kirchen" und „kirchliche Gemeinschaften", zu verwenden, die Kirchenkonstitution spricht von *communitates ecclesiasticae*[42], macht aber deutlich, dass die Entscheidung, ob es sich bei den protestantischen Gemeinschaften um Kirchen im eigentlichen, theologischen Sinn handelt, bewusst offen gelassen wurde. Zugleich unterstreicht die Verwendung der Adjektive *ecclesialis* bzw. *ecclesiastica*, dass Elemente von Kirchesein auf alle Fälle bei diesen zu finden seien, so dass in einem gewissen, analogen Sinn die Rede von Kirche jedenfalls aus katholischer Sicht berechtigt ist. Die Zurückhaltung des Konzils ist hier konsequent, da sie die Klärung dem ökumenischen Dialog und damit auch dem Erkunden des Selbstverständnisses der verschiedenen protestantischen Gemeinschaften überlässt. Die Verwendung des Adjektivs *ecclesialis* geht auf einen Beitrag des Wiener Kardinals Franz König (1905-2004) zurück.[43] Den Vorschlag aber, die Entscheidung zwischen Kirche und kirchlicher Gemeinschaft offen zu lassen, brachte der Bischof von Oklahoma City-Tulsa, Victor Joseph Reed (1905-1971), mit fünf weiteren Bischöfen ein.[44] Diese erläuterten diesen explizit so, dass damit die Frage nach der Bewertung in concreto offen gelassen werde (*tota quaestio relinquatur aperta*).

Damit kann festgehalten werden, dass das Konzil den Kirchenbegriff inklusivistisch und analog in dem Sinn verwendet, dass auch außerhalb der römisch-katholischen Kirche Elemente des Kircheseins zu finden sind. Dabei sind die Ostkirchen definitiv für das Konzil Kirchen im eigentlichen Sinn, da in ihnen das eucharistische Mysterium verbunden mit der apostolischen Sukzession sicher vorhanden ist. Auch die protestantischen Gemeinschaften haben Anteil am Kirchesein und verfügen über kirchliche Elemente, inwiefern aber in den einzelnen Gemeinschaften das eucharistische Mysterium und die damit verbundene Amtssukzession bewahrt wurde, wird bewusst offengelassen, da es erst im ökumenischen Dialog zu prüfen sei. Entscheidendes Kriterium muss so

---

41 Peter Neuner, Kirchen und kirchliche Gemeinschaften, in: Michael J. Rainer (Red.), „Dominus Jesus". Anstößige Wahrheit und anstößige Kirche? Dokumente, Hintergründe, Anstöße und Folgerungen (Wissenschaftliche Paperbacks 9), Münster 2001, 196–211, hier 205–208; Bruno Hünerfeld, Ecclesiae (Anm. 24) 164–173.

42 II. Vatikanisches Konzil, Dogmatische Konstitution *Lumen gentium*, Nr. 15.

43 Rede von Erzbischof Franz Kardinal König, ASCOV II/5, 552–555, hier 554. Zugleich will er eine Unterscheidung machen zwischen Gemeinschaften, die die bischöfliche Sukzession bewahrt haben und solchen, die das nicht getan haben. Ebd.

44 Rede von Bischof Victor Joseph Reed, ASCOV II/6, 394–396, hier 395.

letztlich die Praxis und das Selbstverständnis der konkreten Glaubensgemeinschaften sein. Das Konzil vertieft und erneuert auf diese Weise das kirchliche Selbstverständnis der katholischen Kirche, die nicht nur ihre eigenen Elemente und selbst das Kirchesein auch in den getrennten kirchlichen Gemeinschaften aus theologischen Gründen erkennen kann. Neben dem Glauben und der Taufe wird die Eucharistiefeier, die einen geweihten Amtsträger in der Funktion der Christusrepräsentation voraussetzt, zum entscheidenden Kriterium für Kirche. Ist das eucharistische Mysterium gegenwärtig, dann ist dort eine *ecclesia particularis*, die in die Universalkirche vollständig integriert sein kann, oder noch nicht.[45] So wird eine liturgische Feier, die Eucharistiefeier, zu *culmen* und *fons* für Kirchesein. In diesem Sinn vertritt das II. Vatikanische Konzil eine Eucharistische Ekklesiologie.

2. Amtssukzession, Kirche und Eucharistie in der Kontroverstheologie des 16. Jahrhunderts

Hat das Konzil die Frage noch nicht entschieden, ob den protestantischen Gemeinschaften die Amtssukzession wirklich grundlegend abgesprochen werden muss, so stellt sich die Frage, wie eindeutig die katholische Tradition in dieser Sichtweise ist. Hier ist in die Formationsphase des konfessionellen Gegensatzes zurückzugehen und zu schauen, inwiefern die katholische Kontroverstheologie bereits den grundlegenden Einwand der fehlenden protestantischen Amtssukzession ins argumentative Zentrum gerückt hat. Zur Beantwortung dieser Frage sind dabei zunächst Grundzüge des Amtsverständnisses und der Ordinationspraxis der sich formierenden reformatorischen Kirche in Erinnerung zu rufen. Besonders um Martin Luthers (1483-1546) Sichtweise auf das besondere kirchliche Amt haben sich dabei seit dem 19. Jahrhundert Forschungskontroversen gebildet, näherhin um den Fragenkomplex, ob das Amt lediglich von der Gemeinde delegiert ist oder aber von außen legitimiert und beauftragt der Gemeinde gegenübertritt. Es sei hier an die Positionen von Johann Friedrich Wilhelm Höfling (1802-1853)[46] und Georg Rietschel (1842-1914)[47] auf der einen Seite und auf der anderen Seite von Julius Stahl (1802-1861)[48], Wilhelm Löhe (1808-1872)[49] und

45 Walter Kasper, Der ekklesiologische Charakter der nichtkatholischen Christen, in: ThQ 145 (1965) 42–62.

46 Johann Wilhelm Friedrich Höfling, Grundsätze evangelisch-lutherischer Kirchenverfassung, Erlangen ^{3}1853.

47 Georg Rietschel, Luther und die Ordination, Wittenberg ^{2}1889.

48 Friedrich Julius Stahl, Die Kirchenverfassung nach Lehre und Recht der Protestanten, Erlangen ^{2}1862. (Erstauflage 1840).

Theodor Klieforth (1810-1895)[50] erinnert. Durch die historischen Fortschritte der Lutherforschung konnte Luthers Position inzwischen besser kontextualisiert und eingeordnet werden. Einige grundlegende Einsichten sind dabei unstrittig:

a) Der Terminus Priester ist für Luther nicht geeignet, die Eigenheit des besonderen Amtes zu beschreiben. Christus ist in seiner Lebenshingabe der einzige Priester und jeder getaufte Christ hat daran geistig in einem gemeinsamen Priestertum Anteil.[51]

b) Das besondere Amt ist in der Kirche notwendig als „ministerium verbi", also zur öffentlichen Verkündigung des Evangeliums und zur ordnungsgemäßen Verwaltung der Sakramente, die für ihn ja sinnenfällige Darstellung und Bekräftigung des Verheißungswortes des Evangeliums sind.[52]

c) Da Sakramente das Heil vermitteln, kann die Ordination zur Heilsvermittlung nicht selbst als Sakrament bezeichnet werden, weil ja kein neuer Heilsstand, sondern die Funktion, das Heil zu vermitteln, durch diese legitimiert und begründet wird.[53] Das heißt aber gerade nicht, dass das Amt aus der Taufe oder aus dem allgemeinen Priestertum abgeleitet werden könnte.[54]

d) Dieses apostolische Amt ist für Luther wie für alle Reformatoren eines, rezipiert wird hier insbesondere die v.a. von Hieronymus vertretene These der ursprünglichen Einheit von Bischofs- und Presbyteramt. Wer das Evangelium ordnungsgemäß öffentlich verkündigt und die Sakramente recht spendet, übt dieses eine apostolische Amt aus.[55]

---

49 Wilhelm Löhe, Aphorismen über die neutestamentlichen Ämter und ihr Verhältnis zur Gemeinde, Nürnberg 1849.

50 Theodor Klieforth, Liturgische Abhandlungen. I, Schwerin / Rostock 1854, 341–501.

51 Vgl. etwa Martin Luther, De instituendis ministris (1523), WA 12, 178, Z. 26–33; „[…] nos omnes esse aequaliter sacerdotes, quotquot baptisati sumus […]" Ders., De captivitate babylonia, WA 6, 564, Z. 6–8.

52 „[…] denn es heisst ein Ampt, ja ein Predigampt. Ein ampt aber kan niemand haben, ausser und on befelh odder beruff." Ders., Von den Schleichern und Winkelpredigern (1532), WA 30/3, 521, Z. 8–10.

53 „[…] non enim solum nullam habet promissionem gratiae ullibi positam, sed ne verbo quidem eius meminit totum novum testamentum." Ders., De captivitate Babylonica, WA 6, 560, Z. 21–23.

54 „Alle Christen sind Priester. Es ist war, alle Christen sind priester. Aber nicht alle Pfarrer. Denn uber das, das er Christen und priester ist, muß er auch ein ampt und ein befolhen kirchspiel haben. Der beruff und befelh macht Pfarher und Prediger. Gleich wie ein Burger oder Leye mag wol gelert sein. Aber ist darumb nicht Doctor, das er von den Schulen offentlich lesen möchte, oder sichs solchs ampts unterwinden, er werde denn dazu beruffen." Ders., Auslegung des 82. Psalms (1530), WA 31/1, 211, Z. 16–22.

55 Ralph Hennings, Hieronymus zum Bischofsamt und seine Autorität in dieser Frage bei Luther, Melanchthon und Zwingli, in: Leif Grane / Alfred Schindler / Markus Wriedt (Hg.), Auctoritas patrum II. Neue Beiträge zur Rezeption der Kirchenväter im 15. und 16.

e) Immer konstitutiv für ein solches Dienstamt ist der Bezug bzw. die *vocatio* zu einer Gemeinde, für die und deren Glauben dieses Amt ausgeübt wird.[56]
f) Dienste der übergemeindlichen Episkopé sind deshalb für Luther nicht ausgeschlossen, sondern notwendig, können aber unterschiedlich ausgestaltet sein und dienen letztlich dem einen apostolischen Amt.[57]

Vor diesem Hintergrund kann man versuchen, die Fragen nach der liturgischen Ausgestaltung und Deutung der Ordination, nach ihrer Wiederholbarkeit und danach, wer diese erteilen darf, zu stellen. Dabei waren in den reformatorischen Gebieten zunächst ehemals katholische, ordinierte bzw. geweihte Kleriker die Regel, die sich der Reformation angeschlossen hatten. Frühzeitig stellte sich aber auch das Problem, wie bislang Nicht-Geweihte mit ihrem Amt beauftragt werden. Sowohl Luthers Stellungnahmen als auch die lutherische Praxis in Kursachsen und andernorts, besonders die normativen Kirchenordnungen in den evangelischen Territorien, sind dabei mehrfach sorgfältig untersucht worden.[58] Zwar kann man keinen Bruch in Luthers Grundauffassung nachweisen, dennoch kam es erst allmählich zur endgültigen Praxis der „Wittenberger (Zentral-)ordination" seit 1535, die liturgisch durch Handauflegung, Schriftlesung und Gebet gestaltet war und in der sich Luthers theologische Deutung des apostolischen Verkündigungsamtes spiegelte.[59] So einflussreich über Kursachsen hinaus diese Praxis wurde und so konsequent man Luthers Weg zu dieser hin deuten kann, so bleibt doch die Tatsache bestehen, dass man in Wittenberg auch andere Formen von Ordination anerkannte und die eigene liturgische Form nicht als unabdingbar betrachtete.[60] Zur Diskussion um das Amt im Protestantismus wird man deshalb konstatieren können, dass ein einseitiger und in gewisser Weise deshalb falscher Grundzug seit dem Erlanger Theologen Höfling dominant wurde, der vom allgemeinen Priestertum

---

Jahrhundert (VIEG. Beiheft 44), Mainz 1998, 85–104.

56 Martin Luther, Von der Winkelmesse und Pfaffenweihe (1533), WA 38, 171–256.

57 Dorothea Wendebourg, Die Reformation in Deutschland und das bischöfliche Amt, in: dies., Die eine Christenheit auf Erden. Aufsätze zur Kirchen- und Ökumenegeschichte, Tübingen 2000, 195–224; Augustinus Sander, Ordinatio Apostolica. Studien zur Ordinationstheologie im Luthertum des 16. Jahrhunderts. Bd. 1: Georg III. von Anhalt (1507-1553) (Innsbrucker theologische Studien 65), Innsbruck / Wien 2004.

58 Otto Mittermeier, Evangelische Ordination im 16. Jahrhundert (MThS. Syst. Abt. 50), St. Ottilien 1994; Alexander Nawar, Ordinationsliturgie und Amtsverständnis zwischen Beauftragung und Sakrament. Zu den Gottesdiensttraditionen evangelisch-lutherischer Landeskirchen (Studien zur Pastoraltheologie 39), Regensburg 2014.

59 Martin Krarup, Ordination in Wittenberg. Die Einsetzung in das kirchliche Amt in Kursachsen zur Zeit der Reformation (BHTh 141), Tübingen 2007.

60 Ebd., 310.

und einer subjektiven Gottunmittelbarkeit seinen Ausgang nahm, eine Sichtweise, die die Eigenart des Dienstamtes an der öffentlichen Wortverkündigung verfehlt. Das göttliche Heil wird von außen vermittelt.[61] Das besondere Amt ist etwas anderes, eine Dienstsphäre eigener Art: Entscheidend ist, dass die Beauftragung zu diesem öffentlichen Amt kirchlich geordnet und geregelt sein muss, und dass der Ordinierte erst empfangender sein muss, ehe er selber gibt.[62] Das Dienstamt muss sich so bei Luther in eine diachrone Kontinuität einordnen[63], wobei das Pfarramt für ihn durchaus von Christus eingesetzt worden ist.[64] Hier ist auf der einen Seite Luthers Entwicklung hin zur Wittenberger Ordination im Auge zu behalten, aber auch sein primärer Ausgangspunkt beim Notstandsrecht, da für ihn die ordentlichen bischöflichen Instanzen versagen. Und da die Einzelgemeinde selbst in synchroner Kontinuität zur geordneten Verkündigung steht, kann sie im Notfall diesen Ordinationsakt auch selbst setzen. Da der Kern des Sakraments ja die Evangeliumsverkündigung ist und da diese jeder Christ zur Aufgabe hat, geht es beim Notstandsrecht nicht darum, dass jemand eine Vollmacht ausübt, die er nicht hat, sondern dass eine Notform Ordnung schafft, die im ordentlichen Regelfall nicht ideal ist.[65] Man kann insgesamt konstatieren, dass das Modell der Apostolischen Sukzession für die Ausgestaltung der Ordination in den Reformationsjahrzehnten immer wichtiger wurde.[66]

Eine gewisse Entwicklung in der Amtsauffassung ist auch bei Philipp Melanchthon (1497-1560) zu konstatieren. Das Predigtamt ist für ihn eine göttliche Stiftung, auch wenn sie nicht mit jurisdiktioneller Leitungsgewalt verbunden ist. Es steht ganz im Dienst der Wortverkündigung und der Sakramentenspendung, so ja auch die Sichtweise der *Confessio Augustana*.[67] Die Amtsträger sind nach der Apologie, da Gott durch Menschen wirkt, von der Kirche zu bestellen. Notwendig ist eine ordentliche Berufung.[68] Klar, die Differenz zwischen dem Predigtamt

---

[61] Jonathan Mumme, Die Präsenz Christi im Amt. Am Beispiel ausgewählter Predigten Martin Luthers 1535-1546 (R5AS 21), Göttingen 2015.

[62] Ebd. Vgl. hierzu auch Augustinus Sander, Die Ordination im Luthertum. Bedenkenswertes und Bedenkliches, in: LuBei 12 (2008) 207–224.

[63] Jonathan Mumme, Präsenz (Anm. 61) v.a. 354, 363–366.

[64] Jan Aarts, Die Lehre Martin Luthers über das Amt in der Kirche. Eine genetisch-systematische Untersuchung seiner Schriften von 1512-1525, Helsinki 1972, 236.

[65] Wolfgang Stein, Das kirchliche Amt bei Luther (VIEG. Abt. Abendl. Rel.ges. 73), Wiesbaden 1974, v.a. 161–165.

[66] Georg Kretschmar, Die Wiederentdeckung des Konzeptes der Apostolischen Sukzession im Umkreis der Reformation, in: ders., Das bischöfliche Amt. Kirchengeschichtliche und ökumenische Studien zur Frage des kirchlichen Amtes. Hg. von Dorothea Wendebourg, Göttingen 1999, 300–344.

[67] Vgl. CA 5 mit CA 14.

[68] „Denn das Predigtamt hat Gott eingesetzt und geboten und hat herrliche Zusage Gottes, Röm. 1: ‚Das Evangelium ist eine Kraft Gottes allen denjenigen, so daran glauben'

und dem allgemeinen Priestertum stellte auch Zwingli in seiner Schrift „Von dem Predigtamt" heraus.[69] Er und die an ihn anknüpfende reformierte Tradition gehen ebenfalls von der ursprünglichen Einheit des apostolischen Amtes aus, bauen aber dessen biblische Begründung noch aus. Diese biblische Begründung und auch die autoritative Vollmacht des Amtes als Christusrepräsentation[70] betonte dabei gerade Calvin.[71] Nach Eph 4,11 hat Christus uns Apostel, Evangelisten, Propheten und Lehrer gegeben. Auch er lehnt unter Berufung auf Hieronymus eine ursprüngliche Differenz zwischen Episkopos und Presbyteros ab, auch wenn er das Amt dann in vier verschiedene Funktionen ausdifferenziert. Die Verkündigung des Amtes bezieht sich auch auf das Gesetz Christi. In den reformatorischen Kirchen gab es so eine weitgehende Übereinstimmung in der Deutung des besonderen Amtes. Im Laufe der Zeit wuchs diesem in den Gemeinden bereits in der Reformationszeit eine immer größere Autorität zu.[72]

Zu den interessantesten Beobachtungen in Bezug auf das reformatorische Amtsverständnis gehört, dass Luther zentrale Elemente seiner Amtsdeutung bereits in seiner vorreformatorischen Zeit vertreten hat.[73] Schon dieser Umstand lässt die These eines diametralen konfessionel-

---

usw., Jes. 55: ‚Das Wort, das aus meinem Munde gehet, soll nicht wieder leer zu mir kommen, sondern tun, was mir gefällt.' Wenn man das Sakrament des Ordens also verstehen wollte, so möchte man auch das Auflegen der Hände ein Sakrament nennen. Denn die Kirche hat Gottes Befehl, daß sie soll Prediger und Diakonos bestellen." Apol. 13. Zum Ganzen: Hellmut Lieberg, Amt und Ordination bei Luther und Melanchthon (Forschungen zur Kirchen- und Dogmengeschichte 11), Göttingen 1962, 245–378.

69 CR 9, 382–433.

70 Johannes Calvin, Unterricht in der christlichen Religion. Institutio Christianae Religionis. Nach der letzten Ausgabe von 1559 übersetzt und bearbeitet von Otto Weber. Neu Hg. von Matthias Freudenberg, Neukirchen / Vluyn 2008, IV, 1, 4f., IV, 3, 1.

71 „Er hat ‚Hirten' und ‚Lehrer' eingesetzt (Eph 4,11), um durch ihren Mund die Seinen zu unterweisen. Dazu hat er sie auch mit Autorität ausgerüstet." Ebd., IV, 1, 1.

72 Holsten Fagerberg, Amt/Ämter/Amtsverständnis VI, in: TRE 2 (1978) 552–574, hier 572.

73 So die Einheit des apostolischen Amtes in allen Ämtern und die Bestimmung des Amtes als Dienst am Wort und der Sakramentenspendung. „Tot enim sunt ‚tabernacula' Dei in Ecclesia, quot differentie statuum et officiorum seu ordinum, vt ordo Cardinalium, Episcoporum, Doctorum, etc. Et hoc Apostolus Ro. 12., 1. Corin. 12. exemplo probat de corpora sumpto, vbi vnum corpus, multa tamen membra, et non eundem actum habentia." WA 55/1, S. 358, Z. 1–5, Glosse zu Ps. 42,3; „[…] simul enim sacramentum et evangelium est sumendum". WA 55/1, S. 740, Z. 1 f., Glosse zu Ps. 110,4; „Als ministri empfangen die Apostel vom Herrn und für das Volk den Frieden (scilicet ut per eorum ministerium pax populo detur). Niemand empfängt ein ministerium zu eigenem Nutzen, und alle Gnade kommt durch das ministerium (quia nulli datur ministerium propter se, nec ulli gratia nisi per ministerium). Die Jünger empfangen die Rechtfertigung durch den Glauben, damit sie diese dem Volk mitteilen." Joseph Vercruysse, Fidelis populus (VIEG. Abt. Abendl. Rel. ges. 48), Wiesbaden 1968, 111, in Anlehnung zur Glosse zu Ps 71. – Auch für den vorreformatorischen Luther ist das Amt kein bevorzugter Gnadenstand. Ders., Römerbriefvorlesung 1515/16, WA 56, 476, Z. 27–480, Z. 16.

len Gegensatzes in allen Aspekten der Amtsauffassung als Wurzel des Konfessionskonflikts fraglich erscheinen. Hinzu kommt nun aber der Umstand, dass die angeblich fehlende apostolische Sukzession keineswegs im Zentrum der katholischen Polemik gegen das reformatorische Christentum stand. Kennzeichnend ist vielmehr die Kritik, den Gehorsam gegenüber dem Papstamt zu verletzen und deshalb gegen das Prinzip der Apostolizität zu verstoßen. Gerade die papalistische Position im Gefolge Juan de Torquemadas (ca. 1388-1468) und Tommaso de Vio Cajetans (1469-1534) sah die Verletzung der apostolischen Sukzession im Bruch der Gemeinschaft mit Petrus.[74] Auf sein Amt konzentrierte sich die Auseinandersetzung. Dem entspricht auf der anderen Seite, dass die Sichtweise, nach der Bischofs- und Presbyteramt, was die *potestas ordinis* angeht, letztlich eines sind, nicht nur im Mittelalter, sondern auch im 16. Jahrhundert weit verbreitet war. Sie war eine Deutungsoption innerhalb des katholischen Kirchenrechts, die letztlich von den Reformatoren nur weitergeführt wurde.[75] Konsequenterweise ist dann auch eine presbyterale Ordination und Sukzession denkbar, so dass es kein Zufall ist, dass die Polemik nicht an dieser Stelle einsetzte. Hinzu kommt, dass seit der Kontroverse mit dem Hussitismus die katholische Kontroverstheologie gerade eine antidonatistische und damit funktionale Amtsdeutung betont, die mit wichtigen reformatorischen Intentionen übereinstimmt. Die Kritik jedenfalls, dass die Abkehr von der Bischofsweihe die Ungültigkeit des Amts und aller Sakramente und die Vernichtung aller Kirchenstrukturen zur Folge hatte, ist der katholischen Kontroverstheologie des 16. Jahrhunderts fremd. Kritisiert wird vielmehr neben dem Bruch mit dem Papst die Abkehr vom Opferpriestertum, um das herum die damalige katholische Amtsauffassung konzentriert war, was auch in der Weiheliturgie zum Ausdruck kam, die die *Traditio instrumentorum* und die Salbung als essentiellen Mittelpunkt deutete.[76] Die Deutung des Bischofsamtes als rein jurisdiktionelles Amt war eben sehr weit verbreitet, ebenso, dass deren Jurisdiktion nur vom Papst abhängt. Dem entspricht auch, dass die Bischöfe im 16. Jahrhundert vielfach für die katholische Theologie gar nicht als die Nachfolger der Apostel galten (der römische Stuhl allein galt als *sedes apostolica*)[77],

---

[74] Heribert Smolinsky, Successio Apostolica im späten Mittelalter und im 16. Jahrhundert, in: Theodor Schneider / Gunther Wenz (Hg.), Das kirchliche Amt in apostolischer Nachfolge, Bd. I: Grundlagen und Grundfragen (Dialog der Kirchen 12), Freiburg / Göttingen 2004, 357–375, hier 361–365.
[75] Peter Walter, Das Verhältnis von Episkopat und Presbyterat von der Alten Kirche bis ins Reformationsjahrhundert, in: ders., Syngrammata (Anm. 35) 337–386, hier 370–385.
[76] Benedikt Peter, Der Streit um das kirchliche Amt. Die theologischen Positionen der Gegner Martin Luthers (VIEG. Abt. Abendl. Rel.ges. 170), Mainz 1997.
[77] Heribert Smolinsky, Successio (Anm. 74) 368–374.

so dass der Gedanke, Kirchesein durch eine Unterbrechung der Abfolge der Bischofsweihen zu verlieren, der Reformationszeit fremd war. Im Vorfeld und während der Religionsgespräche 1540/41 hatte Johannes Gropper (1503-1559) auf die apostolische Sukzession durch Handauflegung rekurriert. Diese ist im Wormser und im Regensburger Buch aber gerade keine *tertia nota ecclesiae*, die den Protestanten fehle, sondern eine solche, auf die man sich einigen konnte. Martin Bucer (1491-1551) konnte in den protestantischen *pastores* ja *episcopi* sehen.[78]

Dieser impliziten Ekklesiologie entspricht die katholische Praxis und Diskussion in England in der Auseinandersetzung mit den anglikanischen Ordinationen. Erst allmählich setzte dort nämlich eine Neubewertung ein, der dann aber wiederum langfristig eine katalysatorische Funktion für eine Neugewichtung im Umgang mit den anderen reformatorischen Kirchen zukam. Eine Argumentation, dass in England eine fehlende apostolische Sukzession die Gültigkeit des Amtes und der Eucharistie zerstöre, ist der katholischen Kontroverstheologie des 16. Jahrhunderts zunächst noch ferngelegen.[79] Als Eduard VI. (1547-1553) 1553 starb und nach dem Amtsantritt von dessen katholischer Schwester Maria I. (1553-1558) Kardinal Reginald Pole (1500-1558) nach England geschickt wurde, um das Königreich zur katholischen Kirche zurückzuführen, stand dieser vor einer in der Kürze der Zeit wohl utopischen Aufgabe.[80] Als Administrator und päpstlicher Legat dispensierte er nicht nur von Ehe- und Weihehindernissen, vom Verbot, mehrere Benefizien zu besitzen und von den Ordensgelübden; er dispensierte auch Kleriker vom Schisma und Akten wie der Eheschließung im Schisma. Zu Beginn der Regierungszeit Marias wurden zwar einige Bischöfe und Priester reordiniert; nach Poles Ankunft kam diese Praxis aber weitgehend an ein Ende.[81]

Bezüglich der Praxis von Re-Ordinationen ist zu bedenken, dass diese auch mitunter gegenüber „schismatischen" Ostkirchen vorgenommen wurden, da man faktisch von der Überlegenheit und Einzigartigkeit der lateinischen katholischen Kirche ausging. Die Gültigkeit der anglikanischen Weihen war dann aber später immer wieder innerkatholisch

78 Georg Kretschmar, Wiederentdeckung (Anm. 66) 314–333. Die durch die Intervention Contarinis aufgebrochenen Differenzen in ekklesiologischen bzw. amtstheologischen Fragen betrafen dann vor allem das Papstamt und das Verständnis des Amtes als konsekrierendes Priesteramt. Vgl. ebd., 328f.

79 So die Klage von Nicholas Sanders: N. Sanders, De origine et progressu schismatis Anglicani, Ingolstadt 1585, 248.

80 Thomas F. Mayer, Reginald Pole. Prince & Prophet, Cambridge u.a. 2000, 252–301.

81 John Jay Hughes, Absolut Null und Nichtig. Zur Ablehnung der anglikanischen Weihen durch die Bulle Leos XIII. „Apostolicae Curae" vom 13. September 1896 (Studia Anglicana 2), Trier 1970, 309–346; Arthur Lowndes, Vindication of Anglican Orders, 2 Bde., New York 1897.

umstritten. Als 1850 in England neu eine katholische Hierarchie errichtet wurde, entschied diese zwei Jahre später, dass alle anglikanischen Geistlichen, die katholisch werden wollten, absolut neu ordiniert werden mussten. Im Gegensatz zur streng ultramontanen englischen Hierarchie gab es aber bald auch Versuche der ökumenischen Annäherung, gestützt auf dem anglokatholischen Flügel um Edward Pusey (1800-1882).[82] Einer von dessen Exponenten, Charles Wood, Lord von Halifax (1869-1934), führte intensive ökumenische Unionsgespräche mit dem Lazaristenpater Fernand Portal (1855-1926).[83] Beide wollten von Papst Leo XIII. (1879-1903) die Anerkennung der anglikanischen Weihen, also den Bruch mit der Praxis der absoluten Ordination. Gutachter, etwa Louis Duchesne, die der Papst um Rat fragte, befürworteten dies, während eine Gruppe um den Benediktiner Francis Gasquet (1846-1929) dies in einer Studie für die englischen Bischöfe um Kardinal Herbert Vaughan (1832-1903) ablehnte. Zur Entscheidung setzte der Papst eine Kommission, bestehend aus Mitgliedern beider Gruppen, ein. Resultat war das Apostolische Schreiben *Apostolicae Curae* vom 13. September 1896. Die Entstehung dieses Dokuments ist durch eine zweibändige Edition André von Guntens und Alejandro Cifres nun nachvollziehbar, die durch Öffnung des Archivs der Glaubenskongregation für die Forschung möglich wurde.[84] Für den hier erörterten Zusammenhang bleibt jedenfalls zu konstatieren, dass die Debatte um die Apostolische Sukzession bzw. die Gültigkeit der Bischofsweihe eher spät einsetzte. Die restriktive Entscheidung Leos XIII. ist dann durch eine gewisse Engführung bedingt. Es wurde nunmehr derart in der Beurteilung von Materie, Form und Intention des Sakraments für die Gültigkeit von Weihen auf die Betonung des Opferpriestertums rekurriert, die jede abweichende Amtsdeutung mit dem Verdikt der Ungültigkeit versah.[85] Dass diese Engführung weder dem altkirchlichen Amtsverständnis, noch den späteren liturgischen Reformen des 20. Jahrhunderts entsprach, ist eine damit verbundene Konsequenz.[86]

---

[82] Albrecht Geck / Edward Bouverie Pusey, Hochkirchliche Erweckung, in: Peter Neuner / Gunther Wenz (Hg.), Theologen des 19. Jahrhunderts. Eine Einführung, Darmstadt 2002, 108–126.

[83] Albert Gratieux, L'amitié au service de l'union. Lord Halifax et M. Portal, éd. Bonne Presse, 1950; Leonhard Hell, Zwischen Geistesverwandtschaft und gezielter Rezeption. Französische und deutsche katholische Ökumeniker der Zwischenkriegszeit, in: Claus Arnold / Johannes Wischmeyer (Hg.), Transnationale Dimensionen wissenschaftlicher Theologie (VIEG. Abt. Abendl. Rel.ges. 101), Göttingen 2013, 281–291, hier 289 f.

[84] André von Gunten / Alejandro Cifres (Hg.), La validez de las ordenaciones anglicanas. Los documentos de la comisión preparatoria de la bula „Apostolicae Curae. I-II, (Fontes Archivi Sancti Officii Romani 1 und 2), Florenz / Rom 1997/2012.

[85] Leo XIII., Apostolisches Schreiben „Apostolicae Curae et Caritatis", 13. September 1896: ASS 29 (1896/97), 198–202, DH 3315–3319.

[86] John Jay Hughes, Der priesterliche Dienst VI: Zur Frage der anglikanischen Weihen.

3. Die Eucharistische Ekklesiologie des 20. Jahrhunderts und die Wurzeln von der antiprotestantischen Zuspitzung

Ist ein Ergebnis der bisherigen Untersuchung, dass die Zentrierung der Frage nach dem Kirchesein auf eine gültige Sukzessionskette bei der Bischofsweihe erst jüngeren Datums ist, dann stellt sich die Frage, welche theologischen Weichenstellungen hinter ihr standen, an welche älteren Traditionen sie anknüpfte und welche Grundentscheidungen mit ihr vollzogen wurden. So ist die Frage nach dem Ursprung der sog. Eucharistischen Ekklesiologie im 20. Jahrhundert zu stellen. Tatsächlich wollte die Eucharistische Ekklesiologie keine Neuerung sein, sondern uralte, im Laufe der Jahrhunderte verschüttete Einsichten neu beleben. Referenzpunkt war natürlich immer die im ersten Korintherbrief entwickelte Herrenmahls-Theologie des Apostels Paulus: „Ist der Kelch des Segens, über den wir den Segen sprechen, nicht Teilhabe am Blut Christi? Ist das Brot, das wir brechen, nicht Teilhabe am Leib Christi? Ein Brot ist es. Darum sind wir viele ein Leib; denn wir alle haben teil an dem einen Brot" (1 Kor 10,16f.). Eucharistie ist Teilhabe an Leib und Blut Christi und konstituiert so die gottesdienstliche Gemeinde bzw. die Kirche, wird also selbst zu Christi Leib. Kirche verdankt sich dem Ostermysterium von Tod und Auferstehung Jesu für uns; sie ist empfangend. Und gerade dies verbindet ihre Glieder zur Einheit. Ein Wort Joseph Ratzingers[87] umwandelnd reicht eine Eucharistische Ekklesiologie in ihrem Kern somit durchaus bis an die Anfänge der Christentumsgeschichte zurück, ist etwas „ganz Ursprüngliches"; sie ist aber theologiegeschichtlich zugleich etwas „Neues", Ergebnis einer Neubesinnung und eines damit verbundenen *ressourcements* der Theologie des 20. Jahrhunderts. Dabei kam es aber zu verwandten und doch recht unterschiedlichen Ansätzen in West und Ost, ein deutlicher Hinweis auf das schöpferische-konstruktive Element, auf den Anteil der modernen Anliegen des 20. Jahrhunderts in der Ausformulierung der Konzeption.

Im Westen war Henri de Lubac (1896-1991) derjenige, der die Eucharistische Ekklesiologie neu entdeckte, indem er die Vätertradition wieder lebendig und in ihren Implikationen sichtbar machen wollte.

Ein Modellfall festgefahrener Kontroverstheologie (QD 59), Freiburg / Basel / Wien 1973; Karl Lehmann / Edmund Schlink (Hg.), Das Opfer Jesu Christi und seine Gegenwart in der Kirche. Klärungen zum Opfercharakter des Herrenmahles (Dialog der Kirchen 3), Freiburg / Göttingen 1983; dennoch dann: Benedikt XVI., Apostolische Konstitution Anglicanorum coetibus, 4. November 2009, AAS 101 (2009), 985–990.

87 Joseph Ratzinger, Die Ekklesiologie des Zweiten Vatikanischen Konzils (1985), in: ders., Gesammelte Schriften 8/1. Hg. von Gerhard Ludwig Müller, Freiburg / Basel / Wien 2010, 258–282, hier 262.

1944 erschien sein Werk *Corpus mysticum* in erster Auflage.[88] Ausgangspunkt der Reflexion ist der Wandel, den die Terminologie in Bezug auf den Leib Christi am Ende des ersten Jahrtausends durchlaufen hatte. Wurde bislang die Kirche als *corpus Christi* und die Eucharistie als *corpus Christi mysticum* bezeichnet, so kehrten sich nun die Verhältnisse um. In seinen Grundstrukturen hat er diese hier breit dokumentierte Verschiebung schon einige Jahre früher in seinem Werk *Catholicisme* skizziert und daraus Strukturen einer aus der Vätertradition erneuerten Ekklesiologie entwickelt.[89] De Lubac zeigt, dass nunmehr mystisch in Gegensatz zu real verstanden wurde und man so die konkrete Realpräsenz Christi betonen wollte, andererseits die Kirche eben nur in einem übertragenen, geistigen Sinn mit einem Leib verglichen werden konnte, weshalb ihr nun das Adjektiv „mystisch" anheftete. Aus dieser terminologischen Entwicklung kann de Lubac zwei tiefergehende Veränderungen herausarbeiten.

Zum einen wird die platonische Urbild-Abbild-Relation nicht mehr verstanden, nach der die eigentliche Wirklichkeit unsichtbar und in ihrem raumzeitlichen Repräsentanten bzw. Abbild gegenwärtig ist. Das Mystische ist so nicht mehr das eigentlich Reale, sondern nur noch etwas Symbolisches.[90] Konsequenz ist aber zweitens eine Verflachung, die den tieferen Sinngehalt der Verbindung von Eucharistie und Kirche nicht mehr versteht. Indem die Kirche in einem rein metapherhaften Verständnis analog zu anderen sozialen Gebilden als Leib bezeichnet wird und indem bei der Eucharistie der Akzent auf die Verwandlung gelegt wird, wird gerade die tiefere Dimension verfehlt, dass beide nicht als Leib, sondern als Leib Christi bezeichnet werden[91], ebenso wie der Zusammenhang beider. Christus ist ja in beiden die unsichtbare, aber dennoch eigentliche Realität. Von ihm her gesehen ist die Eucharistie eben Abbild, *figura*, in dem der Unsichtbare zugleich der im eigentlichen Sinn Seiende ist. Die Kirche ist ebenfalls in jenem realen Sinn Leib, der sich deutlich von einer soziologischen Metapher für andere Gebilde unterscheidet. Für de Lubacs eucharistische Ekklesiologie sind zwei Grundsätze zentral: „Die Kirche macht die Eucharistie und die Eucharistie wiederum macht die Kirche".[92]

---

88 Henri de Lubac, Corpus mysticum. L'Eucharistie et l'Église au Moyen-Âge. Étude historique, Aubier/Montaigne 1944.
89 Ders., Catholicisme. Les aspects sociaux du dogme, Paris 1938; im Folgenden wird die Übersetzung der dritten Auflage (1954) zitiert: Ders., Die Kirche – eine Betrachtung. Übertragen und eingeleitet von Hans Urs von Balthasar, Einsiedeln 1968.
90 Ders., Kirche (Anm. 89) 116 f.
91 Ebd., 113f.
92 Ebd., 117.

a) Die Eucharistie schafft die Kirche: Diese ist also ein abgeleitetes Phänomen, das sich ganz einem anderen verdankt und nur von dort her Realität gewinnt. Leib Christi in Bezug auf die Kirche heißt so, dass die Kirche in der Eucharistie zwar auch anabatisch ihre Gebete und Gaben Gott darbringt, dass aber die entscheidende Dimension die katabatische ist.[93] Kirche ist primär erlöste Gemeinschaft, passiv, Leib Christi, da von ihm begnadigt. Mit der Grundstruktur der Eucharistie ergibt sich so nach der Theologie des ersten Jahrtausends die Grundstruktur der Kirche, nämlich ein abgeleitetes, von Christus empfangendes Gebilde zu sein. Alle Christen sind Leib Christi, mit ihm ein königliches Priestertum, da alle Christen geistig Teil haben am Opfer Christi, sich selbst mit ihm opfern sollen für andere.[94] Dem fügt das besondere Priestertum nichts an Würde hinzu; es wird funktional, auf die Sakramente, besonders auf die Eucharistie hin, gedeutet.
b) Die Kirche schafft die Eucharistie: Hieraus ergibt sich für de Lubac die besondere Struktur des Priestertums in der Kirche. Weil in dieser das Ostermysterium, das Heilshandeln in Christus, sakramental repräsentiert wird, braucht es einen Repräsentanten, das hierfür funktionale, besondere Priestertum.[95] Es hat zwar auch die Funktion, die Gemeinde und deren Gebete zu bündeln, anabatisch vor Gott zu tragen. Entscheidend ist aber die sakramentale Repräsentation Christi, die katabatische Dimension.[96]

Damit können nach de Lubac aus der Eucharistiefeier drei Dimensionen des Kircheseins abgeleitet werden, (1) das passive Verdanktsein der Kirche, ihre Verankerung im Göttlichen; (2) die allgemeine geistliche priesterliche Struktur der Kirche, die ihre Einheit begründet; (3) die funktionale Notwendigkeit eines besonderen Priestertums zur sakramentalen Christusrepräsentation. Zugleich betont de Lubac, dass sich nicht alle kirchlichen Strukturen aus der Eucharistie ableiten ließen.[97] In de Lubacs Begriff des besonderen Priestertums sind Bischof und

---

93 Ebd., 133–142.
94 Ebd., 118–120.
95 „Die Weihe, die er bekam, war für die Eucharistie und die Eucharistie ist für alle. […] Christus, der ‚wahre Priester', der einzige Priester, hat sie zu seinen Werkzeugen erwählt, um auf die Seelen zu wirken. Zu diesem Ende hat er ihnen etwas von dem mitgeteilt, was er selbst von seinem Vater erhält. Durch sie allein überdauern hienieden, ‚gemäß dem Auftrag des göttlichen Erlösers, die Funktionen Christi, Lehrer, König und Priester zu sein." Ebd., 127.
96 Ebd., 124 f.
97 Paul Mc Partlan, The Eucharist makes the Church. Henri de Lubac and John Zizioulas in Dialogue, Edinburgh 2006, 98.

Presbyter inbegriffen.[98] Auf der anderen Seite ist klar, dass de Lubac die bischöfliche Verfassung der Kirche und den päpstlichen Primat immer bejaht hat und mit Cyprian von Karthago[99] die Kollegialität und damit die Einheit des Episkopats aus der eucharistischen *communio* begründet; die Gesamtkirche ist in der Einzelkirche und diese in der Gesamtkirche. Eine Deduktion einer spezifischen Amtsstruktur – so bereits Augustinus – erfolgt aber nicht explizit aus der Gestalt des eucharistischen Mysteriums.[100]

Etwa gleichzeitig mit de Lubac legte ein prominenter russisch-orthodoxer Theologe seinen von de Lubac unabhängigen Entwurf einer Eucharistischen Ekklesiologie vor, Nicholas Afanasiev (1893-1966) der ab 1930 in Paris am Institut Saint-Serge in Paris lehrte und später auch orthodoxer Beobachter des II. Vatikanischen Konzils war.[101] Seine Theologie wird der Sobornost'-Strömung zugeordnet, die sich in der zweiten Hälfte des 19. Jahrhunderts in Verbindung zum Panslawismus bzw. der Slawophilie herausgebildet hat und eine „Pseudomorphose", die Verfremdung der eigenen Tradition mit westlichen Kategorien, eliminieren wollte.[102] Sie setzte sich für eine pneumatische Sammlung des Kirchenvolks, also gerade auch der Laien, ein, während die Autorität der Hierarchie und formale Strukturen in der Kirche zwar nötig seien, aber im Vergleich zum geistlichen Volk Gottes nur sekundär. Afanasiev entwickelt diese Position weiter zu einer Eucharistischen Ekklesiologie[103], ausgehend von einer dogmengeschichtlichen These: Bereits in einem Aufsatz aus dem Jahr 1934[104] entwickelt er die Theorie der doppelten Begriffsbedeutung von „katholische Kirche". Die eine – die qualitative Katholizität – wird erstmals von Ignatius von Antiochien[105] entfaltet; die andere, quantitative Katholizität ist eine Fehlentwicklung, die Cyprian von Karthago[106] folgt. Die qualitative Katholizität sieht Kirche dort, wo

98 Henri de Lubac, Kirche (Anm. 89) 122.
99 Cyprian von Karthago, unit. eccl. 5.
100 Henri de Lubac, Quellen kirchlicher Einheit, Einsiedeln 1974, v.a. 31–54.
101 Aidan Nichols, Theology in the Russian Diaspora. Church, Fathers, Eucharist in Nikolai Afanas'ev (1893-1966), Cambridge 1989.
102 Bernhard Plank, Katholizität und Sobornost'. Ein Beitrag zum Verständnis der Katholizität der Kirche bei den russischen Theologen in der zweiten Hälfte des 19. Jahrhunderts, Würzburg 1960.
103 Peter Plank, Die Eucharistieversammlung als Kirche. Zur Entstehung und Entfaltung der Eucharistischen Ekklesiologie Nikolaj Afanas'evs (1883-1966) (Das östliche Christentum. NF 31), Würzburg 1980; ders., Kirche, Eucharistie und Vorsteheramt im Denken Nikolaj Afanas'evs, in: Albert Rauch / Peter Imhof (Hg.), Die Eucharistie der Einen Kirche. Eucharistische Ekklesiologie – Perspektiven und Grenzen (Koinonia 3), München 1983, 72–92.
104 Vgl. Peter Plank, Eucharistieversammlung (Anm. 103) 49–62.
105 „Wo Christus ist, ist katholische Kirche." Ignatius von Antiochien, Smyrn. 8,2.
106 „Una ecclesia per totum mundum in multa membra divisa." Cyprian von Karthago, ep.

Christus ist, nämlich in der eucharistischen Gabe, so dass jede eucharistische Gemeinde die katholische Kirche ganz ist, nicht etwa nur ein unvollständiger Teil derselben. Dies tut der Katholizität der anderen Gemeinden keinen Abbruch, vielmehr besteht zwischen diesen ein ständiger Prozess der Rezeption und des Austausches. Mit Cyprian setzt hingegen für Afanasiev die quantitative Fehldeutung des Begriffs katholisch ein, nach der die eucharistische Ortsgemeinde nicht die ganze katholische Kirche ist, sondern nur ein Teil derselben. Die Einheit ist keine eucharistische mehr, nur noch eine geistige. Dies sei jener Beginn einer Entwicklung, die im Westen zum mittelalterlichen Primat des Bischofs von Rom führte. Aber auch im Osten habe die Kirche auf diesem Weg immer mehr die Struktur des römischen Reichs übernommen. Erneuerung hieß so für Afanasiev, zur qualitativen Katholizität der Eucharistie feiernden Ortsgemeinde zurückkehren. Am Ende seines Lebens spitzte er seine Lehre noch weiter zu, denn man kann ja fragen, inwiefern eine ganze Diözese um ihren Bischof herum wirklich noch eine eucharistische Versammlung war. Deshalb entwickelte er die These, dass es vor dem dritten Jahrhundert keine eigene Bischofsweihe in der Kirche gegeben habe und nur einer der Presbyter als Vorsteher inthronisiert worden sei.[107]

Eine Fortschreibung und Kritik der Thesen Afanasievs innerhalb der Orthodoxie geschah vor allem durch den griechischen Theologen Ioannis D. Zizioulas (*1931), der nach seinen Studien in Griechenland und den USA und umfangreicher Lehrtätigkeit u.a. in Schottland 1986 zum Titularerzbischof im Dienst des Ökumenischen Patriarchats geweiht wurde, um dieses in zahlreichen Ökumenekommissionen zu vertreten. Er führt die Eucharistische Ekklesiologie Afanasievs weiter, korrigiert sie aber zugleich: Bereits seine Dissertation[108] nahm einige Revisionen vor; später entfaltete und erweiterte er deren Perspektiven in der Schrift *Being as Communion* durch eine eschatologische, kosmische und ontologische Gesamtschau.[109] Vor allem bemühte er sich, dessen ortskirchliches Prinzip, nach dem, wo immer die Eucharistie ist, auch die katholische Kirche sei, zu korrigieren bzw. neu zu interpretieren: Katholisch sei nur die Gesamtheit der Geistlichen um den Ortsbischof zu nennen, nicht schon jede Einzelgemeinde. Auch gehöre das Zusammenkommen aller Mitglieder an einem Ort zu echter Katholizität. In der Eu-

55,26.

107 Vgl. Peter Plank, Eucharistieversammlung (Anm. 103) 85–89.

108 Ioannis Zizioulas, Eucharist, Bishop, Church: The Unity of the Church in the Divine Eucharist and the Bishop during the first three Centuries, Brookline/MA 2001 (ursprünglich auch Griechisch: Athen 1965).

109 Ders., Being as Communion: Studies in Personhood and the Church. Crestwood NY (SVS Press) 1993 (Contemporary Greek Theologians 4), London 2004.

charistiefeier realisiert die Kirche, was sie eschatologisch sein wird, antizipiert das Reich Gottes.[110] In den ersten drei Jahrhunderten meine „katholisch" noch nicht die Gesamtkirche, sondern die Ortskirche um den Bischof, die in der Eucharistie die Vollendung in Gott vorwegnehme.[111] Katholizität meine die Einheit und Ganzheit der Ortsgemeinde, die die Vielen zusammenführe (*ekklesia*) und lasse sich so aus der Struktur der Eucharistiefeier erkennen: die Kirche der gesamten Stadt komme zusammen; alle Standesunterschiede fallen in der Versammlung; auch die Ordination des Bischofs fand in den ersten Jahrhunderten immer in der Eucharistiefeier statt und war ganz auf die eucharistische Gemeinde bezogen.[112] Überdiözesane Strukturen aber bauten sich aus der eucharistischen *communio* auf, waren der eucharistischen Ortskirche also gerade nicht übergeordnet.[113]

Wie in der Orthodoxie im Verhältnis von Zizioulas und Afasaniev eine Fortentwicklung der Eucharistischen Ekklesiologie hin auf den Bischof und die Bischofs-*communio* als notwendiges Konstitutionsprinzip der eucharistischen Gemeinschaft zu konstatieren ist, so kann man Analoges auch im Verhältnis der Eucharistischen Ekklesiologie Joseph Ratzingers (*1927) im Vergleich zu derjenigen Henri de Lubacs beobachten. Ratzinger war von de Lubac stark beeinflusst[114] – er teilte mit diesem das Anliegen einer Erneuerung aus der ursprünglichen Tradition –, hat seine Ekklesiologie seit seiner Münchener Dissertationsschrift in der Auseinandersetzung mit der Vätertheologie, besonders Augustinus, aber durchaus eigenständig entwickelt.[115] Anhand von Augustinus erarbeitete er früh eine ekklesiologische Synthese, die Konzeptionen von „Leib Christi" und „Volk Gottes", die in der zeitgenössischen Theologie vielfach unvermittelt gegenüberstanden: Kirche ist Volk Gottes vom Leib Christi her.[116] Sie lebt vom Leib Christi, vor allem in der Eucharis-

[110] Ders., Le Mystère de L'Église dans la tradition orthodoxe, in: Irénikon 60 (1987) 323–335.

[111] Ders., Being as Communion (Anm. 109) 142–169.

[112] Ebd., 165–169.

[113] Ebd., 154–158.

[114] „Hier fand ich nicht nur die exegetische Grundlage der Vätertheologie, sondern auch ihre liturgische und sakramentale Dimension, die in der Leib-Christi-Theologie der Zwischenkriegszeit weitgehend übersehen worden war." Joseph Ratzinger, Volk und Haus Gottes in Augustins Lehre von der Kirche [1954] (Gesammelte Schriften 1), Freiburg 2011, hier: Vorrede zur 2. Auflage [1992], 52.

[115] Ders., Volk und Haus Gottes in Augustins Lehre von der Kirche [1954] (Gesammelte Schriften 1), Freiburg 2011; Thomas Weiler, Volk Gottes – Leib Christi. Die Ekklesiologie Joseph Kardinal Ratzingers und ihr Einfluß auf das Zweite Vatikanische Konzil, Mainz 1997.

[116] „So lässt sich zusammenfassend sagen: Jesus hat eine ‚Kirche', d.h. eine neue sichtbare Heilsgemeinschaft geschaffen. Er versteht sie als ein neues Israel, als ein neues Gottesvolk, das sein Zentrum in der Abendmahlsfeier hat, aus der es entstanden ist und aus

tie, und wird selbst zu diesem. Hierin gründet sich für Ratzinger die entscheidende Grundstruktur der Kirche, ihre Sakramentalität. Die Kirche ist selbst Sakrament, Zeichen und Werkzeug des Heils. Sie ist *communio sanctorum*, da sie am Heiligen Anteil hat und damit auch die *communio* der Heiligen, die darin miteinander verbunden sind.[117]

Ratzinger sieht die Ekklesiologie des II. Vatikanums als Eucharistische Ekklesiologie.[118] Und diese ist für ihn von Beginn an eng mit der Lehre von der Kollegialität der Bischöfe verbunden. Der Bischof garantiert die Apostolizität und Katholizität seiner Kirche. Er repräsentiert die Gesamtkirche in seiner Ortskirche und die Ortskirche in der Gesamtkirche.[119] Das Kollegium hat dabei notwendig ein Haupt, den Papst. Doch will der frühe Ratzinger mit diesem Gedanken vor allem ein monarchisches Primatsverständnis korrigieren. Das Papstamt erwächst aus der eucharistischen *communio* der Bischöfe, die bereits in der alten Kirche bei Streitfällen eine externe Instanz benötigten. So gehört zu einer Eucharistischen Ekklesiologie auch die Lehre vom Papst als dem Haupt des Bischofskollegiums, wobei die Fehlentwicklung des zweiten Jahrtausends darin bestanden habe, dass der Papst seine patriarchalen Prärogativen (Bischofsernennung, einheitliche Liturgie, zahlreiche Verwaltungsentscheidungen) nur unzureichend von seiner Papstfunktion unterschied, so dass die Gefahr bestand, dass die gesamte Kirche zu einer lateinischen Patriarchatskirche umgestaltet wurde.[120]

Für Ratzinger ist die *communio*-Ekklesiologie des II. Vatikanischen Konzils notwendig eucharistische Ekklesiologie. Damit ist für ihn verbunden, „dass Jesu letztes Abendmahl als der eigentliche Akt der Kirchengründung erkennbar wird. […] Das Abendmahl ist der Anfang der

---

der es seine bleibende Lebensmitte hat. Oder anders gesagt: Das neue Gottesvolk ist Volk vom Leib Christi her." Ders., Vom Ursprung und Wesen der Kirche [1956], in: ders., Gesammelte Werke 8/1, 140–156, hier 146.

117 Dies ist bereits die Einsicht in seiner Dissertationsschrift: „Die Kirche *ist* communicatio corporis Christi, ja sie ist ‚corpus Christi' – aber nicht in jenem höchst verschwommenen Sinn, in dem die erwachende Kirchentheologie unseres Jahrhunderts dieses Wort wieder aufgriff, sondern in dem streng konkreten, sakramental-rechtlichen Sinn, in dem wir dies eben zu entwickeln versuchten." Ders., Volk und Haus Gottes (Anm. 115) 123; zum Ganzen: Ders., Die Kirche als Heilssakrament [1977], in: ders., Gesammelte Werke 8/1, 244–257.

118 Ders., Die Ekklesiologie des Zweiten Vatikanischen Konzils [1985], in: ders., Gesammelte Schriften 8/1, 258–282, hier 262–266.

119 Ders., Gesamtkirche und Teilkirche. Der Auftrag des Bischofs [1991], in: ders., Gesammelte Schriften 8/1, 519–537.

120 Ders., Primat und Episkopat, in: ders., Gesammelte Schriften 8/1, 629–659, hier 654; Hermann J. Pottmeyer, Primat und bischöfliche Kollegialität in der Eucharistischen Communio-Ekklesiologie Joseph Ratzingers, in: Frank Meier-Hamidi / Ferdinand Schumacher (Hg.), Der Theologe Joseph Ratzinger (QD 222), Freiburg 2007, 100–118, hier 109–117.

Kirche."[121] Da in jeder Eucharistiefeier der Herr ganz da sei, folge daraus die Lehre von den Ortskirchen des Konzils. Dies könne aber nicht wie bei „russischen Exilstheologen" dem „vermeintlichen römischen Zentralismus entgegengesetzt" werden. Vielmehr lehre das Konzil, dass nur die „rechtmäßige Ortsgemeinschaft" Kirche Christi sei, also die Kirche, die mit dem Bischof in die *communio* der Kirchen, die im Bischofskollegium zum Ausdruck komme, eingefügt ist.[122] Ratzinger leitet also explizit aus der Eucharistischen Ekklesiologie auch die Einbettung in die päpstlich und bischöflich geleitete Gemeinschaft der Bischofskirchen, also in die Gesamtkirche, ab, die immer schon als Voraussetzung gegeben sein müsse. Hiermit ist für Ratzinger nicht nur gegeben, dass eine Ortskirche bischöflich verfasst und die Bischöfe in das Bischofskollegium und die apostolische Sukzession eingebettet sein müssen. Der spätere Ratzinger entwickelte hier anknüpfend auch die These von der Priorität der Gesamtkirche vor der Ortskirche. Egal, ob diese eine Modifikation seiner früheren Position hin zu einem gesamtkirchlichen Zentralismus ist, oder nur etwas explizit gemacht wurde, was für Ratzinger immer schon in der *communio*-Ekklesiologie impliziert war, deutlich wird: anders als bei den übrigen behandelten Autoren lässt sich für Joseph Ratzinger aus der Eucharistischen Ekklesiologie deutlich mehr an Amts- und Leitungsstruktur explizit machen.[123] Bezieht man diese Position auf die konkrete Feiergestalt der Eucharistie, so kann man hierfür etwa anfügen, dass in jedem Hochgebet für den Papst, den Ortsbischof und die Gesamtheit der Bischöfe gebetet werde.

Zieht man ein Fazit, so gibt es bei den führenden Vertretern einer Eucharistischen Ekklesiologie gemeinsame Anliegen und Einsichten; etwa das Anknüpfen an 1 Kor 10,16f. und an die Theologie der Ignatianischen Briefe; damit verbunden die Einsicht, dass im Eucharistischen Mysterium die Kirche theologisch und als empfangende begründet, dass sie selbst das wird, was sie empfängt, so dass berühmte Wort des Au-

---

[121] Joseph Ratzinger, Die Ekklesiologie des Zweiten Vatikanischen Konzils [1985], in: ders., Gesammelte Schriften 8/1, 258–282, hier 262f.

[122] Ebd., 264–266.

[123] „Mit der eucharistischen Ekklesiologie ist aufs engste der Gedanke der bischöflichen Kollegialität verbunden, der gleichfalls zu den tragenden Säulen der Ekklesiologie des Zweiten Vatikanums zählt. Auch dieser Gedanke ist aus der Erforschung der gottesdienstlichen Struktur der Kirche entwickelt worden. Wenn ich recht sehe, war der erste, der ihn formuliert und damit die Tür für das Konzil in diesem Punkt geöffnet hat, der belgische Liturgiewissenschaftler Bernard Botte." Ebd., 266. Zum Ganzen auch die Kritik aus der Perspektive des Luthertums: Theodor Dieter, Die Eucharistische Ekklesiologie Joseph Ratzingers – eine lutherische Perspektive, in: Christian Schaller (Hg.), Kirche – Sakrament und Gemeinschaft. Zu Ekklesiologie und Ökumene bei Joseph Ratzinger (Ratzinger Studien 4), Regensburg 2011, 276–316.

gustinus.[124] Gemeinsam ist den Vertretern einer Eucharistischen Ekklesiologie auch, dass in der Ortskirche die katholische Kirche real ist, da der eucharistische Leib Christi präsent ist, der den kirchlichen konstituiert. Dennoch ist es offenbar weniger eindeutig, welche ekklesiologischen Strukturen sich aus der eucharistischen Feier ergeben. Bei de Lubac ist es die Dialektik der empfangenden Kirche, im allgemeinen Priestertum mit dem Opfer Christi vereint, das in der Eucharistie Christus empfängt, und hier das besondere Priestertum braucht, mit dem de Lubac Bischof und Presbyter bezeichnet, ohne dass die genaue Amtsstruktur noch einmal eucharistisch abgeleitet würde. Anders Ratzinger, der gerade aus dem Wesen der in der Eucharistie gegründeten Kirche die Verbindung mit dem Bischof, der in das Bischofskollegium mit dem Papst als Haupt in apostolischer Sukzession eingebettet ist, entwickelt. Ganz anders Afanasiev, der die eucharistische Ekklesiologie gerade als Gegenmodell gegen ein Modell quantitativer Katholizität entwickelt und gerade betont, dass die Vorstellung, eine Gesamtkirche stehe über einer eucharistischen Ortskirche, fehlerhaft sei. Schließlich Zizioulas, der daran anknüpft, aber doch dies auch modifiziert, indem er aus der eucharistischen Feierstruktur der ersten Jahrhunderte die Bischofsverfassung der Kirche ebenso ableitet wie die ständeübergreifende und eine ganze Stadt versammelnde Struktur der Kirche, die in einer eschatologischen und kosmischen Struktur gedeutet wird.

Diese Differenzen legen die Frage nahe, wie evident die Ableitungen von ekklesiologischen Strukturen aus der Eucharistiefeier sind. Gerade wenn man sich die Fluidität der Vorstellungen vom Bischofsamt und seiner Abgrenzung vom Presbyteramt in historischer Betrachtung vor Augen führt[125], wird deutlich, wie problematisch die These ist, das Vorhandensein der eucharistischen Gemeinschaft mit Christus ist an das Vorhandensein einer Episkopalverfassung geknüpft, die in lückenloser Sukzession zu den Aposteln steht. Selbst die lehramtliche Weiterentwicklung der Lehren des II. Vatikanums in diese Richtung setzten spät ein und waren für das Lehramt nicht alternativlos.

4. Zwei lehramtliche Weiterentwicklungen der Eucharistischen Ekklesiologie des II. Vatikanischen Konzils

Ganz entsprechend den Debatten auf dem Konzil selbst blieb nämlich auch für das nachkonziliare Lehramt der ekklesiologische Status der protestantischen Gemeinschaften unbestimmt. Unstrittig war, dass auch

[124] Augustinus, serm. 272.
[125] Peter Walter, Verhältnis (Anm. 75) 337–386.

in diesen Elemente von Kirche zu finden waren, dass sie aber nach katholischer Überzeugung deren Vollgestalt nur defizitär verwirklichen. Noch ungeklärt war, ob auch die protestantischen Gemeinden als von Rom getrennte Ortskirchen bewertet werden können, in denen das eucharistische Mysterium und das entsprechende (bischöflich-priesterliche) Amt gegenwärtig ist. Die Behandlung dieser Frage durch das päpstliche Lehramt ist dabei nicht eindeutig.

Noch während des Konzils neigte das päpstliche Einheitssekretariat dazu, auch die protestantischen Gemeinschaften unter dem Begriff „Kirche" zu subsumieren.[126] Gespeist durch die entsprechende Konzilsdebatte veröffentlichte Papst Paul VI. im August 1964 seine Enzyklika *Ecclesiam suam*. Hier spricht er an zwei Stellen bewusst alle getrennten christlichen Gemeinschaften, also neben den Ostkirchen auch die Protestanten, als „Kirchen" an.[127] Die Enzyklika ist eine ausdrückliche theologische Reflexion über die Beziehung der verschiedenen außerhalb der Kirche stehenden Menschengruppen zur Kirche. In der Eröffnungsansprache zur dritten Konzilssitzung redete der Papst ebenfalls die protestantischen Gemeinschaften mit *Ecclesiae* an.[128]

Das Lehramt unter Johannes Paul II. kam in seiner Weiterführung der Eucharistischen Ekklesiologie in dieser Frage zur entgegengesetzten Auffassung im Vergleich zum Vorgängerpapst Paul VI. Zunächst schienen nur Momente der Ekklesiologie des Konzils neu eingeschärft zu werden. Im Schreiben *Sacerdotium ministeriale* an alle Bischöfe stell-

126 „Praetereundum non est Coetus ex divisione occicentali ortos non esse tantum summam seu congeriem Christifidelium individuorum, sed constitui elementis socialibus eccelsiasticis, quae ipsi ex communi patrimonio conservant et quae ipsi characterem vere ecclesialem conferunt. In hic Coetibus unica Christi Ecclesia, quasi tamquam in Ecclesiis particularibus, quamvis imperfecte, praesens et mediantibus elementis ecclesiasticis aliquo modo actuosa est." Relatio circa rationem qua schema elaboratum est, ASCOV III/2, 330–344, hier 335. Vgl. auch Bruno Hünerfeld, Ecclesiae (Anm. 24) 157f.

127 „Nonne sunt qui dicunt, ablato Romani Pontificis primatu, Ecclesias seiunctas posse cum Ecclesia catholica in unum corpus facilius coniungi?" Papst Paul VI., Enzyklika *Ecclesiam suam*, 6. August 1964; „Nobis fuit cum Athenagora Patriarcha. Observanter grateque eos consalutamus, qui, nomine Ecclesiarum a Sedis Apostolicae communione seiunctarum, Concilio Oecumenico Vaticano II intersunt." Ebd.

128 „O Ecclesiae a Nobis remotae, at Nobis tam proximae! O Ecclesiae, quas sincera benevolentia suspiramus! O Ecclesiae, quas insomni desiderio prosequimur! O Ecclesiae lacrimarum Nostrarum, quas valde cupimus in germano Christi amore complecti et honestare! Ad vos perveniant, ex hoc unitatis cardine, nempe ab apostoli martyrisque Petri sepulcro, ab hoc Oecumenico fraternitatis et pacis Concilio, Nostra clamantia caritatisque plena verba: adhuc longo fortasse intervallo seiungimur, multumque temporis praeteribit, donec plena et perfecta reconciliatio fiat; sciatis tamen vos iam in sinu Nostro esse; atque misericordiarum Deus haec vota Nostra excipiat atque spem alat tam suavem!" Papst Paul VI., Discorso di Paolo VI per l'inaugurazione della terza sessione del Concilio Ecumenico Vaticano II, 14. September 1964; zum Ganzen: Bruno Hünerfeld. Ecclesiae (Anm. 24) 180–183.

te die Glaubenskongregation bereits im Jahr 1983 klar, dass die Eucharistie nur von Geistlichen gefeiert werden könne, die von Bischöfen geweiht wurden, die also so in der apostolischen Sukzession stünden.[129] Kriterien, wann eine Teilkirche Kirche im vollen Sinn des Wortes sei, entwickelte die Glaubenskongregation neun Jahre später. Kirchesein konnte durchaus graduell gedacht werden.[130] Nach der Enzyklika *Ut unum sint* aus dem Jahr 1995 konnte es auch in den getrennten Teilkirchen eine *praesentia efficiens* der Kirche Christi sein.[131]

Erst im Jahr 2000 erklärte die Glaubenskongregation in ihrem Schreiben über die Einzigkeit und Heilsuniversalität Jesu Christi und seiner Kirche *Dominus Jesus* dann apodiktisch in dessen Nr. 17, dass Gemeinschaften, die nicht den gültigen Episkopat und das vollständige Mysterium der Eucharistie bewahrt haben, nicht Kirche Christi genannt werden können.[132] Dagegen seien die Kirchen mit intakter apostolischer Sukzession echte Teilkirchen, in denen Christus wirksam präsent sei.[133] Die Anmerkung hierzu macht deutlich, dass die Existenz der Elemente der Kirche und der Heilspräsenz Christi in diesen Teilkirchen nicht dazu führt, dass in ihnen die Kirche Christi subsistiert, wie die Glaubenskongregation auch schon vorher in der Notifikation eines Werks von Leonardo Boff (*1938) klargestellt hat.[134] Hier wird den getrennten Ost-

129 Schreiben der Glaubenskongregation *Sacerdotium ministeriale*, 6. August 1983, AAS 75 (1983) 1001–1009.

130 Schreiben der Glaubenskongregation *Communis notio*, 28. Mai 1992, AAS 85 (1993) 838–850.

131 „Prout eiusmodi elementa sunt in ceteris Communitatibus christianis, unica Christi Ecclesia praesentiam habet in eis efficientem." Johannes Paul II., Enzyklika *Ut unum sint*, 25. Mai 1995, Nr. 11.

132 „Illae vero Communitates ecclesiales, quae validum Episcopatum et genuinam ac integram substantiam eucharistici mysterii non servant, sensu proprio Ecclesiae non sunt; attamen qui baptizati sunt iis in Communitatibus Baptismate Christo incorporantur, et ideo in quadam cum Ecclesia communione, licet imperfecta, exstant. Per se enim Baptismus tendit ad perfectionem vitae in Christo per integram fidei professionem, Eucharistiam et plenam communionem in Ecclesia." Schreiben der Glaubenskongregation, *Dominus Iesus*, 6. August 2000, AAS 92 (2000) 742–765, hier 758f., Nr. 17.

133 „Unica ergo est Christi Ecclesia, subsistens in Ecclesia Catholica, cuius moderatio spectat ad Petri Successorem et ad Episcopos in communione cum eo. Ecclesiae illae quae, licet in perfecta communione cum Ecclesia Catholica non sint, eidem tamen iunguntur vinculis strictissimis, cuiusmodi sunt successio apostolica et valida Eucharistiae celebratio, verae sunt Ecclesiae particulares. Quapropter in his quoque Ecclesiis praesens est et operatur Christi Ecclesia, quantumvis plena desit communio cum Ecclesia Catholica, eo quod ipsae doctrinam catholicam non acceptant de Primatu, quem, ex Dei consilio, Episcopus Romanus obiective possidet et in Ecclesiam universam exercet". Ebd., 758.

134 „Sensui igitur authentico textus conciliaris eorum interpretatio contradicit qui ex verbis subsistit in thesim effingunt iuxta quam unica Christi Ecclesia possit quoque subsistere in Ecclesiis et Communitatibus ecclesialibus non catholicis. ‚Idcirco ergo Concilium elegit verbum ‚subsistit', ut patefaceret unam exsistere verae Ecclesiae ‚subsistentiam', dum extra eius visibilem compaginem exsistunt tantummodo ‚elementa Ecclesiae',

kirchen zugesprochen, echte Teilkirchen zu sein, aber nicht Subsistenzweisen der Kirche Christi. Das Verb *subsistere in* (LG 8) wird nun exklusiv als Vollverwirklichung verstanden, die nur in der römisch-katholischen Kirche existieren kann. Noch einschneidender scheint die Zuspitzung auf die protestantischen Gemeinschaften zu sein, denen nun offenbar das Kirchesein formell abgesprochen wird. Immerhin wird ihnen implizit zugestanden, dass auch sie das eucharistische Mysterium vielleicht teilweise bewahrt haben. Wo aber die bischöfliche Sukzession fehlt, da ist keine Kirche. Vermutlich ist auf diese Formulierung in der öffentlichen Reaktion etwas einseitig reagiert worden. Denn ohne Amt kann es auch nach dem Konzil keine Eucharistie geben. Das Konzil hatte aber nicht die Entscheidung explizit gefällt, dass protestantische Gemeinschaften keine apostolische Sukzession besitzen, obwohl dies wohl die Überzeugung vieler Konzilsväter war. Die Kirche kann über eine solche empirisch-historische Frage ja immer nur relative Gewissheit haben. Deshalb bedingt dieser Umstand, dass die Stelle vielleicht gar nicht so restriktiv ausgelegt werden muss. Tatsächlich ist in concreto von Protestanten ja nicht die Rede. Vielmehr wird gesagt, dass ohne „bischöfliche“ Sukzession kein Kirchesein möglich ist. Ob alle oder ein Teil der Protestanten außerhalb der Sukzession stehen, wird nicht erörtert. Ebenso wenig, ob der Sinngehalt von *episcopalis* auch von Kirchen verwirklicht werden kann, deren nicht in verschiedene Stufen aufgespaltenes Dienstamt die Differenz von episkopal und presbyteral nicht kennt.

Die Enzyklika *Ecclesia de Eucharistia* hat drei Jahre später dies noch einmal gebündelt. Gültige Eucharistiefeier und Apostolizität der Kirche implizieren sich gegenseitig, wobei Apostolizität die Lehre der Apostel, die Sukzession durch Handauflegung und die aktuelle Ausübung des apostolischen Lehramts und der eucharistischen Feier in der Gegenwart meine.[135] In Bezug auf die Protestanten kulminiert die Frage somit darin, zu klären, ob in deren Form der Ordination die bischöfliche, apostolische Sukzession präsent ist, oder nicht. Die Verfasser bzw. der Papst haben sicherlich ihre Überzeugung angedeutet, dass die Protestanten außerhalb der apostolischen Sukzession stehen, doch ist diese nicht klar ausgesprochen, geschweige denn, dass der Nachweis geliefert würde, dass diese tatsächlich fehle.

---

quae – cum sint elementa ipsius Ecclesiae – versus Ecclesiam catholicam tendunt ad eandemque ducunt‘ (Congr. pro Doctrina Fidei, Notificazione sul volume ‚Chiesa: carisma e potere‘ del P. Leonardo Boff: AAS 77 [1985] 756–762).“ Ebd., Anm. 56.

135 Vgl. oben im Text Anm. 16. Vgl. zur Analyse der Enzyklika: Peter Walter, Eucharistie und Kirche. Die Enzyklika Ecclesia de Eucharistia Papst Johannes Pauls II., in: ders., Syngrammata (Anm. 35) 145–156.

5. Fazit

Ecclesia de Eucharistia – die Deutung der Kirche und ihrer Strukturen aus dem liturgisch gefeierten eucharistischen Mysterium ist eine Wieder- und Neuentdeckung des 20. Jahrhunderts. Sie knüpft an die Theologie der Väter an, ohne dass in dieser Frage ein allgemeiner Väterkonsens bestanden hätte. Vielmehr besteht die Gefahr, die Konzeption der Ignatianischen Briefe zu Bischof und Eucharistie überzubewerten.[136] Über Jahrhunderte hinweg war eine eucharistische Ekklesiologie aus dem kirchlichen Bewusstsein verschwunden, in den konfessionellen Debatten des 16. Jahrhunderts spielte sie faktisch keine Rolle. Sie wurde in Ost und West im 20. Jahrhundert neu entdeckt. Ansatzweise prägte sie die Lehre von der Kirche des II. Vatikanischen Konzils. Welches Kirchenbild sich aus der Eucharistiefeier ableiten lässt, war und ist unter den Vertretern einer Eucharistischen Ekklesiologie aber umstritten. Dass das eucharistische Mysterium die Katholizität der Kirche begründe und dieses das apostolische Amt voraussetze, war dabei wenig umstritten, wohl aber die Frage, welche kirchlichen Strukturen und welche Deutung der apostolischen Sukzession damit verbunden sein müssen. Eine Art Maximalismus hat hier Joseph Ratzinger vertreten, der seine Position unter Johannes Paul II. und als Papst mehr und mehr in die kirchliche Lehrverkündigung einspeiste. Die Frage aber, ob protestantische Gemeinschaften nicht in der apostolischen Sukzession stehen, deshalb nicht Teil haben am eucharistischen Mysterium und nicht Kirche sind, ist nicht aus dem Glaubensbewusstsein der Kirche und der Struktur des eucharistischen Mysteriums allein zu lösen. Hier bedarf es der *via empirica* und der *via historica*, deshalb ist sie Teil des ökumenischen Dialogs. Eine historisch informierte Reflexion auf die Fluidität bzw. Wandelbarkeit, wie das Zueinander von Episkopat und Presbyterat innerhalb der katholischen Tradition konzipiert wurde[137], würde die Tür dafür öffnen, Sukzession, Eucharistie und Kirchesein auch den protestantischen Gemeinschaften zuzusprechen.[138] Dies würde das Streben nach der vollen Kirchengemeinschaft, deren Ausdruck die eucharistische Gemeinschaft in den Augen der katholischen Kirche sein soll, nicht

---

136 Wilhelm de Vries, Unterschiedliche Kirchenbilder in Ost und West im Blick auf eine Eucharistische Ekklesiologie, in: Albert Rauch / Peter Imhof, Eucharistie (Anm. 103) 51–71. Bei einem Theologen wie Origenes werden die analogen Elemente eulogischer Logosmitteilung gerade nicht als eucharistische Ekklesiologie konzipiert. Lothar Lies, Eucharistische Ekklesiologie – Ekklesiologische Eucharistie bei Origenes?, in: ebd., 155–188.

137 Peter Walter, Verhältnis (Anm. 75) 337–386.

138 Klaus Unterburger, Protestanten sind Kirche. Eine Neubewertung aus der Sicht der katholischen Theologiegeschichte, in: HK 73/3 (2019) 22–25.

überflüssig machen. Es würde aber möglich, mit evangelischen Kirchen jene beschränkte Form von *communicatio in sacris* zu pflegen, die mit den östlichen Kirchen möglich ist, auch ohne völlige Glaubens- und Kirchengemeinschaft.[139] Das Votum des Ökumenischen Arbeitskreises evangelischer und katholischer Theologen hat deshalb seine Berechtigung. Soweit das II. Vatikanische Konzil eine aus der Eucharistiefeier geschöpfte Ekklesiologie vertritt, widerspricht es dieser nicht.

139 CIC c. 844 § 2 und § 4.

Herrenmahl und kirchliches Amt

Versuch einer Bestandsaufnahme in evangelischer Perspektive

Gunther Wenz

After a review of the previous publications of the Ecumenical Working Group on the theology of the Lord's Supper and the Eucharist as well as the understanding of the Church and the ministries, the article first presents the current legal provisions and practical regulations in the Roman Catholic and Protestant area concerning the participation of believers of other denominations in their own liturgies. This is followed by aspects from exegesis and the protestant confessional tradition on the original meaning of the Eucharist as sacrament, on the church as a eucharistic community, on the relationship between the common priesthood to the ordained ministry and finally on the connection between the local community that comes together for church service and all believers through the ministry of Episcopé.

Im Ökumenischen Arbeitskreis evangelischer und katholischer Theologen wurden wiederholt Themen im Umkreis von Abendmahlslehre und Amtstheologie verhandelt. Erwähnt sei vor allem das 1986 publizierte

Großprojekt „Lehrverurteilungen – kirchentrennend?" samt dem Materialband, der damals zur Lehre von den Sakramenten und vom kirchlichen Amt erstellt wurde.[1] Zu erwähnen sind ferner neben den beiden ersten Bänden der Reihe „Dialog der Kirchen" zu Glaubensbekenntnis und Kirchengemeinschaft sowie zur ökumenischen Tragweite der Confessio Augustana die „Klärungen zum Opfercharakter des Herrenmahls" in einer gemeinsamen Studie, die vor über drei Jahrzehnten vom ÖAK unter dem Protektorat von Bischof Hermann Kunst und Hermann Kardinal Volk erarbeitet wurde.[2] Karl Lehmann hat die große ökumenische Bedeutung gerade dieses Dokuments kurz nach seiner Veröffentlichung in einem Beitrag in der Zeitschrift „Kerygma und Dogma" eigens hervorgehoben.[3] Auch die Reihenbände „Das kirchliche Amt in apostolischer Nachfolge" enthalten vieles thematisch Einschlägige.[4] Im Klappentext und in der Einführung zum ersten Projektband wurde ausdrücklich auf den engen Zusammenhang der Problematik von Amt und apostolischer Sukzession in der Frage einer möglichen Abendmahlsgemeinschaft hingewiesen. Diese könne nur im Kontext der Ekklesiologie im Allgemeinen und des kirchlichen Amtes im Besonderen angemessen behandelt werden. Das „zunehmende Drängen hin auf eine evangelisch-katholische Abendmahlsgemeinschaft [hat] verstärkt ins Bewusstsein gehoben, wie eng – vor allem aus katholischer Sicht – Amtsverständnis und Amtsübertragung mit der Eucharistiefeier verschränkt sind."[5]

Auch in evangelischer Sicht stehen Abendmahls- und Amtsverständnis in enger Beziehung zueinander. Inwiefern und in welcher Weise dies der Fall ist, soll im Folgenden ansatzweise erörtert bzw. in Erinnerung gerufen werden. Dazu ist in gebotener Kürze der stiftungsgemäße Sinn des Altarsakraments unter exegetischen und bekenntnistheologischen

1 Vgl. Karl Lehmann / Wolfhart Pannenberg (Hg.), Lehrverurteilungen – kirchentrennend? Bd. I: Rechtfertigung, Sakramente und Amt im Zeitalter der Reformation und heute (Dialog der Kirchen 4), Freiburg / Göttingen 1986. – Wolfhart Pannenberg (Hg.), Lehrverurteilungen – kirchentrennend? Bd. III: Materialien zur Lehre von den Sakramenten und vom kirchlichen Amt (Dialog der Kirchen 6), Freiburg / Göttingen 1990.

2 Karl Lehmann / Edmund Schlink (Hg.), Das Opfer Jesu Christi und seine Gegenwart in der Kirche. Klärungen zum Opfercharakter des Herrenmahls (Dialog der Kirchen 3), Freiburg / Göttingen 1983.

3 Karl Lehmann, Die Gegenwart des Opfers Jesu Christi im Herrenmahl der Kirche. Zur Bedeutung eines neuen ökumenischen Dokuments, in: KuD 29 (1983) 139–148.

4 Vgl. Theodor Schneider / Gunther Wenz (Hg.), Das kirchliche Amt in apostolischer Nachfolge, Bd. I: Grundlagen und Grundfragen (Dialog der Kirchen 12), Freiburg / Göttingen 2004. – Dorothea Sattler / Gunther Wenz (Hg.), Das kirchliche Amt in apostolischer Nachfolge, Bd. II: Ursprünge und Wandlungen (Dialog der Kirchen 13), Freiburg / Göttingen 2006. – Dies. (Hg.), Das kirchliche Amt in apostolischer Nachfolge, Bd. III: Verständigungen und Differenzen (Dialog der Kirchen 14), Freiburg / Göttingen 2008.

5 Theodor Schneider / Gunther Wenz (Hg.), Das kirchliche Amt in apostolischer Nachfolge, Bd. I. (Anm. 4) 11.

Gesichtspunkten sowie der ekklesiologische Kontext zu skizzieren, ohne welchen das Herrenmahl weder in der Theorie noch gar in seiner Praxis verstanden werden kann. Sodann muss gefragt werden, wie in der gottesdienstlichen Abendmahlsfeier der Ortsgemeinde Ordinierte(r) und Nichtordinierte zusammenwirken und wie die spezifische Differenz zu bestimmen ist, welche das Amt des Ordinierten von demjenigen unterscheidet, an welchem alle Glaubenden kraft ihrer Taufe teilhaben. Auch wenn gemäß evangelischer Ekklesiologie jede örtliche Gottesdienstgemeinde als Kirche im vollen Sinne des Begriffs und der pastor loci mithin als Prototyp des rite vocatus (vgl. CA XIV) zu gelten hat, so ist doch jede Ortsgemeinde als mit einem universalkirchlichen Bezug elementar versehen zu denken: das nötigt, nach den Gliederungsformen des ordinationsgebundenen Amtes und nach der Bedeutung zu fragen, welche dem Unterschied von Presbyterat und Episkopat einschließlich eines eventuellen Dienstamtes universalkirchlicher Einheit für die Thematik von „Amt und Herrenmahl“ zukommt.

Die Erwägungen schließen an die bisherigen Debatten des ÖAK zum Thema an, auf die eingangs verwiesen wurde. Ziel ist es, einen bescheidenen Beitrag zu einer ökumenischen Verständigung zu leisten, die neben theoretischen auch praktische Folgen der Annäherung zeitigt. Als Bemessungsgrundlage zu erzielender Fortschritte hat dabei der offizielle Stand der Beziehungen unserer beiden Kirchen in derjenigen Problematik zu gelten, die man missverständlich mit der Wendung „Eucharistische Gastfreundschaft“ umschrieben hat. Wie es um den Status quo bestellt ist, ergibt sich aus der Beantwortung von vier Fragen, die an den Anfang der Studie gestellt werden sollen. 1. Wie beurteilt die römisch-katholische Kirche die Teilnahme eines katholischen Christen an einer evangelischen Abendmahlsfeier? 2. Wie beurteilt die römisch-katholische Kirche die Teilnahme eines evangelischen Christen an einer katholischen Abendmahlsfeier? 3. Wie beurteilt die evangelische Kirche die Teilnahme eines katholischen Christen an einer evangelischen Abendmahlsfeier? 4. Wie beurteilt die evangelische Kirche die Teilnahme eines evangelischen Christen an einer katholischen Abendmahlsfeier? Die Beantwortung dieser vier Fragen soll nach Maßgabe offizieller Lehre beider Kirchen erfolgen. Zwar ist die Meinung einzelner Theologen bemerkenswert und wichtig[6], sofern sie künftigen ökumenischen

[6] Vgl. etwa den noch immer instruktiven Text: Gegenseitige Zulassung zum Herrenmahl. Erarbeitet von der Gemeinsamen römisch-katholischen/evangelisch-lutherischen Kommission (1983), jetzt in: Johannes Brosseder / Hans-Georg Link (Hg.), Eucharistische Gastfreundschaft. Ein Plädoyer evangelischer und katholischer Theologen, Neukirchen 2002, 173–183; ferner: Ernst Pulsfort / Rolf Hanusch (Hg.), Von der Gemeinsamen Erklärung zum Gemeinsamen Herrenmahl? Perspektiven der Ökumene im 21. Jahrhundert, Regensburg 2002.

Verständigungsfortschritten dient; sie darf aber, so progressiv und sympathisch sie sich selbst und anderen erscheinen mag, nicht darüber hinwegtäuschen, dass unser gegenwärtiges Problem in der offiziellen Kirchenlehre begründet liegt, die zumindest im römisch-katholischen Falle mit dem Anspruch repräsentativer Authentizität und lehramtlicher Rechtsverbindlichkeit versehen ist.

1. Zum praktischen Stand der Dinge in der katholischen Kirche

Dürfen nach römisch-katholischer Lehre katholische Christen an einer evangelischen Abendmahlsfeier teilnehmen? Die offizielle Antwort lautet eindeutig: Nein! In dem sog. „Direktorium zur Ausführung der Prinzipien und Normen über den Ökumenismus" des Päpstlichen Rates zur Förderung der Einheit der Christen von 1993 wird in Auslegung einschlägiger Texte des II. Vatikanischen Konzils[7] verbindlich beschieden, dass ein Katholik selbst im Ausnahmefall bestehender Todesgefahr den Empfang des eucharistischen Mahles nur vom Spender einer Kirche erbitten darf, in dessen Kirche die Eucharistie gültig gespendet wird oder von dem feststeht, dass er gemäß katholischer Ordinationslehre gültig geweiht ist (vgl. Nr. 132)[8]. Eine vollgültige Weihe ist aber nach Auffassung des katholischen Lehramts bei Pfarrerinnen und Pfarrern der evangelischen Kirche nicht gegeben; vielmehr wird ihnen insbesondere wegen nichtvorhandener apostolischer Amtssukzession[9], welche allein

---

[7] Zu vergleichen ist insbesondere Unitatis Redintegratio 22, wo es heißt: „Obgleich bei den von uns getrennten Kirchlichen Gemeinschaften die aus der Taufe hervorgehende volle Einheit mit uns fehlt und obgleich sie nach unserem Glauben vor allem wegen des Fehlens des Weihesakramentes die ursprüngliche und vollständige Wirklichkeit (substantia) des eucharistischen Mysteriums nicht bewahrt haben, bekennen sie doch bei der Gedächtnisfeier des Todes und der Auferstehung des Herrn im Heiligen Abendmahl, dass hier die lebendige Gemeinschaft mit Christus bezeichnet werde, und sie erwarten seine glorreiche Wiederkunft. Deshalb sind die Lehre vom Abendmahl des Herrn, von den übrigen Sakramenten, von der Liturgie und von den Dienstämtern der Kirche notwendig Gegenstand des Dialogs."

[8] Sachentsprechend hatte bereits das Ökumenische Direktorium von 1967 befunden, dass ein Katholik auch in dringenden Notfällen das Altarsakrament nur von einem Amtsträger empfangen dürfe, „qui Ordinis Sacramentum valide suscepit" (Nr. 55).

[9] Auch in der Enzyklika „Ecclesia de Eucharistia" Johannes Pauls II. wurde unmissverständlich deutlich gemacht, dass es derzeit (vgl. Nr. 30) vor allem wegen des Fehlens der apostolischen Sukzession im bischöflichen Amt keine Anerkennung der Ämter in den reformatorischen Kirchen und daher auch keine Formen der Interkommunion geben könne (vgl. Nr. 27–30 sowie 25f.). Was die Entfaltung der katholischen Lehre von der apostolischen Amtssukzession betrifft, so hält sich der theologische Argumentationsaufwand in engen Grenzen. Konstatiert wird u.a. folgendes: „Das Zurückgehen auf die Apostel in der pastoralen Sendung schließt notwendigerweise das Weihesakrament, d.h. die ununterbrochene, auf die Anfänge zurückgehende Reihe gültiger Bischofsweihen,

die Handauflegung kanonisch befugter Bischöfe vermittle, ein „defectus ordinis", ein Fehlen der Ordination oder ein Ordinationsmangel attestiert, der zur Folge habe, dass die Vollgestalt des eucharistischen Mysteriums in der evangelischen Kirche nicht erhalten sei. Daraus ergibt sich der Schluss, dass katholischen Christen die Teilnahme an einer evangelischen Abendmahlsfeier grundsätzlich nicht erlaubt ist. Ansätze einer Rücksichtnahme auf den individuellen Gewissensentscheid in Einzelfällen gibt es nur gelegentlich zu verzeichnen, etwa im Zusammenhang der zu ökumenischer Berühmtheit gelangten Würzburger Synode der Bistümer in der damaligen Bundesrepublik Deutschland[10]. Die Enzyklika von Papst Johannes Paul II. „Ecclesia de Eucharistia" hat aber erneut die geltenden Bestimmungen des kirchlichen Rechtsbuches und des ökumenischen Direktoriums eingeschärft (vgl. Nr. 43–46) und klargestellt, dass „ein katholischer Gläubiger die heilige Kommunion in einer Gemeinschaft, in der das gültige Weihesakrament nicht vorhanden ist, nicht empfangen [kann]" (Nr. 46; vgl. Nr. 30).

Dürfen nach römisch-katholischer Lehre evangelische Christen an einer katholischen Abendmahlsfeier teilnehmen? Auch hier ist die lehramtliche und kirchenrechtliche Antwort im Grundsatz klar und eindeutig; doch sind beachtliche Ausnahmen von der Grundregel vorgesehen. Im Prinzip gilt nach Maßgabe des Direktoriums von 1993, dass „die katholische Kirche im allgemeinen den Zutritt zur eucharistischen Gemeinschaft [...] einzig jenen Gläubigen [gewährt], die mit ihr in der Einheit des Glaubens, des Gottesdienstes und des kirchlichen Lebens" (Nr. 129), d.h. in voller Kirchengemeinschaft stehen. Gemeint sind damit Gläubige, die Mitglieder der römisch-katholischen Kirche oder einer mit

ein. Diese Sukzession ist wesentlich, weil auf ihr die Kirche im eigentlichen und vollen Sinne gründet." (Nr. 28) Die Gemeinde ist „nicht in der Lage, sich selbst den geweihten Amtsträger zu geben. Dieser ist eine Gabe, die sie *durch die auf die Apostel zurückgehende Sukzession der Bischöfe empfängt*. Es ist der Bischof, der mittels des Weihesakramentes einen neuen Priester einsetzt und ihm die Vollmacht überträgt, die Eucharistie zu konsekrieren." (Nr. 29)

10 Gemeinsame Synode der Bistümer in der Bundesrepublik Deutschland. 1. Beschlüsse der Vollversammlung. Hg. v. Ludwig Bertsch, Freiburg u.a. 1976, [6]1985, bes. 215f. (5.5). Obwohl die Synode, wie gesagt wird, zum gegenwärtigen Zeitpunkt die Teilnahme eines katholischen Christen am evangelischen Abendmahl nicht gutheißen könne, lasse sich nicht ausschließen, „dass ein katholischer Christ – seinem persönlichen Gewissensspruch folgend – in seiner besonderen Lage Gründe zu erkennen glaubt, die ihm seine Teilnahme am evangelischen Abendmahl innerlich notwendig erscheinen lassen. Dabei sollte er bedenken, dass eine solche Teilnahme dem inneren Zusammenhang von Eucharistie und Kirchengemeinschaft, besonders im Hinblick auf das Amtsverständnis, nicht entspricht. Bei der Entscheidung, vor die er sich gestellt sieht, darf er weder das Beheimatetsein in der eigenen Kirche gefährden, noch darf seine Entscheidung der Verleugnung des eigenen Glaubens und der eigenen Kirche gleichkommen oder anderen eine solche Deutung nahe legen." (Ebd., 216)

dieser in voller Gemeinschaft verbundenen Kirche sind. Die evangelische Kirche zählt nicht zu diesen Kirchen; es ist im Gegenteil so, dass ihr von offizieller römisch-katholischer Seite der Status einer Kirche im eigentlichen bzw. vollen Sinne explizit abgesprochen worden ist.

Dennoch kann, wie die Enzyklika „Ecclesia de Eucharistia" bestätigt (Nr. 45f.), im Ausnahmefall etwa der Todesgefahr und unter bestimmten anderen besonderen Umständen einzelnen evangelischen Christen der Zutritt zum Altarsakrament gewährt oder sogar empfohlen werden. Nähere Bestimmungen werden den Diözesanbischöfen und Bischofskonferenzen überlassen. Wie immer eine physische oder geistliche Notlage beschaffen sein mag[11], die eine offizielle Zulassung eines evangelischen Christen zu einer katholischen Abendmahlsfeier ermöglicht, zu beachten sind unbedingt und unter allen Umständen folgende vier lehramtliche Regeln[12]: Der evangelische Christ muss *erstens* gehindert sein,

---

[11] Vgl. hierzu etwa den Beitrag von Karl Kardinal Lehmann, Einheit der Kirche und Gemeinschaft im Herrenmahl. Zur neueren ökumenischen Diskussion um Eucharistie- und Kirchengemeinschaft, in: Thomas Söding (Hg.), Eucharistie. Positionen katholischer Theologie, Regensburg 2002, 141–177, hier: 159ff. oder Hans-Georg Link, Kanzel- und Abendmahlsgemeinschaft in Vereinbarungen und Erklärungen zwischen verschiedenen Kirchen. Eine Bestandsaufnahme, in: Johannes Brosseder / ders. (Hg.), Eucharistische Gastfreundschaft. Ein Plädoyer evangelischer und katholischer Theologen, Neukirchen 2002, 111–130, bes. 123.

[12] Vgl. Direktorium 1993, Nr. 130 und 131: „130. Wenn Todesgefahr besteht, können katholische Spender diese Sakramente [vgl. Nr. 129: G.W.] unter den Bedingungen, die unten (Nr. 131) aufgezählt werden, spenden. In anderen Fällen wird streng empfohlen, dass der Diözesanbischof allgemeine Normen aufstellt, die dienlich sind, um zu beurteilen, welche Situationen als ernste und dringende Notwendigkeiten zu bewerten und ob die unten (Nr. 131) genannten Bedingungen als gegeben anzusehen sind. Dabei hat er den Normen, die diesbezüglich von der Bischofskonferenz oder von den Synoden der katholischen Ortskirche festgelegt wurden, Rechnung zu tragen. Entsprechend dem kanonischen Recht dürfen diese allgemeinen Normen nur nach Beratung mit der zuständigen – wenigstens lokalen – Autorität der betreffenden nichtkatholischen Kirche oder kirchlichen Gemeinschaft erlassen werden. Die katholischen Spender werden beurteilen, ob es sich um besondere Fälle handelt, und werden dieses Sakrament nur in Übereinstimmung mit diesen Normen, falls es solche gibt, spenden. Falls es diese nicht gibt, werden sie nach den Normen dieses Direktoriums urteilen. 131. Die Bedingungen, unter denen ein katholischer Spender die Sakramente der Eucharistie, der Buße und der Krankensalbung einem Getauften, der sich in der oben erwähnten Situation befindet (Nr. 130), spenden kann, sind folgende: Diesem Gläubigen ist es nicht möglich, einen Spender der eigenen Kirche oder kirchlichen Gemeinschaft aufzusuchen, er erbittet von sich aus diese Sakramente, er bekundet den katholischen Glauben bezüglich dieser Sakramente und ist in rechter Weise vorbereitet." Vgl. ferner Direktorium 1967, Nr. 55: „Die Feier der Sakramente ist eine heilige Handlung der feiernden Gemeinschaft, die in der Gemeinschaft selbst vollzogen wird und deren Einheit im Glauben, Gottesdienst und Leben zum Ausdruck bringt. Wo diese Einheit des Glaubens bezüglich der Sakramente fehlt, soll die Mitfeier der getrennten Brüder mit den Katholiken, besonders bei den Sakramenten des Altars, der Buße und der Krankensalbung, untersagt sein. Weil aber die Sakramente sowohl Zeichen der Einheit wie auch Quellen der Gnade sind (vgl. Über den Ökumenismus 8), kann die Kirche wegen ausreichender Gründe den Zutritt zu diesen Sakramenten ei-

einen Spender der eigenen Gemeinschaft aufzusuchen, *zweitens* von sich aus den Sakramentsempfang erbitten, *drittens* den katholischen Glauben bezüglich des Abendmahls bekennen und *viertens* in rechter Weise disponiert, also vorbereitet sein[13]. Ob eine (kirchen)rechtsgültige Ehe, welche die beiden Partner nach römisch-katholischer Lehre auch dann sakramental verbindet, wenn sie verschiedenen Konfessionen angehören, den gemeinsamen Gang zum Abendmahl und damit eine Ausnahmeregelung für den nichtkatholischen, etwa evangelischen Teil rechtfertigt, wird innerhalb katholischer Theologie kontrovers diskutiert.

Wie dem auch sei: Die offizielle römisch-katholische Lehre folgt durchweg der Grundsatzregel, dass die Zulassung eines evangelischen Christen oder einer evangelischen Christin zu einer katholischen Abendmahlsfeier in jedem Einzelfall streng zu prüfen und zu begründen sei, wohingegen ihre Nichtzulassung aus Motiven, die generelle Geltung beanspruchen, keiner besonderen Begründung bedürfe. Die evangelische Praxis unterscheidet sich von diesem Verfahren wesentlich dadurch, dass sie die Nichtzulassung eines getauften Christen zum Abendmahl in jedem Einzelfall für begründungspflichtig hält.[14]

---

nem getrennten Bruder gestatten. Dieser Zutritt kann erlaubt sein bei Todesgefahr oder in schwerer Not (Verfolgung, Gefängnis), wenn der getrennte Bruder einen Amtsträger seiner Gemeinschaft nicht aufsuchen kann und aus eigenem Antrieb vom katholischen Priester die Sakramente verlangt, sofern er nur im Hinblick auf diese Sakramente seinen Glauben im Einklang mit dem Glauben der Kirche zum Ausdruck bringt und in der rechten inneren Verfassung ist. In anderen dringenden Notfällen soll der Ortsoberhirte oder die Bischofskonferenz entscheiden."

13 Zu letzterem Gesichtspunkt wird in der Enzyklika über die Eucharistie und ihren Bezug zur Kirche eigens bemerkt, dass die Ablehnung einer oder mehrerer sakramentaler Glaubenswahrheiten und die Leugnung jener Wahrheit, welche das zur Gültigkeit der Sakramentspendung unabdingbare Erfordernis des Weihepriestertums betrifft, den Bittsteller für den Empfang indisponiert macht (vgl. Nr. 46).

14 Es gilt die Grundsatzregel, welche die drei Ökumene-Institute in Tübingen, Bensheim und Straßburg in ihrer gemeinsamen Studie „Abendmahlsgemeinschaft ist möglich – Thesen zur eucharistischen Gastfreundschaft" vorangestellt haben: „Nicht die Zulassung getaufter Christen zum gemeinsamen Abendmahl, sondern deren Verweigerung ist begründungspflichtig." (These 1) Betont wird fernerhin, dass Kirchengemeinschaft und Abendmahlsgemeinschaft nicht getrennt werden dürfen (These 7), dass aber Abendmahlsgemeinschaft weiter reicht als Kirchengemeinschaft (These 6). In diesem Zusammenhang darf an eine Aussage im sog. Malta-Dokument von 1971 erinnert werden: „Schon jetzt ist zu befürworten, dass die kirchlichen Autoritäten aufgrund der schon vorhandenen Gemeinsamkeiten in Glauben und Sakrament und als Zeichen und Antizipation der verheißenen und erhofften Einheit gelegentliche Akte der Interkommunion (etwa bei ökumenischen Anlässen in der Mischehenseelsorge) ermöglichen. Die Unklarheit hinsichtlich einer gemeinsamen Lehre vom Amt bildet noch eine Schwierigkeit für wechselseitige Interkommunionsvereinbarungen. Jedoch darf die Verwirklichung eucharistischer Gemeinschaft nicht ausschließlich von der vollen Anerkennung des kirchlichen Amtes abhängig gemacht werden." (Nr. 73, in: Harding Meyer u. a. (Hg.), Dokumente wachsender Übereinstimmung, Bd. 1 (1931 – 1982), Paderborn / Frankfurt 1983,

Um nicht missverstanden zu werden: auch evangelische Lehre sieht den Fall der Nichtzulassung zum Abendmahl vor. Sie teilt zum einen die Auffassung, „dass ein Mensch zunächst durch die Taufe in die Gemeinschaft mit Christus und den Mitchristen hineingenommen ist und erst dann die spezifische Gestalt dieser Gemeinschaft im Abendmahl erfährt": „Eine grundsätzliche Öffnung des Abendmahls für Ungetaufte und eine undifferenzierte Einladung an alle entspricht jedenfalls nicht dem evangelischen Abendmahlsverständnis."[15] Auch sind zum anderen Einzelfälle theologisch denk- und kirchenrechtlich benennbar, in denen ein Getaufter vom Abendmahl auszuschließen ist, weil er durch Wort und Tat dem Grundsinn des Altarsakraments bewusst und willentlich widerspricht. Zum dritten soll und darf, um nur noch diesen zentralen Gesichtspunkt anzusprechen, auch nach evangelischer Lehre der Zusammenhang von Abendmahls- und Kirchengemeinschaft keineswegs aufgelöst werden. Dieser Zusammenhang ist untrennbar, aber differenzierungsbedürftig und auch differenzierungsfähig. Um es auf den Punkt zu bringen: Mitglied der katholischen Kirche zu sein ist nach evangelischer Lehre kein genereller und hinreichender Grund, von der evangelischen Abendmahlsfeier ausgeschlossen zu sein.

2. Zum praktischen Stand der Dinge in der evangelischen Kirche

Wie beurteilt die evangelische Kirche die Teilnahme eines katholischen Christen an einer evangelischen Abendmahlsfeier? Weil Christus selbst es ist, der zu seinem Mahl einlädt, darf nach evangelischer Lehre ein getaufter Christ nicht allein deshalb vom Abendmahl ausgeschlossen werden, weil er keiner evangelischen Denomination angehört. Zwar kann nach evangelischer Lehre weder der Zusammenhang zwischen Abendmahlsgemeinschaft und Kirchengemeinschaft, noch der zwischen Kirchengemeinschaft und Bekenntnisgemeinschaft aufgelöst werden. Der berechtigte Wunsch nach gemeinsamem Abendmahl darf auch nach evangelischer Auffassung nicht dazu führen, das Bekenntnis und die zwischen den Kirchen bestehenden konfessionellen Unterschiede in Lehre, Ordnung und Frömmigkeit zu marginalisieren. Dennoch ist die

268)

[15] Das Abendmahl. Eine Orientierungshilfe zu Verständnis und Praxis des Abendmahls in der evangelischen Kirche. Vorgelegt vom Rat der Evangelischen Kirche in Deutschland, Gütersloh 2003, 55f. (3.10). Im Zweifelsfall sollte ausdrücklich darauf hingewiesen werden, dass die Einladung zum Abendmahl für getaufte Christen gilt: „Wenn ein Nichtgetaufter oder eine Nichtgetaufte am Abendmahl teilnehmen wollen, sollte ein solcher Wunsch zum Anlass genommen werden, mit solchen Personen ein Gespräch darüber zu führen, ob ihr Wunsch im Sinne eines Taufbegehrens zu verstehen sei." (Ebd., 55)

una sancta catholica et apostolica ecclesia, die eine, heilige, allgemeine und apostoliche Kirche, zu der sich der Glaube bekennt, umfassender als die Konfessionskirchen und reicht über deren Grenzen hinaus, um die getauften Gläubigen aller Orte und aller Zeiten zu umfassen. Zwischen dem Geltungsbereich der Einladung Christi und der Zugehörigkeit zu einem denominationellen Konfessionskirchentum ist daher ein Unterschied zu machen. Deshalb darf nach evangelischer Auffassung getauften Christen, die keiner evangelischen Konfessionskirche angehören, nicht allein aus diesem Grund der Empfang des Abendmahls im evangelischen Gottesdienst verwehrt werden, auch wenn die Abendmahlsfeier in der eigenen Konfessionskirche die Regel ist und bis auf weiteres auch bleibt. Es entspricht vielmehr evangelischem Abendmahls- und Kirchenverständnis, „dass der Zugang zum Tisch des Herrn im Grundsatz jedem getauften Christen offensteht, der im Vertrauen auf Christi verheißendes Wort hinzutritt, wie es in den Worten seiner Stiftung laut wird. Ihnen schenkt sich der Herr selbst durch sein Wort in, mit und unter Brot und Wein."[16]

16 Pastoraltheologische Handreichung zur Frage einer Teilnahme evangelisch-lutherischer und römisch-katholischer Christen an Eucharistie- bzw. Abendmahlsfeiern der anderen Konfession vom 20. Oktober 1975 (Texte aus der VELKD 15/1981), Abschn. IV. Der Zusammenhang von Abendmahls-, Kirchen- und Bekenntnisgemeinschaft soll damit nicht aufgelöst, sondern differenziert wahrgenommen werden, ohne dabei in praxi „den Unterschied zwischen Regel und Ausnahme [zu] verwischen" (Abschn. I; im Text eigens hervorgehoben). Sachlich grundlegend sind die Ausführungen in Abschnitt II: „Unser Herr Jesus Christus ruft nicht nur einzelne Gläubige oder gleichgesinnte Gruppen an seinen Tisch, sondern hat das Abendmahl für seine ganze Kirche gestiftet. Deshalb stehen Abendmahlsgemeinschaft und kirchliche Gemeinschaft miteinander in Beziehung. Für viele unserer Väter war es selbstverständlich, dass Kirchengemeinschaft nur als Bekenntnisgemeinschaft möglich ist. Wir sind der Auffassung, dass diese Aussage nicht zureicht. Jedoch ist gerade die Feier des Abendmahls nicht die Gelegenheit, sich über die zwischen Kirchen bestehenden Unterschiede in Lehre, Ordnung und Frömmigkeit hinwegzusetzen. Dabei geht es nicht nur um eine Frage der konfessionellen Loyalität. Im Gottesdienst, insbesondere beim Abendmahl, entfaltet jede christliche Gemeinschaft ihr Verständnis des Evangeliums, der Stiftung Christi, des geistlichen Amtes. Teilnahme am Gottesdienst, vor allem am Abendmahlsempfang, ist deshalb immer auch ein Sicheinfügen in die jeweils konkrete feiernde Gemeinde und ein Ja zu dem, was sie glaubt, tut und betet. Zwischen der evangelisch-lutherischen und der römisch-katholischen Kirche ist dies wechselseitig bis jetzt erst teilweise möglich. Deshalb lehnen wir es ebenso wie die römisch-katholische Kirche ab, Abendmahlsgemeinschaft als Demonstration zur Überwindung der Konfessionsgrenzen zu praktizieren. Nur im Zusammenhang einer Klärung der zwischen uns strittigen Fragen der Glaubenslehre kann echte Sakramentsgemeinschaft wachsen. Dennoch ist die ‚heilige christliche Kirche' unseres gemeinsamen Glaubensbekenntnisses, der letztlich auch die Abendmahlsgemeinschaft zugehört, umfassender als die Grenzen unserer Konfessionskirchen; unser Herr Jesus Christus selbst ist es, der zu seinem Tisch einlädt. Wir können heute nicht bestreiten, dass es für manche Christen Situationen leiblicher oder geistlicher Notlage oder besonderer geistlicher Erfahrung gibt, die ihr Gewissen nötigen, von der Regel abzuweichen, die den Empfang des Abendmahls im Gottesdienst einer anderen konfessionellen Ge-

Dies hat die Generalysnode der VELKD in einer von der Arnoldshainer Konferenz rezipierten Pastoraltheologischen Handreichung zur Frage einer Teilnahme evangelisch-lutherischer und römisch-katholischer Christen an Eucharistie- und Abendmahlsfeiern der anderen Konfession aus dem Jahre 1975 den Gemeinden nahegelegt und empfohlen. Unter Berufung auf dieses wichtige Dokument heißt es in der 2003 erschienenen Orientierungshilfe des Rates der Evangelischen Kirche in Deutschland zu Verständnis und Praxis des Abendmahls in der evangelischen Kirche: „In den evangelischen Kirchen sind römisch-katholische Christen wie alle Getauften herzlich zum Abendmahl eingeladen, weil Christus selbst dazu einlädt." (Abendmahl. Eine Orientierungshilfe, 3.11) Dieser Satz ist vom Kontext der Pastoraltheologischen Handreichung her zu verstehen, auf die er sich beruft. Dadurch ist klargestellt, dass die etwas irreführend sogenannte eucharistische Gastfreundschaft bzw. Gastbereitschaft evangelischer Kirchen nicht die Absicht verfolgt, „Abendmahlsgemeinschaft als Demonstration zur Überwindung der Konfessionsgrenzen zu praktizieren" (Pastoraltheologische Handreichung, Abschn. II). Es trifft zu, was die zitierte Pastoraltheologische Handreichung so sagt: „Auch für unsere Gottesdienste gilt, dass die Amtsträger ‚Christi Person vergegenwärtigen wegen der Berufung durch die Kirche, nicht ihre eigene Person' (Apol. 7,28). Deshalb lädt durch die Kirche Christus selbst zu seinem Abendmahl ein. Wenn in besonderen Fällen Glieder der römisch-katholischen Kirche im Vertrauen auf das Wort Christi dieser Einladung folgen und am Abendmahl in einem evangelisch-lutherischen Gottesdienst teilnehmen wollen, sehen wir uns nicht ermächtigt, sie nur deshalb daran zu hindern, weil sie nicht Glieder der evangelisch-lutherischen Kirche sind.[17] Wir erwarten

---

meinschaft verwehrt. Solche Situationen lassen sich nicht durch genaue Einzelbestimmungen abgrenzen." Zur theologischen Rezeption der Handreichung vgl. Eilert Herms, Das Abendmahl für alle Getauften. Eine Fallstudie zur realen ökumenischen Bewegung der Vereinigten Evangelisch-lutherischen Kirche Deutschlands, in: Bernd Jochen Hilberath / Dorothea Sattler (Hg.), Vorgeschmack. Ökumenische Bemühungen um die Eucharistie. FS Theodor Schneider, Mainz 1995, 501–538; Gunther Wenz, Sanctorum Communio. Eine Problemskizze zum Verhältnis von Kirchen- und Abendmahlsgemeinschaft in lutherischer Perspektive, in: Konrad Raiser / Dorothea Sattler (Hg.), Ökumene vor neuen Zeiten. FS Theodor Schneider, Freiburg / Basel / Wien 2000, 319–353.

[17] Verwiesen wird an dieser Stelle auf folgenden Beschluss der Generalsynode der VELKD vom 25. Oktober 1974: „Es entspricht evangelisch-lutherischem Verständnis des Heiligen Abendmahles, dass der Zugang zum Tisch des Herrn jedem offen steht, der im Vertrauen auf Christi verheißendes Wort hinzutritt. Ihm schenkt sich der Herr selbst durch sein Wort in, mit und unter Brot und Wein. Er ist es, der zu seinem Abendmahl einlädt und sich gibt, Darum sehen wir uns nicht ermächtigt, Glieder der römisch-katholischen Kirche, die in solchem Vertrauen und von ihrem eigenen Gewissen gedrängt, am Abendmahl in einem evangelisch-lutherischen Gottesdienst gastweise teilnehmen wollen, daran zu hindern. Weil sie im Heiligen Abendmahl an dem einen Herrn

jedoch von allen, die zum Tisch des Herrn treten, dass sie das Heilige Abendmahl in unserem Gottesdienst als der Stiftung Christi gemäß anerkennen, und wissen auch einen Kommunikanten aus der römisch-katholischen Kirche hineingenommen in die Gemeinschaft des Bekennens der Sünde, des Hörens, des Empfangens und des Dankens der ganzen gottesdienstlichen Gemeinde. Dabei gehen wir davon aus, dass ein solcher Kommunikant sich dadurch nicht seiner eigenen Kirche entfremdet. Eine Mitgliedschaft in der evangelisch-lutherischen Kirche im kirchenrechtlichen Sinne kommt durch eine so verstandene Teilnahme am Abendmahl nicht zustande." (Pastoraltheologische Handreichung, Abschn. IV) Die Orientierungshilfe der EKD bekräftigt dies ausdrücklich und mahnt zu beachten, „dass niemand aus ökumenischem Überschwang zu etwas genötigt wird, was er oder sie (noch) nicht will" (Abendmahl. Eine Orientierungshilfe, 3.11).

Wie beurteilt die evangelische Kirche die Teilnahme eines evangelischen Christen an einer katholischen Abendmahlsfeier? Diese Frage lässt sich mit einem weiteren Zitat aus der Pastoraltheologischen Handreichung kurz und bündig beantworten: Wenn evangelische Christen „in besonderen Fällen bei einer Eucharistiefeier in einer Gemeinde der römisch-katholischen Kirche kommunizieren wollen, so können sie darauf vertrauen, dass der gekreuzigte und auferstandene Jesus Christus sich ihnen kraft der Zusage seiner Worte bei der Einsetzung des Abendmahls leibhaft schenkt. Wer in solchem Glauben an den Tisch des Herrn tritt, der bekennt Christus, bereut seine Sünden und preist die Barmherzigkeit Gottes in seinem Sohn durch den Heiligen Geist. Anderes als Vorbedingung für den Abendmahlsempfang zu fordern, kann nach unserer Überzeugung Christen nicht verpflichten." (Pastoraltheologische Handreichung, Abschn. III)[18] Sofern dies bewusst ist, sieht sich die

---

teilhaben, wird nach unserem Verständnis ihre Zugehörigkeit zu ihrer Kirche nicht berührt."

18 Der betonte „Unterschied zwischen der Einladung Christi und der Zugehörigkeit zur eigenen Kirchengemeinschaft" darf nicht als Trennung von Zusammengehörigem missverstanden werden: „Auch die evangelisch-lutherische Kirche geht davon aus, dass Gemeinschaft am Tisch des Herrn und kirchliche Gemeinschaft nicht auseinandergerissen werden dürfen, und sie weiß, dass gewachsene Tradition Hilfe und Verpflichtung sein kann. Solche Tradition kann aber nach unserem Verständnis nicht eigene Bedingungen für die Gültigkeit des Altarsakraments begründen, die über das hinausgehen, was nach reformatorischem Bekenntnis die Stiftung Christi ausmacht. Die Ermöglichung einer wechselseitigen Teilnahme am Abendmahl in Ausnahmefällen, wie sie im Sinne dieser Handreichung von Seiten der Vereinigten Evangelisch-Lutherischen Kirche Deutschlands ausgesprochen wird, soll Ausdruck des Gehorsams gegen den Herrn der Kirche sein und keinesfalls das Einander-näher-Kommen der Konfessionen belasten. Diese Handreichung kann deshalb nur mit der Bitte schließen, die Kirchen möchten die Klärung dieser Fragen vorantreiben in der Gewissheit, dass Gottes Geist seine Kirche in alle Wahrheit leiten wird." (Pastoraltheologische Handreichung, Abschn. IV)

evangelische Kirche nicht ermächtigt, ihren Gliedern in besonderen Fällen die Teilnahme an der römisch-katholischen Eucharistiefeier grundsätzlich zu verwehren. Allerdings sollte, wie die Orientierungshilfe der EKD hinzufügt, aus ökumenischen Rücksichten nur dann kommuniziert werden, „wenn sicher ist, dass der Vorsteher der Feier – also der jeweilige Priester – keine Einwände hat" (Abendmahl. Eine Orientierungshilfe, 3.12)[19].

3. Gemeinschaft des Leibes und Blutes Christi: Der stiftungsgemäße Sinn des Altarsakraments unter exegetischen und bekenntnistheologischen Gesichtspunkten

Die Praxis der Mahlfeier wurde in den urchristlichen Gemeinden von Anfang an geübt. Während das Abendmahl zunächst eingebettet war in eine gemeinsame Sättigungsmahlzeit, bahnt sich bereits bei Paulus (vgl. 1 Kor 11) die Trennung beider Handlungen an, wobei das vom Abend-

[19] Vorangegangen waren folgende Hinweise: „Da nach *evangelischem* (und katholischem) *Verständnis* sich im Abendmahl Jesus Christus selbst so schenkt, wie dies die Einsetzungsworte verheißen, die auch für die römisch-katholische Messe konstitutiv sind, besteht kein Grund, daran zu zweifeln, dass er dies auch in katholischen Eucharistie-Gottesdiensten tut. Über einzelne Elemente der Messe, insbesondere des Hochgebetes, wird seit der Reformation zwischen katholischen und evangelischen Theologen kritisch debattiert; aber ebenso besteht seit der Reformationszeit auf evangelischer Seite ein weitgehender Konsens darüber, dass die durch Christus im Abendmahl eröffnete Gemeinschaft nicht durch menschliche Zeremonien oder Theologien beschädigt werden kann." (Abendmahl. Eine Orientierungshilfe, 3.12). Ob mit letzterer Bemerkung der Orientierungsbedarf bereits hinreichend befriedigt ist, wird katholischerseits sicher bezweifelt werden. Das dürfte analog auch für die entsprechenden Ausführungen der VELKD-Handreichung gelten: „Unsere reformatorischen Väter haben bei aller Kritik an der damaligen Abendmahlslehre und -praxis (C.A. 22 und 24 ...) nicht bestritten, dass Jesus Christus auch im Gottesdienst der römisch-katholischen Kirche gegenwärtig ist, wie wir es vom eigenen Gottesdienst glauben, wenn in der Eucharistiefeier Brot und Wein mit den Stiftungsworten Christi gesegnet und so bei der Kommunion durch die Gabe von Leib und Blut Christi in Seinem Namen und auf Seinen Befehl die ‚Vergebung der Sünden, Leben und Seligkeit' den glaubenden Sündern zugeeignet wird. Deshalb gilt auch von den Amtsträgern der römisch-katholischen Kirche: ‚Wenn sie das Wort Christi, wenn sie die Sakramente reichen, reichen sie es an Christi statt' (Apol. 7,28 ...). Es gehört gerade zu den fundamentalen Aussagen der Bekenntnisschriften der evangelisch-lutherischen Kirche, dass Unterschiede, die nur in geschichtlichen Traditionen oder menschlicher kirchlicher Rechtsetzung ihren Grund haben, die Vermittlung des Heils im Gottesdienst nicht einschränken. Umgekehrt darf deshalb die Anerkennung und Beachtung derartiger Vorschriften auch nicht zu einer die Gewissen bindenden Zusatzbedingung gemacht werden (C.A. 7 und 15 ...). Demgegenüber tritt nach Auffassung der römisch-katholischen Kirche jeder dort Kommunizierende über die geistliche Gemeinschaft mit der das Abendmahl feiernden Gemeinde hinaus auch in eine gewisse Gemeinschaft mit der römisch-katholischen Kirche, die allein Kirche in Fülle zu sein beansprucht." (Pastoraltheologische Handreichung, Abschn. III)

mahl losgelöste Sättigungsmahl als Agapemahl weiterlebt. Grundgelegt ist die urchristliche Abendmahlspraxis nach dem Zeugnis des Neuen Testaments im letzten Mahl Jesu am Abend vor seinem Tode; vorbereitet fand man sie in den Mahlgemeinschaften des irdischen Jesu, bekräftigt schließlich durch die österlichen Erscheinungen des auferstandenen Christus im Zusammenhang mit Mählern seiner Jünger. Die neutestamentlichen Texte vom letzten Abendmahl (vgl. Mk 14,22–25 par Mt 26,26–29; Lk 22,15–20 sowie 1 Kor 11,23–26; vgl. auch Joh 6), das Jesus „in der Nacht, in der er ausgeliefert wurde" (1 Kor 11,23) mit seinen Jüngern hielt, weichen im Wortlaut voneinander ab, zeigen bereits Spuren späterer liturgischer und theologischer Bearbeitung und stellen daher vor schwierige historische Fragen. Immerhin lassen sich die Grundbestände der Mahlhandlung relativ zuverlässig rekonstruieren: Jesus nimmt das Brot, spricht das Dankgebet darüber, bricht es und gibt es seinen Jüngern verbunden mit einem Spendewort zu essen (Mt; Mk; Lk); direkt danach (Mt; Mk) oder nach Abschluss der eigentlichen Mahlzeit (Lk; 1 Kor) nimmt er den Kelch, spricht ein Dankgebet darüber (Mt; Mk), gibt ihn seinen Jüngern zum Trinken, abermals verbunden mit einer Spendeformel. Schließlich ist das eschatologische Logion (Mk 14,25; Lk 22,16.18), der Ausblick auf das endgültige Kommen des Reiches Gottes, mit hoher Wahrscheinlichkeit von Jesus im Rahmen seines letzten Mahls mit den Jüngern gesprochen worden.

Im Übrigen sind der historische Ursprungssinn und der besondere theologische Charakter jenes Mahls in der letzten Nacht Jesu umstritten und werden verschieden gedeutet, je nachdem, ob man den traditionellen Bezugsrahmen im normalen jüdischen Festmahl, im Passahmahl oder in kultischen Gemeinschaftsmahlzeiten jüdischer Sondergruppen gegeben findet. Die uneinheitlichen Befunde erklären sich u.a. daraus, dass in den einschlägigen neutestamentlichen Texten sowohl der Ablauf des letzten Mahls als auch die Spendeworte unterschiedlich überliefert werden. Sind bei Lukas und Paulus Brot- und Kelchwort jüdischem Brauch entsprechend durch die Mahlzeit voneinander getrennt, folgen sie bei Markus und Matthäus während der Mahlzeit unmittelbar aufeinander. Unterschiede zeigen sich auch in der Überlieferung der Spendeworte: Die größte Überlieferungsdichte ist beim Brotwort gegeben, dessen Grundbestand („das ist mein Leib") von allen Zeugen übereinstimmend tradiert wird, wobei es Paulus durch das ergänzende „für euch", Lukas durch den Zusatz „der für euch hingegeben wird" soteriologisch interpretiert. Wesentlich schwieriger ist die Quellenlage beim Kelchwort: Paulus und Lukas identifizieren den Kelch mit dem Neuen Bund („dieser Kelch ist der Neue Bund in meinem Blut" [1 Kor 11,25]), wobei Lukas hinzufügt: „das für euch vergossen wird" (Lk 22,20). Bei

Markus und Matthäus heißt es mit Bezug auf den Kelch: „Das ist mein Blut, das Blut des Bundes, das für viele vergossen wird" (Mk 14,24; Mt 26,28), wobei Matthäus ergänzt: „zur Vergebung der Sünden". Welches die älteste Abendmahlsüberlieferung ist, konnte bislang nicht definitiv geklärt werden. Kontrovers beantwortet wird schließlich auch die Frage, ob der Wiederholungsbefehl, den nur Paulus (1 Kor 11,24ff.) und Lukas (Lk 22,19) bezeugen, auf den irdischen Jesus selbst zurückgeht. Unumstrittene Tatsache hingegen ist, dass die urchristliche Gemeinde das Mahl des Herrn „zu seinem Gedächtnis" regelmäßig feierte. Sie wusste sich in dieser Übung durch Mahlerscheinungen des auferstandenen Gekreuzigten, von denen die Begegnung des österlichen Christus mit den beiden Emmausjüngern ein besonders eindrucksvolles Beispiel gibt (vgl. Lk 24,13–35; ferner 36–43 sowie Joh 21,1–14), bestätigt und konnte sich zur Begründung ihrer Praxis neben dem letzten Mahl Jesu auch auf die häufigen Mahlfeiern berufen, die der Irdische sowohl mit seinen Jüngern als auch mit „Zöllnern und Sündern" hielt.

Bleibt im exegetischen Detail auch manches im Dunkeln, so lassen sich doch Grundstrukturen urchristlichen Herrenmahlsverständnisses unzweifelhaft erheben und zwar insbesondere dann, wenn man den weiteren Kontext der neutestamentlichen Abendmahlsthematik nicht unberücksichtigt lässt, wie er durch Texte wie etwa 1 Kor 10,16f. exemplarisch bestimmt ist. Der Apostel greift dort eine wahrscheinlich zu katechetischen Zwecken geprägte, parallel aufgebaute Formulierung auf, in der das eucharistische Brot zur Gemeinschaft des Leibes Christi, der gesegnete Kelch zur Gemeinschaft des Blutes Christi erklärt wird; für das deutsche Wort „Gemeinschaft" (oder Teilhabe) steht im griechischen Urtext jedes Mal der Koinonia-Begriff. Paulus kehrt die Reihenfolge der beiden katechetischen Formeln um und verwandelt sie durch einen rhetorischen Kunstgriff in Fragen, um von dem am Kreuz dargebrachten Leib Christi direkt auf die Kirche von Korinth als Leib Christi überzuleiten, deren Einheit er zu fördern und gegen Gefährdungen abzugrenzen sucht: „Ist der Kelch des Segens, über den wir den Segen sprechen, nicht Teilhabe am Blut Christi? Ist das Brot, das wir brechen, nicht Teilhabe am Leib Christi? *Ein* Brot ist es. Darum sind wir viele *ein* Leib, denn wir alle haben teil an dem einen Brot." (1 Kor 10,16f.) Dieser, die ersten Koinonia-Belege in christlichen Zeugnissen integrierende Text ist kennzeichnend für das paulinische Verständnis von Koinonia, wie es im eucharistischen Zusammenhang paradigmatisch zum Ausdruck kommt: Indem wir im Mahl des Herrn Anteil gewinnen an seinem Leib und Blut, will heißen: an der in Gott verewigten Person des auferstandenen Gekreuzigten, werden wir untereinander zu einer personalen Gemeinschaft wechselseitiger Teilhabe und Teilgabe, zum Leib

Christi zusammengeschlossen, der zu sein die Kirche in allen ihren Erscheinungsgestalten bestimmt ist.

Letzterer Satz kann nach meinem Urteil als bündige Zusammenfassung evangeliumsgemäßen und daher evangelischen Abendmahlsverständnisses gelten. Martin Luther hat im Kleinen Katechismus das Gleiche auf seine Weise so gesagt: „Was ist das Sakrament des Altars? Antwort. Es ist der wahre Leib und Blut unsers Herrn Jesu Christi, unter dem Brot und Wein uns Christen zu essen und zu trinken von Christo selbs eingesetzt." (BSLK 519,39ff) In dem im differenzierten Zusammenhang seines irdischen Lebens, seines Sterbens und seines Auferstehens auf das eschatologische Kommen des Reiches Gottes hin gestifteten Mahl vergegenwärtigt sich auf sakramentale Weise der Herr selbst in der Kraft des Heiligen Geistes. Die sakramentale Gegenwart ist erstens Gegenwart Jesu Christi in seinem Leib und seinem Blut, womit insbesondere auf die wirkliche Präsenz des wahrhaft Menschgewordenen und darauf hingewiesen ist, dass sich die Sendung des Inkarnierten im Opfer der Versöhnung am Kreuz vollendete. Ist sonach die Gegenwart Christi in seinem Mahl Gegenwart des um uns und unseres Heils willen Gekreuzigten, so ist sie als solche doch stets „praesentia vivi Christi" (BSLK 248,44), also Präsenz des auferstandenen Gekreuzigten, dessen österliche Herrlichkeit einen Vorgeschmack gibt auf das nahende Gottesreich. Damit ist zugleich gesagt, dass der Sinn der Wendung „Leib und Blut Christi" durch Kontrastierung von Substantialismus und Personalismus, res-Präsenz und Personalpräsenz nicht zu fassen ist. Die sakramentale Gegenwart Christi ist Gegenwart des Herrn in Leib und Blut, also reale Personpräsenz dessen, der einmal und ein für allemal für uns lebte, starb und auferstand, damit wir in der Kraft des Geistes teilhaben an seinem Sohnesverhältnis zum göttlichen Vater.

Die heilsame Gegenwart von Leib und Blut Christi, mittels derer wir durch gläubigen Empfang im Geiste Anteil gewinnen am Verhältnis des Sohnes zum Vater, ist zweitens sakramentale Präsenz unter der Gestalt von Brot und Wein, deren differenzierter, aber unauflöslicher Zusammenhang den Mahlcharakter der eucharistischen Feier, wie er stiftungsgemäß geboten ist, elementar bestimmt. Dabei ist der Modus der Verbindung des Leibes und des Blutes Christi mit Brot und Wein stets so zu denken, dass das ebenso sakramentale wie reale Gegebensein der in Jesus Christus für uns gegebenen Gabe gewiss werden kann. Die Wittenberger Reformation hat in diesem Sinne mit Vorliebe von einer Gegenwart Jesu Christi in, mit und unter Brot und Wein gesprochen, aber dabei sorgsam darauf geachtet, dass das Insein Jesu Christi in Brot und Wein nicht als localis inclusio missverstanden wurde, was ja auch die Transsubstantiationslehre ausschließt.

Weil die elementare Gegenwart Jesu Christi im Altarsakrament Gegenwart für uns ist, muss schließlich drittens die stiftungsgemäße Hinordnung von Brot und Wein auf Essen und Trinken und damit der konkrete Mahlcharakter der eucharistischen Feier hervorgehoben werden. Darauf zielt nach Maßgabe der Konkordienformel die „nützliche Regel und Richtschnur aus den Worten der Einsetzung genommen: Nihil habet rationem sacramenti extra usum a Christo institutum [...]" (BSLK 1001,5ff). Zwar wird der „usus" nicht auf die „mündliche Nießung" beschränkt, sondern bezeichnet „die ganze äußerliche, sichtbare, von Christo geordnete Handlung des Abendmahls, die Consecration oder Wort der Einsetzung, die Austeilung und Empfahung oder mündliche Nießung des gesegneten Brots und Weins, Leibs und Bluts Christi". Außer diesem Gebrauch indes, wenn das Brot „nicht ausgeteilet, sondern aufgeopfert oder eingeschlossen, umbgetragen und anzubeten fürgestellet, ist es für kein Sakrament zu halten" (BSLK 1001,18ff). Damit ist deutlich gemacht: Die Gegenwart Jesu Christi im Abendmahl ist als vorgegebene schlechthin und vorbehaltlos für uns gegeben. Das An-sich der Realpräsenz lässt sich von ihrem Für-uns nicht trennen. Der Für-Bezug ist ihr in keiner Weise äußerlich, vielmehr ist sie an sich selbst durch den Für-Bezug bestimmt.

Ist Jesus Christus unter der Gestalt von Brot und Wein da, um von uns in der Weise des Essens und Trinkens empfangen zu werden, so erhellt, dass die manducatio spiritualis von der manducatio corporalis nicht prinzipiell getrennt werden kann, ohne dass deshalb Letztere als eine manducatio carnalis missverstanden werden dürfte. Wie die Präsenz Christi in, mit und unter Brot und Wein, so ist auch das Essen und Trinken der eucharistischen Gabe sakramentaler Art. Bleibt hinzuzufügen, was alles andere als marginal ist, sondern wesensmäßig zum Herrenmahl gehörig: Indem wir durch die sakramentale Speise, welche wir empfangen, in umfassender Weise mit Christus vereinigt, ihm einverleibt werden, werden wir durch die Gemeinschaft mit dem Leibe Christi auch untereinander vereint und zu Gliedern eines Leibes zusammengeschlossen. Das Abendmahl ist demgemäß „stetes Band und Vereinigung der Christen mit ihrem Häupt Christo und unter sich selbst" (BSLK 986,7ff) und das „Mittel, dardurch wir mit Christo geistlich vereiniget und dem Leib Christi, welcher ist die Kirch, einverleibt werden" (BSLK 991,19ff).

4. Congregatio sanctorum: Kirche als eucharistische Gemeinschaft

Der Kirchenbegriff ist semantisch mehrdeutig. Umgangssprachlich bezeichnet er sowohl den christlichen Gottesdienst und das seiner Durchführung gewidmete Gebäude als auch die verfasste Sozialgestalt christlichen Glaubens im Sinne einer Institution und ihrer repräsentativen Organe. Neuzeitspezifisch ist die Tendenz, den Begriff der Kirche außenperspektivisch demjenigen der Religionsgemeinschaft zu subsumieren. Dies ist im Wesentlichen ein Reflex der Pluralisierung des Kirchenbegriffs im Zuge der Reformationsgeschichte. Binnenperspektivisch ist dieser Reflex in dem Bewusstsein präsent zu halten, dass es eine konfessionsneutrale Ekklesiologie nicht gibt. Die Konfessionsbestimmtheit der Ekklesiologie kann indes nicht gleichgesetzt werden mit denominationeller Fixierung, sondern enthält die Aufforderung in sich, die denominationelle Erscheinungsgestalt des jeweiligen Kirchentums in ein geklärtes Verhältnis zu setzen zum dogmatischen Wesen der Kirche, wie es namentlich durch die Attribute der Einheit, Heiligkeit, Katholizität und Apostolizität in gemeinchristlicher Weise umschrieben ist.

Das Wesen der una, sancta, catholica et apostolica ecclesia als einer allezeit und allerorten beständigen Größe wird im VII. Artikel der Confessio Augustana folgender Bestimmung zugeführt: „Est autem ecclesia congregatio sanctorum, in qua evangelium pure docetur et recte administrantur sacramenta." (CA VII,1) Die Kirche ist „die Versammlung aller Glaubigen, bei welchen das Evangelium rein gepredigt und die heiligen Sakrament lauts des Evangelii gereicht werden" (BSLK 61,4–7). Verbindet man diese ekklesiologischen Bestimmungen mit den pneumatologischen Aussagen von CA V, so lässt sich folgendes konstatieren: Das theologische Wesen der Kirche ist geistvermitteltes Sein in Christus. Mittels Wort und Sakrament als seinen Wirkmedien gewährt der Hl. Geist den Gläubigen durch ihren Glauben Anteil an der Beziehung des menschgewordenen Gottessohnes zum Vater, womit ihr Verhältnis zu Gott, Selbst und Menschenwelt von Grund auf zurechtgebracht wird. Als gerechtfertigte Sünder mit Gott selbst versöhnt und verbunden sind die Gläubigen zugleich untereinander zusammengeschlossen, wobei Individualität und Sozialität in gleichursprünglicher Weise in Geltung stehen. Der originäre Verwirklichungszusammenhang dieses Geschehens ist die konkrete Gottesdienstgemeinschaft, durch welche Kirche konstituiert und erhalten wird. Darauf deutet die pointierte Wendung „*congregatio sanctorum*" hin, welche die konkrete, um Wort und Sakrament versammelte Gottesdienstgemeinde der Gläubigen als prototypische Realisierungsgestalt von Kirche bezeichnet. In ihr subsistiert die Kirche Jesu Christi nicht nur, sie ist (*est*) Kirche im eigentlichen und vollen Sinne des Begriffs, wie er durch die Etymologie des deutschen Lehnworts Kirche (*ky-*

riake) nahegelegt ist. Doch ist jede Gottesdienstgemeinde ihrem Wesen nach universalkirchlich ausgerichtet. Die Kirche ist als congregatio sanctorum zugleich Gemeinschaft „aller Glaubigen" (BSLK 61,4f). Dabei enthält der universalkirchliche Bezug, der jeder Gottesdienstgemeinde ihrem Wesen nach eigen ist, sowohl einen räumlichen als auch einen zeitlichen Aspekt. Beide Aspekte bedürfen der Berücksichtigung, um zu einem ekklesiologisch angemessenen Verständnis von Kirchengemeinschaft als communio ecclesiarum zu gelangen; und in beiderlei Hinsicht kommt dem Amt eine besondere Bedeutung zu, die nicht zuletzt in der Abendmahlsfeier ihren Niederschlag findet.

Die Funktion des Trägers des ordinationsgebundenen Amtes in der sakramentalen Herrenmahlsfeier hat zum einen einen Bezug zu dem raumtranszendierenden Charakter, der Kirche und Herrenmahl gemein ist. In bestimmter Weise symbolisiert der Ordinierte, wenn man so will, nicht nur die Einheit der Gemeinde vor Gott, sondern auch die Einigkeit der Gemeinde in sich und mit anderen Gemeinden. Die spezifische Gemeinschaft der Ordinierten untereinander und in Verein mit Trägern übergemeindlicher Leitungsämter gehört in diesen Zusammenhang. Zu erwähnen ist aber auch das Recht und die Pflicht der Ordinierten, eine Exkommunikation für den Fall auszusprechen, dass dem kommunialen Wesen des Altarsakraments in Theorie und Praxis bewusst und hartnäckig entgegengewirkt wird. Ein solcher Fall wäre etwa dort gegeben, wo ethnische Prämissen zur Voraussetzung der Abendmahlsgemeinschaft erklärt würden. Entsprechendes gilt, wo trennende Grenzen des Geschlechts, des sozialen Standes oder der Bildung zwischen Christen aufgerichtet werden. Weitere Beispiele ließen sich unschwer hinzufügen. Doch soll dies hier nicht geschehen. Zu erwähnen ist lediglich noch der Gesichtspunkt, der in Anbetracht einer katholischen Eucharistiefeier durch die stets erfolgende Kommemoration des Papstes und der Bischöfe gegeben ist. Soweit eine solche Kommemoration ein Zeichen des raumumgreifenden Wesens der Kirche ist, wie es in der Abendmahlsfeier auf wirksame Weise bezeichnet ist, kann und sollte dieser Aspekt auch von evangelischer Seite gewürdigt werden. Katholischerseits hinwiederum müsste gefragt werden, ob die Kirche wirklich grundsätzlich und wesensnotwendig als Träger der episkopalen und papalen Vollmachten nur einzelne bestellen kann oder unter Umständen nicht auch eine synodale Gruppierung etwa. Ich jedenfalls sehe, um mit Karl Rahner zu reden, „nicht ein, daß die Lehre der Kirche (z.B. im II. Vatikanum) über das Wesen des Bischofsamtes schon geleugnet sei, wenn man annähme, diese bischöfliche Vollmacht sei von einem kleinen Kollektiv getragen"[20].

20 Karl Rahner, Vorfragen zu einem ökumenischen Amtsverständnis, Freiburg / Basel /

Wie in räumlicher so ist auch in zeitlicher Hinsicht mit einer spezifischen Funktion des kirchlichen Dienstamtes zu rechnen, welche sich in der Feier des Herrenmahls liturgisch reflektiert. Ausdrücklich lehrt der 7. Artikel der Confessio Augustana, „daß alle Zeit musse ein heilige christliche Kirche sein und bleiben" (BSLK 61, 2–4; CA VII,1: „quod una sancta ecclesia perpetua mansura sit"). Dieser zeitübergreifende, die mit dem Tod gesetzte Grenze zwar nicht leugnende, aber doch zugleich über sie hinausweisende Aspekt ist mit der Feier des Abendmahls untrennbar verbunden. Die eucharistische communio transzendiert die Schranken des Todes, ohne die Todesgrenze deshalb in Abrede zu stellen. In der Gemeinschaft mit Christus darf sich der Christ auch denen verbunden wissen, die im Glauben ihm zuvor das Zeitliche gesegnet haben. Kirche als eucharistische Gemeinschaft ist keine bloß heutige Gestalt. Die gegenwärtige kirchliche Gemeinschaft weiß sich vielmehr in zwar kritischer, immer aber solidarischer Gemeinschaft mit den Vätern und Müttern des Glaubens, so wie sie andererseits niemals der Devise folgen wird: nach mir die Sintflut. Auch in dieser Hinsicht kommen, ohne dass dies im Einzelnen ausgeführt werden müsste, den Ordinierten besondere Rechte und Pflichten zu, deren Wahrnehmung ohne theologische Kompetenz nicht möglich ist. Wo nämlich, um ein Beispiel zu geben, die nötigen exegetischen oder kirchen- und dogmengeschichtlichen Kenntnisse fehlen, da kann der Ordinierte die ihm aufgetragene spezifische Sorge um Kontinuität und Identität christlichen Glaubens durch die Zeiten nicht angemessen bewerkstelligen.

5. Die Einheit der Vielen: Priestertum aller und ordinationsgebundenes Amt im eucharistischen Vollzug

Durch zwei Grenzmarkierungen ist der Rahmen einer evangelischen Lehre vom ordinationsgebundenen Amt im Sinne der Wittenberger Reformation abgesteckt. Das besondere Amt der Kirche, wie es durch Ordination vermittelt wird, verdankt sich erstens nicht lediglich einer Delegation durch die einzelnen Gemeinden, es hat vielmehr als von Gott gestiftet und also als iure divino gesetzt zu gelten. Das ordinationsgebundene Amt begründet zweitens ebenso wenig einen gesteigerten Heilsstatus, welcher die Gnadenstandsparität aller glaubenden Getauften beeinträchtigen und Exklusivkompetenzen im Sinne etwa einer Garantievollmacht für Identität und Kontinuität christlichen Glaubens durch die Zeiten legitimieren würde. Zwar sind die Ordinierten kraft ihres Amtes dazu bestimmt, Christus zu repräsentieren; doch gilt das in

Wien 1974, 30.

bestimmter Weise für alle, die glauben und getauft sind. Ein Monopol auf Christusrepräsentanz sieht evangelische Amtslehre nicht nur nicht vor; ein solcher Monopolanspruch ist vielmehr prinzipiell ausgeschlossen. Für sich genommen ist der Gedanke der Christusrepräsentanz daher nicht in der Lage, die spezifische Differenz zwischen ordinationsgebundenem Amt und jenem Amt zu begründen, an welchem alle glaubenden Getauften kraft allgemeinen Priestertums teilhaben.

Angemessen begründen lässt sich der Unterschied zwischen Ordinierten und Nichtordinierten nach meinem Urteil nur dann, wenn das Verhältnis zwischen der Besonderheit des ordinationsgebundenen Amtes der Kirche und der Allgemeinheit des Priestertums aller als wechselseitiger Begründungszusammenhang begriffen wird. Dabei ist davon auszugehen, dass das allgemeine Priestertum realiter in je besonderer Weise, also in eigentümlichen individuellen und sozialen Zusammenhängen wahrgenommen wird. Damit – so die entscheidende These – über der je besonderen Wahrnehmung des Priestertums aller nicht dessen Allgemeinheit und damit die Katholizität und Einheit der Kirche verloren gehe, hat Gott das besondere Amt der Kirche eingesetzt, dessen spezifische Aufgabe darin besteht, Separationen innerhalb der Gemeinde und in ihren Beziehungen zueinander zu vermeiden und damit der die Schranken des Raumes und der Zeit transzendierenden unitas et universalitas ecclesiae zu dienen. Was dies für die liturgische Stellung des ordinierten Amtsträgers in der Feier des Herrenmahls bedeutet, soll im Folgenden genauer erfragt werden.

Schon das „Herrenmahldokument“ hatte die gemeinsame Überzeugung katholischer und lutherischer Christen bekundet, „daß zur Eucharistie die Leitung des kirchlicherseits dazu bestellten Dieners gehört“ (H 65). „Zwar wird bei der Lehre vom Abendmahl“, so konstatiert die lutherische Seite im 30. Artikel, „für die Gültigkeit und als Voraussetzung der realen Gegenwart Christi nur der Vollzug der Handlung im Sinne der Einsetzung durch den Herrn genannt. Das Amt wird hierbei nicht erwähnt. Nach ‚Confessio Augustana V‘ wird jedoch für die Verwaltung der Sakramente das Amt vorausgesetzt. Nach ‚Confessio Augustana XIV‘ wird dieses Amt der öffentlichen Verkündigung und Sakramentsverwaltung nur durch ordentlich dazu Berufene ausgeübt, das heißt nach heutigem Verständnis durch ordinierte Amtsträger: ‚Überall, wo das Amt der Kirche ausgeübt werden soll, ist Ordination erforderlich‘. In dieser Feststellung liegt nicht lediglich eine disziplinäre Überlegung, sie hat vielmehr [...] wesentliche Bedeutung für die öffentlich sich darstellende Einheit der Kirche.“ (A 30) Im Dienst der Einheit der Kirche liegt sonach die Bedeutung des Amtes für die Feier des Abendmahls begründet, und um dieses Einheitsdienstes willen, zu dem es bestimmt ist, gehört das

Amt der öffentlichen Evangeliumsverkündigung in Wort und Sakrament zu den „grundlegenden Kennzeichen" (A 29) der Kirche selbst.

Diese Feststellungen entsprechen präzise Luthers Sicht der Dinge. Auszugehen ist von der Beobachtung, dass es Luther stets abgelehnt hat, einem Nichtordinierten die Leitung der Abendmahlsfeier zuzuerkennen; die Administration des Altarsakraments bleibt selbst für sog. Notfälle dem ordinationsgebundenen Amt vorbehalten. Zwar ist die Textbasis für diesen Befund vergleichsweise schmal; aber die gegebenen Fälle bestätigen das Gesagte eindeutig. So hat sich Luther etwa stets der an ihn herangetragenen Bitte verweigert, angesichts der desolaten kirchlichen Situation seiner Zeit evangelisch Gesinnten die Erlaubnis zu einer von einem Laien administrierten sog. Hauskommunion zu erteilen: „Bei Leib laßt Euch nicht bereden, daß ein iglicher Hauswirt müge das Sacrament in seinem Hause geben! Denn lehren mag ich daheimen, aber öffentlicher Prediger bin ich damit nicht, ich wäre denn öffentlich berufen. So spricht auch St. Paulus vom Sacrament 1. Kor 11: wir sollen zusammenkommen, und nicht ein iglicher ein eigen Abendmahl machen. Darumb ist's nichts geredt: Das Sacrament wird durchs Wort gemacht, darumb mag ich's im Hause machen. Denn es ist Gottes Ordnung und Befehl nicht; sondern er will, daß das Sacrament durch öffentlich Ampt gereicht werde." (WA Br 7,366,36–45)

Um aus dieser Stellungnahme und ähnlich lautenden keine voreiligen dogmatischen Schlüsse zu ziehen, wird man die Zielrichtung der Argumentation genau beachten müssen. Festzuhalten ist zunächst, dass Luther nicht von einer ausschließlich dem Ordinierten vorbehaltenen potestas consecrandi oder gar einer priesterlichen potestas offerendi her argumentiert. Zwar weiß auch er von einer Konsekrationsvollmacht des Ordinierten zu sprechen; aber es zeigt sich, dass bei ihm die Frage, wer konsekrieren kann und darf, im Rahmen und aus dem Zusammenhang der Öffentlichkeitsbestimmung des ordinationsgebundenen Amtes entwickelt wird. Dagegen hat Luther eine unmittelbare, nicht durch den Öffentlichkeitsgedanken (resp. durch den unauflösbaren Zusammenhang von Amt und Gemeinde, wie er im Geiste Jesu Christi begründet ist) vermittelte Verknüpfung von Amt und potestas consecrandi stets bekämpft. Der Winkelpriester, der nur sich selbst ministriert, hat, trotz aller möglichen Weihen, gerade keine Konsekrationsvollmacht, weil er kein öffentliches Dienstamt versieht. Um es pointiert zu formulieren: Zwar kann vermöge des allgemeinen Priestertums aller Gläubigen grundsätzlich jeder Christ konsekrieren, es soll und darf dies aber nicht jeder. Beides, das allgemeine Können und das auf eine besondere Amtsperson eingeschränkte Dürfen, ist gleichermaßen im sakramentalen Zeichen begründet. Denn was aller Bestimmung ist, nämlich Heil verkündende und gestaltende „Sprachrohre“ Christi zu sein, bedarf unter den Bedingungen personeller und gemeindlicher Vielfalt, gerade um der Universalität dieser Bestimmung willen, notwendig der Wahrnehmung durch ein besonderes Amt, das freilich seine einheitsstiftende Aufgabe nur dann angemessen erfüllt, wenn es hingeordnet ist auf konkrete Pluriformität.

Um seines Öffentlichkeitscharakters willen, so die Argumentation Luthers, bedarf der Sakramentsgottesdienst der Leitung durch den ordinierten Amtsträger, dessen Besonderheit gegenüber dem allgemeinen Priestertum aller gerade darin besteht, ordentlich dazu bestellt zu sein, den in der Sendung Jesu Christi begründeten Öffentlichkeitsauftrag der Kirche wahrzunehmen und damit ihrer universalen Einheit zu dienen. Dass dieser Auftrag, sosehr er für alle Heilsmittel in Geltung steht, durch die Stiftung des Altarsakraments eine eigentümliche Konzentration erfährt, insofern im Abendmahl die Öffentlichkeitsbestimmung der Kirche gewissermaßen an sich selbst dargestellt und zeichenhaft-wirksam vollzogen wird, hat Luther nicht bestritten. Vielmehr dürfte es in dem spezifischen Öffentlichkeitscharakter der Kommunion begründet sein, dass er in der Frage eines Notrechts hinsichtlich der Abendmahlsspendung durch Nichtordinierte offenbar zu keinem Zugeständnis bereit war, wohingegen er das Recht, nicht nur im privaten Kreis – das versteht sich von selbst –, sondern öffentlich zu predigen, zu taufen und die Absolution zu erteilen, gegebenenfalls jedem Christen zuerkennen konnte. Daraus die Annahme einer gesteigerten Heiligkeit des Altarsakraments den anderen „sancta“ gegenüber zu folgern, wäre gewiss ebenso verfehlt, wie es umgekehrt falsch wäre, aus Luthers These, eine Spendung des Abendmahls sei nicht heilsnotwendig, weil die Heilsgabe Gottes auch durch Predigt und sonstigen Zuspruch empfangen werden könne (mit welcher These er seinen Aufruf zum Verzicht auf Abendmahlsfeiern ohne ordentlich berufene Amtsträger wiederholt begründet hat), eine Geringschätzung des Altarsakraments herauszulesen. Richtig dürfte vielmehr sein, dass die Rücksicht auf die jeweils eigentümliche Gestalt der einzelnen Heilsmittel, die unbeschadet ihrer – im einen Stifter selbst begründeten – Gemeinsamkeit gegeben ist, Luther bewogen hat, eine differenzierte Praxis zu empfehlen und im Falle des Abendmahls um seines spezifischen Öffentlichkeitscharakters willen die Leitung der Feier den zur Wahrnehmung des öffentlichen Auftrages der Kirche geordneten und bestellten Dienern vorzubehalten.

Dass Luther eine Ausnahme von dieser Regelung in Betracht gezogen hätte, ist nicht bekannt. Tatsache hingegen ist, dass er die Gemeinden für die Zeit, in der sie eines ordentlich berufenen Amtsträgers entbehrten, zum Verzicht auf das Abendmahl aufgerufen hat. Nun mag man diesen Sachverhalt so interpretieren, dass man sagt, das ordinationsgebundene Amt gehöre zur Integrität des sakramentalen Zeichens dergestalt hinzu, dass der Zeichencharakter des Altarsakraments selbst tangiert wäre, wenn die Herrenmahlsfeier „amtlicher" Leitung ermangeln würde. Dieser Satz ist nicht falsch und braucht von evangelischer Theologie keineswegs abgewiesen zu werden. Um aber über seine Richtigkeit angemessen befinden zu können, muss man genau wissen, in welcher Weise das ordinationsgebundene Amt zum sakramentalen Zeichen hinzugehören soll.

Zunächst ist zu sagen, dass das Amt zum Sakrament des Herrenmahls nicht mehr und nicht weniger hinzugehört als etwa die kommunizierende Gemeinde. Es ist also sogleich der Gesamtzusammenhang der Feier in all seinen Momenten ins Auge zu fassen und der Blick nicht zu verengen auf ein isoliertes Geschehen an den Elementen, von dem her dann die Notwendigkeit des Amtes für den sakramentalen Vollzug im Sinne einer einseitig herausgestellten potestas consecrandi zu begründen wäre. Innerhalb des sakramentalen Vollzugs aber steht das ordinationsgebundene Amt zeichenhaft für die Öffentlichkeit dieses Vollzugs, mithin für seinen gesamtkirchlichen Bezug. In diesem Sinne kommt dem Amtsträger die Funktion einer zeichenhaften Repräsentation der Einheit der Kirche zu; sofern aber die Einheit der Kirche in der Einheit des Herrn gründet, kann auf vermittelte Weise auch von einer sakramental-zeichenhaften Repräsentation Christi durch den ordinierten Amtsträger in der Abendmahlsfeier gesprochen werden. Aber diese repräsentative Funktion ist gewiss anderer Art als die mit Brot und Wein gegebene Präsenz Christi. Denn diese Präsenz ist der Repräsentationsaufgabe des Amtes prinzipiell vorgeordnet. In Bezug auf die sakramentale Anwesenheit Christi im Herrenmahl stehen Amt und Gemeinde grundsätzlich auf gleicher Ebene, wie denn auch beide auf den Genuss der gesegneten Speise gleichermaßen angewiesen sind. Diese gemeinsame Angewiesenheit auf die sakramentale Gabe spiegelt sich in dem Verhältnis wechselseitiger Angewiesenheit wider, in dem Amt und Gemeinde zueinander stehen; wie die Gemeinde des Dienstes der Einheit bedarf, so bedarf das Amt der Einheit jener Vielheit, wie sie in der Gemeinde manifest ist, um nicht seinerseits dem Geist der Beschränktheit zu verfallen. So gehört denn auch die konkrete Gemeinde in gleich ursprünglicher und gleich wesentlicher Weise wie das Amt zum Zeichenschatz des Altarsakraments, indem sie in ihrer Konkretheit die Aufgeschlossenheit des Geistes Christi für die Besonderheit jedes leibhaften Menschen und seiner Welt repräsentiert, welche Aufgeschlossenheit zum Wesen des Herrn nicht weniger hinzugehört als sein Wille, dass die Vielen in ihm eins sein sollen.

6. Presbyterat und Episkopat: Die Relevanz der Gliederungsformen des ordinationsgebundenen Amtes für die Herrenmahlsfeier

Unbeschadet der Tatsache, dass Ekklesiologie und Amtslehre der Wittenberger Reformation von der konkreten „congregatio sanctorum", wie CA VII sie beschreibt, ihren Ausgang nehmen und in genuiner Weise auf die örtliche Gottesdienstgemeinde als Originalgestalt und Prototyp von Kirche bezogen sind, gehört nach Maßgabe evangelisch-lutherischer Bekenntnistradition die Wahrnehmung translokal-übergemeindlicher Verantwortung zu den wesentlichen Aufgaben der Kirche: ist doch jede Ortsgemeinde, so wahr sie nicht nur teilweise Kirche, sondern Kirche im vollen Sinne des Begriffs ist, unveräußerlich auf einen ihre lokalen und temporalen Schranken transzendierenden Zusammenhang bezogen und ohne diesen Bezug in ihrem eigenen Wesen ekklesiologisch nicht recht zu begreifen.

Aus diesem Grund hat sich die Reformation der geschichtlichen Notwendigkeit institutionell-amtlicher Wahrnehmungsgestalten übergemeindlicher Episkope keineswegs verschlossen. CA XXVIII anerkennt nicht nur prinzipiell das traditionelle Bischofsamt, sondern erklärt es fernerhin für wünschenswert, die episkopale Ordination unter Wahrung gemeindlicher Mitwirkungsrechte im Regelfall beizubehalten, auch wenn die Möglichkeit presbyteraler Ordinationen notfalls für nicht nur legitim, sondern für geboten erachtet wurde. Hinzuzufügen ist, dass in den Reformationskirchen das Bischofsamt von Anfang an nicht die einzige Wahrnehmungsgestalt übergemeindlicher episkopé darstellte. Während sich in den Kirchen der Wittenberger Reformation synodale Formen der episkopé erst verhältnismäßig spät etablierten, war dies in der reformierten Tradition schon frühzeitig der Fall, so differenziert sich die Gestaltung der Kirchenverfassung in den Denominationen im Einzelnen entwickelte. Für die aktuelle Kirchenverfassungstheorie und -praxis ist die Aufgabe gestellt, die personalen, kollegialen und synodalen Wahrnehmungsformen übergemeindlicher episkopé einer präzisen Verhältnisbestimmung zuzuführen.

Was das genaue Verhältnis von Presbyteramt und Bischofsamt betrifft, so gilt nach CA XXVIII die Maxime, dass deren Unterschied die Einheit des ordinationsgebundenen Amtes nicht auflösen darf. Alle Aufgaben kirchlichen Amtes, welche in der Vollmacht zu öffentlicher Evangeliumsverkündigung in Wort und Sakrament enthalten bzw. mitgesetzt sind, sind daher in der differenzierten Einheit von *potestas ordinis* und *potestas iurisdictionis* Pfarrern und Bischöfen gemein. Die spezifische Differenz beider bestimmt sich ausschließlich vom geringeren oder größeren Umfang geistlicher Aufsicht und nicht von spirituellen Gradunterschieden hierarchischer Weihestufungen her. Zwar schließt dieser

Vorbehalt nicht aus, die Ausbildung übergemeindlicher Leitungsämter für ekklesiologisch erforderlich zu erachten; indes wäre es unreformatorisch, das Pfarramt lediglich als Epiphänomen des Bischofsamtes und den Pfarrer als bloßen Bevollmächtigten des Bischofs zu betrachten.

Zum Thema der apostolischen Sukzession ist fernerhin zu bemerken, dass sich reformatorische Ekklesiologie neben der Einheit, Heiligkeit und Katholizität der Kirche selbstverständlich auch zu deren Apostolizität bekennt. Als Kriterium kirchlicher Apostolizität fungiert dabei die Übereinstimmung mit der apostolischen Lehre, welche in der Hl. Schrift beurkundet und vom Bekenntnis des Glaubens, wie es in den altkirchlichen Symbolen exemplarischen Ausdruck gefunden hat, bezeugt wird. Dabei ist selbstverständlich vorausgesetzt, dass von Zeugnis ohne Zeugen aktuell nicht die Rede sein kann. Als apostolisch kann die Zeugenschaft der Zeugen indes nur dann gelten, wenn sie sich im Kontext des kanonisch vorgeschriebenen und im Namen Jesu konzentrierten *verbum externum* bewegt und von der Gewissheit getragen ist, dass sich in, mit und unter dem äußeren Buchstaben des Wortes der Schrift, welche situationsgerecht auszulegen kirchlicher Zeugenschaft aufgetragen ist, der Geist des auferstandenen und zur Rechten Gottes erhobenen Gekreuzigten selbst lebendig zu bezeugen vermag. Neben Mandatstreue ist sonach die Verheißungsgewissheit gegebener Selbstbezeugungsfähigkeit des Bezeugten kennzeichnend für die Apostolizität kirchlicher Zeugenschaft. Das gilt auch und gerade unter amtstheologischen Gesichtspunkten. Daher kann das recht verstanden hilfreiche und schätzenswerte Zeichen der apostolischen Amtssukzession, wie es u.a. in der praktizierten Vorstellung einer ununterbrochenen Kette von Handauflegungen im Zusammenhang von episkopalen bzw. presbyteralen Ordinationsvollzügen zum Ausdruck kommt, unter evangelischen Bedingungen nicht als eine Garantie für die Identität und Kontinuität apostolischer Wahrheit durch die Zeiten hindurch gewertet werden. Eine solche Wertung kommt nicht nur deshalb nicht in Frage, weil die Annahme einer bis zu den apostolischen Ursprüngen zurückreichenden ununterbrochenen Kette bischöflicher Handauflegungen eine historische Fiktion darstellt. Sie ist auch und vor allem deshalb ausgeschlossen, weil prinzipielle theologische Gründe dagegen sprechen, mit einer Amtsperson oder einer Gruppe von Amtspersonen den förmlich autorisierten Anspruch infallibler Wahrheitsgewährleistungskompetenz zu verbinden. Trifft dies zu, dann darf die sog. historische Amtssukzession einschließlich der *successio sedis* weder zu einem Konstituens des Kircheseins der Kirche noch zur Bedingung der Möglichkeit von Kirchengemeinschaft erklärt werden, auch wenn sie zum *bene esse* der Kirche zu rechnen ist.

Hat die Ausdifferenzierung des ordinationsgebundenen Amtes in das des Pfarrers und das des Bischofs nach reformatorischem Urteil als rechtmäßig zu gelten, so kann der Möglichkeit nach auch mit weiteren Gliederungsformen des besonderen Amtes der Kirche gerechnet werden. Das gilt zum einen für das Diakonenamt, selbst wenn der traditionellen Dreigliederung des Amtes der Status einer theologischen Notwendigkeit nicht zuerkannt werden kann und das Diakonat in reformatorischer Tradition häufig nicht im Kontext der Theologie des ordinationsgebundenen Amtes zu stehen kommt. Neben weiteren Möglichkeiten differenzierter Ausgestaltung des kirchlichen Amtes, wie sie in einer kaum zu beschreibenden Komplexität tatsächlich statthat, ohne im Einzelnen in den theologisch-ekklesiologischen Begriff eingeholt worden zu sein, hält sich die reformatorische Tradition zum anderen auch hinsichtlich institutioneller Wahrnehmungsformen universalkirchlichen Einheitsdienstes grundsätzlich offen. Eine andere Frage ist es, ob bzw. inwiefern dieser Dienst unter Bezug auf die in der biblischen Geschichte hervorgehobenen Rolle des Kephas als Petrusdienst zu bestimmen ist, eine wieder andere, ob bzw. inwiefern besagter Petrusdienst mit der Stellung des Bischofs von Rom in Verbindung und mit päpstlichen Vollmachtsansprüchen zum Ausgleich gebracht werden kann. Letzterer Aspekt betrifft vor allem die Lehre vom universalen Jurisdiktionsprimat des Papstes sowie das päpstliche Infallibilitätsdogma des I. Vatikanischen Konzils.

Sind im Zusammenhang der Gliederungsformen des ordinationsgebundenen Amtes die aus der Perspektive der Wittenberger Reformation nötigen Grundsatzerklärungen soweit erfolgt, so kann nun abschließend die Relevanz dieser Thematik für die Herrenmahlsfeier zumindest in Ansätzen erörtert werden. Das geschieht im Folgenden in der Absicht, möglichst genau zu markieren, in welchen Punkten mit Konsens oder doch Konvergenz zu rechnen ist und wo demgegenüber weiterer Bedarf kritischer Diskussion besteht. Um beim gegebenen Einverständnis zu beginnen, so wird sowohl von evangelischer als auch von katholischer Seite ausdrücklich gelehrt, dass die eucharistische Gemeinschaft der Kirche nicht durch die räumlichen und zeitlichen Grenzen einer Gottesdienstgemeinde beschränkt ist, sondern diese in ökumenischer, auf den ganzen Weltkreis hingeordneter Weise transzendiert. Zwar ist die am Tisch des Herrn versammelte Gemeinde Kirche im eigentlichen Sinne des Begriffs, doch ist sie ihrem Wesen nach mit einem universalkirchlichen Bezug unveräußerlich verbunden. Dieses universalkirchlichen Bezugs in seinen räumlichen und zeitlichen Aspekten innerhalb der Abendmahlsfeier zu gedenken, ist nicht nur möglich, sondern durch den einsetzungsgemäßen Sinn des Herrenmahls verbindlich geboten, welches auch in evangelischer Perspektive als sacramentum unitatis zu bezeichnen ist. Dass für die Repräsentanz der im Altarsakrament in zeichenhaft wirksamer Weise vorstelligen Einheit der Kirche dem ordinationsgebundenen Amt eine besondere Bedeutung zukommt, muss dabei unter evangelischen Bedingungen ebenso wenig geleugnet werden wie die dogmatische Möglichkeit und historische Notwendigkeit, die repräsentative Einheitsfunktion des Amtes übergemeindlich und gegebenenfalls universalkirchlich zu institutionalisieren. Dabei ist allerdings eine Reihe von Klärungen erforderlich, die katholischerseits nach meinem Urteil bis heute nicht hinreichend erbracht wurden, was umso erstaunlicher ist, als die entsprechenden Sachbereiche als Basis weitreichender kontroverstheologischer Schlüsse fungieren bis hin zum defectus ordinis und dem korrespondierenden eucharistischen Mangel, der den Reformationskirchen wegen fehlender episkopaler Amtssukzession attestiert wird.

Erheblicher Klärungsbedarf ist erstens in Bezug auf das Verhältnis von Presbyterat und Episkopat gegeben und zwar gerade im Kontext einer sog. eucharistischen Ekklesiologie. Warum, mit Verlaub, soll eigentlich die auf den Bischof konzentrierte Diözese die prototypische Gestalt eucharistischer communio sein? Sind die Diözesen in ihren ja höchst unterschiedlichen räumlichen und sonstigen Formationen tatsächlich ekklesiologische Einheiten erster Ordnung? Liegt es nicht viel näher, die konkret versammelte Eucharistiegemeinde vor Ort als primäre Ordnungseinheit der Ekklesiologie in Betracht zu ziehen? Die Verhältnisbestimmung von Presbyterat und Episkopat gehört in diesen Zusammenhang. Sie stellt eine bis heute nicht abschließend geklärte Materie römisch-katholischer Ekklesiologie dar. Zwar behauptete bereits das Tridentinum unzweifelhaft einen Unterschied zwischen Priester und Bischof in der hierarchischen Ordnung, wobei die episkopale Superiorität namentlich mit der Vollmacht zu firmen und zu weihen in Verbindung gebracht wurde. Doch verzichtete das Konzil bemerkenswerterweise darauf, die Frage nach der Sakramentalität des Episkopats zu entscheiden und den göttlichen Ursprung des bischöflichen Vorrangs zu deklarieren; gesagt wird lediglich, dass die Rangstufung von Priester und Bischof „divina ordinatione" (DH 1776) erfolgt sei. Im II. Vatikanischen Konzil konnte es dann allerdings eine Weile so scheinen, als sei das Presbyterat lediglich ein abgeleiteter und beschränkter Modus des Episkopats. Dass dem nicht so ist, wurde aber bald mit bemerkenswerter Gedankenanstrengung zu zeigen versucht; ich erwähne hier ausdrücklich die 1971 in Wien erschienene, außerordentlich lesenswerte rechtstheologische Untersuchung zum Verhältnis zwischen Episkopat und Presbyterat im II. Vatikanischen Konzil des früh verstorbenen H. Müller.

Man wird also auch unter römisch-katholischen Voraussetzungen sagen dürfen und, wie ich meine, sagen müssen: sowenig der ordinierte pastor loci bloßer Repräsentant seines Bischofs ist, sowenig hört die zur eucharistischen Gottesdienstgemeinschaft konkret versammelte Gemeinde dadurch, dass sie unveräußerlich auf eine überörtliche und transregionale Kircheneinheit bezogen und hingeordnet ist, auf, Kirche im ekklesiologischen Vollsinn des Begriffs zu sein.

Ein zweiter Themenbereich eucharistischer Ekklesiologie, in Bezug auf den nachgerade im Binnenbereich römisch-katholischer Theologie erheblicher Klärungsbedarf besteht, betrifft das Verhältnis von Universalkirche und Ortskirche, wobei, wie gesagt, vorweg zu bedenken ist, was man unter Ortskirche bzw. unter vergleichbaren Bezeichnungen genau zu verstehen gewillt ist. In einer Auseinandersetzung mit der Kritik, die Joseph Ratzinger an seiner Bestimmung des Verhältnisses von Universal- und Ortskirche geübt hat, unterstrich Walter Kasper mehrfach seine Auffassung, dass eine Ortskirche nicht lediglich eine Provinz oder ein Department der Weltkirche sei. Während für Ratzinger die Universalkirche eine den einzelnen Orts- bzw. Teilkirchen ontologisch und zeitlich vorausliegende Wirklichkeit darstellt, macht Kasper unter Berufung auf LG 26 geltend, dass die eine Kirche Jesu Christi in und aus Ortskirchen bestehe. Universalkirche und Ortskirche stehen also nicht in einem Verhältnis der Subsumtion von Letzterer unter Erstere, sondern in einem Verhältnis der Reziprozität und wechselseitigen Selbstexplikation. Wie die Ortskirche ohne universalkirchlichen Bezug nicht zu denken ist, so ist die Universalkirche im Eigentlichen ihres Geheimnisses in den Ortskirchen, nämlich im eucharistischen Gottesdienst der Gemeinde manifest, ohne deshalb einfachhin Summe oder Produkt von Gemeindezusammenschlüssen zu sein. Kasper spricht von einem perichoretischen Verhältnis wechselseitiger Durchdringung bzw. reziproken Inneseins von Orts- und Universalkirche. Bei aller Klärungsbedürftigkeit im Detail wird evangelische Ekklesiologie dieser Sicht der Dinge, wie ich denke, im Grundsatz zustimmen können. Dabei verdient die innerkatholische Auseinandersetzung evangelischerseits umso mehr Beachtung, als sie mit dem Problem des rechten Zueinanders von Episkopat und päpstlichem Primat aufs engste verbunden ist. Doch ist dies ein Kapitel für sich, das zwar im Rahmen einer eucharistischen Ekklesiologie nicht unbedacht, im gegebenen Zusammenhang aber deshalb unerörtert bleiben darf, weil ich mich zu diesem Thema schon ausführlich geäußert habe[21].

---

21 Vgl. u.a. Gunther Wenz, Das Petrusamt aus lutherischer Sicht, in: Silvia Hell / Lothar Lies (Hg.), Papstamt. Hoffnung, Chance, Ärgernis. Ökumenische Diskussion in einer globalisierten Welt, Innsbruck / Wien 2000, 67–95.

„Ich bin der gute Hirt", spricht der Herr: „Ich kenne die Meinen und die Meinen kennen mich, wie mich der Vater kennt und ich den Vater kenne; und ich gebe mein Leben hin für die Schafe." (Joh 10,14f.) „Bone Pastor, panis vere, / Jesu, nostri miserere, / Tu nos pasce, nos tuere, / Tu nos bona fac videre / In terra viventium. / Tu qui cuncta scis et vales, / Qui non pascis hic mortales, / Tuos ibi commensales, / Cohaeredes et sodales / Fac sanctorum civium."[22]

[22] Vgl. S. Thomae Aquinatis Opuscula Omnia (ed. P. Mandonnet), Tomus quartus, Paris 1927, 473–475. Die, wie ich denke, schönste Vertonung dieser erhabenen Zeilen stammt von einem Protestanten jüdischer Herkunft: Felix Mendelssohn Bartholdy, Lauda Sion op. 73 für Chor, Soli, Orchester und Orgel, eine Spätkomposition des reifen Meisters, in der sich Eigenes und Fremdes zu versöhnter Verschiedenheit kirchenmusikalisch vereint (vgl. Rainer Riehn, Das Eigene und das Fremde. Religion und Gesellschaft im Komponieren Mendelssohns, in: Musik-Konzepte Heft 14/15: Felix Mendelssohn Bartholdy, München 1980, 123–146.), jenseits von religiösem Fanatismus, aber auch jenseits von „konfliktlose(r) Erbaulichkeit" (Wulf Konold, Felix Mendelssohn Bartholdy und seine Zeit, Regensburg 1984, 192).

Successio apostolica in pneumatologischer Perspektive

Christoph Böttigheimer

This article deals with one aspect of ecclesial theology of ministry: the apostolic succession of ministry in the sense of the historical transmission of the episcopal office.
The Congregation for the Doctrine of the Faith specifically points out the central importance of the successio apostolica in its response to GaTH, whereas such an emphasis is not shared by the Protestant side.
The article therefore examines the question of whether the historical succession in the episcopal office belongs to the esse ecclesia and to what extent the vote of GaTH can nevertheless be shown to be well-founded in view of the problem of the successio apostolica.

In seiner Veröffentlichung „Gemeinsam am Tisch des Herrn"[1] (GaTH) votiert der Ökumenische Arbeitskreis evangelischer und katholischer Theologen für eine „Praxis der wechselseitigen Teilnahme an den Feiern von Abendmahl/Eucharistie in Achtung der je anderen liturgischen Traditionen"[2] bzw. „für eine Öffnung der konfessionellen Mahlfeiern für Christinnen und Christen aus anderen Traditionen"[3]. Begründet wird dieses Votum durch eine ausführliche Erörterung aller kontroverstheo-

---

1 Volker Leppin / Dorothea Sattler (Hg.), Gemeinsam am Tisch des Herrn. Ein Votum des Ökumenischen Arbeitskreises evangelischer und katholischer Theologen / Together at the Lord's table. A statement of the Ecumenical Study Group of Protestant and Catholic Theologians (Dialog der Kirchen 17), Freiburg / Göttingen 2020.
2 Ebd., 8.1.
3 Ebd., 1.5.

logischen Themen, die in diesem Zusammenhang von Bedeutung sind. Dies betrifft insbesondere die Theologie des Abendmahls/der Eucharistie, den Zusammenhang von Abendmahl/Eucharistie und Kirche sowie das Amtsverständnis.

Innerhalb dieses umfassenden Problembereiches befassen sich die nachfolgenden Ausführungen mit lediglich einem, allerdings keineswegs nebensächlichen Teilaspekt der Theologie des kirchlichen Amtes: der apostolischen Amtssukzession im Sinne der geschichtlichen Weitergabe des Bischofsamtes. Sie ist für das katholische Verständnis von der Apostolizität und Einheit der Kirche von zentraler Bedeutung, worauf nicht zuletzt in der Antwort der Glaubenskongregation[4] auf das Ökumene-Papier des Ökumenischen Arbeitskreises eigens hingewiesen wird: „Substantiell hat daran [an der Einheit der Kirche; C.B.] Anteil die Einheit in der Apostolischen Lehre und in der Apostolischen Sukzession." Evangelischerseits wird diese theologische Gewichtung der episkopalen Sukzession so nicht geteilt, weshalb sich zum einen die Frage stellt, ob sie für die Kirche wesentlich oder lediglich wünschenswert, notwendig oder nur vorteilhaft ist – gehört sie zum esse ecclesiae? Zum andern ergibt sich die Notwendigkeit, das Votum des Ökumenischen Arbeitskreises angesichts der zwischen der katholischen und evangelischen Kirche differierenden Einschätzung der apostolischen Sukzession im Bischofsamt als begründet auszuweisen.

Die nachfolgende Untersuchung erfolgt in drei Schritten. Nachdem zunächst ein Überblick über die in verschiedenen ökumenischen Dialogrunden mittlerweile erzielten Übereinkünfte in der Frage der historischen Nachfolge im kirchlichen Amt gegeben wird, werden sodann die für diese Thematik zentralen Aussagen des Dokuments „Gemeinsam am Tisch des Herrn" vorgestellt, bevor in einer abschließenden Schlussbemerkung die Einwände, welche seitens der Glaubenskongregation im Schreiben vom 18. September 2020 erhoben wurden, kritisch gewürdigt werden.

1. Ökumenische Annäherungen

Die Lehrverwerfungsstudie „Lehrverurteilungen – kirchentrennend?", die vom Ökumenischen Arbeitskreis evangelischer und katholischer Theologen 1986 veröffentlicht wurde, kam wie in anderen kontroverstheologischen Fragen so auch in Bezug auf die Amtsfrage zu der Er-

---

4 Lehrmäßige Anmerkungen zum Dokument Gemeinsam am Tisch des Herrn (GTH) des Ökumenischen Arbeitskreises katholischer und evangelischer Theologen (Jäger-Stählin-Kreis), Nr. 2.

kenntnis, dass frühere Lehrverwerfungen als heute gegenstandslos angesehen werden können.[5] Bestätigt wurde dieses Ergebnis durch viele vorangegangene[6] sowie nachfolgende katholisch-lutherische Dialoge[7], in denen die Amtsthematik intensiv erörtert wurde. Diese Konvergenzen, die in zahlreichen internationalen und nationalen ökumenischen Dialogen erzielt wurden, galt es nun für den Ökumenischen Arbeitskreis zu bündeln und für die Glaubenspraxis fruchtbar zu machen.[8]

Lutherische Dialogpartner erkennen in bi- und multilateralen Dialogen das Amt in der Kirche als von Gott gestiftet[9] und darum wesenhaft bzw. konstitutiv[10] zur Kirche gehörend an. Auch in der heilsökonomischen Begründung des kirchlichen Amtes[11] – es weist zeichenhaft auf

[5] Karl Lehmann / Wolfhart Pannenberg (Hg.), Lehrverurteilungen – kirchentrennend? Bd. I: Rechtfertigung, Sakramente und Amt im Zeitalter der Reformation und heute (Dialog der Kirchen 4), Freiburg / Göttingen 1986, 157–167.

[6] Vgl. z. B.: Reform und Anerkennung kirchlicher Ämter. Ein Memorandum der Arbeitsgemeinschaft ökumenischer Universitätsinstitute, München 1973; Eucharistie und Amt. Eine lutherisch/römisch-katholische Stellungnahme (1970), in: Harding Meyer, Luthertum und Katholizismus im Gespräch. Ergebnisse und Stand der katholisch-lutherischen Dialoge in den USA und auf Weltebene, Frankfurt 1973, 111–142; Das Evangelium und die Kirche („Malta-Bericht"/1972), in: Harding Meyer u. a. (Hg.), Dokumente wachsender Übereinstimmung, Bd. 1 (1931 – 1982), Paderborn / Frankfurt 1983, 248–271; Das geistliche Amt in der Kirche. Bericht der Gemeinsamen Römisch-katholischen/Evangelisch-lutherischen Kommission (1981), in: DwÜ 1 (Anm. 4) 329–357; Taufe, Eucharistie und Amt. Konvergenzerklärungen der Kommission für Glauben und Kirchenverfassung des Ökumenischen Rates der Kirchen („Lima-Dokument"/1982), in: DwÜ 1 (Anm. 4) 545–585; Einheit vor uns. Modelle, Formen und Phasen katholisch/lutherischer Kirchengemeinschaft (1984), in: Harding Meyer u. a. (Hg.), Dokumente wachsender Übereinstimmung, Bd. 2 (1982 – 1990), Paderborn / Frankfurt 1992, 451–506; Peter Neuner, Vom Ämtermemorandum zur Lehrverwerfungsstudie. Ein Rückblick auf dreißig Jahre ökumenische Diskussion um das kirchliche Amt, in: Konrad Raiser / Dorothea Sattler (Hg.), Ökumene vor neuen Zeiten. FS Theodor Schneider, Freiburg 2000, 245–259.

[7] Vgl. z. B.: Lutherisch/Römisch-katholische Kommission für die Einheit, Kirche und Rechtfertigung. Das Verständnis der Kirche im Licht der Rechtfertigung, Paderborn 1994; ders., Die Apostolizität der Kirche. Studiendokument der Lutherisch/Römisch-Katholischen Kommission für die Einheit, in: Johannes Oeldemann u. a. (Hg.), Dokumente wachsender Übereinstimmung, Bd. 4 (2001 – 2010), Paderborn / Leipzig 2012, 527–678.

[8] Vgl. Volker Leppin / Dorothea Sattler (Hg.), Gemeinsam am Tisch des Herrn (Anm. 1) 1.1 und 1.2.

[9] Vgl. Das geistliche Amt (Anm. 4) Nr. 20; Einheit vor uns (Anm. 4) Nr. 96. Lutherisch/Römisch-katholische Kommission für die Einheit, Die Apostolizität der Kirche (Anm. 5) Nr. 201.

[10] Vgl. CA V, XIV (BSLK 58f., 69); „Malta-Bericht" (Anm. 4) Nr. 56; „Lima-Dokument" (Anm. 4) Amt Nr. 8; Taufe, Eucharistie und Amt (Anm. 4) Amt Nr. 23; Das geistliche Amt (Anm. 4) Nr. 23; Einheit vor uns (Anm. 4) Nr. 96; Kirche und Rechtfertigung (Anm. 5) Nr. 186.

[11] Vgl. Stellungnahme des Gemeinsamen Ausschusses der VELKD und des DNK/LWB zum Dokument „Lehrverurteilungen – kirchentrennend?" (Texte aus der VELKD 42/1991), hg. v. Lutherisches Kirchenamt der VELKD, [2]1992, 89.

Christus, das Haupt der Kirche hin, handelt „an Christi Statt"[12] und ist dienend auf Wort und Sakrament hingeordnet[13] – sowie hinsichtlich der Voraussetzung der Ordination, seiner Sakramentalität[14] und seiner Einmaligkeit[15] konnten zwischen Lutheranern und Katholiken weitgehende substantielle Konvergenzen erzielt werden. Außerdem wird gemeinsam bekannt, dass die Ausdifferenzierung des ordinierten Amtes in lokale und regionale Ämter – Presbyter- und Episkopenamt – durchaus geistgewirkt zu deuten und zu verstehen ist[16] und dass es gerade das regionale Amt ist, das in der Wahrnehmung von Leitungsaufgaben die Verbindungsstelle zwischen Orts- und Universalkirche darstellt.[17] Außer der Predigt des Evangeliums und der Verwaltung der Sakramente hat das ordinierte Amt also auch einen Einheitsauftrag wahrzunehmen. Damit ist ein wichtiger Schritt auf dem Weg ökumenischer Annäherungen erreicht.[18] Nach wie vor werden allerdings die Fragen nach der theologischen Bedeutung der Sukzession im Amt für die Apostolizität der Kirche als Ganze und nach dem Verhältnis von presbyteraler und episkopaler Sukzession unterschiedlich beantwortet. „Ein Grund für diese Unterschiede liegt darin, wie die Kirchen die Beziehung zwischen Gottes Initiative und der menschlichen Antwort darauf beschreiben."[19] Gleich-

[12] Kirche und Rechtfertigung (Anm. 5) Nr. 188; Vgl. CA XXVIII (BSLK 120–133).

[13] Stellungnahme (Anm. 9) 89.

[14] Vgl. Karl Lehmann / Wolfhart Pannenberg (Hg.), Lehrverurteilungen – kirchentrennend? Bd. I. (Anm. 3) 158; Das geistliche Amt (Anm. 4) Nr. 33: „Wo gelehrt wird, daß durch den Akt der Ordination der Heilige Geist den ordinierten mit seiner Gnadengabe für immer zum Dienst an Wort und Sakrament befähigt, muß gefragt werden, ob nicht in dieser Frage bisherige kirchentrennende Unterschiede aufgehoben sind." Vgl. Taufe, Eucharistie und Amt (Anm. 4) Nr. 41; „Malta-Bericht" (Anm. 4) Nr. 59; „Lima-Dokument" (Anm. 4) Amt Nr. 41.43.

[15] Vgl. Das geistliche Amt (Anm. 4) Nr. 38f.; „Malta-Bericht" (Anm. 4) Nr. 60; „Lima-Dokument" (Anm. 4) Amt Nr. 48; Karl Lehmann / Wolfhart Pannenberg (Hg.), Lehrverurteilungen – kirchentrennend? Bd. I. (Anm. 3) 162.

[16] Vgl. Das geistliche Amt (Anm. 4) Nr. 45.49; „Lima-Dokument" (Anm. 4) Amt Nr. 19; 23; Einheit vor uns (Anm. 4) Nr. 97; Karl Lehmann / Wolfhart Pannenberg (Hg.), Lehrverurteilungen – kirchentrennend? Bd. I. (Anm. 3) 165.

[17] Schon Artikel XXVIII der CA schreibt dem regionalen Bischofsamt „nach göttlichen Rechten" („secundum evangelium seu [...] de iure divino") außer dem Predigtdienst auch den Dienst an der Wahrheit des Evangeliums und der Einheit der Kirche zu (BSLK 123f.).

[18] Analog zur „Gemeinsamen Erklärung zur Rechtfertigungslehre" wäre heute eine Gemeinsame Erklärung zum kirchlichen Amt möglich. So etwa konstatierten die Institute für Ökumenische Forschung in Strassburg, für Ökumenische Forschung in Tübingen und das Konfessionskundliche Institut Bensheim im Jahre 2003: „Trotz weiter bestehender Gegensätze in der Amtsfrage ist heute eine Annäherung im Grundsätzlichen erreicht, die eucharistische Gastfreundschaft ermöglicht." (Centre d'Études Oecuméniques (Strasbourg), Institut für Ökumenische Forschung (Tübingen), Konfessionskundliches Institut (Bensheim), Abendmahlsgemeinschaft ist möglich. Thesen zur eucharistischen Gastfreundschaft, Frankfurt 2003, 60).

[19] Das Wesen und die Bestimmung der Kirche. Ein Schritt auf dem Weg zu einer gemeinsamen Auffassung, Studiendokument von Glauben und Kirchenverfassung, hg. v. Dagmar

wohl sind in der Gewichtung der successio apostolica ökumenische Fortschritte auszumachen.

Grundsätzlich bekennen sich die lutherischen Dialogpartner ebenso wie die römisch-katholischen zur Apostolizität der Kirche und unterstreichen die Normativität der apostolischen Botschaft. Die vom Lutherischen Weltbund und der römisch-katholischen Kirche eingesetzte internationale Studienkommission betonte schon 1970 in ihrem Bericht „Eucharistie und Amt", dass die apostolische Amtssukzession im Kontext der gesamten Apostolizität der Kirche[20] zu betrachten sei, und bekräftigen in diesem Zusammenhang die normative Rückbindung des geistlichen Amtes an den apostolischen Ursprung. Zudem wurde eingeräumt, dass für die alte Kirche vor allem die Sukzession der gesamten Kirche im apostolischen Glauben (successio fidei) und dessen Schutz vor Häresien entscheidend gewesen sei, dennoch aber wurde die Kontinuität im bischöflichen Amt als „wertvolles Zeichen und Aspekt der Apostolizität"[21] geschätzt und als „wirksames Zeichen der Einheit der Kirche"[22] angesehen, so dass die römisch-katholischen Dialogteilnehmer *„in der Tat keinen überzeugenden Grund* [sahen], *der gegen die Möglichkeit spräche, daß die Römisch-katholische Kirche die Gültigkeit dieses Amtes* [der lutherischen Kirchen; C.B.] *anerkennt.*"[23]

Die Ergebnisse dieses US-amerikanischen katholisch/lutherischen Dialogs wurden im so genannten „Malta-Bericht" (1972) bestätigt. Dieser würdigt gleichfalls die theologische Bedeutung der bischöflichen Amtssukzession und betont, dass diese von Beginn an im Dienst der Lehrsukzession stand und darum in Verbindung mit der apostolischen Sukzession der gesamten Kirche zu sehen sei. „Von lutherischer Seite kann diese Bedeutung einer besonderen Sukzession eingeräumt werden, wenn die Sukzession der Lehre als das Vorrangige anerkannt wird und wenn die ununterbrochene Kette der Amtsübertragung nicht als eine ipso facto sichere Garantie der Kontinuität der rechten Evangeliumsverkündigung betrachtet werden muß."[24] Damit wird der historischen Nachfolge im bischöflichen Amt eine gewisse Wertschätzung entgegengebracht, ohne sie allerdings als conditio sine qua non für die authentische Verkündigung des Evangeliums zu erachten.[25] Spätere luthe-

Heller, Frankfurt a. M. 2000, 51.

[20] Vgl. Eucharistie und Amt (Anm. 4) Amt Nr. 44.

[21] Ebd., Nr. 44.

[22] Ebd., Nr. 57.

[23] Ebd., Nr. 54.

[24] „Malta-Bericht" (Anm. 4) Nr. 57.

[25] Vgl. Harding Meyer, Luthertum und Katholizismus (Anm. 4) 77–79; Das geistliche Amt (Anm. 4) Nr. 59–66; Eucharistie und Amt (Anm. 4) Nr. 28; Kirche und Rechtfertigung (Anm. 4) Nr. 192f.

risch-katholische Dialogdokumente verweisen die episkopale Amtssukzession gleichfalls in den Kontext der apostolischen Sukzession der ganzen Kirche.[26] Das Dokument „Das ordinierte Amt in ökumenischer Perspektive" des Ökumenischen Rates der Kirchen (1972) konstatiert, dass selbst in nicht-episkopalen Kirchen die Bereitschaft wachse, „das Bischofsamt als ein besonders wichtiges Zeichen der apostolischen Sukzession der ganzen Kirche in Glauben, Leben und Lehre zu verstehen und damit als etwas anzusehen, das man erstreben sollte, wo es fehlt".[27] Das „Lima-Dokument" (1982) gibt allerdings zu bedenken: Wenn die „Kirchen einschließlich solcher, die an Unionsverhandlungen beteiligt sind", auch zunehmend unter bestimmten Voraussetzungen bereit sind, die „bischöfliche Sukzession als ein Zeichen der Apostolizität des Lebens der ganzen Kirche zu akzeptieren", so „können sie jedoch keinem Vorschlag zustimmen, der darauf hinausläuft, daß das Amt, das in ihrer eigenen Tradition ausgeübt wird, nicht gültig sein sollte bis zu dem Augenblick, wo es in eine bestehende Linie der bischöflichen Sukzession eintritt."[28] Ebenso wird die Auffassung abgelehnt, „daß die bischöfliche Sukzession identisch ist mit der Apostolizität der ganzen Kirche und diese umfaßt."[29]

Beachtung verdient schließlich die „Porvooer Gemeinsame Festlegung" (1993).[30] In dieser Erklärung einiger Kirchen der Britischen und Irischen Anglikanischen Kirche und der Nordischen und Baltischen Lutherischen Kirchen[31] konnte eine Einigung in Bezug auf das Bischofsamt und die theologische Bedeutung der historischen Sukzession erzielt werden.[32] Dieses anglikanisch-nordisch-baltische Dialogdokument, das ausschließlich von Kirchen reformatorischen Ursprungs mit bischöflicher Struktur – nicht aber in jedem Fall mit historischer bischöflicher

[26] Vgl. „Malta-Bericht" (Anm. 4) Nr. 57; Das geistliche Amt (Anm. 4) Nr. 60f.; „Lima-Dokument" (Anm. 4) Amt Nr. 35.

[27] Das ordinierte Amt in ökumenischer Perspektive. Dokument der Kommission für Glauben und Kirchenverfassung, Dezember 1972, in: ÖR 22 (1973) 231–256, hier 241.

[28] „Lima-Dokument" (Anm. 4) Amt Nr. 38. Vgl. Einheit vor uns (Anm. 4) Nr. 98; Kirchengemeinschaft in Wort und Sakrament, Paderborn 1984, 81f.

[29] Eine Taufe – Eine Eucharistie – Ein Amt. Drei Erklärungen erarbeitet u. autorisiert von der Kommission für Glauben und Kirchenverfassung, hg. v. Geiko Müller-Fahrenholz, Frankfurt [2]1976, Nr. 37.

[30] Vgl. Die Porvooer Gemeinsame Festlegung (1992), in: Harding Meyer u. a. (Hg.), Dokumente wachsender Übereinstimmung, Bd. 3 (1990 – 2001), Paderborn / Frankfurt 2003, 749–777. Die Nummern beziehen sich auf die durchgehende Absatzzählung.

[31] Im Jahre 2010 trat auch die Lutherische Kirche Dänemarks der Porvoo-Gemeinschaft bei.

[32] Vgl. ebd., Nr. 67: „Wir stimmen überein im Wesen und Zweck der Kirche [...], in ihrem Glauben und ihrer Lehre [...], insbesondere in der Apostolizität der Kirche, in dem apostolischen Amt in ihrer Mitte und in dem bischöflichen Amt im Dienst der Kirche".

Sukzession im Bischofsamt[33] – erarbeitet wurde, bestätigt wichtige Ergebnisse anderer ökumenischer Gespräche: Von den Reformationskirchen wird die historische Sukzession im Bischofsamt in den Rahmen der Apostolizität der ganzen Kirche verwiesen. „In der apostolischen Sukzession im Bischofsamt konzentriert sich auf sichtbare und persönliche Weise die Apostolizität der ganzen Kirche"[34] und ihr ist sie dienend zugeordnet. Dabei wird die Aussagekraft dieses Zeichens insofern relativiert als betont wird, dass sein Gebrauch allein „die Treue einer Kirche gegenüber jedem Aspekt apostolischen Glaubens, Lebens und Sendung" nicht garantieren könne, ebenso wenig wie „die persönliche Treue des Bischofs".[35] Das Zeichen bringt das Bezeichnete lediglich sichtbar zum Ausdruck, ohne indes dieses, d. h. die Apostolizität der Kirche garantieren oder deren Inhalt verbürgen zu können. Da die historische bischöfliche Sukzession nur ein Mittel neben anderen für die Apostolizität der Kirche, d. h. für ihr apostolisches Leben und ihre apostolische Lehre im Ganzen sei, stehe es einer Kirche, die durch die presbyterale Sukzession die Kontinuität bewahrt hat, frei, sich das Zeichen der historischen bischöflichen Sukzession „zu Eigen zu machen, ohne die vorherige apostolische Kontinuität zu leugnen."[36] Der apostolischen Amtssukzession im Sinne der Kontinuität im bischöflichen Amt wird also keine ekklesial unverzichtbare Qualität zuerkannt und folglich nicht zur Bedingung von Kirchesein und Kircheneinheit erklärt, gleichwohl aber in dieser Zeichengestalt „eine permanente Aufforderung zu Treue und Einheit", „ein Aufruf" und „ein Auftrag" für die Kirchen ausgemacht.[37] Auf dieser Basis erfolgt eine wechselseitige Ämteranerkennung.[38]

Weniger Offenheit kommt im Dokument „Called to Common Mission"[39] zum Ausdruck, das im Jahre 1999/2000 von der Episkopalen Kirche und der Evangelisch-Lutherischen Kirche in Amerika unterzeichnet wurde. Sie vereinbarten darin, dass von den Anglikanern das Bischofsamt der beteiligten lutherischen Kirche zwar anerkannt wird, da aber eine volle Kirchengemeinschaft von einem gemeinsamen Bischofsamt in

[33] Vgl. ebd., Nr. 34.
[34] Ebd., Nr. 58.
[35] Ebd., Nr. 63.
[36] Ebd., Nr. 64.
[37] Ebd., Nr. 63.
[38] Ebd. Nr. 70: „[W]ir anerkennen, dass die ordinierten Ämter der jeweils anderen Kirchen gottgegebene Instrumente seiner Gnade sind und nicht nur den inneren Ruf des Geistes haben, sondern auch den Auftrag Christi, der durch seinen Leib, die Kirche, vermittelt ist".
[39] Zu gemeinsamer Sendung berufen. Ein lutherischer Vorschlag zur Revision des Concordat of Agreement, 1999/2000, in: DwÜ 3 (Anm. 28) 794–808.

apostolischer Sukzession abhängig gemacht wird[40], muss die lutherische Seite zugestehen, dass bei jeder künftigen lutherischen Bischofsernennung anglikanische Bischöfe beteiligt sein sollen.[41]

Schließlich gelang es der „Lutherischen, Römisch-Katholischen Kommission für die Einheit" einen differenzierten Konsens bezüglich der Apostolizität der Kirche zu erarbeiten. Während die Kontinuität der Kirche mit dem apostolischen Ursprung der Christenheit gegenseitig anerkannt würde, bestünden über diesen Grundkonsens hinaus zwar nach wie vor unterschiedliche Auffassungen hinsichtlich ihrer Verwirklichung und Ausgestaltung der Apostolizität der Kirche, welche aber die Grundübereinstimmung nicht wieder infrage stellen „und eine Partnerschaft in der apostolischen Sendung nicht verhindern" würden.[42] In der Gestaltung des Amtes in der Kirche bestehen also Differenzen weiter fort, die allerdings als legitim erachtet werden können; dies wohl umso mehr, wenn man bedenkt, welche Wandlungen das Amt im Laufe der Geschichte der Kirche erfahren hat, und dass der Kirche hier „dogmatisch ein fast unbegrenzter Spielraum"[43] gegeben ist.

Allgemein kann festgestellt werden, dass alle Kirchen gemäß dem Credo die Apostolizität als ein unverzichtbares Wesensmerkmal der Kirche betrachten und die Kirche apostolisch ist, „insofern sie [...] im apostolischen Glauben bleibt. Kirchliches Amt, kirchliche Lehre und kirchliche Ordnungen sind apostolisch, insofern sie das apostolische Zeugnis weitergeben und aktualisieren."[44] Des Weiteren wird von einzelnen Kirchen der reformatorischen Tradition die apostolische Sukzession im Bischofsamt zunehmend als Ausdruck der successio apostolica der gesamten Kirche anerkannt. Es ist Aufgabe des kirchlichen Amtes, die Lehre der Apostel treu zu bewahren und unverfälscht zu verkünden.[45] Da die bischöfliche Sukzession aber anders als Bekenntnis und Schrift keine auf die Apostel selbst zurückgehende Norm darstelle, aufgrund der ursprünglichen Einheit von Pfarramt und Bischofsamt zwischen presbyterialer und episkopaler Sukzession keine wesentliche Differenz bestehe und Letztere die Apostolizität der Kirche auch nicht ga-

---

[40] Vgl. ebd., 15–17.

[41] Vgl. ebd., 18–21.

[42] Lutherisch/Römisch-katholische Kommission für die Einheit, Die Apostolizität der Kirche (Anm. 5) Nr. 138; vgl. Nr. 292; 431.

[43] Karl Rahner, Der theologische Ansatzpunkt für die Bestimmung des Wesens des Amtspriestertums, in: ders., Schriften zur Theologie Bd. 9, Einsiedeln 1970, 366–372, hier 372.

[44] „Malta-Bericht" (Anm. 4) Nr. 52. „It is apostolic because the Word of God, sent by the Father, creates and sustains the Church." (Faith and Order, The Nature and the Mission of the Church, Genf 2005, Nr. 12)

[45] Vgl. ebd., Nr. 89: „succession in ministry is a means of serving the apostolic continuity of the Church."

rantieren könne, wird die Gemeinschaft mit dem in apostolischer Sukzession sich befindenden Bischofsamt nur um der Fülle der Zeichenhaftigkeit willen als erstrebenswert erachtet.[46] Im Gegensatz hierzu zählt nach katholischer Lehre die apostolische Sukzession im Bischofsamt zu den unveräußerlichen Kennzeichen der Kirche und zwar kraft göttlichen Rechts, ohne deshalb jedoch zu leugnen, dass es sich um ein Zeichen und Mittel unter mehreren handelt.[47] Im eigentlichen Zentrum der Amtsproblematik steht somit nicht die Theologie des geistlichen Amtes als vielmehr seine Einordnung in die kirchliche Gesamtstruktur und Bedeutung für die Apostolizität der Gesamtkirche. Wie wird mit ihnen in GaTH verfahren?

2. „Gemeinsam am Tisch des Herrn"

Der Text „Gemeinsam am Tisch des Herrn" trägt der katholischen Lehrauffassung insofern Rechnung als es ausdrücklich heißt: „Für die römisch-katholische Kirche ist die Gestaltung der Episkopé in der Nachfolge der Apostel notwendig mit dem Bischofsamt in historischer apostolischer Sukzession verbunden."[48] Weil dieses Bischofsamt, das „personal, kollegial und gemeinschaftlich ausgeübt" würde, ein unabdingbares Zeichen für die Treue der Kirche zur apostolischen Botschaft sei, fehle Glaubensgemeinschaften ohne dieses Element „laut mancher römisch-katholischer Dokumente aus jüngerer Zeit ein anerkennungsfähiges Amt mit der Folge, dass die ursprüngliche und vollständige Wirklichkeit des eucharistischen Mysteriums nicht bewahrt" erscheine, was indes nicht bedeute, dass in den evangelischen Kirchen kein dem Evangelium dienendes Amt gegeben sei.[49] Mit dieser Aussage wird darauf

---

[46] Vgl. Lutherischer Weltbund, Das bischöfliche Amt im Rahmen der Apostolizität der Kirche. Eine lutherische Erklärung 2002. (https://webcache.googleusercontent.com/search?q=cache:zzeRsZPOenUJ:https://ecumnism.net/archive/docu/2007_lwf_lund_bischofliche_amt_apostolizitat_kirche_de.pdf+&cd=3&hl=de&ct=clnk&gl=de&client=firefox-b-d). Hier wird im Sinne eines ökumenischen Beitrags die „Kontinuität des bischöflichen Amtes in der apostolischen Sendung" als „wichtig für die Kirche" erachtet (S. 8), wobei sich freilich mit der Bereitschaft zur Übernahme dieses Zeichen weder das Eingeständnis seiner Notwendigkeit verbindet, noch die Ansicht, es sei eine „Garantie für die Treue einer Kirche", vielmehr gründe diese „in der Verheissung Christi und im Wirken des Heiligen Geistes" (ebd.),

[47] Die apostolische Botschaft, die im kirchlichen Wortgeschehen weitergegeben wird, wird durch unterschiedliche Objektivationen vermittelt (Hl. Schriften, Glaubenssymbola, Tradition etc.); es wird an unterschiedlichen Orten bezeugt und gesichert. Solche Orte werden seit dem 16. Jh. im Anschluss an den Dominikaner Melchior Cano als „loci theologici" bezeichnet.

[48] Volker Leppin / Dorothea Sattler (Hg.), Gemeinsam am Tisch des Herrn (Anm. 1) 6.2.8.

[49] Ebd.

angespielt, dass in nachkonziliaren lehramtlichen Aussagen „sacramenti Ordinis defectus" (UR 22) wiederholt mit „Fehlen" übersetzt wird, was allerdings grundlegenden Ansichten des Zweiten Vatikanischen Konzils widerspricht, worauf immer wieder hingewiesen wurde.[50] Denn wenn Gottes Geist auch die nichtkatholischen Kirchen und Gemeinschaften als Mittel des Heils gebraucht, d. h. auch außerhalb der römisch-katholischen Kirche ekklesiale Realitäten als Frucht des Heiligen Geistes existieren (UR 19; LG 8), so kann es ihnen schlechterdings nicht an einem kirchlichen Amt ermangeln; wie sollten „Elemente der Heiligung und der Wahrheit" (LG 8) ohne ein Amt existieren? Zurecht bemerkte schon früh Aloys Grillmeier: „In dem Grade wie aber Teilnahme an der christusgestifteten Kirchlichkeit zugegeben wird, wird einschlussweise auch kirchliche Autorität oder Leite- und Ordnungsgewalt zugestanden."[51] Diesen Gedanken wiederholte Kardinal Kasper fünfzig Jahre später im Rekurs auf die katholisch-evangelischen Dialoge: „In dem Maß, in dem Elemente der Kirche in den kirchlichen Gemeinschaften gegenwärtig sind, können auch – wie die Dialoge es taten – Elemente des Amtes ausgemacht werden."[52] Wenn er im Anschluss daran die Frage stellt, „ob *defectus ordinis* (UR 22) als Fehlen oder als Mangel des Weihesakraments zu verstehen ist"[53], so scheint die Antwort klar zu sein. Sie ergibt sich im Übrigen schon im Blick auf die Praxis ökumenischer Gottesdienste, wo in der Regel ein evangelischer „Amt"-sträger mitwirkt, in der Regel gar in einem theologisch gleichrangigen Sinne.

Evangelischerseits wird unter Verweis auf die ursprüngliche Einheit von Bischofsamt und Pfarramt und die damit verbundene presbyterale Sukzession betont, dass dies „als gültig angesehen" werde.[54] Wenn sie in der Reformationszeit praktiziert worden sei, sei dadurch die Bedeutung der episkopalen Sukzession nicht geleugnet worden, was schon darin zum Ausdruck käme, dass „auch nach evangelischem Verständnis die Ordination als Aufgabe der überregionalen Episkopé verstanden" wer-

---

[50] Vgl. u. a. Peter Walter, „Sacramenti Ordinis defectus" (UR 22,3). Die Aussagen des II. Vaticanums im Licht des ökumenischen Dialogs. Zum Ergebnis der Studie von Pierluigi Cipriani, in: Dorothea Sattler / Gunther Wenz (Hg.), Das kirchliche Amt in apostolischer Nachfolge. Bd. III: Verständigungen und Differenzen (Dialog der Kirchen 14), Freiburg / Göttingen 2008, 86–101.

[51] Alois Grillmeier, Kommentar zum zweiten Kapitel von LG, in: $LThK^2$ Ergänzungsband 1, Freiburg 1966, 176–209, hier 202.

[52] Cardinal Walter Kasper, Harvesting the Fruits. Basic Aspects of Christian Faith in Ecumenical Dialogue, London / New York 2009; dt.: Walter Kardinal Kasper, Die Früchte ernten. Grundlagen christlichen Glaubens im ökumenischen Dialog, Paderborn 2011, 125, Anm. 12.

[53] Ebd.

[54] Volker Leppin / Dorothea Sattler (Hg.), Gemeinsam am Tisch des Herrn (Anm. 1) 6.2.9. Übrigens hat das Zweite Vatikanische Konzil die Möglichkeit einer presbyteralen Sukzession keineswegs explizit verworfen.

de. Wenn im vatikanischen Antwortschreiben auf GaTH festgehalten wird, „im evangelischen Bereich [würde] die Position einer presbyteralen Sukkzession" favorisiert, so trifft dies durchaus zu, woraus sich allerdings nicht die Folgerung ableiten lässt, ihr würde „eine überregionale Episkope hinzugefügt". In GaTH geht es nämlich an keiner Stelle um eine bloße Hinzufügung, sondern um eine Zu- und Einordnung. Darum wird das Amt der überregionalen Episkopé durchaus wertgeschätzt – „zur apostolischen Sukzession [gehört] eine geordnete Gestaltung der überregionalen Episkopé"[55], wobei zutreffend angemerkt wird, dass „dieses Amt der überregionalen Episkopé unterschiedlich gestaltet sein" kann[56], was schon ein Blick in die Geschichte der Kirche belegt[57] und woraus sich ein ökumenischer Spielraum ergibt.[58] Darüber hinaus wird in Erinnerung gerufen, dass es in der Geschichte der Kirche durchaus Phasen gab (vor allem im Mittelalter), in denen die Differenz zwischen dem Amt der Presbyter und Bischöfe vorwiegend jurisdiktionell bestimmt und eine presbyteriale Sukzession geübt und als gültig angesehen wurde.[59] Die unterschiedlichen Auffassungen hinsichtlich der apostolischen Sukzession im Bischofsamt werden also weder geleugnet noch minimisiert. Sie werden stattdessen der Apostolizität der gesamten Kirche zugeordnet, wobei vor allem drei Aspekte von besonderer Bedeutung sind:

a) Kirchliche Strukturen sind nie Selbstzweck, sie existieren um des apostolischen Glaubens willen, das gilt auch für die Kontinuität im bischöflichen Amt. Gewichtiger als der rein formale Aspekt (Gestalt) ist darum die Identität und Kontinuität der Kirche mit dem apostolischen Ursprung (Gehalt). Dieser Ursprungstreue hatte das Amt von Anfang an zu dienen[60] und zur Absicherung der Apostolizität von Bekenntnis und Schrift bildete sich

[55] Ebd., 6.2.10.

[56] Ebd., 6.2.9. Auch katholischerseits wird eingeräumt, dass das Bischofsamt „personal, kollegial und gemeinschaftlich ausgeübt wird" (ebd., 6.2.8), was einen Spielraum in der Ausgestaltung eröffnet.

[57] Vgl. Die Apostolizität der Kirche (Anm. 5) Nr. 290: „In beinahe zweitausend Jahren der Geschichte der Kirche hat es – entsprechend den sehr unterschiedlichen Kontexten – vielfältige Wandlungen der Gestalt des Bischofs- und Priesteramtes gegeben; sie geben zu einer Unterscheidung zwischen einer Grundstruktur oder auch einer elementaren Aufgabe dieses Amtes und den Gestalten ihrer Ausübung Anlass."

[58] Vgl. Otto Hermann Pesch, Hermeneutik des Ämterwandels? Kleine Ausarbeitung einer Frage, in: Peter Walter (Hg.), Kirche in ökumenischer Perspektive, Freiburg 2003, 417–438.

[59] Vgl. Volker Leppin / Dorothea Sattler (Hg.), Gemeinsam am Tisch des Herrn (Anm. 1) 6.2.10; Ökumenischer Arbeitskreis evangelischer und katholischer Theologen, Abschließender Bericht, in: Dorothea Sattler / Gunther Wenz (Hg.), Das kirchliche Amt in apostolischer Nachfolge. Bd. III. (Anm. 48) 167–267, hier 217f.; 257.

[60] Vgl. DV 10.

im späten 2. Jahrhundert der Gedanke der Amtssukzession heraus.[61] Nicht die äußere Zeichengestalt ist also letztlich das Entscheidende, sondern das Bezeichnete: die getreue Überlieferung der Lehre der Apostel. So betrachtet kann die Apostolizität der Ämter in den Gemeinschaften nicht gänzlich fehlen, in deren Glauben die apostolische Ursprungstreue gegeben ist. Mit der Unterzeichnung der „Gemeinsamen Erklärung zur Rechtfertigungslehre"[62] hat die katholische Kirche offiziell anerkannt, dass in der lutherischen Kirche die Mitte des Evangeliums, d. h. die traditio apostolica treu bewahrt wurde. Daraus legt sich der Schluss nahe, dass die Ordnung der Ämter in den reformatorischen Kirchen „offenkundig der Sukzession in der Lehre der Apostel zu dienen vermochte und vermag."[63] Infolge der Anerkennung der treuen Bewahrung des Evangeliums in der lutherischen Kirche könne eine geistliche Wirksamkeit evangelischer Ämter nicht bestritten werden. Vor diesem Hintergrund und in Anbetracht der Wirksamkeit des Amtes in den Kirchen der Reformation erscheint es dem Ökumenischen Arbeitskreis theologisch angemessen, „kirchliche Dienste aufgrund ihrer offenkundigen Wirksamkeit in einem geistlichen Urteil als geistgewirkt anzuerkennen."[64]

b) Die Anerkennung beruht auf einem „geistlichen Urteil". Das bedeutet, sowenig sich das Amt einer Delegation seitens der Gemeinde verdankt, sowenig rührt sein Wirken von menschlicher Leistung her. Es kann nur kraft des göttlichen Geistes ausgeübt werden, so dass die Früchte des Amtes als Geistgaben zu verstehen sind. „Die Treue zum apostolischen Ursprung wird in der Nachfolge Jesu Christi nicht von Menschen garantiert, sie ist

---

[61] Vgl. Walter Schmithals, Der Kanon, die Apostolische Sukzession und die Ökumene, in: Berliner theologische Zeitschrift 22 (2/2005) 267–283, hier 282.

[62] Vgl. Gemeinsame Erklärung zur Rechtfertigungslehre des Lutherischen Weltbundes und der Katholischen Kirche (1999), in: DwÜ 3 (Anm. 28) 419–437.

[63] Vgl. Volker Leppin / Dorothea Sattler (Hg.), Gemeinsam am Tisch des Herrn (Anm. 1) 6.2.10.

[64] Ebd., 6.3.5. „Eine solche Sichtweise richtet ihren Blick nicht primär auf die Frage nach den historisch überlieferten Formen der Beauftragung von Menschen mit dem Amt der Gemeindeleitung und dem Vorsitz der Eucharistie, sie schaut vielmehr auf die in der jeweiligen, kulturell differenzierten Erfahrungswelt erkennbare Fruchtbarkeit der kirchlichen Dienste und Ämter (via empirica). Ein solcher Zugang zur Thematik argumentiert auf der Basis einer transzendentalen Reflexion und erkennt die Bedingung der Möglichkeit der Wirksamkeit amtlichen Handelns (Stärkung der österlichen Hoffnung; Tröstung der Gewissen; Aufbau der Gemeinde; Ermutigung zur Diakonie im sozialen Kontext) im Handeln Gottes in seinem Heiligen Geist durch die zum kirchlichen Dienst berufenen Menschen." (ebd.)

vielmehr eine Gabe des Geistes Gottes."[65] Diese pneumatologische Perspektive und Argumentation ist für GaTH von grundlegender Bedeutung: „Kirchliche Dienstämter wirken in der Kraft des Geistes Gottes durch die Evangeliumsverkündigung in Wort und Sakrament; die erfahrbare, von der Gemeinschaft der Getauften wahrnehmbare geistliche Wirksamkeit der Ämter begründet das geistliche Urteil über die Valenz der Dienstämter."[66] Werden die geistlichen Früchte des Amtes im Kontext der durch Gottes Geist gewirkten Apostolizität der Gesamtkirche betrachtet, ergibt sich ein größerer ökumenischer Spielraum: Wenn das Amt dank Gottes Geist den apostolischen Glauben verkündet, kann es dann noch als nicht rechtmäßig abgetan werden? Anders formuliert: Für die Gültigkeit kirchlicher Ämter sind nicht mehr allein äußere, strukturelle Kriterien wie eine Sukzessionskette entscheidend, sondern sie hängt von einem geistlichen Urteil über die geistliche Ursprungstreue nichtkatholischer Kirchen und kirchlicher Gemeinschaften ab, worauf u. a. auch das Studiendokument „Die Apostolizität der Kirche" hingewiesen hat.[67] Die Sukzession in der rechten Verkündigung des Evangeliums ist grundsätzlich stärker zu gewichten als die Sukzession im Amt, ohne beides voneinander zu trennen, und die Frage nach der theologischen Bedeutung der Amtssukzession ist in die pneumatologische und epikletische Dimension von Kirche einzuordnen.[68] Dann legt es sich nahe, in einem geistlichen Urteil

[65] Ebd., 6.4.

[66] Ebd.

[67] Vgl. Lutherisch/Römisch-katholische Kommission für die Einheit, Die Apostolizität der Kirche (Anm. 5) Nr. 288: Mit der „Gemeinsamen Erklärung zur Rechtfertigungslehre" habe man „ein hohes Maß an Gemeinsamkeit im Glauben – also in dem, was den Kern der apostolischen Sukzession darstellt – bekannt. [...] Die Unterzeichnung der ‚Gemeinsamen Erklärung' impliziert also die Anerkennung, dass in beiden Kirchen das ordinationsgebundene Amt in der Kraft des Heiligen Geistes seinen Dienst erfüllt hat, in den in dieser Erklärung dargelegten Kernfragen des Glaubens die Treue zum apostolischen Evangelium zu bewahren."

[68] Die Frage nach einer wechselseitigen Ämteranerkennung ist eine pneumatologische Frage, sie führt „in den Bereich der ‚geistlichen' Erfahrung von der Wirksamkeit des Geistes in den anderen Kirchen" hinein, und in diesem Sinne muss die wechselseitige Anerkennung geistlicher Ämter „im Prozeß eines Zusammenwachsens aus gemeinsamen christlichen Erfahrungen reifen" (Walter Kasper, Zur Frage der Anerkennung der Ämter in den lutherischen Kirchen, in: ThQ 151 (1971) 97–109, hier 108). „Das Ereignis des Geistes begründet die Institution immer wieder neu. Wo in dieser Weise die Freiheit des Geistes innerhalb der sakramentalen Gesamtstruktur der Kirche anerkannt wird, da ergibt sich grundsätzlich die Möglichkeit, Ämter, die nach rein institutionellen Kriterien ungültig sind, die sich aber geistlich bewähren und sich als geistlich fruchtbar erweisen, in einem geistlichen Urteil anzuerkennen." (ders., Die apostolische Sukzession als ökumenisches Problem, in: Wolfhart Pannenberg (Hg.), Lehrverurteilungen – kirchentren-

die Ämter derjenigen Kirchen anzuerkennen, die sich in geistlicher Kontinuität mit der Kirche der Apostel und deren Sendung befinden. „Wenn der Gehalt der Amtsnachfolge die Treue zur Botschaft ist, dann sollte eine materiale Übereinstimmung deren formale Seite anerkennbar machen."[69] Selbst wenn Kirchen reformatorischen Ursprungs die episkopale Verfasstheit nicht bewahrt haben, ist doch Gottes Geist als Letztprinzip kirchlicher Apostolizität in ihnen am Werk, jener Geist, der „bisweilen [...] sogar sichtbar der apostolischen Tätigkeit voran[geht]" (AG 4). „Wenn ein Amtsträger die rechte Lehre verkündet, dann, so die These, wäre sein Amt legitimierbar."[70] Letztlich kommt es auf die Frage an, ob der Amtsstruktur dieselbe theologische Bedeutung eingeräumt wird wie der apostolischen Botschaft, der das Amt zu dienen hat.

c) Die historische Nachfolge im Bischofsamt wird nicht als Selbstzweck verstanden, sondern in den großen Kontext der Apostolizität der Kirche eingeordnet und den anderen Modi der Sicherung des apostolischen Glaubens zugeordnet, nämlich der traditio apostolica und communio apostolica. Ihnen ist sie normativ zu- und untergeordnet (DV 10); die apostolische Überlieferung ist der normative Gehalt der apostolischen Amtssukzession. Selbst wenn eine bis zu den apostolischen Ursprüngen zurückreichende Kette bischöflicher Handauflegungen (sog. „Pipelinetheorie") existieren würde, was historisch nicht zutrifft[71], wäre dadurch die Identität und Kontinuität der apostolischen Sendung der Kirche nicht zwangsläufig garantiert. Darauf wird in ökumenischen Dialogen vor allem seitens der evangelischen Partner immer wieder hingewiesen, wobei Vorbehalte gegenüber allen menschlichen Traditionen im Allgemeinen und den negativen Erfahrungen mit dem Bischofsamt zur Reformationszeit im Besonderen mitschwingen. In der Tat darf die apostolische Amtsnachfolge nicht im Sinne einer automatisch wirken-

---

nend? Bd. III: Materialien zur Lehre von den Sakramenten und vom kirchlichen Amt (Dialog der Kirchen 6), Freiburg / Göttingen 1990, 329–349, hier 348)

[69] Peter Neuner, Apostolizität der Kirche. Historische und systematische Überlegungen in ökumenischer Sicht, in: Cath(M) 68 (2014) 151–165, hier 163.

[70] Ders., Ökumenische Theologie. Die Suche nach der Einheit der christlichen Kirchen, Darmstadt 1997, 231.

[71] Die Bischoflisten in der zweiten Hälfte des 2. Jahrhunderts sind kein Beleg für eine solche bis auf einen Apostel zurückreichende episkopale Sukzession. Sie stellen vielmehr Fiktionen dar, was allein schon daran ersichtlich ist, dass es das Amt des Monepiskopats in der apostolischen Zeit noch gar nicht gab; es setzte sich erst im 3. Jahrhundert allgemein durch. Zudem kennt die katholische Kirche in ihrer Geschichte auch die presbyterale Sukzession.

den Garantie missverstanden werden[72]; prinzipiell ist, wie die Geschichte lehrt, kein Bischof davor gefeit, dem Irrtum zu verfallen und häretisch zu werden. Auch katholischerseits ist ein rein mechanisches Verständnis der Amtssukzession überwunden. Das in apostolischer Sukzession stehende Bischofsamt vermag die Apostolizität der Kirche nur insofern sichtbar zu machen, als es durch die apostolische Tradition normiert wird und in die communio episcoporum eingebunden ist. Nachfolger der Apostel ist nicht der einzelne Bischof, sondern nur das Bischofskollegium insgesamt, in das der einzelne Bischof eingegliedert wird. Dank des Heiligen Geistes wird es als Ganzes in der evangelischen Wahrheit gehalten (LG 20; 22; 25), weshalb auch allein der Konsens des Gesamtepiskopats ein untrügliches, effizientes Zeichen (signum efficax) für die Identität mit der Lehre der Apostel ist. Die synchrone wie diachrone Einheit der Kirche wird nicht durch den einzelnen Bischof gewährleistet, sondern nur durch das Bischofkollegium insgesamt. Darum ist für die apostolische Funktion bischöflicher Amtsnachfolge das Kriterium des Kollegiums unverzichtbar.

3. Schlussbemerkung

Die episkopale Sukzession wird immer katholischerseits in Bezug auf die Apostolizität der Kirche als unverzichtbar erachtet und immer wieder als Hindernis für eine wechselseitige Ämteranerkennung genannt. Indes hat sich aber in vielen katholisch-lutherischen Dialogen die Erkenntnis durchgesetzt, dass sie nicht isoliert betrachtet und schon gar nicht verabsolutiert werden darf. Diese ökumenische Einsicht findet allerdings in der nachkonziliaren katholischen Kirche nur schwer Rezeption, da in ihr eine geradezu entgegengesetzte Tendenz vorherrscht: Lehramtlicherseits wird die historische Nachfolge im Bischofsamt so sehr betont, dass daraus ein Konflikt mit der konziliaren Ekklesiologie erwächst. Wird nämlich, wie etwa im Schreiben „Dominus Jesus" (2000), das Kirchesein von der episkopalen Sukzession abhängig gemacht[73], wird die Elementen-Ekklesiologie des Zweiten Vatikanums völ-

---

[72] Darauf wird wie in vielen anderen ökumenischen Dialogdokumenten auch in GaTH zu Recht hingewiesen: „Die Ordnung des Amtes selbst ist nicht Garant der Wahrheit" (6.1). „Die Handauflegung ist eine in der Tradition bewährte Zeichenhandlung für die wirksame Bitte um Geistbegabung der Ordinierten, doch ein nur äußerlich bleibender Ritus garantiert nicht die Wirksamkeit der mit dieser Zeichenhandlung verbundenen Verheißung." (6.3.4)

[73] Kongregation für die Glaubenslehre, Erklärung „Dominus Jesus". Über die Einzigkeit

lig entstellt. Sie nämlich zählt die Elemente der wahren Kirche Jesu Christi nicht bloß willkürlich auf, sondern bezieht sie auf eine gemeinsame Mitte hin und bringt sie in eine wohlbedachte Ordnung (LG 14–16) – von innen nach außen, d. h. zuerst werden die spirituellen Elemente genannt, dann erst die äußeren, sichtbaren (UR 3), zu denen auch die historische Nachfolge im Bischofsamt zählt. Die Elemente in ihrer Gesamtheit und in ihrer Ausrichtung auf die Mitte hin kennzeichnen das Wesen der Kirche. Aus diesem Grunde stellt es eine Karikatur der Elementen-Ekklesiologie dar, wenn aus der wohl bedachten Ordnung ein Element, zumal ein nachgeordnetes, herausgegriffen und allein davon dann das Kirchesein und die Gültigkeit des Amtes bzw. sein „Fehlen" abhängig gemacht wird.[74] Dies hat das Zweite Vatikanum selbst nicht getan. Zudem wurde von den Konzilsvätern die Bischofsweihe nicht im Kontext der episkopalen Genealogie, sondern der communio episcoporum behandelt, weshalb sich die nachkonziliare Entwicklung, wie GaTH zu Recht feststellt, tatsächlich „nicht auf das 2. Vatikanische Konzil berufen"[75] kann.

Die successio apostolica kann nur dann theologisch adäquat zur Sprache kommen, wenn sie zusammen mit der traditio apostolica und der kirchlichen communio in den Blick genommen wird. Die Tradition ist dabei der normative Gehalt der apostolischen Sukzession im Bischofsamt und diese successio apostolica wiederum verleiht der Apostolizität der Kirche sichtbaren Ausdruck. So sind alle drei wechselseitig aufeinander verwiesen, ohne deshalb aber gleichwertig zu sein. Ist das Amt in der Kirche als Dienstamt zu bestimmen, so kommt auch der successio apostolica eine dienende Funktion zu. Entscheidend sind traditio und communio, was in der nachkonziliaren Vereinseitigung im Verständnis der apostolischen Amtssukzession teilweise verkannt wird.

---

und die Heilsuniversalität Jesu Christi und der Kirche, (VApSt 148), hg. v. Sekretariat der Deutschen Bischofskonferenz, Bonn 2000, Nr. 17; ders., Antworten auf Fragen zu einigen Aspekten bezüglich der Lehre über die Kirche (29.06.2007): „5. Frage Warum schreiben die Texte des Konzils und des nachfolgenden Lehramts den Gemeinschaften, die aus der Reformation des 16. Jahrhunderts hervorgegangen sind, den Titel „Kirche" nicht zu? Antwort: Weil diese Gemeinschaften nach katholischer Lehre die apostolische Sukzession im Weihesakrament nicht besitzen und ihnen deshalb ein wesentliches konstitutives Element des Kircheseins fehlt. Die genannten kirchlichen Gemeinschaften, die vor allem wegen des Fehlens des sakramentalen Priestertums die ursprüngliche und vollständige Wirklichkeit des eucharistischen Mysteriums nicht bewahrt haben, können nach katholischer Lehre nicht ‚Kirchen' im eigentlichen Sinn genannt werden." (https://www.vatican.va/roman_curia/congregations/cfaith/documents/rc_con_cfaith_doc_20070629_responsa-quaestiones_ge.html)

[74] Nach Papst Johannes Paul II. ist die apostolische Sukzession der Bischöfe „wesentlich, damit von Kirche im eigentlichen und vollen Sinn gesprochen werden kann." (Enzyklika Ecclesia de Eucharistia (2003), Nr. 28)

[75] Volker Leppin / Dorothea Sattler (Hg.), Gemeinsam am Tisch des Herrn (Anm. 1) 6.4.

Der Ökumenische Arbeitskreis verurteilt die einseitige, nachkonziliare Fokussierung in der Amtstheologie auf die apostolische Amtssukzession und überwindet sie, indem der Blick auf die gemeinsame Überzeugung in der Grundbestimmung des kirchlichen Amtes gelenkt wird, nämlich für die Apostolizität der Kirche Sorge zu tragen, was nur kraft des Heiligen Geistes geschehen kann. Insofern dieser Geist auch in anderen Kirchen und kirchlichen Gemeinschaften die apostolica traditio bewirkt, kann nicht anders als davon ausgegangen werden, dass er dort gleichfalls geistliche Ämter hervorbringt, die sich dank des göttlichen Geistwirkens in der Bewahrung der apostolischen Botschaft bewährt haben. So scheint es theologisch begründet, wenn das geistliche Urteil über die geistliche Wirksamkeit der Ämter in den reformatorischen Kirchen positiv ausfällt und geschlussfolgert wird, dass „der wechselseitigen Anerkennung der Apostolizität der Dienstämter kein theologisches Argument entgegen" steht.[76] Um diesem Urteil folgen zu können, bedarf es der Bereitschaft zur Relativität der eigenen, verabsolutierten Position. Das bedeutet, es muss weniger auf die formale und materiale Gestalt als vielmehr auf den apostolischen Gehalt geblickt und der paulinische Rat beherzigt werden, den Geist nicht auszulöschen, sondern alles zu prüfen und das Gute zu behalten (1 Thess 5,19–21). Dass die Glaubenskongregation in ihrem Antwortschreiben dem nicht folgt, ist wohl weniger der Evidenz der Argumentation geschuldet als vielmehr dem Umstand, dass die Pneumatologie in den „lehrmäßigen Anmerkungen" keinerlei Rolle spielt. Gottes Geist, der die Kirche in der Treue zum apostolischen Ursprung hält und für das theologische Verständnis des kirchlichen Amtes und seiner apostolischen Sukzession grundlegend ist, wird an keiner Stelle erwähnt. Wie aber kann man die Kirche, ihr amtliches Handeln und eucharistisches Feiern adäquat verstehen wollen, ohne vom Wirken Gottes in seinem Geist zu sprechen? Infolge seiner Geistvergessenheit verfehlt das vatikanische Antwortschreiben jene pneumatologische Argumentationsfigur, die in vielen katholisch-lutherischen Dialogen maßgebend wurde[77] und auch im Zentrum von GaTH steht.

---

[76] Ebd.

[77] Vgl. Dorothea Sattler, Der lebendige Erinnerer an das apostolische Erbe. Pneumatologische Argumentationen in den ökumenischen Gesprächen über die Ämter, in: dies. / Gunther Wenz (Hg.), Das kirchliche Amt in apostolischer Nachfolge. Bd. III. (Anm. 48) 13–39, hier 23–26.

Anhang

(1) Rat der Evangelischen Kirche in Deutschland

Stellungnahme zum Votum des Ökumenischen Arbeitskreises „Gemeinsam am Tisch des Herrn“

28.02.2020

Der Ökumenische Arbeitskreis evangelischer und katholischer Theologen hat am 11. September 2019 im Rahmen einer Pressekonferenz das Studiendokument „Gemeinsam am Tisch des Herrn“ der Öffentlichkeit vorgestellt. Das Dokument versteht sich als ein Diskussionsbeitrag, aber auch als ein Votum zur Beratung in den kirchenleitenden Organen der evangelischen und römisch-katholischen Kirchen.

Der Rat der EKD hat sich in seiner Sitzung am 28./29. Februar 2020 eingehend mit dem Dokument befasst. Er dankt den Autorinnen und Autoren und würdigt das Dokument als eine theologisch konsequente Fortsetzung des mit der wechselseitigen Anerkennung der Taufe 2007 und des in diesem Zusammenhang formulierten Grundeinverständnisses beschrittenen Weges der Vertiefung der ökumenischen Beziehungen.

Das Dokument stellt eine schriftgemäße und theologisch substanzielle Grundlage für ein gemeinsames Grundeinverständnis über das Herrenmahl bereit, die dem Rat geeignet erscheint, die in vielfacher Hinsicht bereits erzielten Gemeinsamkeiten auch mit Blick auf die gegenwärtige Praxis der Feier des Abendmahles bzw. der Eucharistie zu vertiefen.

Der Rat nimmt dankbar zur Kenntnis, dass das Dokument wesentliche theologische Einsichten dergestalt reformuliert, dass sowohl die evangelischen als auch die katholischen Geschwister ihren Glauben darin wiedererkennen können. Aus evangelischer Sicht bestärkt der Text die evangelische Haltung zur eucharistischen Gastfreundschaft und die Bereitschaft, alle Getauften zur Feier des Abendmahles einzuladen. Der Text eröffnet einen Raum, in dem die oftmals in den Gemeinden vorzufindende Praxis einer wechselseitigen Teilnahme am Abendmahl bzw. der Eucharistie ohne Belastung der Gewissen möglich wird.

Dem Rat ist bewusst, dass mit dieser Perspektive auch Fragen an die evangelische Abendmahlspraxis im Blick auf Leitung und Gestaltung verbunden sind. Daran wollen wir weiterarbeiten.

Der Rat bittet die katholischen Geschwister vor diesem Hintergrund, das Votum des Ökumenischen Arbeitskreises als Fortschreibung der pastoralen Handreichung der Bischofskonferenz „Mit Christus gehen – Der Einheit auf der Spur" von 2018 eröffneten Perspektive einer eingehenden Beratung zu unterziehen.

Er verbindet diese Bitte mit der Hoffnung, dass die ökumenisch fruchtbaren Erfahrungen des Christusfestes 2017 auch im täglichen Leben evangelischer und katholischer Christen und Christinnen segensreich fortwirken mögen und das gemeinsame Zeugnis des Evangeliums befördern.

(2) Kontaktgesprächskreis zwischen Vertretern der Deutschen Bischofskonferenz und Vertretern des Rates der Evangelischen Kirche in Deutschland

Gemeinsame Würdigung des Votums „Gemeinsam am Tisch des Herrn“ des Ökumenischen Arbeitskreises (ÖAK)

18.05.2020

Der Ökumenische Arbeitskreis evangelischer und katholischer Theologen hat am 11. September 2019 das Votum „Gemeinsam am Tisch des Herrn" der Öffentlichkeit vorgestellt. Darin spricht sich der Ökumenische Arbeitskreis unter dem gemeinsamen Vorsitz des katholischen Bischofs Dr. Georg Bätzing (Limburg) und des evangelischen Bischofs em. Dr. Martin Hein für die wechselseitige Öffnung von Eucharistie und Abendmahl für Christinnen und Christen anderer Traditionen aus. Der Ökumenische Arbeitskreis ist nach langjähriger intensiver Arbeit zu der Überzeugung gelangt, dass eine wechselseitige Teilnahme an Eucharistie und Abendmahl mit guten theologischen Gründen verantwortbar ist. Er stellt eine Übereinstimmung im theologischen Sinnge-halt der Feier von Eucharistie und Abendmahl fest, die eine wechselseitige Anerkennung der unterschiedlichen Gestalten der Mahlfeier ermöglicht. Diese Sichtweise wird mit exegetischen und liturgiewissenschaftlichen Überlegungen sowie den im ökumenischen Dialog erreichten Konvergenzen untermauert. Nach der wechselseitigen Taufanerkennung in der „Magdeburger Erklärung“ von 2007 und dem darin festgehaltenen Grundeinverständnis über die Taufe sieht der Ökumenische Arbeitskreis in der wechselseitigen Teilnahme an Eucharistie bzw. Abendmahl einen nächsten wichtigen Zwischenschritt, der die weitere Suche nach der Gestalt umfassender sichtbarer Einheit der Kirche Jesu Christi einschließt.

Der Kontaktgesprächskreis von Vertretern der Deutschen Bischofskonferenz und des Rates der EKD dankt dem Ökumenischen Arbeitskreis für seine profunde Studie. Er sieht in ihr einen theologisch kenntnisreichen und differenzierten Beitrag, der die wechselseitige Anerkennung der Taufe fortschreibt und auf dem Weg zur Vertiefung der Gemeinschaft weiterführt.

Wir wissen um den dringenden Wunsch und bisweilen auch die tatsächliche Praxis von Christinnen und Christen, die Zusammengehörigkeit, die sie in ihrem Leben auf vielfache Weise erfahren und die in den vergangenen Jahren - nicht zuletzt dank der guten Erfahrungen in der Feier eines gemeinsamen Christusfestes 2017 - weiter gestärkt wurde, auch in der wechselseitigen Teilnahme an Eucharistie und Abendmahl zum Ausdruck zu bringen. Im Blick auf den dritten Ökumenischen Kirchentag 2021 in Frankfurt am Main wird der Wunsch nach einer wechselseitigen Teilnahme an Eucharistie und Abendmahl eine eigene Dynamik entwickeln. Die Diskussion wird sich insbesondere auf die Frage konzentrieren, ob nicht nach den Ökumenischen Kirchentagen 2003 in Berlin und 2010 in München, die im Blick auf die Feier der Eucharistie und des Abendmahls mit ähnlichen Fragen konfrontiert waren, und angesichts der Entwicklungen im ökumenischen Dialog der vergangenen Jahre die Zeit reif ist für Fortschritte im Blick auf eine Gemeinschaft am Tisch des Herrn.

Mit dem Votum des Ökumenischen Arbeitskreises gehen wir davon aus, dass in der Feier der Eucharistie und des Abendmahls Jesus Christus gegenwärtig ist und als Gegenwärtiger geglaubt wird. „Wir feiern in österlicher Hoffnung das von Jesus Christus selbst gestiftete Gedächtnis seines erlösenden Lebens und Sterbens für uns in einer liturgischen Handlung, in der seine Gegenwart in der Kraft des Heiligen Geistes im verkündigten Wort und im Mahl erfahrbar und wirksam wird" (Votum 8.2). Es gibt eine reale Gegenwart Jesu Christi ebenso in der katholischen Feier der Eucharistie wie auch in den Traditionen der evangelischen Abendmahlsfeier. Diese grundlegende Einschätzung sollte als gemeinsamer Ausgangspunkt für die weitere Entwicklung in diesem Themenfeld wahrgenommen werden.

Der Text des Ökumenischen Arbeitskreises wirft aber auch Fragen auf, die noch geklärt werden müssen und sich in unterschiedlicher Weise an die katholische und die evangelische Seite richten. Einige davon sind schon in der Studie selber formuliert. Sie betreffen vor allem die Praxis, aber auch das Verständnis des Gefeierten. Sie beziehen sich unter anderem auf die Kommunion unter beiden Gestalten als Regelform, auf die ökumenischen Verständigungen zum Opferbegriff und deren Konsequenzen für einzelne liturgische Texte der katholischen Messfeier, auf die Leitung und Gestaltung der Feier, auf den Umgang mit den Elementen, auf das Zueinander von Taufe und Eucharistie sowie von Kirchen- und Eucharistiegemeinschaft. Diese Fragen bedürfen der theologischen und pastoralliturgischen Weiterarbeit.

Die Tragweite dieser Fragen wird von evangelischer und katholischer Seite unterschiedlich bewertet. Für die katholische Kirche sind die offenen Fragen so gewichtig, dass sie sich nicht in der Lage sieht, vor deren Klärung eine wechselseitige Teilnahme generell zu erlauben, zumal hier auch die Frage der Einheit der katholischen Kirche berührt ist. Das gilt auch im Blick auf den dritten Ökumenischen Kirchentag.

Für die evangelische Kirche bildet die Taufe die entscheidende Grundlage zur Einladung zum Abendmahl und für ihr Verständnis von eucharistischer Gastfreundschaft. Sie respektiert jedoch die Bedeutung, die die weltweite Einbindung und der konkrete Zusammenhang von Kirchen- und Eucharistiegemeinschaft für das katholische Verständnis der Eucharistie und die daraus folgende eucharistische Praxis haben. Andererseits erwartet sie aber auch eine konkrete Wertschätzung der nach langjähriger intensiver Arbeit erreichten Übereinstimmungen im Blick auf den theologischen Sinngehalt der Feier von Eucharistie und Abendmahl.
Gerade an dieser zentralen Stelle unserer gemeinsamen christlichen Glaubenspraxis wartet die inner- und außerkirchliche Öffentlichkeit mit guten Gründen auf sichtbare Fortschritte, die glaubwürdig Zeugnis für das gemeinsame Christusbekenntnis geben.

Gemeinsam nehmen wir auf diesem Hintergrund wahr, dass das Votum des Ökumenischen Arbeitskreises evangelischer und katholischer Theologen einen theologischen Begründungsrahmen für die individuelle Gewissensentscheidung einzelner Gläubiger entfaltet, wechselseitig zur Eucharistie bzw. zum Abendmahl hinzuzutreten. Insofern stellt es einen weiterführenden Beitrag auf dem Weg zur Eucharistie- und Kirchengemeinschaft dar.

Die Sorge um die Einheit ist der Kirche von Christus selbst aufgetragen. Daher muss alles kirchliche Handeln unter der Leitperspektive stehen, das Gemeinsame zu suchen, das, was zusammenführt und hilft, der vollen Einheit näherzukommen. Unter dieser Perspektive ist der Text des

Ökumenischen Arbeitskreises ein wichtiger Schritt auf dem Weg. Wir halten die Weiterarbeit an den genannten Fragen für dringlich und werden uns in unseren jeweiligen Kontexten dafür einsetzen, dass sie erfolgt. Wir ermutigen die Gläubigen, im gemeinsamen Zeugnis des Glaubens nicht nachzulassen, damit die befreiende und froh machende Botschaft des Evangeliums gehört wird und ihre weltverändernde Kraft entfalten kann.

(3) Kongregation für den Glauben

Brief des Präfekten Luis F. Kard. Ladaria SJ an den Vorsitzenden der DBK, Bischof Georg Bätzing

18.09.2020

Exzellenz, hochwürdigster Herr Bischof,

Mit Schreiben des 20. Mai 2020 hat der Präfekt der Kongregation für die Bischöfe, Kardinal Marc OUELLET, P.S.S., der Glaubenskongregation den auf der Frühjahrsvollversammlung der Deutschen Bischofskonferenz 2020 in Mainz diskutierten Text des Votums *Gemeinsam am Tisch des Herrn* des Ökumenischen Arbeitskreises *(Jäger-Stählin-Kreis)* mit der Bitte um eine Beurteilung zugesandt. Dieses Votum katholischer und evangelischer Theologen hat sich für ein bereits jetzt mögliches wechselseitiges Hinzutreten einzelner Gläubiger zur Eucharistie, bzw. zum Abendmahl ausgesprochen.

Das im oben genannten Schreiben der Kongregation für die Bischöfe beigelegte Protokoll der Frühjahrsvollversammlung 2020, sowie das Protokoll der Sitzung der Ökumenekommission der Deutschen Bischofskonferenz vom 28. Juni 2020, bewerten das Dokument als einen positiven Diskussionsbeitrag. Zugleich sprechen beide von der Notwendigkeit einer weiteren theologischen Vertiefung bestimmter Kernthemen wie der Frage der Realpräsenz und des Opferbegriffes der Eucharistie, damit verbunden die Frage des Weiheamtes durch Handauflegung und Gebet des Bischofs, des Zusammenhangs zwischen Taufe, Eucharistie und Kirchengemeinschaft.

Entsprechend der Bitte der Kongregation für die Bischöfe und angesichts der fundamentalen Bedeutung der Eucharistie als der Grundlage kirchlicher Existenz und kirchlichen Lebens sowie des wichtigen ökumenischen Anliegens des Votums hat sich diese Kongregation eingehend mit dem besagten Dokument und dessen Schlussfolgerungen befasst.

Hiermit möchte die Kongregation für die Glaubenslehre Ihnen, Exzellenz, und den Mitbrüdern der Deutschen Bischofskonferenz eine Zusammenfassung der Ergebnisse unserer Untersuchung, die insbesondere einige im Dokument nicht ausreichend geklärte theologische Anfragen des katholischen Grundverständnisses von Kirche, Eucharistie und Weiheamt anspricht, wobei letztere als koexistent und nicht trennbar gesehen werden müssen, zur Verfügung stellen (cf. Anlage).

So ist im besagten Dokument die Frage der Beziehungseinheit von Eucharistie und Kirche, in der die Eucharistie die Einheit mit der Gemeinschaft der Kirche und ihrem Glauben mit dem Papst und den Bischöfen voraussetzt und bewirkt, unterbewertet; wesentliche theologische und unverzichtbare Einsichten der in weiten Teilen mit der orthodoxen Tradition gemeinsamen eucharistischen Theologie des II. Vatikanischen Konzils sind leider nicht entsprechend gewürdigt.

Das Theologenvotum berührt direkt zentrale Themen des *Depositum fidei*. Glaubenswahrheiten, *de fide tenendae,* wie die Realpräsenz, der Opferbegriff der Eucharistie, das notwendige geweihte Amt, aber auch das untrennbare Konstitutiv von Eucharistie, Weiheamt und Kirche, können daher nicht unter den *Adiaphora* im ökumenischen Dialog behandelt werden, zumal es vergleichsweise in internationalen katholisch-lutherischen Dialogforen beachtenswerte gemeinsame Annäherungen im Eucharistie- und Amtsverständnis gibt, die im besagten Dokument keinen Widerhall finden.

Dies will verdeutlichen, dass die noch bestehenden Divergenzen im Eucharistie- und Amtsverständnis zwischen der Katholischen Kirche und den Reformatorischen Traditionen es bisher immer noch nicht erlauben, Abendmahl und Eucharistie im theologischen Sinngehalt gleichzusetzen. Die Lehrunterschiede sind immer noch so gewichtig, dass sie eine wechselseitige Teilnahme am Abendmahl bzw. an der Eucharistie derzeit ausschließen. Das Dokument kann daher auch nicht als Leitfaden für eine individuelle Gewissensentscheidung über ein Hinzutreten zum Abendmahl bzw. zur Eucharistie dienen.

Das Votum des Ökumenischen Arbeitskreises kann und soll sehr wohl Ansporn für ein weiteres theologisches Arbeiten an den bestehenden theologischen Divergenzen sein. Jedoch eine Öffnung der katholischen Kirche hin auf eine eucharistische Mahlgemeinschaft mit den Mitgliedskirchen der EKD beim derzeitigen Stand der theologischen Diskussion würde notwendigerweise neue Gräben im ökumenischen Dialog mit den Orthodoxen Kirchen, nicht nur in Deutschland, aufwerfen. Dies ist bedeutsam, da gerade auch in Deutschland die Zahl orientalischer Christen, auch aus den noch nicht in voller Gemeinschaft mit der katholischen Kirche stehenden Ostkirchen, zunimmt.

Indem ich Ihnen, Exzellenz, und den Mitbrüdern der Deutschen Bischofskonferenz dies zur Kenntnis bringe und Ihre Hirtensorge für die Kirche in Deutschland teile, verbleibe ich mit allen guten Segenswünschen im Herrn, Ihr

Luis F. Card. LADARIA, S.I.
Präfekt

Giacomo MORANDI
Titularerzbischof von Cerveteri
Sekretär

(4) Anhang zum Brief:

Lehrmäßige Anmerkungen zum Dokument *Gemeinsam am Tisch des Herrn* des Ökumenischen Arbeitskreises katholischer und evangelischer Theologen

Die folgenden Anmerkungen möchten lediglich einige lehrmäßige Hauptpunkte im Dokument aufgreifen. Während auch diese Analyse nur ein Teilversuch darstellt, möchte sie die Theologen einladen, weitere Schritte zu unternehmen zur Lösung der noch bestehenden Glaubensdifferenzen zwischen der katholischen Kirche und den Kirchen, die aus der Reformation hervorgegangen sind.

Im Unterschied zu anderen Dokumenten und Erklärungen des katholisch-evangelischen Dialogs, wie die Gemeinsame Erklärung zur Rechtfertigungslehre (1999), ist das Theologenvotum kein Dokument eines differenzierten Konsenses, aus dem die noch bestehenden Unterschiede klar hervorgehen. Es will eher die Gemeinsamkeiten zwischen beiden Konfessionen bezüglich des Verständnisses der Eucharistie betonen. Dann, ausgehend von den Daten des Neuen Testamentes, und den Blick auf die gemeinsamen Zeugnisse und die noch bestehenden Unterschiede richtend, die es anscheinend bereits jetzt erlauben Eucharistie und Abendmahl als Sinneinheit zu betrachten, formuliert GTH abschließend ein Votum für eine individuelle Gewissensentscheidung für ein Hinzutreten zum Abendmahl, bzw. zur Eucharistie.

Die hier vorgelegte Analyse der Kongregation für die Glaubenslehre, sieht in den nachstehenden Punkten Elemente, die einer weiteren theologischen Klärung bedürfen.

1. Während GTH (cf. 4 - 7) einige konfessionelle Unterschiede anspricht, scheint es, dass die exegetische Betrachtungsweise (in 3) hier nicht mehr die bestehenden Differenzen hinsichtlich der historischen Ursprünge der Eucharistie in Betracht zieht. Bereits die vorherrschende Hypothese einer Hermeneutik der Diversität der Ursprunge (die zugleich Reserven gegenüber einer kontinuierlichen und organischen Entwicklung anzeigt), ist

eigentlich eine konfessionelle, eher von der neueren evangelischen Exegese geprägt. Auch wenn die Autoren historisch eine normative Grundform der Eucharistie, geprägt vom Passionsgeschehens, zwischen Letztem Abendmahl, Tod und Auferstehung Jesu, eher ablehnen, ändert dies, trotz der neutestamentlichen Differenzen im Neuen Testament hinsichtlich der Einsetzungsberichte, wenig an der Tatsache, dass es in ihnen eigentlich keine substantiellen Unterschiede gibt. Im Hinblick auf 1 Kor 11,23-27 ist es durchaus legitim, bereits eine liturgische Dimension festzuhalten. Ebenso erscheint diesbezüglich die Bedeutung des Tages des Herrn für die Eucharistie, die Grundlage der Eucharistie im Ostergeheimnis eher unterbewertet.

Die eher historistische Betrachtungsweise in GTH trifft somit eine hermeneutische Grundentscheidung, die im Gegensatz zu *Dei* Verbum (cf. N.9) steht; die Heilige Schrift, das Neue Testament, ist von Anfang an Zeugnis, dessen Subjekt das Volk Gottes ist. Dieses Zeugnis hat seine Identität in der Kirche bewahrt, sodass „die Kirche ihre Gewissheit über alles Geoffenbarte nicht aus der Heiligen Schrift allein schöpft".

Analog zur Tatsache, dass die großen christologischen und soteriologischen Bekenntnissen des Neuen Testamentes und andere Präsymbola Teil des Anfanges bilden, und nicht den Abschluss eines Prozesses, gilt theologisch und ekklesiologisch dasselbe für die Eucharistie. Die Einheit ist damit das Kriterium der Ursprünge. Diese Einheit gehört zur Substanz, die die Zeiten überdauert und ist die Grundlage der sakramentalen Verfassung der Kirche. Gestützt auf das Zeugnis des hl. Ignatius von Antiochien (Monepiskopat, das dreigeteilte geweihte Amt und eine eucharistische Ekklesiologie) zeigen die Fakten auf eine Kontinuität der ursprünglichen Einheit, die eher nicht als Frucht eines Einigungsprozesses oder als Ergebnis disziplinärer Entscheidungen erscheint. Hier sei hingewiesen auf das Selbstverständnis der frühen Kirche, die sich als Netz eucharistischer Gemeinschaften mit höchster Sorge um die Einheit mit den Apostolischen Sitzen (Rom, Alexandrien und Antiochien) begreift. All das weist eher auf eine kontinuierliche und inspirierte, von den Ursprüngen ausgehende Entwicklung hin.

Hier sei bemerkt, das GTH dem Zeugnis der patristischen Theologie leider nicht die genügende Aufmersamkeit geschenkt hat.

2. Als theologische Kernproblematik des Dokumentes erscheint die Betrachtung der Beziehung zwischen Eucharistie und Kir-

che. Die wiederholte These, dass Christus der alleinige Gastgeber der Eucharistie ist, und das es der Kirche nicht zukommt, Zulassungskriterien festzulegen (cf. 5.4.1/2, *etiam* 7.9.), scheint demnach eine Trennung zwischen Christus und der Kirche vorzunehmen, was seitens katholischer Theologie so nicht akzeptiert werden kann, da Christus die Kirche in besonderer Weise mit dem sakramentalen Mittlerdienst beauftragt hat (cf. die ganz frühen Bestimmungen über die Zulassung zur Eucharistie und die ganz frühe Praxis der *litterae communionis* bis ins VII. Jhd hinein). Auch ist die angedachte Parallele zur gemeinsamen Erklärung über die Anerkennung der Taufe (Magdeburg 2007) nicht ganz überzeugend, da diese Erklärung das Sakrament nicht von der Kirche trennt, in der es gespendet wird. GTH hingegen nimmt das gemeinsame Band der Taufe eher als eine von der konkreten Kirche losgelöste Realität wahr, die die Unterschiede im Kirchen- und Amtsverständnis zwar nicht aufhebt, aber sie doch erheblich relativiert. In ähnlicher Weise verfährt GTH auch bezüglich der Eucharistie; sie erscheint als eine vom Geheimnis der Kirche losgelöste Wirklichkeit, da keine Handlung, keine Regelung der Kirche, kein Unterschied in den Gebräuchen und in der Tradition dieser Gabe entgegenstehen darf (cf. 3.11.2). Hier erscheint es angezeigt, auf die Haltung der katholischen Kirche bezüglich des untrennbaren Bandes zwischen Kirche und Eucharistie in den Worten von Kardinal Henri de Lubac SJ hinzuweisen, der diese Wechselbeziehung zwischen Eucharistie und Kirche als Band „gegenseitiger Kausalität und Garantie" qualifiziert (cf. sein Werk *Corpus mysticum)*. Auch findet die Frage der vollen Initiatio christiana (Taufe-Firmung-Eucharistie) im Dokument keine Erwähnung.

Leider ist die eucharistische Ekklesiologie des II. Vatikanischen Konzils nur einmal Gegenstand des Dokumentes, eher in einer relativistischen Betrachtungsweise (cf. 7.8.), während gerade sie doch als das Herzstück der Lehraussagen dieses Konzils gelten darf. Diese Ekklesiologie wird in GTH eher minimisiert, weil sie, auf der Grundlage der Lehre der patristischen Väter, die Eucharistie mit der Verfassung der Kirche untrennbar verbindet. Dies ist der Grund der Notwendigkeit der Kirche im Erlösungwerk. Die Kirche ist Sakrament des Heiles ausgehend vom Leibe Christi; sie muss daher Eine sein. Substantiell hat daran Anteil die Einheit in der Apostolischen Lehre und in der Apostolischen Sukzession. Die Voraussetzungen einer offenen Pluralität der Ursprünge der Kirche in GTH bedeuten zugleich eine Individualisierung der Ortsgemeinden, die sich nicht mehr an der Einzigkeit des Leibes Christi orientieren; dies steht eigentlich im Kontrast zur der Lehre des letzten ökumenischen Konzils, das die Liturgie der Kirche als die sakramentale Verfassung der Kirche erachtet, beruhend auf dem bischöflichen Dienst der Einheit. Im Dokument *Gemeinsam am Tisch des Herrn* scheint die Kirche kaum einen Theologischen Rang zu genießen.

Das geweihte Dienstamt, unlösbar mit eben erwähnten Fragestellung verbunden, erscheint in GTH als spätere Hinzufügung mit einem eher funktionalen, organisatorischen Inhalt. Die Frage des 'qualifizierten Vorsitzes' in der Eucharistiefeier, genießt eher einen nachgeordneten Rang. Gleichzeitig erscheint eine diesbezügliche Konvergenz in Verbindung mit der Notwendigkeit einer Ordination, wobei dennoch das gemeinsame Priestertum aller Gläubigen unterstrichen wird, das die öffentliche Verkündigung des Evangeliums und die rechte Verwaltung der Sakramente voraussetzt (cf. 6.2.2). Diesbezüglich favorisiert GTH im evangelischen Bereich die Position einer presbyteralen Sukkzession, der eine überregionale Episkopè hinzugefügt ist (cf. 6.2.10), sodass auch hier keine Hindernisse für eine gegenseitige Anerkennung der Apostolizität gegeben seien (cf. 6.4). Dieser vorausgesetzte Konsens wird jedoch nicht von der Mehrheit der Mitgliedskirchen der EKD gedeckt, die in Notsituationen ein Abendmahl ohne Amtsträger als erlaubt ansieht. So hat zuletzt die EKD (2014) erklärt, dass die Reformation eine "völlige Neuordnung des kirchlichen Wesens" habe mit der Folge, „jeder Christ kann im Prinzip die Sakramente verwalten, d.h. die Taufe spenden und das Abendmahl austeilen. Nur um der Ordnung willen gibt es Pfarrerinnen und Pfarrer, die die Aufgaben, die alle Christen haben, in besonderer Weise, nämlich dafür qualifiziert und öffentlich dazu berufen, ausüben" (cf. *Rechtfertigung und Freiheit. 500 Jahre Reformation 2017. Ein Grundlagentext des Rates der Evangelischen Kirche in Deutschland* [EKD], Gütersloh 2014, Nr. 2.6.3).

Auch stellt GTH sich nicht die Frage der katholischen Position nach einem wesensmäßigen Unterschied des katholischen Amtspriestertums (cf. *Lumen gentium,* 10), währen gleichzeitig vermutet wird, dass der *character indelebilis* des Weiheamtes der katholischen und orthodoxen Tradition als eine Fehlentwicklung des kirchlichen Amtes in der christlichen Antike betrachtet werden kann (cf. 4.6). Daher sind bestimmte Anfragen an ein eher empirisches Amts- und Weiheverständnis im Dokument angebracht (cf. 6.3.5.). Auch wird die Frage der Zulassung von Frauen zum geweihten Amt ausgeklammert, die für die katholische Kirche durchaus lehrmäßige Bedeutung hat.

3. Hinsichtlich der Lehre über das Sakrament der Eucharistie erscheint in GTH die Idee eines Konsensus auf der Basis eines gemeinsamen eher minimalen Nenners; es fehlt ein eindeutiges Bekenntnis zur Realpräsens Christi in der Eucharistie (cf. 5.1.7); Dies ist seitens katholischer Theologie eine Lehre *de fide tenenda* (cf. DH 1642; etiam CCC 1374-1377). GTH scheint sich eher im Sinne einer Transfinalisation, einer Transkonditionierung der Gestalten zu äußern. Hier könnte man ein früheres Beispiel im Dokument der EKD, *Das Abendmahl. Eine Orientierungshilfe zu Verständnis und Praxis des Abendmahles in der evangelischen Kirche* - 2003) erkennen, das seinerseits die *Leuenberger Konkordie* (cf. 15 e 18) aufgegriffen hat, wenn es von der personalen Gegenwart gekreuzigten und auferstandenen Christus in der Feier des Aendmahles spricht, die nicht getrennt werden darf vom Akt des gemeinsamen Essens und Trinkens: „Damit wird zugleich deutlich, dass sich das evangelische Abendmahlsverständnis in soweit nicht von dem katholischen unterscheidet" (S. 27). Diese Aussagen stimmt kaum noch mit der traditionellen lutherischen Überzeugung einer Präsenz *vere et substantialiter* überein. GTH bekennt damit weit weniger an eucharistischer Übereinstimmung zwischen der katholischen (sowie der orthodoxen, eingeschlossen der vorchalzedonensischen Kirchen) und der lutherischen Position, wie sie sich in den folgenden Dokumenten im internationalen lutherisch-katholischen Dialog wiederfinden, in denen eine erstaunliche dogmatische Konvergenz zum Ausdruck kommt.

   a) Die nordamerikanische *Declaration on the way: Church, Ministry, and Eucharist* (2015), erklärt: "Lutherans and Catholics agree that in the Sacrament of the Lord's Supper, Jesus Christ himself is present truly, substantially as a person, and he is present in his entirety, as son of God and a human being" (Declaration on the way, Agreement 30 [65]).

   b) Ebenso hält die gemeinsame Erklärung der lutherisch-katholischen Dialogkommission Finlands, *Communion in growth: Declaration on the Church, Eucharist, and Ministry* (2017), fest: "Both traditions seek to stress that the body and blood of Christ are truly, really, and substantially *(vere, realiter et substantialiter)* present in, with, and under the outward signs of bread and wine. The bread and wine change *(mutari, conversio)* into the body and blood of Christ at the consecration at the Eucharist. It is therefore said at the consecration: This is my body; "This is my Blood" (Communion in growth, n. 318 [134]).

Auch bezüglich des Opfergedankens der Eucharistie, die ebenso zu den Lehren *de fide tenendae* gehören (cf. DH 1740, 1751; 1743, 1752, 1756; CCC nn. 1362-1372), besteht immer noch kein ökumenischer Konsens. GTH schlägt als Lösung das Entfernen der Opferaussagen aus den liturgischen Texten vor. Die wirklich gültige diesbezügliche Aussage beschränke sich auf die Selbsthingabe der Kirche, eingeschlossen in der Selbsthingabe Jesu für uns. Deshalb zählt GTH die postkonsekratorischen Opferaussagen der eucharistischen Hochgebete im Missale Pauls VI zu den 'Traditionen', die einem theologischen Examen nicht standhalten würden, und deshalb einer Reform bedürften (cf. 5.6.3; 8.4.). Der Text unterscheidet damit nicht zwischen legitimer Vielfalt in den liturgischen Formen der Eucharistiefeier, auch als Frucht legitimer Inkulturation, und den den theologischen Sinngehalt ausdrückenden verbindlichen Texten (cf. 5.6.1.). Liturgische Vielfalt sollte nicht in Kontrast zum theologischen Verständnis des Gefeierten gesetzt werden (cf. 4.9).

Aus katholischer Sicht ist ein Fiduzialglaube in die Gegenwart Christi während der Kommunion nicht ausreichend, sondern sie schließt die bewusste und aktive Teilnahme an der liturgischen Feier, insbesondere im Hinblick auf das eucharistische Hochgebet, das ja das Gesamte des katholischen Glaubens zum Ausdruck bringt, ein. Der glaubende Teilnehmer unterschreibt dieses quasi durch sein Amen, das da beinhaltet die Gemeinschaft mit dem Papst und dem Ortsbischof, mit der Kirche des Himmels (mit Maria und allen Heiligen), aber auch mit den Verstorbenen (im Sinne der Fürsprache um Vollendung). Zu einer solchen *‚Professio fidei'* kann derzeit ein lutherischer, noch weniger ein reformierter Christ kaum seine Zustimmung geben, ohne in einen Gewissenskonflikt zu geraten.

4. In ökumenischer Hinsicht erscheint den Autoren von GTH lediglich die Taufe als einzige Vorbedingung für die wechselseitige Zulassung zum Tisch des Herrn. Dies widerspricht eigentlich den Grundlagen ökumenischen Dialoges der katholischen

Kirche wie in *Unitatis redintegratio,* 8, wenn es in GTH nicht nur um die Zulassung einzelner nicht katholischer Christen zur Eucharistie geht (hier setzt die Kirche immer eine Ausnahmesituation und das katholische Sakramentsverständnis voraus), sondern hier ist das Anliegen die inkonditionelle Zulassung aller Getauften. Eine Vorwegnahme der Einheit in der eucharistischen Mahlgemeinschaft, ohne die Einheit im Glauber erlangt zu haben, steht in Gefahr alles weitere Bemühen um die Lösung der noch ausstehenden Glaubensdifferenzen zu relativieren. Dies ist umso bedeutender, da es bis jetzt leider keinen tragfähigen Konsens über die Inhalte der ökumenischen Bemühungen gibt. Während GTH die wechselseitige Teilhabe am Tisch des Herrn als möglichen Weg auf die volle Gemeinschaft sieht, erinnert *Unitatis redintegratio* (cf. 9.4.) daran, dass die Wiederherstellung der Gemeinschaft im Glauben die Voraussetzung für die gemeinsame Teilhabe am Tisch des Herrn ist. Dies ist auch die gemeinsame Position mit den orthodoxen Kirchen.

GTH erachtet als entscheiden wichtigen Schritt auf die Mahlgemeinschaft hin die "Achtsamkeit auf die pastorale Praxis", zumal in vielen Gemeinden nur noch wenig Verständnis für „ausdifferenzierte theologische Begründungen" bestehe (cf. 5.3.6.). Hierin sehen die Autoren dann auch einen Ausdruck eines *sensus fidelium.* Dies lässt sich jedoch kaum rechtfertigen angesichts der Feststellung von Papst Franziskus in seinem *Brief an das pilgernde Volk Gottes in Deutschland* (29. Juni 2019), dass der *sensus fidelium* nicht im Gegensatz zum *sensus ecclesiae* stehen kann. Auch deshalb setzt die katholische und orthodoxe Lehre die erlangte Einheit im Glauben für gemeinsame Teilhabe am Tisch des Herrn voraus.

Es scheint, dass GTH in theologisch-sakramentaler Perspektive eher mit der *Leuenberger Konkordie* konform bleibt und scheint dieselben Argumente für ein Verständnis der Gemeinschaft der Kirchen im Sinne einer Einheit in konfessioneller Diversität zu teilen. Angesichts des scheinbar gewonnenen Konsens über das theologische Verständnis von Eucharistie/Abendmahl, und wenn man von einer 'ökumenischen Hermeneutik' der Priorität dieses Verständnisses sprechen kann und das Prinzip der *lex orandi statuat lex credendi* sowie die Frage des Amtsträgers dem unterordnet, dann kann der *Ökumenische Arbeitskreis* in der Tat von einer Gemeinschaft der Kirchen im Werden sprechen. Jedoch bewegt sich der offizielle Dialog des Heiligen Stuhles mit dem Rat der Evangelischen Kirchen Europas nicht auf der Grundlage der *Leuenberger Konkordie*. Als ein Defizit darf in GTH die Minimalisierung der lehrmäßigen Bedeutung des westlichen Kirchenschismas und auch die eher nicht zutreffende Parallele mit dem orientalischen Schisma, indem doch wesentliche Unterschiede in der Lehre eher relativiert werden

(5) Ökumenischer Arbeitskreis evangelischer und katholischer Theologen

Stellungnahme zu den „Lehrmäßigen Anmerkungen zum Dokument ‚Gemeinsam am Tisch des Herrn'"

06.01.2021

Vorbemerkungen der Wissenschaftlichen Leitung

Der Ökumenische Arbeitskreis evangelischer und katholischer Theologen (ÖAK) hat der Deutschen Bischofskonferenz (DBK) mit Datum 6. Januar 2021 die von der DBK erbetene Stellungnahme zu den „Lehrmäßigen Anmerkungen" der Glaubenskongregation des Vatikan zur ÖAK-Studie „Gemeinsam am Tisch des Herrn" zur internen Beratung in den Kommissionen der DBK übermittelt. Die Stellungnahme des ÖAK zu den Einwänden von Rom ist am 23.1.2021 ohne Autorisierung durch die Wissenschaftliche Leitung des ÖAK in einer noch vorläufigen Fassung vom 21.12.2020 veröffentlicht worden. Wir stellen hiermit der Öffentlichkeit den autorisierten Text in der Fassung vom 6. Januar 2021 zur Verfügung. Dieses Vorgehen ist zwischen dem ÖAK und der DBK abgestimmt.

In der Studie „Gemeinsam am Tisch des Herrn" wird auf breiter wissenschaftlicher Basis aufgezeigt, welche Gemeinsamkeiten im Verständnis von Abendmahl und Eucharistie sowie im Kirchen- und Amtsverständnis bis heute in ökumenischen Dialogen erkannt worden sind. Sie kommt zu dem Ergebnis, dass Gläubige vor allen konfessionellen Unterscheidungen von Jesus Christus selbst zur Herrenmahlsfeier eingeladen sind. Diese Einladung wird dadurch, dass sie in konfessionellen Kirchen ausgesprochen wird, nicht auf Angehörige dieser Konfession begrenzt. Auch Angehörige einer anderen Konfession können sich in ihrem Gewissen als eingeladen erfahren. Jesus Christus hat seine Gegenwart allen verheißen, die sich in seinem Namen versammeln, auf sein Wort hören und im eucharistischen Mahl ihm als dem auferstandenen und erhöhten Herrn begegnen. Die Erfahrung der Gemeinschaft in Abendmahl und Eucharistie ist eine Quelle der Hoffnung auf die Einheit der Kirchen.

Gegen dieses Votum des ÖAK hat die Glaubenskongregation schwerwiegende Einwände erhoben, auf die der ÖAK erneut in detaillierter theologischer Argumentation reagiert hat. Das Votum wurde vom ÖAK gemeinsam erarbeitet und ohne Gegenstimme bei einer Enthaltung in großer Einmütigkeit angenommen und wird von der Wissenschaftlichen Leitung Volker Leppin (Tübingen) und Dorothea Sattler (Münster) gezeichnet und vertreten. Ziel des Votums des ÖAK sowie der Stellungnahme zu den Einwänden ist nicht kirchliche Tagespolitik. Es handelt sich um einen Beitrag zur Überwindung von konfessionellen Differenzen auf der Grundlage sachbezogener theologischer Argumentation.

1. Die Intention der Studie des ÖAK sowie dieser Stellungnahme

Der ÖAK hat in seiner ökumenischen Studie „Gemeinsam am Tisch des Herrn" (künftig GaTH; veröffentlicht 2019) theologische Grundfragen erörtert und wegweisende Handlungsperspektiven in den Blick genommen. Die Studie dient der Stärkung des Glaubens an die Selbstvergegenwärtigung Jesu Christi in der evangelischen und der römisch-katholischen Tradition. Eine theologische Klärung kann sowohl die persönliche, im Gewissen zu treffende Entscheidung der Glaubenden über die Teilnahme an der Feier des Abendmahls und der Eucharistie in der anderen Tradition unterstützen als auch dazu ermutigen, die Einladung Jesu Christi zu seinem Mahl nicht auf die Angehörigen der je eigenen Konfession begrenzt zu sehen.
Dieses Votum erachtet der ÖAK für theologisch begründet und pastoral geboten: Die in den vorausgegangenen Jahrzehnten erkannten Konvergenzen im Sinngehalt und bei der Feiergestalt von Abendmahl und Eucharistie bilden die Basis für eine Teilhabe an der Feier von Abendmahl oder Eucharistie einer anderen Konfession im Vertrauen auf die Gegenwart Jesu Christi auch dort. Jesus Christus hat seine Gegenwart denen zugesagt, die sich in seinem Namen versammeln, die sein Wort hören und ihm im Mahl zu seinem Gedächtnis begegnen.
Seit geraumer Zeit ist erkennbar, dass viele Glaubende die Gründe nicht mehr nachvollziehen können, die angeführt werden, um sie ungeachtet ihrer Taufe und der gewachsenen Gemeinschaft der Kirchen an der ge-

meinsamen Feier des Abendmahls respektive der Eucharistie zu hindern, die sie in der österlichen Hoffnung stärkt und zum diakonischen Handeln ermutigt. Dieser Befund kann theologisch notwendige Klärungen nicht aufheben, leitet aber dazu an, auf Grundlage der Botschaft des Evangeliums sorgfältig zu prüfen, welche Lehraspekte als kirchentrennend zu erachten sind und welche nicht vielmehr von einer anderen Seite aus dasselbe Geheimnis des Glaubens spiegeln. Der ÖAK hat den pastoralen Kontext bei seinem Votum ernst genommen.

Die sorgsame Überprüfung der Lehrgrundlagen führt den ÖAK zu einem Paradigmenwechsel in der Argumentation, zu einer hermeneutischen Wende, die hilft, konfessionelle Verhärtungen durch Bezug auf die Grundlage des christlichen Glaubens zu überwinden: Jesus Christus hat für alle Zeiten in der Kraft des Geistes Gottes seine Gegenwart jener Gemeinschaft verheißen, in der sich an Christus glaubende Menschen zum Gedächtnis seines Todes für uns und seiner Auferstehung versammeln und seine Wiederkehr erwarten. Jesus Christus ist gegenwärtig, wo Menschen in seinem Namen zusammenkommen. In besonderer Weise gilt dies für die Feier von Eucharistie und Abendmahl. Auf diese Verheißung haben Menschen aller Konfessionen in allen Jahrhunderten vertraut. Sie haben liturgische Feiern gestaltet, in denen diese Gegenwart Jesu Christi im Gedächtnis seiner erlösenden Lebenspreisgabe bis in den Tod für uns in den Zeichenhandlungen der Teilhabe an dem einen gebrochenen Brot und an dem einen Gemeinschaftsbecher im Mahl erfahrbar ist.

Das Mahl zur Versöhnung in Christus Jesus in Unversöhntheit zu begehen, widerspricht der Botschaft Jesu und entstellt den Sinn des eucharistischen Tuns. Da nicht das Evangeliumsgemäße, sondern das Evangeliumswidrige der Rechtfertigung bedarf, bedrängt uns stets die Frage, ob wir angesichts der erreichten ökumenischen Übereinkünfte die Trennung am Tisch des Herrn noch verantworten können. Wir bedauern es, diese kritische Selbstbesinnung in den „Lehrmäßigen Anmerkungen“ (künftig LA) zu wenig thematisiert zu sehen.

Der ÖAK hat bei seinem Votum im Blick, dass es noch keine umfassende evangelisch/römisch-katholische Kirchengemeinschaft gibt, die die Voraussetzung für eine umfassende eucharistische Gemeinschaft ist. Zugleich wird in beiden Traditionen die Überzeugung vertreten, dass die Teilhabe an der Feier von Abendmahl und Eucharistie von Einzelnen aus jeweils anderen Konfessionen auch ein Weg zur Vertiefung der Suche nach umfassender Einheit ist. Dieser Weg ist ein Beitrag zur Suche nach einer Verdichtung des gemeinsamen Glaubenslebens und auf dem Weg zur sichtbaren Einheit. Die damit ausgedrückte Spannung spiegelt die römisch-katholische Auffassung hierzu wider, die im Sinne des 2. Vatikanischen Konzils zwei Prinzipien zu berücksichtigen hat: „die Bezeugung der Einheit der Kirche und die Teilnahme an den Mitteln der Gnade" (UR 8,4)[1]. Diese beiden Prinzipien stehen in einer Spannung zueinander. Sie müssen immer zusammengehalten werden.[2] Unter Berufung auf das Ökumenische Direktorium[3] hält das Vademecum (Nr. 36) fest, dass das erste Prinzip im Allgemeinen die Teilnahme an den Sakramenten auf diejenigen beschränkt, die in voller Gemeinschaft stehen, das zweite Prinzip jedoch Ausnahmen erlaubt. Die beiden Prinzipien abzuwägen ist Aufgabe des Diözesanbischofs. Vor dem Hintergrund des vorhandenen Glaubens rät das Konzil dazu, bei der zu treffenden Entscheidung alle „Umstände der Zeit, der Orte und der Personen" (ebd.) zu berücksichtigen (UR 8).

Mit seinem Votum gibt der ÖAK eine theologisch fundierte Begründung für die Entscheidungsfindung: Christinnen und Christen, die im sakramentalen Band der Taufe miteinander geistlich verbunden sind, können, zumal bei besonderen Anlässen, an den Feiern von Abendmahl und Eucharistie der je anderen Konfession im Vertrauen auf die Gegenwart Jesu Christi teilnehmen. Sie erfahren sich als Getaufte dazu eingeladen. Sie können gewiss sein, dass auch in der jeweils anderen Feierform die Verheißung der Gegenwart Jesu Christi gilt. Durch die erlebte Gemeinschaft vertieft sich der Wunsch nach umfassender, sichtbarer Einheit. So stärkt das Votum des ÖAK die glaubenden Individuen in einem weiten ekklesialen Horizont.

Vor dem Hintergrund dieser auf der Basis heutiger theologischer Erkenntnisse und eines breiten Befundes ökumenischer Dialoge entwickelten Auffassung hat der ÖAK die Fragen in den LA kritisch und selbstkritisch behandelt. Er legt der Deutschen Bischofskonferenz diese Stellungnahme für die weiteren Beratungen in den zuständigen Kommissionen vor.

---

1 Die Abkürzungen beziehen sich auf Dokumente des 2. Vatikanischen Konzils. In dieser Stellungnahme werden die autorisierten Übersetzungen zitiert. Die Texte des 2. Vatikanischen Konzils sind dokumentiert in: Karl Rahner / Herbert Vorgrimler, Kleines Konzilskompendium. Sämtliche Texte des Zweiten Vatikanums, Freiburg i.Br. 1966 u.ö.

2 Vgl. Ökumenisches Vademecum „Der Bischof und die Christliche Einheit", 2020, Nr. 36, abrufbar auf: https://press.vatican.va/content/salastampa/it/bollettino/pubblico/2020/12/04/0635/01477.html#it.

3 Vgl. Päpstlicher Rat zur Förderung der Einheit der Christen, Direktorium zur Ausführung der Prinzipien und Normen über den Ökumenismus vom 25. März 1993 (Verlautbarungen des Apostolischen Stuhls, Nr. 110), Bonn 1993, Nr. 129.

2. Vergewisserung: Der Ort von GaTH im Gesamt der Ökumene

Die Verbindung aus theologischer Argumentation und Handlungsperspektive in GaTH hat ein breites Echo in der gesellschaftlichen sowie wissenschaftlichen Öffentlichkeit und auch scharfe Kritik von Seiten der Glaubenskongregation ausgelöst. Diese hohe Aufmerksamkeit, die GaTH nach kurzer Frist auf weltkirchlicher Ebene erfahren hat, ist bemerkenswert und grundsätzlich sehr erfreulich. Insbesondere ist die auch in den LA geschehende Würdigung der theologischen Dialoge in der Ökumene zu begrüßen. Auch die Einbeziehung der Perspektiven der multilateralen Ökumene (allerdings konzentriert nur auf die ökumenischen Beziehungen zur Orthodoxie) ist nachvollziehbar, auch wenn bekannt ist, dass sich der ÖAK aufgrund der ausschließlich evangelisch/römisch-katholischen konfessionellen Verortung der Mitglieder von Beginn an auf diesen Bereich der ökumenischen Dialoge konzentriert hat. Bilaterale Dialoge werden von der römisch-katholischen Kirche seit dem 2. Vatikanischen Konzil geführt. Multilaterale Dialoge haben andere Rahmenbedingungen. Innerhalb des weiten Rahmens ökumenischer Gespräche ist als authentische Selbstbestimmung der Anliegen des ÖAK in GaTH festzuhalten:

2.1 Die Studie GaTH versteht sich als eine Zusammenfassung und Weiterführung von früheren Studien des ÖAK sowie anderer ökumenischer Gremien. Zahlreiche Lehrgespräche zum Opferverständnis der Eucharistie und des Abendmahls, zur Frage der Realpräsenz, zu Fragen des kirchlichen Amtes in apostolischer Nachfolge sowie zu Grundfragen der ökumenischen Hermeneutik (Schrift und Tradition; Verbindlichkeit der Lehre; Quellen der theologischen Erkenntnis) sind in den vergangenen Jahrzehnten geführt worden. In Deutschland und im internationalen Raum anerkannte Wissenschaftlerinnen und Wissenschaftler mehrerer theologischer Disziplinen haben im ÖAK über mehr als zehn Jahre die Studie GaTH erarbeitet.
Die Gewinnung theologischer Erkenntnisse kann nur im Modus des Dialogs geschehen. Daher sind die ökumenischen Studien nicht nur des ÖAK ein wichtiger Beitrag für das Gespräch mit lehramtlichen Positionierungen. Der Dialog lebt von gegenseitiger Rezeption und wechselseitiger Lernbereitschaft. Es genügt darum nicht, die ökumenisch erarbeiteten Dokumente einseitig an der bisher bestehenden römisch-katholischen Position zu messen. Die ökumenischen Studien möchten vielmehr als wissenschaftliche Vorarbeit wahrgenommen werden, die das Urteil der Kirche reifen lässt (vgl. DV 12).

2.2 In den LA wird in negativer Abgrenzung von GaTH auf internationale lutherisch/römisch-katholische Dialoge verwiesen. Unser Text beschränkt sich in der Tat nicht auf die dort erreichten Positionen, sondern tritt bewusst in ein Gespräch mit der Gemeinschaft der Evangelischen Kirchen in Europa (GEKE) ein und versteht die reformierte Abendmahlslehre als eine theologische Bereicherung. Es gehört zu den Selbstverständlichkeiten in der Ökumene, die jeweiligen konfessionellen Gegebenheiten vor Ort im Sinne der authentischen Selbstbestimmung der Gesprächspartner zu achten. Das lässt sich umgekehrt auch für die internationalen lutherisch/römisch-katholischen Dialoge geltend machen.
Zu einer solchen Einbeziehung der Position der GEKE hat, ungeachtet anderslautender Einschätzungen in LA 4, auch der Päpstliche Rat zur Förderung der Einheit der Christen (Pontifical Council for Promoting Christian Unity – PCPCU) ermuntert, indem er 2018 mit der GEKE schriftlich die Aufnahme eines offiziellen Dialoges vereinbart hat[4], da die vorausgegangene offizielle Konsultation zwischen dem Päpstlichen Rat und GEKE die ihr zur Entscheidung vorgelegte Frage, inwiefern sie einen offiziellen Dialog über Fragen der Kirche und der Kirchengemeinschaft für aussichtsreich hielt, positiv beantwortet hatte.[5] Die in diesem Bericht festgestellten bereits erreichten Konvergenzen insbesondere über ekklesiologische Fragen stehen der Behauptung, die GEKE habe ein „Verständnis der Gemeinschaft der Kirchen im Sinne einer Einheit in konfessioneller Diversität" (LA 4), entgegen. Die GEKE versteht sich selbst als eine Gemeinschaft, die in Lehrgesprächen und durch kirchliche Zusammenschlüsse die Einheit im Glauben an Jesus Christus beständig vertiefen möchte. Die Aufnahme von Kanzel- und Abendmahlsgemeinschaft in der GEKE hat nicht zur Folge, weitere Lehrgespräche auszuschließen, vielmehr gehört die weitere Überwindung von Lehrdifferenzen durch die Fortsetzung von Lehrgesprächen zum ökumenischen Selbstverständnis der GEKE.
Eine hohe Sensibilität für die Wirklichkeit unierter evangelischer Bekenntnistraditionen in der Abendmahlslehre ist in GaTH angezielt. Der ÖAK sieht sich nicht in Konkurrenz zu anderen ökumenischen Dialogen zum Themenkreis Abendmahl bzw. Eucharistie und Amt. Er teilt das in den LA erkennbare Anliegen, dass alle inzwischen vorliegenden Studienarbeiten zum Thema Abendmahl/Eucharistie und Amt in einem

4 Vgl. https://www.leuenberg.eu/topics/ecumenical-dialogues.
5 Vgl. Christian Schad / Karl-Heinz Wiesemann (Hg.), Bericht über Kirche und Kirchengemeinschaft. Ergebnis einer Konsultationsreihe im Auftrag der Gemeinschaft Evangelischer Kirchen in Europa und des Päpstlichen Rats zur Förderung der Einheit der Christen, Leipzig / Paderborn 2019, 66f. (Nr. 89).

gemeinsamen Bemühen weltweit theologisch gesichtet werden. Eine solche Anstrengung kann den Weg bereiten für eine „Gemeinsame Erklärung zu Abendmahl/Eucharistie und Amt". Der Präsident des Päpstlichen Rates zur Förderung der Einheit der Kirchen, Kurt Kardinal Koch, hat vielfach dazu aufgerufen, sich an den Vorbereitungen für eine weitere „Gemeinsame Erklärung" zu beteiligen, bei der der innere Zusammenhang zwischen Fragen der Eucharistie- und Abendmahlslehre mit dem Kirchenverständnis sowie mit der Ämterlehre deutlich wird. GaTH möchte als ein theologischer Beitrag zu diesem auf der Ebene der evangelischen Weltbünde und der römisch-katholischen Kirche weltweit noch nicht zum Ziel geführten Weg verstanden werden.

2.3 Eine in GaTH zentrale Perspektive und Argumentationsfigur wird in den LA nicht aufgegriffen: die pneumatologische. Ohne sie können aber weder das Wesen und Handeln der Kirche noch die Ökumene theologisch adäquat erfasst werden, ist doch nach dem 2. Vatikanum „der Heilige Geist [...] das Prinzip der Einheit der Kirche" (UR 2). Unter pneumatologischem Aspekt kann es nicht unbedeutend sein, dass außerhalb der römisch-katholischen Kirche ekklesiale Realitäten als Frucht des Heiligen Geistes existieren (vgl. UR 19; LG 8) und Früchte des Geistes in ihnen auszumachen sind. Wie sehr eine solche pneumatologische Perspektive für die Ökumene im Allgemeinen und die wechselseitige Ämteranerkennung im Besondern von Bedeutung ist, darauf hat u. a. Walter Kardinal Kasper bereits zu Beginn der 1970er Jahre hingewiesen. Seine Argumentation, die Amtsfrage verweise auf den Bereich der Erfahrung von der Wirksamkeit des göttlichen Geistes auch in den anderen Kirchen, und die Antwort darum letztlich von einem geistlichen Urteil abhänge, wurde von ihm seither nicht nur immer wieder bekräftigt, sondern auch ökumenisch rezipiert.[6] Sie wird auch in GaTH aufgegriffen (vgl. Nr. 6.3.5). Es liegt nahe, diese pneumatologische Argumentationslinie auch im Blick auf die Feier des Abendmahls und der Eucharistie auszuziehen - allein schon deshalb, weil nicht nur in der Feier der Ordination, sondern ebenso in der des Abendmahls und der Eucharistie der Epiklese, in der um das Kommen Christi bzw. des Geistes gebetet wird, eine entscheidende Rolle zukommt. Während GaTH darauf vertraut, dass Christus kraft des Heiligen Geistes in den unterschiedlichen liturgischen Feiergestalten präsent ist, spielt dieser

[6] Vgl. Walter Kasper, Die apostolische Sukzession als ökumenisches Problem, in: Wolfhart Pannenberg (Hg.), Lehrverurteilungen – kirchentrennend?, Bd. III: Materialien zur Lehre von den Sakramenten und vom kirchlichen Amt, Freiburg i.Br. / Göttingen 1990, 329–349. Vgl. dazu: Rüdiger With, Pneuma und Amt. Ökumenische Reflexionen im Anschluss an Walter Kasper, Berlin / Münster 2015.

Gesichtspunkt in den LA keine Rolle. Ohne die Sensibilität für geistliche Erfahrungen und Früchte und den Mut zu einem geistlichen Urteil wird es jedoch schwerlich ökumenische Annäherungen geben können.

3. Theologische Auskünfte und Antworten auf einzelne Fragen

3.1 Hermeneutische Überlegungen

Anders als in den einleitenden Überlegungen in den LA dargestellt, war die Methode des differenzierten Konsenses in GaTH insbesondere in den Kapiteln 5 bis 7 von hoher Bedeutung, auch wenn die Form der Darstellung anders ist als in der „Gemeinsamen Erklärung zur Rechtfertigungslehre"[7] vom 31. Oktober 1999. GaTH ist daran gelegen, den erreichten Konsens zu stärken. Es liegt dem ÖAK daran, im Sinne des 2. Vatikanischen Konzils unter den Prämissen der Hermeneutik des Vertrauens methodisch zu arbeiten: mit „Klugheit und Geduld", in „Eintracht und Zusammenarbeit", „unter Wahrung der Einheit im Notwendigen [...] in der Verschiedenheit der liturgischen Riten sowie der theologischen Ausarbeitung der Offenbarungswahrheit die gebührende Freiheit walten [zu] lassen" (vgl. UR 4). Die LA stellen die Aufmerksamkeit auf Differenzen in GaTH auch nicht völlig in Frage, wenn es in den LA 1 heißt, dass GaTH „einige konfessionelle Unterschiede anspricht".

GaTH 3 greift die ökumenisch-theologisch differenzierten Erkenntnisse über das Verhältnis von Schrift und Tradition auf, die in der ÖAK-Studie „Verbindliches Zeugnis"[8] in Aufnahme vorausgegangener Studien in der internationalen Ökumene zur Darstellung kamen. Demnach bedingen sich Schrift als „traditio scripta" und Tradition „secundum scripturas" gegenseitig; dem biblischen Zeugnis kommt eine kriteriologische Bedeutung zu, und die Tradition steht unter der Notwendigkeit einer evangeliumsgemäßen Rezeption. Dieses Verständnis entspricht der Lehre des 2. Vatikanischen Konzils, das infolge eines dialogischen Of-

[7] Vgl. Gemeinsame Erklärung zur Rechtfertigungslehre des Lutherischen Weltbundes und der Katholischen Kirche, in: Harding Meyer u.a. (Hg.), Dokumente wachsender Übereinstimmung. Sämtliche Berichte und Konsenstexte interkonfessioneller Gespräche auf Weltebene, Bd. 3 (1990 – 2001), Frankfurt / Paderborn 2003, 419–441; in englischer Sprache: Lutheran-Roman Catholic Dialogue, Joint Declaration on the Doctrine of Justification, in: Gros, Jeffrey et al. (eds.), Growth in Agreement II, Reports and Agreed Statements of Ecumenical Conversations on a World Level (1982-1998), Geneva 2000, 566–582.

[8] Vgl. Theodor Schneider / Wolfhart Pannenberg (eds.), Binding testimony. Holy Scripture and Tradition. Edited on behalf of the Ecuminical Study Group of Protestant and Catholic Theologians in Germany, Frankfurt et al. 2014.

fenbarungsverständnisses zu einem vertieften theologischen Traditionsbegriff fand. Dem Gesamtsinn der Aussagen des Konzils werden die Aussagen in LA 1 nicht gerecht, da lediglich der zweite Teil von Dei Verbum 9 zitiert wird (die Gewissheit über das Geoffenbarte ist nicht aus der Schrift allein zu schöpfen), während die im ersten Teil von Dei Verbum getroffene Unterscheidung zwischen der Schrift, die Gottes Wort *ist*, und der Tradition, die Gottes Wort *zu bewahren hat*, nicht erinnert wird. Programmatisch für das konziliare Offenbarungsverständnis ist die im Proömium angesprochene soteriologische Intention der Erinnerung an die göttliche Offenbarung und deren Weitergabe, „damit die ganze Welt im Hören auf die Botschaft des Heiles glaubt, im Glauben hofft und in der Hoffnung liebt" (DV 1). Subjekt der Überlieferung der christlichen Botschaft ist das gesamte Volk Gottes (vgl. DV 8). Die unbestritten notwendige Interpretation der Schriftzeugnisse kann nur in ökumenischer Gemeinschaft geschehen. Dazu möchte GaTH einen Beitrag leisten. Die Qualifizierung der Betrachtungsweise der biblischen Zeugnisse in GaTH als „historistisch" (LA 1) verkennt die Anliegen der heutigen exegetischen Methodik beider Konfessionen, die den Textbefund als Ergebnis von Traditionsprozessen beschreibt, ohne dabei das Anliegen aus dem Blick zu verlieren, das soteriologisch bedeutsame Ursprungsgeschehen zu erkennen. Das liturgische Gedächtnis des gestifteten Ursprungs geschieht von Beginn an in vielfältigen Formen.

LA 1 gehen davon aus, dass im Blick auf die eucharistischen Liturgien „die Einheit [...] das Kriterium der Ursprünge" [ist]. Sie nehmen eine „kontinuierliche und inspirierte, von den Ursprüngen ausgehende Entwicklung" an. Das Verhältnis zwischen Genese und Geltung der in den biblischen Schriften bezeugten Gestaltungsweisen kirchlichen Lebens zu bestimmen, gehört zu den schwierigsten Aufgaben der Theologie. Die nicht selten unkritisch eingebrachte Idee einer kontinuierlichen Entwicklung konfrontiert insbesondere die römisch-katholische Dogmenhermeneutik mit immensen gedanklichen Herausforderungen. Insbesondere unter ökumenischen Prämissen ist dazu unter der Fragestellung „Schrift und Tradition" über Jahrzehnte hin viel gearbeitet worden. Es genügt nicht, die „Reserven gegenüber einer kontinuierlichen und organischen Entwicklung" (LA 1) allein Tendenzen in der evangelischen Exegese zuzuschreiben. Das Verhältnis von Einheit und Vielfalt im biblischen Befund ist exegetisch zu erweisen und hermeneutisch differenziert vorzutragen. Deswegen entwickelt der ÖAK aus „der Vielfalt der Bezeugungen von Mahlfeiern im Neuen Testament" gemeinsame „Perspektiven auf die Gemeinschaft aller Getauften am Tisch des Herrn" (GaTH 3.11).

LA 4 bringen die Berufung auf die Rede vom „sensus fidelium“, dem „Glaubenssinn der Gläubigen“, der „im Glauben nicht irren kann“ (LG 12), in Opposition zum „sensus ecclesiae“, der Zustimmung zur kirchlichen Gemeinschaft. Diese Unterscheidung ist nicht sinngemäß, da ja auch in LG 12 von der „Gesamtheit der Gläubigen“ die Rede ist. Es stellt sich die Frage, ob nicht umgekehrt die LA einen solchen Gegensatz erst herbeiführen und die Definitionshoheit über einen rechtmäßigen „sensus ecclesiae“ als normativ für den „sensus fidelium“ für sich beanspruchen.

3.2 Exegetische Diskurse

Während im Brief des Präfekten der Glaubenskongregation an den Vorsitzenden der Deutschen Bischofskonferenz der Fokus auf die Eucharistie- und Kirchengemeinschaft gerichtet wird, ohne dass die Deutung des neutestamentlichen Befundes in GaTH in Zweifel gezogen wird, legen die LA Gewicht auf eine kritische Auseinandersetzung mit Kapitel 3 von GaTH und verbinden sie mit grundsätzlichen Erwägungen zur Hermeneutik von Einheit und Vielfalt im Verhältnis von Schrift und Tradition.
Auch wenn die Kritik in LA 1 wegen des gewundenen Gedankenganges, der vielen Vermutungen („eigentlich“) und schillernden Komparative („eher“) in ihrer Substanz und Stoßrichtung nicht leicht zu erkennen ist, lässt sich als Hauptpunkt herausarbeiten, dass angeblich die Einheit des urchristlichen Herrenmahles unterbestimmt, die Vielfalt der Formen hingegen, in denen Abendmahl und Eucharistie gefeiert worden ist, überbetont sei. Hierin wird ein zu starker Einfluss evangelischer Exegese gesehen; er führe zu einer historistischen Hermeneutik, welche die Schrift von der Tradition löse, was mit dem katholischen Verständnis der Offenbarung und der Schriftauslegung, dargelegt in Dei Verbum, nicht zu vereinbaren sei. Die „Einheit“ wird in den LA betont, weil sie „zur Substanz“ gehöre, „die die Zeiten überdauert“. Sie dürfe nicht als „Frucht eines Einigungsprozesses“ oder als „Ergebnis disziplinärer Entscheidungen“ erscheinen. Diese Einheit wird in den LA auf eine „normative Grundform“ zurückgeführt, die vom Passionsgeschehen geprägt sei, vom ÖAK aber „eher“ abgelehnt werde. In LA 2 wird auch mit Verweis auf einen Passus (GaTH 3.11.2) in der exegetischen Darlegung die Kritik geäußert, die Eucharistie „werde vom Geheimnis der Kirche losgelöst“.
Der unvoreingenommene Blick in den Text zeigt ein wesentlich anderes Bild als jenes, das in den LA von ihm gezeichnet wird. Schon in der Einleitung von GaTH wird erklärt: „In der biblisch-theologischen Grundlegung kommt die in den neutestamentlichen Texten erkennbare Viel-

falt der Gestaltung frühchristlicher Mahlfeiern zur Darstellung, die durch das ihr zugrundeliegende Geschehen von Tod und Auferweckung Jesu freigesetzt worden ist" (GaTH 1.5; vgl. 2.1. 2.2). Die Einführung in Kapitel 3 ist von programmatischer Klarheit: „Seit ihren im Neuen Testament bezeugten Anfängen sieht die Kirche in der Feier des heiligen Mahls ihre Einheit in der Gemeinschaft mit Jesus Christus abgebildet [...] Ein signifikantes Merkmal frühchristlicher Herrenmahlfeiern war der Bezug auf das letzte Mahl Jesu mit seinen Jüngern, wie es in den Passionsgeschichten der Evangelien erzählerisch ausgestaltet worden ist, aber auch durch Paulus bezeugt wird (1 Kor 11,23). [...] In österlicher Perspektive zeigt sich hierin der Ursprung der einen Kirche Jesu Christi. Auf dieser Grundlage lassen sich im Neuen Testament sowohl vielfältige Ausgestaltungen von Mahlfeiern erkennen als auch charakteristische Grundzüge einer Mahlpraxis, die auf Tod und Auferweckung Jesu verweist" (Einleitung GaTH 3). In der Ausführung wird diese Klarheit konkretisiert: Jesu Worte und Gesten beim Letzten Mahl, wie sie das Neue Testament überliefert, sind „Grundlage" des kirchlichen Herrenmahls (GaTH 3.5.2). Das „Passionsgedenken" im vollen biblischen Sinne vergegenwärtigender Erinnerung ist für das Herrenmahl „fundamental" (GaTH 3.9.3 und 10.4). Abwegig ist daher die Einschätzung, dass die Autorinnen und Autoren der Studie GaTH das Passionsgeschehen, das Letzte Abendmahl, Tod und Auferstehung Jesu als „normative Grundform der Eucharistie" – so wörtlich: „ablehnen" (vgl. LA 1). Eine solche Behauptung hat keine Grundlage im Text.

GaTH gibt nicht den geringsten Anlass für die Unterstellung, die Einheit der Eucharistie als sekundäres Produkt kirchlichen Machtwillens oder als Ergebnis einer juristischen Disziplinierung oder vom „Geheimnis der Kirche losgelöst" zu sehen. Die Einheit der Eucharistie ist im Letzten Abendmahl Jesu selbst begründet, das mit seiner Heilswirkung in Christus Gegenwart wird, wenn die Ekklesia „zum Mahl zusammenkommt" (1 Kor 11,33). Die Kirche begründet ihren Glauben und ihr Leben „in dem heilvollen Handeln Gottes, der Jesus, den Gekreuzigten, von den Toten auferweckt hat" (GaTH 3).

Was in der Darstellung des biblischen Befundes vom ÖAK herausgearbeitet wird, ist der historisch und exegetisch unbestreitbare wie theologisch aufschlussreiche Befund, dass es im Neuen Testament keine überlieferte „normative Grundform" der Eucharistie gibt, aus der sich dann sekundäre Formen ableiten ließen. Vielmehr zeigt allein schon der Unterschied in den sogenannten „Einsetzungsworten" (Mk 14,22-24; Mt 26,26.28 und Lk 22,19-20; 1 Kor 11,13-25), dass der Kanon verschiedene Überlieferungen zu ein und demselben Geschehen festhält. Die Pluralität der Feierformen und ihrer theologischen

Deutungen, die in GaTH 3 herausgearbeitet wird, zeigt den Reichtum, der in der Einheit der Eucharistie begründet ist und in den neutestamentlichen und frühchristlichen Quellen bezeugt wird.

Wenn die LA diese Vielfalt als Bedrohung wahrnehmen, verfehlen sie nicht nur den neutestamentlichen Befund, sondern auch den Grundsinn der Eucharistie: „Weil es ein Brot ist, sind wir vielen ein Leib, denn wir alle haben Teil an dem einen Brot" (1 Kor 10,17). Weil die LA die „Einheit" der Eucharistie, die in der Selbstvergegenwärtigung Jesu Christi begründet ist, an einer „normativen Grundform" festmachen wollen, laufen sie Gefahr, in vermeintlich konfessionellem Eigeninteresse die historische Wahrnehmung ideologisch einzuschränken und die lebendige Vielfalt der kirchlichen Anfänge auszublenden.

Der Vorwurf eines zu starken Einflusses evangelischer Exegese ist abwegig. GaTH 3 gibt den internationalen Forschungsstand wieder, der von evangelischen, römisch-katholischen und orthodoxen Studien getragen wird. Die Exegese hat sich von ihren wissenschaftstheoretischen Voraussetzungen her seit Jahrzehnten als theologische Disziplin zum Motor der Ökumene entwickelt. Nicht die eigene konfessionelle Identität zu legitimieren ist ihr Ziel, sondern nach dem biblischen Grund zu fragen, der die Kirchen trägt und eint.

GaTH 3 folgt hermeneutisch der Unterscheidung und Verbindung von Schrift und Tradition, die vom ÖAK in der Studie „Verbindliches Zeugnis" ökumenisch-theologisch differenziert dargestellt worden ist. Sie entspricht der Verhältnisbestimmung in Dei Verbum, weil sie sowohl die Schrift als traditio scripta als auch die Tradition secundum scripturas kennzeichnet und damit sowohl die für die theologische Erkenntnis normative Bedeutung des biblischen Zeugnisses wie die Notwendigkeit einer dem Evangelium gemäßen Rezeption in der Tradition begründet.

Von den LA unbemerkt, für die Ökumene auch mit den byzantinisch-orthodoxen sowie den orientalisch-orthodoxen Kirchen jedoch von großer Bedeutung, ist die Betonung des liturgischen Reichtums, den das Neue Testament bezeugt: die konstitutive Bedeutung der über Brot und Wein gesprochenen Segens- und Dankesgebete für die Feier insgesamt (vgl. GaTH 3.10.1 und 3.10.3) und die damit verbundene pneumatologische Deutung des Gebets zur Wandlung der eucharistischen Gaben (vgl. GaTH 3.10.2). Hier zeigt sich exemplarisch der theologische Ertrag einer Darstellung der historischen Überlieferungen, die sich einer Engführung auf die Gabeworte Jesu ohne Berücksichtigung seiner Gesten samt den Segens- und Dankgebeten verweigert und genau dadurch das „Geheimnis des Glaubens" tiefer erschließt.

3.3 Historische Aspekte

Da auch das römisch-katholische Lehramt die historisch-kritische Forschung anerkennt, können deren Ergebnisse nicht als durch konfessionell geprägte Hypothesen bestimmt disqualifiziert werden. Die von Exegeten wie von Liturgiehistorikern analysierten altkirchlichen Quellen über die christlichen Gemeinschaftsmähler und insbesondere über die Eucharistiefeiern der ersten Jahrhunderte belegen eine noch von einer großen Vielfalt gekennzeichnete Entwicklung. Demgegenüber zeichnete sich „ab dem 4. Jahrhundert eine allgemeine Grundstruktur ab, die man in allen orientalischen wie westlichen Riten wiederfindet und die vorher schon in Justins Beschreibung der sonntäglichen Eucharistiefeier (I. Apologie, Kap. 65-67, um 150) bezeugt ist."[9]

Der bei den Synoptikern und bei Paulus überlieferte paschale Typ setzt sich im 4. und 5. Jahrhundert endgültig durch. Auch danach bleibt innerhalb der Christenheit bei aller Vergleichbarkeit der Formen ein Spektrum erhalten, so dass man von einer pluralen Identität der Kirche sprechen kann und muss. Dies betrifft z. B. die Rezitation oder Nicht-Rezitation der Einsetzungsworte oder die Opferaussagen. Sind diese in der römischen Tradition sehr präsent, treten sie in den ostkirchlichen Liturgien insbesondere bei der Anamnese im Eucharistiegebet eher in den Hintergrund. Vor allem in der ostsyrischen Tradition hat sich die urchristliche Weise epikletischen Bittens um das Kommen Christi bzw. des Geistes erhalten auf der Linie des biblischen Maranatha. Dabei kann man das eine nicht gegen das andere ausspielen. Vielmehr geht es in GaTH 4 um den Nachweis, dass unterschiedliche Gewichtungen in Verständnis und Praxis der Eucharistie zum Wesen der Kirche gehören.

Die LA beanstanden, dass dem Zeugnis der patristischen Theologie zu wenig Aufmerksamkeit geschenkt worden sei. Dazu ist zu sagen, dass die Beschreibung der Entwicklungen in der frühen Zeit der Kirche mit der Wahrnehmung und Achtung vielfältiger liturgischer Traditionen vom ÖAK als Grundlage der weiteren Überlegungen betrachtet werden. Zudem gibt es explizite Bezugnahmen auf die Patristik, so auf Augustinus und seine Bejahung der „variatio per loca" – der Legitimität einer Achtsamkeit auf die Gegebenheiten vor Ort. Die in LA 1 behauptete Kontinuität aus ursprünglicher Einheit ist ein bereits in der Väterzeit entwickeltes Konstrukt, um mit der Einheit in diachroner und synchroner Hinsicht ein Kriterium für Lehre und Praxis der Kirche zu ha-

9 Gerard Rouwhorst, Liturgie in der alten Kirche des Ostens, in: Jürgen Bärsch / Benedikt Kranemann in Verbindung mit Winfried Haunerland und Martin Klöckener (Hg.), Geschichte der Liturgie in den Kirchen des Westens. Rituelle Entwicklungen, theologische Konzepte und kulturelle Kontexte, Bd. I: Von der Antike bis zur Neuzeit, Münster 2018, 185.

ben. Mit der Annahme einer Einheit im Ursprung korrespondierten Prozesse, die Vielfalt durch Orientierung an Zentren zu reduzieren. Mit der Bildung der Metropolitan- und Patriarchatssitze kam diesen dabei eine Schlüsselstellung zu, wobei auch hier eine Pluralität bestehen blieb. Alle Bemühungen waren – wie auch heute – verständlicherweise von der Sorge um die stets gefährdete Einheit bestimmt.
Auch in der Frage des Wechselverhältnisses von Kirchengemeinschaft und Eucharistie/Abendmahl wird man für die Zeit der Alten Kirche nicht vorschnell eine Uniformität unterstellen können. Als Eucharistische Ekklesiologie wurde der neutestamentliche und altkirchliche Zusammenhang zwischen Kirche und Herrenmahlsfeier (1 Kor 10,16f.) von Theologen in Ost und West im 20. Jahrhundert gleichermaßen wiederentdeckt. Der Grundgedanke dabei ist, dass die Kirche der konstitutive Ort der Feier der Eucharistie ist und zugleich durch die Eucharistie die Kirche zu ihrer Identität findet. Jedoch waren und sind sich die verschiedenen eucharistischen Ekklesiologien bis heute in vielen Punkten uneins darüber, welche kirchlichen Strukturen sich tatsächlich bereits aus der Herrenmahlfeier ergeben bzw. von dieser vorausgesetzt werden. Zu bedenken ist, dass die emphatische Betonung des Zusammenhangs von Herrenmahl und Bischofsamt in den Ignatianischen Briefen aus der Frühzeit des Christentums sich andernorts nicht so ausgeprägt findet. Auch ist das Bischofsamt und sein Verhältnis zu den Presbytern in dieser Zeit nicht einfach mit demjenigen in späteren Jahrhunderten gleichzusetzen. Die Frage, inwiefern die eucharistische Ortskirche bereits Kirche Christi sei oder in welche Strukturen der Episkopé sie integriert sein müsse, ist bis heute auch in der römisch-katholischen Kirche umstritten geblieben.

3.4 Systematisch-theologische Erkenntnisse

3.4.1 Das kirchliche Gedächtnis des erlösenden Lebensopfers Jesu Christi in Abendmahl/Eucharistie

Die LA wenden in Abschnitt 3 ein, dass hinsichtlich des Opfergedankens kein ökumenischer Konsens bestehe, und monieren, dass in GaTH, weil dies ebenso gesehen werde, die Entfernung der Opferaussagen aus den liturgischen Texten vorgeschlagen werde (mit Verweis auf 5.6.3; 8,4).
Tatsächlich aber wird in GaTH der biblische Grundsinn des Opfers rekonstruiert (3.10.3; 3.10.7), es werden Vereinseitigungen des Opfergedankens in der mittelalterlichen Theologie benannt (4.6); es wird differenziert die Debatte über den Opferbegriff in der Reformationszeit nachgezeichnet, einschließlich der protestantischen Kritik

am Opferbegriff (5.1.3); es wird nicht zuletzt ein ökumenisch weitergeführtes Opferverständnis in Erinnerung gerufen, das der ÖAK mit seinen „Klärungen zum Opfercharakter des Herrenmahles“[10] angestoßen hat und das in „Lehrverurteilungen – kirchentrennend?“ (1986) eingeholt worden ist.[11] In GaTH heißt es: „Da die römisch-katholische Auffassung heute sehr betont die Einmaligkeit des Sühnopfers Christi am Kreuz hervorhebt und das Mahl in der Perspektive der Vergegenwärtigung des Kreuzesgeschehens betrachtet, sind die Kontroversen um den Opferaspekt in den Hintergrund getreten. Das Opfer Christi kann in der Perspektive des Paschalamms als ‚Pascha-Mysterium Christi‘ zum Thema werden. Die diese Redeweise auszeichnende starke Christo- und Staurozentrik lässt keinen Raum für den Gedanken, dass Christus in der Mahlhandlung als ‚Messopfer‘ dargebracht werde“ (GaTH 5.4.6).

Diese theologische Klärung nimmt einen breiten Konsens der Kirchenväter auf. Sie haben sich vom paganen Opferverständnis abgegrenzt und das alttestamentliche Opferverständnis christologisch transformiert, wie es Paulus und der Hebräerbrief vorgeben. Die katholische Weiterentwicklung der Opfertheologie des 20. Jahrhunderts nimmt diese Impulse auf. Das ist nicht nur für das Verhältnis zur Orthodoxie wichtig, sondern nimmt zugleich konstruktiv die evangelische Kritik auf, um dem Einwand zu begegnen, das Opfer der Kirche füge dem Opfer Jesu Christi irgendetwas hinzu und nehme nicht vielmehr an ihm teil (vgl. GaTH 5.4.6). Im Licht einer biblisch begründeten Opfertheologie gilt es, die reformatorischen Einsprüche gegen die Messopfer zu entkräften. Daher regt GaTH an, einzelne liturgische Gebete auf ihre Missverständlichkeit bezüglich des Opferbegriffs hin zu prüfen: Es dürfe „nicht der Eindruck entstehen, als opfere die Gemeinde Jesus Christus für Gott, denn es ist vielmehr Gott, der die Gaben der Gemeinde – materiale wie geistige – würdigt, sie zur Feier der Lebenspreisgabe Jesu Christi dienen zu lassen“ (GaTH 8.4).

Mit einem solchen Vorschlag diskreditiert GaTH nicht im mindesten den Glauben derer, die die Eucharistie feiern, wenn sie diese Gebete sprechen. Vielmehr trägt der ÖAK entschieden dem Geist des Ökumenismus Rechnung, wie er in den Dialogen zu Abendmahl und Eucharistie seit langem üblich ist,[12] und regt zu einer Klärung der Sprache in der

---

10 Vgl. Karl Lehmann / Edmund Schlink (Hg.), Das Opfer Jesu Christi und seine Gegenwart in der Kirche. Klärungen zum Opfercharakter des Herrenmahles, Freiburg i.Br. / Göttingen 1983.

11 Vgl. Karl Lehmann / Wolfhart Pannenberg (Hg.), Lehrverurteilungen – kirchentrennend?, Bd. I: Rechtfertigung, Sakramente und Amt im Zeitalter der Reformation und heute, Freiburg i.Br. / Göttingen 1986, bes. 89-94.

12 Vgl. dazu im Blick auf die Opferthematik den Lima-Text: Taufe, Eucharistie und Amt.

Römisch-katholischen Kirche an. Auf diese Weise wird beispielhaft deutlich, wie liturgische Vielfalt mit dem Geheimnis einhergeht, das gefeiert wird, und seinem theologischen Verständnis, das wir gemeinsam suchen.

3.4.2 Realpräsenz

Die in GaTH dargelegte Auffassung von Eucharistie und Abendmahl wird als Minimalkonsens kritisiert, dem ein eindeutiges Bekenntnis zur Realpräsenz Christi in der Eucharistie fehle (vgl. LA 3, 3. Absatz). Für die vermutete Deutung „im Sinne einer Transfinalisation, einer Transkonditionierung der Gestalten" (ebd.) wird auf eine (vornehmlich für Nichttheologen bestimmte) Handreichung aus der EKD[13] und auf das Abendmahlsverständnis der Leuenberger Konkordie verwiesen (vgl. LA, ebd.). Ausschlaggebendes Prüfkriterium ist das Bekenntnis zur Realpräsenz im Sinne der Gegenwart des ganzen Christus in Brot und Wein. In ökumenischer Perspektive hätte in den LA eigentlich die Frage gestellt werden müssen, ob und inwieweit der sogenannte „Minimalkonsens" als eine theologisch vertretbare ökumenische Weiterentwicklung der Lehre von Abendmahl und Eucharistie zu betrachten ist.
Der wichtigste Ertrag der ökumenischen Lehrgespräche, die im 20. Jahrhundert dem Abendmahl gewidmet waren, besteht in der Erkenntnis, dass der gekreuzigte und auferstandene Jesus Christus als das eigentliche Subjekt des Mahlgeschehens in Erscheinung tritt: „In der Feier der Eucharistie sammelt, lehrt und nährt Christus die Kirche. Es ist Christus, der zu dem Mahl einlädt und ihm vorsteht"[14]. Die klassischen Kontroversen über die Gegenwart des Herrn bei der Feier des Mahls konnten und können nach GaTH 5.4.2 in dem Maße überwunden werden, wie man den zum Mahl einladenden Christus, der sich selbst als Person in der Einheit von Gottheit und Menschheit im Rahmen einer kirchlichen Liturgie als gegenwärtig schenkt, als das handelnde Subjekt der Mahlfeier versteht. Dieses gläubige Vertrauen auf die Gegenwart Je-

Konvergenzerklärungen der Kommission für Glauben und Kirchenverfassung des Ökumenischen Rates der Kirchen, in: Harding Meyer u.a. (Hg.), Dokumente wachsender Übereinstimmung, Bd. 1, Frankfurt / Paderborn 1983, 559f, Nr. 3-8 im Teil Eucharistie.

[13] Vgl. Rat der Evangelischen Kirche in Deutschland, Das Abendmahl. Eine Orientierungshilfe zu Verständnis und Praxis des Abendmahls in der evangelischen Kirche, Gütersloh 2003.

[14] Taufe, Eucharistie und Amt. Konvergenzerklärungen der Kommission für Glauben und Kirchenverfassung des Ökumenischen Rates der Kirchen (1982), in: Harding Meyer u.a. (Hg.), Dokumente wachsender Übereinstimmung, Bd. 1, Frankfurt / Paderborn 1983, Nr. 29 im Teil Eucharistie.

su Christi ist der Frage nach dem konkreten „Wie" der sakramentalen Vergegenwärtigung Christi vorgeordnet. Die unterschiedlichen Antworten auf dieses „Wie" sind nicht von kirchentrennender Bedeutung. Gleichwohl gilt es, die ökumenischen Anstrengungen fortzusetzen, um auch im Kirchenverständnis zu umfassenden Konvergenzen zu finden.
Darin, dass die Selbstvergegenwärtigung Jesu Christi in der Gemeinschaft am Tisch des Herrn ihren dichtesten und tiefsten Ausdruck findet und dass sich die Begegnung mit ihm in der Feier von Abendmahl und Eucharistie in einer für irdische Verhältnisse unüberbietbaren Deutlichkeit und Intensität vollzieht, stimmen die christlichen Kirchen überein. Wenn die Person Jesu Christi und die geistgewirkte Dynamik seiner Selbstvergegenwärtigung im Mahlgeschehen so klar in den Vordergrund rücken, wird deutlich, dass die Gegenwart des Gekreuzigten und Auferstandenen für die gesamte liturgische Feier gilt. Die Realpräsenz ist eine Personalpräsenz, eine die gesamte liturgische Mahlfeier erfüllende Gegenwart Jesu Christi in der versammelten Gemeinde, im verkündigten Wort und im eucharistischen Mahl (vgl. SC 7). Das ist kein „Minimalkonsens", sondern ein die ganze Fülle der eucharistischen Christuswirklichkeit zum Ausdruck bringendes gemeinsames Bekenntnis. Die in Brot und Wein sich schenkende Realpräsenz Jesu Christi gründet in der real gegenwärtigen Personalpräsenz des gekreuzigten und auferstandenen Herrn, der sich selbst mit Brot und Wein gibt und durch seine Gegenwart die ganze Mahlfeier durchwirkt.
Beanstandet wird das Abweichen von der „traditionellen lutherischen Überzeugung einer Präsenz vere et substantialiter" (LA 3). Als Belege für das Festhalten an dieser Überzeugung dienen zwei jüngere regionale Dialogtexte aus dem lutherisch-katholischen Dialog – die nordamerikanische Declaration on the way: Church, Ministry and Eucharist[15] von 2015 und die Gemeinsame Erklärung der lutherisch-katholischen Dialogkommission Finnlands[16] von 2017. Der ökumenische Erkenntnisstand ist freilich deutlich differenzierter, als es in diesen Belegen zum Ausdruck kommt. In der Porvoo-Erklärung[17] von (inzwischen 13) europäischen Kirchen anglikanischer und lutherischer Konfession (1993) konnte die Lutherische Kirche Finnlands eine Erklärung mittragen, in

---

15 Vgl. Committee on Ecumenical and Interreligious Affairs, United States Conference of Catholic Bishops / Evangelical Lutheran Church in America, Declaration on the Way. Church, Ministry, and Eucharist, Minneapolis 2015.

16 Vgl. Evangelical Lutheran Church of Finland / Catholic Church in Finland, Communion in Growth. Declaration on the Church, Eucharist, and Ministry. A Report from the Lutheran-Catholic Dialogue Commission for Finland, Helsinki 2017.

17 Vgl. Together in Mission and Ministry. The Porvoo Common Statement with Essays on Church and Ministry in Northern Europe. Conversations between The British and Irish Anglican Churches and The Nordic and Baltic Lutheran Churches, London 1993.

der die Gewissheit von der Realpräsenz Jesu Christi ökumenisch offener ausgesagt wird als in dem in den LA zitierten Text: „We believe that the body and blood of Christ are truly present, distributed and received under the forms of bread and wine in the Lord's Supper (Eucharist). In this way we receive the body and blood of Christ, crucified and risen, and in him the forgiveness of sins and all other benefits of his passion"[18]. In der maßgeblichen Aussage der Leuenberger Konkordie (1973) konnten sich Lutheraner und Reformierte auf den in Christus als Gabe zentrierten Satz einigen: „Im Abendmahl schenkt sich der auferstandene Jesus Christus in seinem für alle dahingegebenen Leib und Blut durch sein verheißendes Wort mit Brot und Wein"[19]. Diesem Satz haben fast alle lutherischen Kirchen in Europa mit ihrer Unterschrift unter die Konkordie zugestimmt. Die Lutherische Kirche in Finnland, die der Konkordie bisher nicht beigetreten ist (aber als Gast in der GEKE mitarbeitet) bildet hier eine Ausnahme und kann deshalb nicht als repräsentativ für die Lutheraner in Europa gelten.

Mit diesen offeneren Formulierungen ist freilich kein Widerspruch zu den tradierten lutherischen Formulierungen, auch nicht deren Abschwächung intendiert, sondern ihre Einzeichnung in einen weiteren Horizont: Man kann sehr wohl das klassische vere, realiter et substantialiter in Richtung eines vere, realiter et personaliter cum pane et vino oder auch sub speciebus panis et vini verdeutlichen. Gerade so wird die Realpräsenz des Gekreuzigten und Auferstandenen bekräftigt. Genau das geschieht in GaTH.

Bei gegenwärtigen ökumenischen Lernprozessen ist es sehr wichtig, sich nicht allein eines überlieferten Denkmodells mit philosophischen Anleihen zu bedienen, sondern unter Wahrung des Sachgehaltes der theologischen Erkenntnis auch nach neuen Ansätzen zum Verständnis der Gegenwart Jesu Christi im Mahlgeschehen zu fragen. Hier hat gerade der in den aktuellen Dialogpapieren etablierte, differenzierte Konsens eine ökumenische Methodik auf hermeneutischer Ebene begründet, die es ermöglicht, nach neuen Worten bei der Beschreibung der Realpräsenz Jesu Christi zu suchen, bei denen die jeweiligen Anliegen der Konfessionen bewahrt bleiben. Immer bleibt das Geschehen der Gegenwart Jesu Christi in der Eucharistie und im Abendmahl ein Geschenk, eine Zusage, eine Verheißung. Die Gegenwart Jesu Christi wird sich niemals durch den Rekurs auf immer ja auch zeitbedingte menschliche Erklärungsmodelle intellektuell erfassen lassen. Ein Ver-

[18] Ebd., Nr. 32.

[19] Konkordie reformatorischer Kirchen in Europa (1973), Nr. 18, in: Wenzel Lohff (Hg.), Die Konkordie reformatorischer Kirchen in Europa: Leuenberger Konkordie, Frankfurt 1985, 17.

sprechen ereignet sich auf einer Beziehungsebene, die mehr bedeutet, als je mit Worten bestimmt werden kann.
Unzutreffend ist die Behauptung, die wahre personale Präsenz Jesu Christi in Eucharistie und Abendmahl werde nicht gemeinsam bekundet (vgl. LA 3). In GaTH heißt es: „Die Kontroversen über die Gegenwart des Herrn bei der Feier des Mahls können in dem Maße überwunden oder wenigstens in ihrer kirchentrennenden Reichweite begrenzt werden, wie man den zum Mahl einladenden Christus, der sich in seiner Person vergegenwärtigt und schenkt, als das handelnde Subjekt der Mahlfeier versteht und dieser Sichtweise die Frage nach dem Wie der sakramentalen Vergegenwärtigung Christi nachordnet" (GaTH 5.4.2). Das „Dass" steht außer Frage - das „Wie" bleibt ein dem denkerischen menschlichen Zugriff entzogenes Geheimnis.

3.4.3 Ämterlehre(n)

Die LA kritisieren einzelne Aussagen des ÖAK zur Ämterlehre (vgl. LA 2), die in einem sehr langen Dialoggeschehen in Übereinstimmung mit Erkenntnissen in internationalen Dialogen erreicht worden sind. Sie begründen ihre Skepsis vor allem mit Hinweisen auf evangelische Äußerungen zur Thematik aus jüngerer Zeit. Keine Beachtung findet, dass der ÖAK sich gerade dieser Schwierigkeit bewusst ist und im ökumenischen Sinne für Reformen votiert.
Die episkopale Sukzession wird von römisch-katholischer Seite in Bezug auf die Apostolizität der Kirche als unverzichtbar erachtet und immer wieder als Hindernis für eine wechselseitige Ämteranerkennung genannt. Indes hat sich aber in vielen römisch-katholisch/evangelisch-lutherischen Dialogen die Erkenntnis durchgesetzt, dass sie nicht isoliert betrachtet, sondern im Verbund mit traditio und communio gesehen werden muss. Insofern sich die bischöfliche Sukzession erst in Laufe der Ämterentwicklung ausgebildet hat, handelt es sich bei ihr anders als bei traditio und communio um keine auf die Apostel selbst zurückgehende Norm. Als Dienst an der Bewahrung der apostolischen Überlieferung ist sie außerdem Bekenntnis und Schrift zu- und untergeordnet (vgl. DV 10). Dies wird in den LA insofern nicht berücksichtigt als der apostolischen Lehre die apostolische Sukzession gleichbedeutend zur Seite gestellt wird: „Substantiell hat daran [an der Einheit der Kirche] Anteil die Einheit in der Apostolischen Lehre und in der Apostolischen Sukzession" (LA 2). Der ÖAK hat eine Studie zum Thema „Das kirchliche Amt in apostolischer Nachfolge"[20] in drei Bänden vorgelegt,

[20] Vgl. Dorothea Sattler / Gunther Wenz (Hg.), Das kirchliche Amt in apostolischer Nachfolge, 3 Bde., Freiburg i. Br. / Göttingen 2004-2008.

in der in sehr differenzierter Weise in der fachwissenschaftlichen Perspektive aller theologischen Disziplinen über den theologischen Sinn der apostolischen Sukzession Auskunft gegeben wird. Die biblische Begründung des Apostolats im österlichen Zeugnis steht dabei in der Mitte der Überlegungen. In historischer Perspektive ist die Annahme einer ununterbrochenen Kette von Handauflegungen nicht zu verifizieren. In der systematischen Reflexion sind pneumatologische Aspekte in den Spuren einer „via empirica“ stark zu machen: Geistliche Dienste, die sich im Trost der Gewissen, in der Stärkung des Glaubens an die Auferstehung sowie im Aufbau der Gemeinde bewähren, können in einem geistlichen Urteil als durch Gottes Geist bewirkte Ämter anerkannt werden.

Die LA beanstanden, dass GaTH für den evangelischen Bereich die Position einer „presbyteralen Sukzession“ mit überregionaler Episkopé und damit die gegenseitige Anerkennung der Apostolizität favorisiere, ohne zu beachten, dass der damit vorausgesetzte Konsens „nicht von der Mehrheit der Mitgliedskirchen der EKD gedeckt [ist], die in Notsituationen ein Abendmahl ohne Amtsträger als erlaubt sieht“ (LA 2, letzter Absatz). Als Beleg wird aus einem Text des Rates der EKD (Rechtfertigung und Freiheit, 2014)[21] zitiert, in dem aus dem allgemeinen Priestertum aller Getauften auch der Schluss gezogen wird, dass jeder Christ „im Prinzip“ die Sakramente verwalten kann.[22] Abgesehen davon, dass hier keineswegs an eine willkürliche, ungeordnete und damit aus persönlichen Interessen beanspruchte Leitung von Abendmahlsfeiern gedacht ist, verwundert es, dass der Einwand auf einen Text gestützt wird, der den Charakter einer Handreichung trägt, aber keinen kirchenrechtlichen Status hat. Hätte man in den Kirchenordnungen der EKD und ihrer Mitgliedskirchen nachgesehen, hätte man sich mühelos davon überzeugen können, dass die Aussage in GaTH 6.2.2, nach der in der Confessio Augustana im Einklang mit römisch-katholischer Lehre bekannt werde, „dass niemand in der Kirche öffentlich lehren solle ohne ordentliche Berufung (CA XIV)“ geltendes Kirchenrecht in der EKD ist. Eben deshalb wurde selbstverständlich der Grundsatz bekräftigt, dass die Leitung der Feier einem Ordinierten/einer Ordinierten obliegt (vgl. GaTH, 5.4.5).

Da die EKD Teil einer größeren Kirchengemeinschaft ist, sei hier auch auf die einschlägigen Lehrdokumente der Gemeinschaft der Evangelischen Kirchen in Europa (GEKE) verwiesen. In der 1994 auf der

---

21 Vgl. Rat der Evangelischen Kirche in Deutschland, Rechtfertigung und Freiheit. 500 Jahre Reformation 2017. Ein Grundlagentext des Rates der Evangelischen Kirche in Deutschland (EKD), Gütersloh 2014.

22 Vgl. ebd., Abschnitt 2.6.3.

Vollversammlung in Wien beschlossenen wichtigen Ekklesiologie-Studie Die Kirche Jesus Christi[23] heißt es: „Dort wo Kirche ist, bedarf es [...] eines ‚geordneten Amtes' der öffentlichen Wortverkündigung und Sakramentsverwaltung"[24]. In Amt – Ordination – Episkopé[25] (2012), dem maßgeblichen Lehrdokument der GEKE zu Amt und Ordination, wird die Überzeugung bekräftigt, „dass ein Amt in der Kirche, das Verkündigung des Evangeliums und Verwaltung der Sakramente einschließt, in jedem Fall durch Ordination übertragen werden muss"[26]. Ausdrücklich wird betont, dass der Hinweis auf das Priestertum aller Getauften nicht darauf zielt, „die Bedeutung des besonderen Dienstes an Wort und Sakrament im normalen Leben der Kirche herabzusetzen"[27].

Es ist nicht nachvollziehbar, dass gegen GaTH eingewendet wird, der character indelebilis des Weiheamts werde als „Fehlentwicklung" betrachtet (so LA 2); dies lässt sich den als Beleg angeführten Darlegungen unter GaTH 4.6 nicht entnehmen. Es ist nicht ersichtlich, was zu einer derartigen Vermutung Anlass gibt. Die evangelische Kirche kann die römisch-katholische und orthodoxe Auffassung eines character indelebilis durchaus achten. Auch wenn sie selbst die Ordination nicht als Sakrament versteht, hält sie doch an der Unwiederholbarkeit der einmal erfolgten Ordination fest.[28] Die Einschätzung, es handele sich im Blick auf GaTH 6.3.5 um „ein eher empirisches Amts- und Weiheverständnis" (LA 3), verfehlt den Kern der Argumentation in GaTH, die das Amt von seiner Einsetzung durch Jesus Christus und dem Wirken des Heiligen Geistes her begreift.

GaTH hat sich zur Frage der Frauenordination nicht geäußert. Der Grund, auf dieses Desiderat in den LA nicht einzugehen, ist keineswegs unsere Annahme, dass diese Thematik nicht wichtig sei. Grundlegend für das Votum des ÖAK ist jedoch zunächst die Achtung und Anerkennung der kirchenamtlichen Ordnungen in den gegenwärtigen Kirchen (vgl. GaTH 8.1). Der ÖAK ist in seiner Mehrheit der theologisch begründeten Überzeugung, dass sich die Verheißung der Gegenwart Jesu Christi im Mahlgeschehen auch dann erfüllt, wenn eine Frau die Liturgie leitet. Zentral ist die Bitte um den Heiligen Geist (Epiklese) und das

---

23 Vgl. Michael Bünker / Martin Friedrich (Hg./eds.), Die Kirche Jesu Christi / The Church of Jesus Christ. Der reformatorische Beitrag zum ökumenischen Dialog über die kirchliche Einheit / The Contribution of the Reformation towards Ecumenical Dialogue on Church Unity, Frankfurt 1995.

24 Ebd., Abschnitt 2.5.1.2.

25 Vgl. Michael Bünker / Martin Friedrich (Hg./eds.), Amt, Ordination, Episkopé und theologische Ausbildung / Ministry, ordination, episkopé and theological education, Leipzig 2013.

26 Ebd., 64.

27 Ebd., 43.

28 Vgl. ebd., 65.

wirksame Gedächtnis (Anamnese) des Handelns Jesu Christi. Der ÖAK ermutigt zu ökumenischen Studien zur Thematik Frauenordination, bei denen – neben der theologischen Argumentation – auch die Erfahrungen in den reformatorischen Kirchen weltweit Beachtung finden.
Zu den Fragen des Amts und zum Verständnis des römisch-katholischen Amtspriestertums und des evangelischen Pfarramts hat der ÖAK mehrere Jahre intensiv gearbeitet.[29] Die dabei gewonnenen Einsichten und Ergebnisse sind im „Abschließenden Bericht" festgehalten worden[30] und wurden bei der Arbeit an GaTH stets vorausgesetzt.

3.4.4 Gemeinschaft im Abendmahl/Eucharistie und Kirchengemeinschaft

Es liegt dem ÖAK fern, „eine Trennung zwischen Christus und der Kirche vorzunehmen", wie es die LA mutmaßen (vgl. LA 2). Eine Unterscheidung zwischen Christus und der Kirche entspricht jedoch der evangelischen Tradition ebenso wie der Lehre des 2. Vatikanischen Konzils. LG 8 kennt eine Verhältnisanalogie zwischen der menschlichen und göttlichen Natur Jesu Christi und dem gesellschaftlichen Gefüge der Kirche und dem Geist Christi. Die beiden Handlungsträger (der sündenlose Jesus Christus und die auch von der Sünde ergriffene Kirche) sind lediglich in ein Verhältnis im Sinne der „Analogie" gesetzt: Die Unterschiede sind größer als die Gemeinsamkeiten. Das Konzil erinnert an die sündenlose Existenz Christi, während die Kirche „stets der Reinigung bedürftig" bleibt und „immerfort den Weg der Buße und Erneuerung" geht (LG 8).
Die LA machen geltend, dass den Aussagen zur „Gemeinschaft mit dem Papst und dem Ortsbischof, mit der Kirche des Himmels (mit Maria und allen Heiligen), aber auch mit den Verstorbenen" ein lutherischer „und noch weniger" ein reformierter Christ „kaum" zustimmen kann, „ohne in einen Gewissenskonflikt" zu geraten (LA 3). Der „Fiduzialglaube" an die Gegenwart Christi reiche hier nicht aus, das Amen sei gleichsam seine „Unterschrift" unter eine Professio fidei.
In der Tat ist ein solcher Gewissenskonflikt möglich. Deshalb wird es nicht wenige evangelische Christen geben, die das eucharistische Hochgebet an dieser Stelle nur unter geistlichem Vorbehalt mitbeten und der Austeilung fernbleiben, obwohl sie an der Eucharistiefeier teilnehmen. Umgekehrt gibt es römisch-katholische Christen, die zwar mit anteilnehmendem Respekt der evangelischen Abendmahlsfeier bei-

[29] Vgl. Dorothea Sattler / Gunther Wenz (Hg.), Das kirchliche Amt in apostolischer Nachfolge, 3 Bde., Freiburg i.Br. / Göttingen 2004-2008.
[30] Vgl. Dorothea Sattler / Gunther Wenz (Hg.), Das kirchliche Amt in apostolischer Nachfolge, Bd. 3: Verständigungen und Differenzen, Freiburg i.Br. / Göttingen 2008, 167-267.

wohnen, aber nicht kommunizieren.

Es ist aber ebenso möglich, dass evangelische (auch reformierte!) Christen aufrichtig in die Intercessiones des Hochgebets einwilligen, weil sie in ihren Formulierungen ein Vorzeichen der vollen sichtbaren Einheit der Kirche erkennen, die sie aufrichtig bejahen. Welcher Mensch kann das von außen beurteilen? Solche evangelischen Christen bekunden mit ihrem Amen den lebendigen Zusammenklang von Katholizität, Ökumenizität und Einheit der einen, heiligen Kirche Jesu Christi. Auch das ist eine Gewissensentscheidung, die Respekt verdient, ohne dass sie in ihrer Ernsthaftigkeit und Glaubwürdigkeit von vorneherein in Abrede gestellt werden darf. Die wechselseitige Teilnahme an den Feiern von Abendmahl und Eucharistie lässt sich beim heutigen Stand der Dinge überhaupt nur als Ausdruck einer individuellen Gewissensentscheidung begründen. Aber eine solche Gewissensentscheidung sollte – schon aus seelsorglichen Gründen – in der einen oder anderen Richtung mit Achtung und Respekt behandelt werden. Wenn seitens der römisch-katholischen Kirche der Wille zur Gemeinschaft bekundet würde, bräuchte man sich um das Gewissen evangelischer Christen keine Sorgen zu machen. Auch ein orthodoxer Christ, der ja prinzipiell zur Kommunion zugelassen ist, könnte nicht das Gesamt des römisch-katholischen Glaubens unterschreiben: die Gemeinschaft mit dem Papst und dem Ortsbischof, das Filioque oder die Lehre vom Fegefeuer.

Unklar und vage sind die Anfragen an das Verständnis der Taufe in GaTH (vgl. LA 4). Die in den ökumenischen Dialogen vorgenommene Differenzierung zwischen der Aufnahme in eine irdische, konkrete, immer auch durch biographische Bezüge favorisierte Kirchengestalt und die Eingliederung in den einen Leib Jesu Christi findet keine Beachtung. Die Taufe als sakramentales Band der Einheit erfährt in den LA keine theologisch hinreichende Anerkennung. Die existenzielle, soteriologisch bedeutsame Wende vom Tod in das Leben in Christus Jesus bewegt sich auf einer anderen Ebene als Fragen des Kirchen- und Amtsverständnisses, auch wenn sie damit verknüpft sind.

Als Sakrament der Eingliederung in den Leib Christi hat die Taufe ekklesiale Implikationen. Wir sind schon Glieder des einen Leibes Christi, auch wenn unsere konkreten Kirchen noch nicht vollständig zur Einheit gefunden haben. Im Hinweis darauf soll die Taufe nicht „als eine von der konkreten Kirche losgelöste Realität" dargestellt werden, wie dies die LA 2 formulieren. Wohl aber zeigt sich die innerhalb der Kirchenspaltung unlösbare Spannung zwischen der Einheit des Leibes Christi, an der die verschiedenen Kirchen teilhaben, und den verschiedenen kirchlichen Konkretionen. Gerade weil die Anerkennung der Taufe anderer Kirchen diese Taufe nicht von den Kirchen trennt, in denen sie gefeiert wird, hat diese Anerkennung eine Dynamik hin zur

Anerkennung der in diesen Kirchen gelebten Gemeinschaft, der in diesen Kirchen wahrgenommenen Ämter und der diesen Kirchen geschenkten Geistesgaben. In den ökumenischen Dialogen zwischen der römisch-katholischen Kirche und den evangelischen Kirchen ist dieser Dynamik Raum gegeben worden, so dass tatsächlich nicht ausschließlich hinsichtlich der Taufe, sondern auch hinsichtlich anderer Konkretionen von Kirche die ökumenische Gemeinschaft gewachsen ist. Dies veranlasst uns dazu, auf dem Weg der wachsenden Kirchengemeinschaft unser Votum für die Öffnung wechselseitiger Teilnahme am Tisch des Herrn vorzulegen.

Durch die Taufe gehören alle der Kirche Christi an. Mit der Taufe gehört man aber auch einer konkreten Gemeinschaft an. Das 2. Vatikanische Konzil hat festgestellt, dass die Menschen in ihrer jeweiligen Gemeinschaft das Wort Gottes hören, es ausgelegt bekommen, ihnen daher in diesen Gemeinschaften Gnade vermittelt wird. Deswegen hat das Konzil auch von Kirchen und Kirchlichen Gemeinschaften gesprochen. Vor diesem Hintergrund konzentriert sich UR auch nicht mehr primär auf die Beziehung zwischen der Römisch-katholischen Kirche und den Individuen, die zu einer anderen Kirche oder einer Kirchlichen Gemeinschaft gehören, sondern auf die Beziehung zwischen der Römisch-katholischen Kirche und den anderen Kirchen und Kirchlichen Gemeinschaften. Durch die Verwendung der Begriffe „Kirche" respektive „Kirchliche Gemeinschaft", „subsistit in", „Communio bzw. communio plena / non plena" werden Differenzierungen auf ekklesiologischer Ebene zum Ausdruck gebracht. Mit den Begriffen „Communio plena" und „Communio non plena" werden Grade und Intensitäten anerkannter ekklesialer Wirklichkeit bezeichnet.

Auf Wunsch mehrerer Konzilsväter hat sich das Ökumenismusdekret daraufhin positiv zu einer „Communicatio in sacris" geäußert. Vor dem Hintergrund der neuen Einsichten vor allem im Bereich der Ekklesiologie war zu klären, wie mit der Spannung zwischen der Eucharistie als Zeichen der sichtbaren Einheit einerseits und als Mittel der Gnade auf dem Weg zu umfassender Einheit andererseits umgegangen werden sollte. Entscheidend wurde eine Passage in Unitatis redintegratio 8,4 welche lautet: „Man darf jedoch die Gemeinschaft bei der communicatio in sacris nicht als ein allgemein und ohne Unterscheidung [lateinisch: indiscretim] gültiges Mittel zur Wiederherstellung der Einheit der Christen ansehen. Hier sind hauptsächlich zwei Prinzipien maßgebend." Das erste Prinzip impliziert, dass, im Allgemeinen, die Teilnahme an der Eucharistie auf diejenigen beschränkt ist, die in voller Gemeinschaft stehen.[31] Das zweite Prinzip jedoch erlaubt Ausnahmen, wobei, so das

[31] Vgl. Ökumenisches Vademecum „Der Bischof und die Christliche Einheit", 2020, Nr.

Vademecum, auf die Erläuterung des Direktoriums hinzuweisen ist: „Die Eucharistie ist für die Getauften eine geistliche Nahrung, die sie befähigt, die Sünde zu überwinden, vom Leben Christi selbst zu leben, immer tiefer in seinen Leib eingegliedert zu werden und immer intensiver an der ganzen Heilsökonomie des Geheimnisses Christi teilzuhaben."[32]

Bei der Präsentation der zwei Prinzipien in der Konzilsaula erklärte der Relator, dass die beiden Prinzipien in einer dialektischen Beziehung zueinander stehen.[33] Der Verfasser der Relatio erläuterte was gemeint ist: „Beide Aspekte – Zeichen der Einheit und Mittel der Gnade – können nicht voneinander getrennt werden, sondern müssen in einer kreativen Spannung miteinander zur Geltung kommen. ‚Indiscretim' impliziert demnach ein objektiv nicht Trennbares und somit ein nicht Trennendes. Es bedeutet folglich, dass communicatio in sacris nach Abwägung beider Aspekte praktiziert werden soll. Letztendlich ist deswegen ein persönliches, subjektives Urteil erforderlich."[34]

„Wie man sich hier klug zu verhalten hat, soll unter Berücksichtigung aller Umstände der Zeit, des Ortes und der Personen die örtliche bischöfliche Autorität in klugem Ermessen entscheiden, soweit nicht etwas anderes von der Bischofskonferenz nach Maßgabe ihrer eigenen Statuten oder vom Heiligen Stuhl bestimmt ist." (UR 8,4; Vademecum Nr. 36). Das Votum des ÖAK verbleibt auf dieser Ebene der „communicatio in sacris" zwischen einzelnen Christinnen und Christen, will jedoch vor allem die bereits vorhandenen Gemeinsamkeiten im Glauben festhalten.

Die LA befürchten, dass eine Vorwegnahme der Einheit in der Mahlgemeinschaft Gefahr laufe, die Glaubensdifferenzen zu relativieren, und macht geltend, dass die Wiederherstellung der Gemeinschaft im Glauben die Voraussetzung für die gemeinsame Teilhabe am Tisch des Herrn sei. Zum Zusammenhang Kirchen- und Eucharistiegemeinschaft hat sich GaTH eingehend geäußert (vgl. GaTH, 7.1–11), sodass diese Befürchtung verwundert. Keineswegs soll einer Relativierung der Differenzen im Kirchenverständnis Vorschub geleistet werden. Die Begegnung miteinander über die Grenzen der Konfessionen hinweg kann jedoch das Interesse aneinander wecken und in Gespräche führen.

36, abrufbar auf: https://press.vatican.va/content/salastampa/it/bollettino/pubblico/2020/12/04/0635/01477.html#it.

32 Päpstlicher Rat zur Förderung der Einheit der Christen, Direktorium zur Ausführung der Prinzipien und Normen über den Ökumenismus vom 25. März 1993 (Verlautbarungen des Apostolischen Stuhls Nr. 110), Bonn 1993, Nr. 129.

33 Vgl. Acta Synodalia III/III, 328-329.

34 George Tavard, Praying Together: Communicatio in sacris in the Decree on Ecumenism, in: Alberic Stacpoole (ed.), Vatican II by those who were there, London 1986, 214.

Das ökumenische Gespräch hat gezeigt, dass evangelische und römisch-katholische Christinnen und Christen im Glauben wesentlich mehr verbindet als trennt und dass nicht jede Differenz kirchentrennenden Charakter hat, sondern in der Besinnung auf den gemeinsamen Grund des Glaubens ertragen werden kann. Gewiss setzt eine volle, umfassende Eucharistie- und Abendmahlsgemeinschaft zwischen Kirchen die Erklärung und Verwirklichung ihrer Kirchengemeinschaft voraus. Diese Auffassung wird auch ohne jede Einschränkung in der Leuenberger Konkordie vertreten. Demgegenüber ist die wechselseitige, gastweise Öffnung der Mahlfeiern für Christinnen und Christen der anderen Konfession ein kleiner, erster und in Demut vollzogener Schritt, der das Bemühen um die volle Wiederherstellung der Gemeinschaft im Glauben nicht ersetzen, wohl aber beflügeln kann.

4. Weiteres Vorgehen

Der ÖAK ist zu weiteren Gesprächen auf allen Ebenen bereit und nimmt die entsprechenden Anregungen in den LA gerne auf. Eine Publikation zu GaTH ist geplant, in der Mitglieder des ÖAK ihre Fachexpertise in wissenschaftlichen Beiträgen einbringen.
Zu wünschen wäre, dass die an unterschiedlichen Orten entstandenen bilateralen nationalen Dialoge zum Thema Eucharistie und Abendmahl (die LA erwähnen USA und Finnland) eine gemeinsame Sichtung und Koordinierung erfahren.
Gerne schließt der ÖAK sich der Anregung der LA an, den multilateralen ökumenischen Kontext der Thematik umfassend in den Blick zu nehmen. Dazu ist es erforderlich, alle christlichen Traditionen nach ihrem Verständnis der Gegenwart Jesu Christi in der Feier von Abendmahl, Eucharistie und Göttlicher Liturgie zu befragen.

Der ÖAK bleibt bereit, sich in den Dienst der Suche nach Formen der sichtbaren Einheit der Kirchen zu stellen. Eine theologisch intensive Befassung mit der Theologie von Abendmahl und Eucharistie in allen christlichen Konfessionen ist dazu erforderlich. Der ÖAK ist der Meinung, hierzu mit GaTH einen wichtigen Beitrag geleistet zu haben und ist gerne bereit, über ihn weitere Gespräche zu führen.

Münster und Tübingen, am 06. Januar 2021

Dorothea Sattler und Volker Leppin
Wissenschaftliche Leitung des ÖAK

(6) Volker Leppin

Interview mit katholisch.de

03.02.2021

Frage: Herr Leppin, wenn Sie auf die Entwicklung um das ÖAK-Votum „Gemeinsam am Tisch des Herrn" schauen, auf die jahrelange theologische Arbeit und die dann folgende harsche Kritik durch die römische Glaubenskongregation: Sind Sie froh, als evangelischer Christ nicht an päpstliche Instanzen gebunden zu sein?

Leppin: (lacht) Jedenfalls bin ich für meine eigene Theologie nicht daran gebunden, das empfinde ich als Freiheit. Aber natürlich belastet es jemanden, für den Ökumene ein wichtiger Teil der eigenen Tätigkeit und der eigenen Identität als Christ ist, zu sehen, dass hier an einer sehr sensiblen Stelle der Ökumene von Rom aus im Grunde eine Gesprächsverweigerung stattfindet. Und die Gesprächsverweigerung setzt sich in der aktuellen Stellungnahme des für die Ökumene zuständigen Kardinals auch fort. Das ist etwas, das irritiert und schmerzt.

Frage: Sie beziehen sich auf Kardinal Kurt Koch, den Präsidenten des Päpstlichen Rates zur Förderung der Einheit der Christen. Anfang letzter Woche hatte er sich zum Antwortschreiben auf die „Lehrmäßigen Anmerkungen" geäußert und dabei seinerseits die Gesprächsbereitschaft des ÖAK infrage gestellt. Er kritisierte außerdem, dass sich der Text im „rein akademischen Bereich" bewege und der selbst erhobene „Primat der Praxis" nicht eingelöst würde. Was sagen Sie dazu?

Leppin: Also der erste Punkt, dass er dem ÖAK mangelnde Gesprächsbereitschaft vorwirft, ist ja eine Reaktion darauf, dass wir uns auf über zwanzig Seiten mit dem Papier, das aus Rom gekommen ist, auseinandergesetzt haben. Wir haben das kritisch getan, aber auch Kritik ist eine Form des Gesprächs, mit der man leben können muss. Wenn nun Kritik – und es ist eine detaillierte Kritik, eine Aufnahme der Argumente aus

Rom – wenn das als etwas wahrgenommen wird, das kein Gespräch sein soll, dann liegt der Ball nach wie vor in Rom. Ich würde mich freuen, wenn seitens des Kardinals vielleicht doch noch eine inhaltliche Reaktion käme und nicht nur eine schroffe Abweisung.

Frage: Und bezüglich des angeblich fehlenden Praxisbezugs?

Leppin: Was den Vorwurf der mangelnden Erdung angeht, sollte man vielleicht einfach mal in eine beliebige katholische oder evangelische Gemeinde gehen – ich begrenze das mal auf den deutschen Sprachraum, für den das Votum ja verfasst ist – und sollte das, was man dort erlebt, mit dem Anspruch aus dem Büro des Einheitsrates in Rom vergleichen. Dann kann man sich fragen, welche Äußerungen eigentlich mehr an der Realität geerdet sind. Wir reagieren hier nicht zuletzt auf eine Not. Auf eine Not, die in unseren evangelischen und katholischen Gemeinden dauerhaft gegenwärtig ist. Und wer der Meinung ist, dass die Reaktion auf eine Not nichts mit Erdung in der Realität zu tun hat, den muss ich fragen, von welcher Realität er eigentlich spricht.

Frage: Nun misst die evangelische Kirche der Bibel gegenüber der Tradition ja tendenziell eine größere Bedeutung zu als die katholische. Trotzdem sind sich die Konfessionen in der Verhältnisbestimmung von Schrift und Tradition zwischenzeitlich einig, dass sich die Bibel nicht selbst auslegt, sondern anhand theologischer Kriterien interpretiert werden muss. In der aktuellen Stellungnahme des ÖAK zu den römischen Anmerkungen heißt es, dass diese notwendige Schriftinterpretation aber „nur in ökumenischer Gemeinschaft" geschehen kann. Was meinen Sie damit?

Leppin: Das ist die wissenschaftliche Erkenntnis, dass Perspektivenvielfalt uns weiterbringt. Dass der Austausch von unterschiedlichen Perspektiven erst tatsächlich den Blick eröffnet für einen möglichen, wissenschaftlich getragenen Konsens. Ich bringe als evangelischer Wissenschaftler immer eine bestimmte Perspektive mit. Ebenso wird ein katholischer Wissenschaftler oder eine Wissenschaftlerin eine eigene Perspektive mitbringen. Und erst wenn wir die zusammenbringen, sind wir bei einer auf breiter Basis tragfähigen Aussage. Deswegen ist es auch ein Missverständnis, wenn in den Lehrmäßigen Anmerkungen zu unserem Text formuliert wurde, unsere exegetischen Erkenntnisse zeigten in sich schon konfessionelle Vorannahmen. Das tun sie eben gerade deshalb nicht, weil sie aus den großen Leistungen der evangelischen Exegese und den großen Leistungen der katholischen Exegese zusammengetragen worden sind.

Frage: Von evangelischer Seite besteht die Einladung von nicht-evangelischen Christen zum Abendmahl ja schon seit langer Zeit. Wenn Sie jetzt den konfessionellen Austausch so stark betonen, wo kann dabei auch für die evangelische Kirche noch Lernpotential liegen?

Leppin: Dieser Diskurs erinnert natürlich auch an eigene Grundlagen, etwa daran, dass nicht alles beliebig ist. Relativ früh in diesem Prozess hat Kardinal Koch sehr zu Recht darauf hingewiesen, dass wir von evangelischer Seite darauf achten müssen, dass etwa die Leitung der Abendmahlsfeier durch ordinierte Personen gesichert sein muss. Das entspricht dem evangelischen Selbstverständnis und das fordert die katholische Seite völlig zu Recht. Das gehört zu den Punkten, an denen berechtigte Kritik unser Gespräch weitergeführt hat und auch noch weiterführen kann.

Frage: Die Grundaussage von „Gemeinsam am Tisch des Herrn" lautete ja, die theologischen Unterschiede im Eucharistie- bzw. Abendmahlsverständnis würden nicht mehr ausreichen, um eine fortdauernde Trennung in der Mahlfeier zu begründen. Dem widersprachen die Lehrmäßigen Anmerkungen und stellten praktisch diametral fest, dass die Unterschiede nach wie vor kirchentrennend seien. Wie gehen Sie innerhalb der evangelischen Kirche damit um, wenn in einer theologischen Frage gewissermaßen Aussage gegen Aussage steht?

Leppin: Mit der Formulierung „Aussage gegen Aussage" nutzen Sie ein juristisches Bild. Als Wissenschaftler würde ich immer sagen: Argumente sind gegen Argumente abzuwägen. Das ist an keine bestimmte Konfession gebunden, sondern das ist das, was ich in jedem, auch in dem gegenwärtigen Prozess erwarte. Ich gehe davon aus, dass die Deutsche Bischofskonferenz Argumente abwägen wird. Ich gehe davon aus, dass auch unter den Kardinälen Argumente wahrgenommen und abgewogen werden. Und dann wird man sehen, was bleibt.

Frage: Nun könnte man anmerken, dass sich ein gewisser belehrender Ton in der Stellungnahme des ÖAK mitunter schon finden lässt, wenn man ihn finden will. Sehen Sie das als Zeichen für ein gewachsenes Selbstbewusstsein der deutschen Theologie, aber auch der deutschen Bischöfe gegenüber Rom?

Leppin: Ich denke, es gehört zum Selbstverständnis der Wissenschaft zu sagen: Wir vertrauen auf die Stärke des Argumentes. Das haben wir hier getan. Und das hat nichts damit zu tun, einem Schüler eine schlechte Note zurückzugeben. Es gehört zur Würde nicht nur von Wissenschaftlerinnen und Wissenschaftlern, sondern von Christinnen und Christen generell, wenn sie den Eindruck haben, dass ihre Anliegen auf bestimmten Ebenen nicht einmal wahrgenommen worden sind, an diese Anliegen zu erinnern. Ich will nur einen Punkt aus der Debatte herausgreifen. Die Lehrmäßigen Anmerkungen haben unserem Papier unterstellt, es sei darin nicht von Realpräsenz die Rede. Jetzt kann man mit unserer Behandlung dieser Frage sehr unterschiedlich umgehen. Man kann sagen: Die brauchen nicht mehr vertieft über Realpräsenz zu reden, weil sie das voraussetzen – und das ist in unserem Text nachweisbar, dass wir das voraussetzen. Oder man kann daraus ein Argument suggerieren, wir würden die Realpräsenz nicht bejahen – und so geschieht es in den Anmerkungen. Das ist eine Weise von Deutung, die mit positiv wahrnehmender Lektüre nichts zu tun hat. Das habe ich nicht in der Weise eines Lehrers gegenüber einem Schüler zu beurteilen, aber ich kann in aller Geduld darauf hinweisen: In dem Text steht, was in dem Text steht, und das bitte ich auch zu lesen und zu respektieren.

Frage: Glauben Sie denn, man will nicht sehen, was dort steht, oder ist die lehramtliche Perspektive so verengt, dass man es nicht sehen kann?

Leppin: Da ich keinen bösen Willen unterstellen will, muss ich vermuten, dass man es nicht sehen konnte. Vielleicht konnte man es auch deshalb nicht sehen, weil die Lektüre in einem Kontext stattfand, in dem auch sonst kritische Blicke auf die Kirche in Deutschland gerichtet waren. Zeitlich sehr nah daran ist die Kritik der Bischofskongregation zum Synodalen Weg erfolgt. Das lässt fragen, ob da sozusagen Kollateralschäden in anderen Bereichen erfolgt sind. Aber in der Tat gehe ich davon aus, man konnte es nicht sehen. Deshalb auch von unserer Seite das beharrliche und mehr als zwanzig Seiten lange Bemühen, nochmal darauf zu verweisen, was hier zu lesen ist.

Frage: Ein Aspekt, von dem sie besonders bedauern, dass er von der römischen Kritik so wenig wahrgenommen wurde, ist die pneumatologische Perspektive, die „Gemeinsam am Tisch des Herrn" stark hervorhebt. Diese Perspektive zielt darauf ab, dass man auch jenseits der konfessionellen Grenzen Früchte des Heiligen Geistes wahrnehmen und deshalb die Ämter und Sakramente anderer Kirchen möglicherweise anerkennen könnte. Traut die evangelische Kirche dem Heiligen Geist hier tendenziell mehr zu?

Leppin: Ich bin mir gar nicht sicher, ob die evangelische Kirche dem Heiligen Geist generell mehr zutraut. Auch die genannte Aussage war ja eine gemeinsame ökumenische Erkenntnis. Sicherlich gibt es unterschiedliche Vorstellungen, wie der Geist wirkt. Die evangelische Sprache ist bei der Frage stark an die Vermittlung in „Wort und Sakrament" gebunden, die katholische Sprache eher an die Vermittlung durch das Amt. Meiner Meinung nach sind das aber keine Unterschiede, die Kirchentrennung mit sich bringen müssen. Wir sind doch gesamttheologisch in den letzten zwanzig, dreißig Jahren mit neuen Formen von Frömmigkeit und neuen Formen von Kirchlichkeit konfrontiert, die sehr stark das freie Wirken des Geistes betonen – die pfingstlichen und charismatischen Kirchen. Und das muss auch in unseren Kirchen ein Nachdenken auslösen, wie wir es eigentlich mit dem Heiligen Geist halten. Das ist eine ökumenische Aufgabe, die wir gemeinsam angehen müssen.

Frage: Was wünschen Sie sich für die weitere Entwicklung von den katholischen Bischöfen in Deutschland und welche Erwartungen richten Sie an die zuständigen Stellen in Rom?

Leppin: Von den katholischen Bischöfen in Deutschland wünsche ich mir, dass sie sich ernsthaft mit den Argumenten auseinandersetzen und auf dieser Basis verantwortbare Entscheidungen treffen. Ich weiß, dass sich die Bischöfe in einem schwierigen Spagat befinden zwischen wissenschaftlichen Überlegungen, die sie wahrzunehmen haben, und den deutlichen Signalen aus Rom. Was den gesamten Vorgang angeht, wünsche ich mir, dass Gespräche der Glaubenskongregation und des Einheitsrates mit uns zustande kommen. Ich möchte zu einer sachorientierten Diskussion zurückkommen, damit man diesen unschönen Ton, den das Ganze auch durch die mediale Vermittlung bekommen hat, in eine konstruktivere Richtung wenden kann. Und um hier nochmal auf die kirchliche Realität anzuspielen: Wir haben doch in Deutschland in vielen Gemeinden schon eine großartige ökumenische Gemeinschaft. Und wie viele Paare haben sich gefunden, bei denen römisch-katholische und evangelische Partner sich zusammen bemühen, ihre Spiritualität zu leben. Diese Menschen sind die Vorreiter der Ökumene, und mit ihnen gemeinsam möchte ich die nächsten Schritte gehen können.

Die Fragen stellte Moritz Findeisen für katholisch.de

(7) Kurt Kard. Koch

Offener Brief an Volker Leppin als Antwort auf sein Interview in katholisch.de

08.02.2021

Sehr geehrter Herr Professor Leppin

Mit dem Interview, das Sie am 3. Februar katholisch.de gegeben haben, haben Sie auf meine kurze Reaktion auf die Stellungnahme des Ökumenischen Arbeitskreises (ÖAK) zur Intervention der Kongregation für die Glaubenslehre Ihrerseits reagiert und darin den Wunsch geäußert, von mir eine „inhaltliche Reaktion" zu erwarten. Dies will ich mit diesem Offenen Brief an Sie gerne tun, zumal er mir auch die Möglichkeit gibt, einzelne Missverständnisse aus dem Weg zu räumen.

Zunächst will ich festhalten, dass der unmittelbare Anlass für meine Reaktion darin bestanden hat, dass ich über den Zeitpunkt der Veröffentlichung der Stellungnahme des ÖAK erstaunt gewesen bin. Denn meines Wissens wurde diese Stellungnahme von Bischof Georg Bätzing, dem Vorsitzenden der Deutschen Bischofskonferenz erbeten, um seine Antwort an die Kongregation für die Glaubenslehre vorzubereiten. Warum die Stellungnahme des ÖAK jedoch bereits vor der Vollversammlung der Deutschen Bischofskonferenz veröffentlicht worden ist, auf diese Frage ist mir bisher keine Antwort zur Kenntnis gebracht worden. Auf verschiedene Anfragen nach meiner Stellungnahme zu diesen Vorgängen habe ich nicht einfach schweigen können, sondern habe in einer ersten Reaktion einen kurzen Text mit einem dreifachen "mich erstaunt" publiziert. Die Kürze dieses Textes hat nichts mit einer "Gesprächsverweigerung" und schon gar nicht mit einer "schroffen Abweisung" zu tun, wie Sie mir in Ihrem Interview vorgeworfen haben. Denn ich habe nicht einfach Behauptungen aufgestellt, sondern Irritationen geäußert.

Doch nun zum Inhalt: Auf meinen geäußerten „Vorwurf der mangelnden Erdung“ haben Sie damit geantwortet, dass man „vielleicht einfach mal in eine beliebige katholische oder evangelische Gemeinde“ gehen und „das, was man dort erlebt, mit dem Anspruch aus dem Büro des Einheitsrates in Rom vergleichen“ sollte. Dies war allerdings nicht der Inhalt meines Einwurfs. Denn das „Büro des Einheitsrates“ bildet sich nicht ein, die Situation in den einzelnen evangelischen und katholischen Gemeinden in Deutschland besser als der Ökumenische Arbeitskreis zu kennen. Das „Büro des Einheitsrates“ weiß sich aber verpflichtet, sich zu informieren und zur Kenntnis zu nehmen, wie sich die ökumenischen Partner auch in Deutschland selbst verstehen. Ich habe deshalb in meiner Reaktion geschrieben, dass mich der Inhalt der Stellungnahme des ÖAK erstaune: „In ihr ebenso wie bereits im Votum finden sich gewiss viele gute Aussagen, die jedoch im rein akademischen Bereich verbleiben und nicht an die konkrete kirchliche Realität zurückgekoppelt sind. Würden sie mit dieser konkreten Realität geerdet, müssten viele als fraglose Konsense ausgegebene Aussagen in Frage gestellt werden.“

Mein Einwurf zielt genau in die Richtung, auf die Sie selbst später im Interview in dankenswerter Weise zu sprechen gekommen sind, indem Sie mir zugute halten, ich hätte relativ früh in diesem Prozess „sehr zu Recht“ darauf hingewiesen, „dass wir von evangelischer Seite darauf achten müssen, dass etwa die Leitung der Abendmahlsfeier durch ordinierte Personen gesichert sein muss“. Und Sie haben hinzugefügt, das gehöre zu den Punkten, an denen berechtigte Kritik unser Gespräch weitergeführt hat und auch noch weiterführen kann". Genau in diese Richtung zielte auch meine Anfrage in meiner Reaktion, weil ich sowohl im Votum als auch in der Stellungnahme des ÖAK eine gravierende Diskrepanz zwischen dem vom ÖAK behaupteten ökumenischen Konsens und der konkreten Realität in den Evangelischen Kirchen feststellen muss und diese Diskrepanz als mangelnde Erdung bezeichne. Gemäß Ihrem Wunsch nach einer "inhaltlichen Reaktion" bin ich gerne bereit, meinen Einwurf weiter zu entfalten, indem ich ihn mit drei prominenten Beispielen verdeutlichen will.

Erstens: Das Votum „Gemeinsam am Tisch des Herrn“ geht von der fundamentalen Überzeugung aus, die auch in der „Stellungnahme“ des ÖAK wiederholt wird, dass nach dem in den ökumenischen Dialogen erreichten „Grundeinverständnis über die Taufe“ sich auch „im Blick auf das Abendmahl / die Eucharistie“ ein „gemeinsames Grundeinverständnis“ herausstellen lasse, „das analog zur Anerkennung der Taufe eine wechselseitige Anerkennung der jeweiligen liturgischen Gestalt der Mahlfeier und ihres theologischen Gehalts ermöglicht und damit zur gegenseitig angesprochenen Einladung berechtigt". Und da hinzugefügt wird, dieser Aufgabe wolle sich „der hier vorgelegte Text" annehmen (2.5), muss man diese Behauptung einer sehr engen Beziehung zwischen Taufe und Eucharistie als Grundthese des ganzen Votums betrachten.

Mit großer Verwunderung muss ich dann freilich auf der offiziellen Homepage der Evangelischen Kirche in Hessen und Nassau lesen: „In den Gemeinden der EKHN sind alle, die am Gottesdienst teilnehmen, zur Teilnahme am Abendmahl eingeladen. Auch wer nicht getauft ist oder zu einer anderen christlichen Konfession gehört und das Abendmahl empfangen will, ist willkommen." Wie steht es dann aber um den vom ÖAK behaupteten engen Zusammenhang von Taufe und Abendmahl, wenn sogar Nicht-Getaufte zum Abendmahl eingeladen sind? Hier meldet sich ein noch tieferes ökumenisches Problem an: Wenn auf der einen Seite die Taufe und die Gegenseitige Anerkennung der Taufe das Fundament der Ökumene darstellen, und wenn auf der anderen Seite ein ökumenischer Partner die Taufe derart relativiert, dass sie nicht einmal mehr Voraussetzung für die Teilnahme am Abendmahl ist, muss doch die Frage erlaubt sein, wer denn hier das Fundament der Ökumene in Frage stellt. Nach meiner Erfahrung bildet die Evangelische Kirche von Hessen-Nassau diesbezüglich keine Ausnahme. Ich habe sie nur deshalb ausgewählt, weil sie jene Evangelische Kirche ist, in deren Lebensraum der Dritte Ökumenische Kirchentag stattfinden sollte.

Zweitens: Das Votum „Gemeinsam am Tisch des Herrn" behauptet, dass auch in der Amtsfrage ein ökumenischer Konsens erreicht worden ist, und zwar dahingehend, dass das „an die Ordination gebundene, geordnete Amt" zum „Sein der Kirche" gehöre und sich „nicht einer Delegation des Gemeindewillens, sondern göttlicher Sendung und Einsetzung" verdanke (6.2.3). Von daher wird festgehalten: „Das Abendmahl/die Eucharistie soll regelmäßig im sonntäglichen Gottesdienst gefeiert werden. Die Leitung der Feier obliegt einem/einer Ordinierten" (5.4.5). Dieser Behauptung gegenüber hat die Kongregation für die Glaubenslehre angemerkt, dass der im Votum des ÖAK vorausgesetzte Konsens „nicht von der Mehrheit der Mitgliedskirchen der EKD gedeckt" ist, „die in Notsituationen ein Abendmahl ohne Amtsträger als erlaubt ansieht". Für diese Aussage wird die Kongregation für die Glaubenslehre in der Stellungnahme des ÖAK gerügt mit der Bemerkung, die Kongregation hätte bloß „in den Kirchenordnungen der EKD und ihrer Mitgliedskirchen" nachsehen sollen, dann hätte sie ihren Einwand gar nicht erheben können.

Folgt man der Aufforderung des ÖAK und konsultiert man die Kirchenordnungen, wird man freilich mit anderen Fakten konfrontiert. Um nochmals die Evangelische Kirche in Hessen und Nassau als Beispiel zu erwähnen, muss man in ihrer „Ordnung des kirchlichen Lebens" vom 15. Juni 2013 lesen: „Wenn Christinnen und Christen, die sich in Notsituationen befinden, das Abendmahl zu empfangen wünschen und keine Pfarrerin oder kein Pfarrer zu erreichen ist, kann jedes Kirchenmitglied das Abendmahl reichen. Dabei sollen die Einsetzungsworte gesprochen und Brot und Wein gereicht werden". Hier wird also genau das behauptet, was der ÖAK bestreitet.

Zu erinnern ist ferner daran, dass während der ersten Phase der Corona-Krise im vergangenen Jahr einzelne Landeskirchen, wie beispielsweise in Württemberg, ihren Mitgliedern die Möglichkeit von Hausabendmahlsfeiern ohne ordinierte Amtsträger erlaubt haben. In diesen Zusammenhang gehört auch das Amtspapier der lutherischen Bischöfe in Deutschland „Ordnungsgemäß berufen" aus dem Jahre 2006, bei dem sich schwer feststellen lässt, ob zwischen Ordination und Beauftragung lediglich ein terminologischer oder aber auch ein theologischer Unterschied besteht, wenn neben Ordinierten auch Prädikanten mit der Leitung der Abendmahlsfeier beauftragt werden können. Dass es sich bei solchen Regelungen nicht um Ausnahmen handelt, zeigt die Grundsatzerklärung des Rats der Evangelischen Kirche in Deutschland in seiner Schrift zum Reformationsgedenken 2017, die Reformation habe zu einer „völligen Neuordnung des kirchlichen Wesens" geführt, und zwar dahingehend: „Jeder Christ kann im Prinzip die Sakramente verwalten, d.h. Taufe spenden und Abendmahl austeilen. Nur um der Ordnung willen gibt es Pfarrerinnen und Pfarrer, die die Aufgaben, die alle Christen haben, in besonderer Weise, nämlich dafür qualifiziert und öffentlich dazu berufen, ausüben" (Rechtfertigung und Freiheit, Seiten 90-91). Wiederum muss man feststellen, dass der vom ÖAK behauptete Konsens in der Amtsfrage, auch und gerade was die Leitung des Abendmahls durch ordinierte Personen betrifft, mit der konkreten kirchlichen Realität nicht übereinstimmt.

Drittens: Einen ganzen Abschnitt widmet das Votum des ÖAK der „Gewichtung von Danksagung, Anamnese und Epiklese" (5.5) und behauptet als ökumenischen Konsens, dass Dank, Erinnerung und Bitte „konstitutive Merkmale des Mahlgeschehens" sind: „Heute sind sich die reformatorischen und die römisch-katholischen Lehrtraditionen darin einig, dass der lobpreisende Dank für Gottes Handeln in Jesus Christus ein wichtiges Element der Feier von Abendmahl/Eucharistie ist" (5.5.2).

Und was die Anrufung des Heiligen Geistes betrifft, wird festgehalten: „In Abendmahlsgebeten heutiger evangelischer Agenden stehen die beiden Epiklesen nach ostkirchlichem Vorbild zusammengefügt nach der Abendmahlsanamnese" (5.5.4).

Bei der Lektüre des Votums habe ich mich auch über diese Aussage gefreut. Meine Freude wird freilich wieder getrübt, wenn ich die konkrete kirchliche Realität betrachte und dabei feststellen muss, dass sich in ihr der vom ÖAK behauptete Konsens so oft nicht wiederfinden lässt. Auch hier greife ich nicht irgendein Beispiel heraus, sondern beziehe mich auf das Materialheft für den Ökumenischen Kirchentagssonntag vom 7. Februar 2021. In dem darin vorgelegten „Entwurf aus evangelischer Tradition" begegnet man einer theologisch schwach entwickelten Anamnese, von einer Epiklese findet sich keine Spur und der Heilige Geist wird mit Schweigen bedacht. Dabei hätte man doch erwarten dürfen, dass sich gerade in diesem im Blick auf den Dritten Ökumenischen Kirchentag veröffentlichten offiziellen Entwurf der vom ÖAK behauptete Konsens widerspiegeln würde.

Ich hoffe, dass ich mit diesen keineswegs willkürlich ausgewählten Beispielen, die sich leicht vermehren ließen, verdeutlichen kann, worauf ich mit der in meiner ersten Reaktion auf die „Stellungnahme" des ÖAK angemahnten fehlenden Erdung des Votums und der Stellungnahme des ÖAK in der kirchlichen Realität abgehoben habe. Ich kann aber mein Erstaunen nicht verschweigen, dass solche Diskrepanzen zwischen behaupteten ökumenischen Konsensen und der faktischen Realität in den Evangelischen Kirchen von den Mitgliedern des ÖAK nicht zur Kenntnis genommen oder, wenn dies der Fall sein sollte, nicht, jedenfalls nur in äußerst minimaler Weise ausgesprochen werden.

Ich bin gewiss dankbar, wenn ein Ökumenischer Arbeitskreis viel Energie und Herzblut in die Überwindung der bisherigen kirchentrennenden Fragen investiert. Realistisch und verantwortlich kann dies aber nur geschehen, wenn solche Arbeit mit der konkreten Realität in den Kirchen konfrontiert wird, wenn dabei notwendige Rückfragen an Theologie und Praxis in den Kirchen gestellt werden und wenn ein Rezeptionsprozess in den Kirchen angestoßen wird, wie dies beispielsweise vor der Unterzeichnung der Gemeinsamen Erklärung zur Rechtfertigungslehre im Jahre 1999 geschehen ist. Dies muss unabdingbar geschehen, wenn mit einem Votum praktische Handlungsanweisungen und Ermutigungen an die Gläubigen verbunden sind, wie dies im Votum des ÖAK der Fall ist, wenn eine „wechselseitige Teilnahme an den Feiern von

Abendmahl/ Eucharistie in Achtung der je anderen liturgischen Traditionen" als „theologisch begründet" behauptet wird und wenn dieses Votum auch die „Anerkennung der jeweiligen liturgischen Formen sowie der Leitungsdienste" impliziert,. „wie sie von der feiernden Gemeinde vorgesehen sind, die im Namen Jesu Christi Getaufte anderer Konfessionen zur Mitfeier einlädt" (8.1).

Wenn eine solche Praxis von einem Ökumenischen Arbeitskreis als „theologisch begründet" behauptet wird, um die Gläubigen zu dieser Praxis zu ermutigen, dann müssen die offenen und, wie die kirchliche Realität zeigt, noch nicht gelösten Fragen unbedingt vorher benannt und aufgearbeitet werden, um eine verbindliche Rezeption bei den Verantwortlichen in den Kirchen und kirchlichen Gemeinschaften vorzubereiten. Man kann in meinen Augen nicht zu einer Praxis ermutigen und konzedieren, man könne die noch offenen Fragen möglicherweise anschließend weiter bearbeiten. Dies würde dem Vorgehen in der innerprotestantischen Ökumene gemäß dem Leuenberger Modell entsprechen, bei dem lediglich ein Grundverständnis im Evangelium hinreichend ist, um Kanzel- und Abendmahlsgemeinschaft zwischen bekenntnisverschiedenen Kirchen zu begründen. Für die Katholische Kirche aber setzt Eucharistiegemeinschaft Kirchengemeinschaft voraus, und Kirchengemeinschaft setzt Bekenntnisgemeinschaft voraus. Vor allem die Gemeinschaft in der Eucharistie ist in katholischer Sicht nur möglich, wenn der gemeinsame eucharistische Glaube bekannt werden kann.

Von daher bitte ich Sie zu verstehen, dass das Votum des ÖAK nochmals eine andere Qualität erhalten hat, als sich Bischof Bätzing als Vorsitzender der Deutschen Bischofskonferenz dieses Votum zu eigen gemacht und es als Grundlage für eine Entscheidung in der Deutschen Bischofskonferenz auch im Blick auf die Einführung der vom ÖAK geforderten Praxis der wechselseitigen Teilnahme an der katholischen Eucharistie und am evangelischen Abendmahl beim Dritten Ökumenischen Kirchentag angenommen hat. Damit ist aus dem Votum des Ökumenischen Arbeitskreises ein Gutachten zuhanden der Deutschen Bischofskonferenz geworden und ist es auf die Ebene des Lehramts der Bischöfe gehoben worden. Für die Kongregation für die Glaubenslehre war damit der Zeitpunkt gekommen, sich zu Wort zu melden. Sie hat dies gegenüber der Deutschen Bischofskonferenz getan; und deshalb versteht es sich von selbst, dass sie auch von ihr eine Antwort erwartet, allerdings nicht nur auf die Fragen, die ich in diesem Brief in einer spezifisch ökumenischen Optik angesprochen habe, weil Sie der Wissenschaftliche

Leiter des ÖAK auf evangelischer Seite sind und von mir eine inhaltliche Antwort erwartet haben.

Die Intervention der Kongregation für die Glaubenslehre hingegen betrifft noch viele andere Inhalte der katholischen Glaubenslehre vor allem hinsichtlich des Verständnisses von Kirche, Eucharistie und Weiheamt, die die Kongregation im Votum des ÖAK nicht, jedenfalls nicht in zufriedenstellender Weise berücksichtigt findet. Mein offener Brief an Sie ist freilich nicht der Ort, auch auf diese Fragen einzugehen, zumal diesbezüglich in erster Linie die katholische Inhaberin der wissenschaftlichen Leitung des ÖAK Rede und Antwort stehen müsste.

Ich hoffe, dass Sie, sehr geehrter Herr Professor Leppin, in den vorauf gehenden Zeilen die von Ihnen erwünschte „inhaltliche Reaktion" meinerseits auf die Stellungnahme des ÖAK wenigstens in Grundzügen erblicken können. Mit freundlichen Grüßen aus dem „Büro des Einheitsrates", dem ein weiteres Vorankommen in der ökumenischen Versöhnung ebenfalls ein wichtiges Anliegen ist, verbleibe ich in der Hoffnung, dass wenigstens darin Konsens zwischen uns besteht, dass auch in solchen schwierigen, aber wichtigen Auseinandersetzungen keine Seite der anderen den ernsthaften ökumenischen Willen absprechen sollte

Ihr Kurt Kardinal Koch

(8) Evangelische Kirche in Hessen und Nassau

Stellungnahme

12.02.2021

Aktuell wird der Text des Ökumenischen Arbeitskreises evangelischer und katholischer Theologen (ÖAK) „Gemeinsam am Tisch des Herrn“ öffentlich und durchaus kontrovers diskutiert.
Zuletzt hat in einem Offenen Brief an Prof. Volker Leppin, den evangelischen Vorsitzenden des ÖAK, Kurt Kardinal Koch, seit 2010 Präsident des Päpstlichen Rates zur Förderung der Einheit der Christen, zum ÖÄK-Papier „Gemeinsam am Tisch des Herrn“ Stellung genommen und darin u.a. die Abendmahlspraxis der Evangelischen Kirche in Hessen und Nassau als Argument angeführt, die gegen eine solche Gemeinschaft spreche.
In seinem ersten Hinweis, ad 1, geht es (unter Bezug auf die Homepage der EKHN) um die Frage, ob auch Nichtgetauften das Abendmahl gereicht werden kann, in seinem zweiten Hinweis, ad 2 (unter Bezug auf die Lebensordnung der EKHN), ob im Fall der Abwesenheit des Pfarrers/der Pfarrerin auch Nichtordinierte dem Abendmahl vorstehen können.

Im Auftrag der Kirchenleitung der EKHN nehmen wir hierzu wie folgt fachlich Stellung:

Ad 1: Der in dem Offenen Brief zitierte Satz der Homepage gibt die differenzierte Regelung der Lebensordnung der EKHN (LO) nicht wieder. An der betreffenden Stelle wurde inzwischen ein korrigierender Verweis auf die LO eingefügt.
Die Frage der Zulassung zum Hl. Abendmahl ist verbindlich in LO Nr. 127-130 geregelt, nicht auf der Homepage. Auf die LO wird im Übrigen unter dem inkriminierten Zitat auf der Homepage auch hingewiesen. Danach ist für den Abendmahlsempfang in der evangelischen Kirche „in der Regel“ Taufe und Mitgliedschaft die Voraussetzung – man muss

also getauft sein *und* evangelisch – eine Reminiszenz an den bis etwa zur Mitte des 20. Jahrhunderts praktizierten ‚geschlossenen Abendmahlstisch', den man in der Folge jedoch mit sehr guten Gründen erweitert hat: Denn da Christus der Einladende ist - oder anders gesagt: jede Abendmahlsfeier ist die Feier der ganzen Kirche Christi - „können auch Angehörige anderer christlicher Konfessionen ... teilnehmen" (LO 127). Mit dem abschließenden Hinweis (LO 130) auf das Sich-durch-Christus-Eingeladen-Wissen bewegt sich die EKHN zudem exakt im Diskurshorizont von „Gemeinsam am Tisch des Herrn". An keiner Stelle öffnet die Lebensordnung das Abendmahl expressis verbis für Nichtgetaufte. Im Übrigen lädt auch nicht die EKHN ein - wen auch immer, ob getauft oder nicht -, sondern Jesus Christus (siehe dazu die ad 1 abschließende Frage).
Irritierend ist in dieser Hinsicht die Zitatauswahl des Offenen Briefs. Wenn Kardinal Koch beim folgenden Thema (ad 2) auf die Lebensordnung der EKHN verweist, warum dann nicht auch hier, zumal der Link unmittelbar darunter steht? – Zumindest hätte dann die zielführendere Frage gestellt werden können, was denn nun in der EKHN gilt, anstatt das Zitat auszuwählen, das man besser kritisieren kann.

Im Übrigen ist in beiden Fragen - bei der Abendmahlsteilnahme wie der Leitung der Feier - zu unterscheiden (nicht jedoch zu trennen) zwischen der theologischen Einschätzung und dem praktischen Umgang und Vollzug: Danach ist die Taufe theologisch natürlich die Voraussetzung für den Abendmahlsempfang (ad acribeiam); dieser Vorgabe sollte auch die Praxis grundsätzlich entsprechen - sofern nicht die oikonomia, also der Gesichtspunkt der Liebe und des Seelenheils, im Einzel- und Ausnahmefall eine andere Praxis nahelegt; Beispiele hierfür gibt es auch aus dem katholischen Bereich.
Ganz praktisch: Was soll denn die die Feier leitende Person tun, wenn ein Mensch zum Empfang des Sakraments hinzutritt, von der sie weiß, dass sie noch nicht getauft ist? – Ihn/sie abweisen?
Theologie kann nie eins zu eins in pastorale Praxis übersetzt werden.

Ad 2: Es geht um die Frage einer (echten!) Notsituation, in der das Abendmahl begehrt wird, aber keine ordinierte Person erreichbar ist.
Einen Sonderfall stellt nochmal die Frage der Hausabendmahlsfeiern unter Coronabedingungen dar, über die man post coronam ökumenisch noch einmal gesondert sprechen sollte, die wir darum nun aber nicht weiter traktieren.

Wie also mit der Not umgehen?
Die katholische Kirche kennt an dieser Stelle die Lehre vom votum sacramenti – der unbedingte Wunsch nach der Eucharistie als geistliche Kommunion. Eine ausnahmsweise Leitung einer Eucharistiefeier durch Nichtordinierte kommt vor allem darum nicht in Betracht, da ihnen nach katholischem Verständnis die durch die Weihe (ordinatio) vermittelte sakramentale Vollmacht (resp. Amtsgnade) fehlt.
Die evangelische Kirche ist sich – entgegen des Hinweises des Kardinals auf die Schrift „Ordnungsgemäß berufen" – über grundlegende Fragen der Ordination durchaus einig, etwa darüber, dass mit der Ordination eben nicht die Verleihung einer spezifischen Amtsgnade verbunden ist, was aber den Hl. Geist bei seinem Wirken in Wort und Sakrament durchaus nicht dämpft.
Genau darum aber ist es in extremen Ausnahmesituationen (es muss sich also wirklich um eine Not-Lage handeln!) durchaus pro loco et tempore denkbar, dass auch eine Person, die nach Confessio Augustana 7 nicht rite vocatus/-a ist, einer evangelischen Abendmahlsfeier vorsteht – im Vertrauen darauf, dass sich auch dann Jesus Christus im Heiligen Geist vergegenwärtigt.
Uns erscheinen daher beide Leitlinien, also ‚votum sacramenti als geistliche Kommunion' wie auch die ausnahmsweise Leitung der Feier durch eine nichtordinierte Person, als in sich kohärente, zwar unterschiedliche, aber einander auch nicht ausschließende theologische Erklärungsmodelle, deren beider Stärke darin liegt, dass sie von einer klaren gemeinsamen Norm ausgehend (Leitung durch Ordinierte) die Unbillen pastoraler Praxis differenziert in den Blick nehmen.
Über diese Fragen im Zusammenhang Hl. Geist - Kirche - Amt - Ordination stehen zudem ökumenische Gespräche der römisch-katholischen Kirche mit dem Lutherischen Weltbund bzw. der Gemeinschaft Evangelischer Kirchen in Europa an.

Der offene Brief von Kardinal Koch an Prof. Leppin verweist durchaus berechtigterweise auf offene Fragen im Blick auf die Praxis der Abendmahlsfeier (die es aber genauso im Blick auf die Eucharistiefeier gibt).
Aber eben genau darum geht es doch auch in „Gemeinsam am Tisch des Herrn": wechselseitige eucharistische Teilhabe ist kein Ziel, sondern der Beginn von Fragen und Klärungen im Blick auf die gelebte eucharistische Praxis, auf allen Seiten!
Diesem Dokument geht es nämlich nicht um eine voreilige, die Differenzen einfach ignorierende Abendmahlsgemeinschaft, sondern um Ausnahmeregelungen einer durch Einzelne in ihrem Gewissensent-

scheid wahrgenommenen Form des Praktizierens von eucharistischer Teilhabe.

Pfarrer Dr. Jörg Bickelhaupt,
Zentrum Oekumene der EKHN und EKKW
Frankfurt am Main

Pfarrer Martin Bräuer D.D.,
Konfessionskundliches Institut
Bensheim

(9) Bischofskonferenz der Vereinigten Evangelisch-Lutherischen Kirche Deutschlands

Stellungnahme zur Studie des Ökumenischen Arbeitskreises evangelischer und katholischer Theologen „Gemeinsam am Tisch des Herrn"

16.03.2021

1. Anlass und Ziel einer Stellungnahme aus lutherischer Perspektive

Beim gemeinsamen Gottesdienst zum Reformationsgedenken am 31. Oktober 2016 in Lund haben Repräsentantinnen und Repräsentanten der römisch-katholischen Kirche und des Lutherischen Weltbunds erklärt, dass sie die Not derer hören, die unter der Trennung am Tisch des Herrn leiden. Die Kirchen haben sich verpflichtet, an der Überwindung dieser Trennung mit Leidenschaft weiterzuarbeiten. Im Licht dieser Selbstverpflichtung begrüßt die Bischofskonferenz der VELKD ausdrücklich die Studie des Ökumenischen Arbeitskreises evangelischer und katholischer Theologen (ÖAK), die unter dem Titel „Gemeinsam am Tisch des Herrn"[1] (im Folgenden GTH) die Ergebnisse der jahrzehntelangen ökumenischen Diskurse konstruktiv aufgreift und daraus Folgerungen für das pastorale Handeln der Kirchen ableitet. Der Ökumenische Arbeitskreis hält in seinem GTH abschließenden Votum eine wechselseitige Einladung zur Teilnahme an den jeweiligen Abendmahls- bzw. Eucharistiefeiern für theologisch verantwortbar.

Die Bischofskonferenz würdigt, dass das im Votum des ÖAK dargelegte Grundverständnis des Abendmahls bzw. der Eucharistie aus der Selbstvergegenwärtigung und Selbstgabe Jesu Christi entfaltet wird. Christus selbst ist Herr und Subjekt seines Mahles. Im Abendmahl schenkt er sich

1 Vgl. Gemeinsam am Tisch des Herrn, ein Votum des Ökumenischen Arbeitskreises evangelischer und katholischer Theologen, Freiburg i. Br. und Göttingen, 2020.

den Gläubigen in seinem zur Versöhnung dahingegebenen Leib und Blut und nimmt sie hinein in die Gemeinschaft seines Leibes. Diese Überzeugung verbindet katholische wie evangelische Christenmenschen.

Die Bischofskonferenz begrüßt ebenfalls, dass in der Studie wesentliche Fragestellungen zu Kirche und Amt, die für das Verständnis des Abendmahls bzw. der Eucharistie von Belang sind, sorgfältig zur Sprache kommen und dabei die Erkenntnisse früherer Dialoge berücksichtigt werden. Hervorzuheben ist weiterhin die interdisziplinäre Arbeitsweise, in der biblisch-theologische, kirchengeschichtliche, liturgiegeschichtliche und dogmatische Zugänge beleuchtet und aufeinander bezogen werden. Eigens zu würdigen sind die differenzierten Ausführungen im exegetischen Teil und ihre grundlegende Bedeutung für die Argumentation des Votums. Die Bischofskonferenz stimmt der biblisch begründeten Einsicht zu, dass eine liturgische Vielfalt in der Feiergestalt des Herrenmahls anerkannt werden kann und keinen kirchentrennenden Charakter hat, wenn sie dem Grundverständnis des Abendmahls als Selbstvergegenwärtigung und Selbstgabe Jesu Christi nicht widerspricht.

Die wechselseitige offizielle Einladung zur Teilnahme am Abendmahl bzw. an der Eucharistie kann nur von den Kirchen selbst erklärt werden, die darüber im Licht ihrer jeweiligen Lehrtradition zu befinden haben.[2] Deshalb ist es naheliegend, die Überlegungen von GTH aus lutherischer Perspektive eigens zu sichten und zu würdigen. Sinnvoll ist dies zumal deshalb, weil der ÖAK kein lutherisch-katholisches Gremium ist, sondern auf evangelischer Seite Theologinnen und Theologen aus lutherischer, reformierter und unierter Tradition vereinigt. Diese entfalten eine Darstellung, in der sich die lutherische, reformierte und unierte Tradition gemeinsam wiederfinden können.

Vorausgesetzt ist dabei die volle Kirchengemeinschaft, in der die Mitgliedskirchen der EKD auf der Basis der Leuenberger Konkordie (LK) miteinander stehen. Die LK selbst ist kein Bekenntnis und sie will unterschiedliche konfessionelle Ausprägungen im evangelischen Glauben nicht negieren, sondern formuliert – u. a. in der Abendmahlslehre – einen Grundkonsens, der es ermöglicht, die unterschiedlichen konfessio-

2 In einer ersten Reaktion aus römisch-katholischer Perspektive hat der Brief des Präfekten der Glaubenskongregation an den Vorsitzenden der Deutschen Bischofskonferenz vom 18. Sept. 2020, dem „Lehrmäßige Anmerkungen zum Dokument Gemeinsam am Tisch des Herrn“ beigefügt sind, auf diesen Umstand hingewiesen. Der Brief und die Anmerkungen sind veröffentlicht auf der Homepage Deutschen Bischofskonferenz.

nellen Entfaltungen dieses Grundkonsenses als nicht mehr kirchentrennend aufzufassen. In diesem Rahmen sind lutherische Akzentuierungen möglich und teilweise auch nötig. Sie kommen als Näherbestimmungen zu stehen, die auf der Grundlage des gemeinsamen Konsenses keinen kirchentrennenden Charakter haben.

Der in der LK formulierte Grundkonsens hält fest, dass auch nach reformiertem Verständnis Christus sich im Abendmahl selbst vergegenwärtigt und sich den Teilnehmenden im Glauben „mit" Brot und Wein schenkt. Lutheraner können dem zustimmen, weil die Gegenwart und Selbstgabe des ganzen Christus ausgesagt wird und das „mit" ein „in" bzw. „unter" nicht ausschließt. Die lutherische Lehre betont jedoch in besonderer Weise die substanzielle und leibliche Gegenwart (*vere et substantialiter*) des auferstandenen Gekreuzigten „in", „mit" und „unter" Brot und Wein im Abendmahl.

GTH stellt eine evangelisch-katholische Konvergenz in zentralen Fragen der Abendmahls- bzw. Eucharistielehre fest. Diese betrifft in herausgehobener Weise die Überzeugung, dass sich im Abendmahl bzw. in der Eucharistie Christus selbst vergegenwärtigt und schenkt. Von diesem Zentrum her können gemäß GTH unterschiedliche konfessionelle Entfaltungen gewürdigt werden, ohne dass sie eine trennende Bedeutung für die Kirchen haben.

In den folgenden Überlegungen werden Kernaussagen der lutherischen Abendmahlslehre skizziert und daraufhin entfaltet, inwieweit der in GTH formulierte Grundkonsens im Licht dieser Kernaussagen aus lutherischer Sicht als tragfähig beurteilt werden kann (2.). Danach werden die amtstheologischen Implikationen des Votums von GTH aus lutherischer Perspektive in den Blick genommen (3.). Und schließlich geht es darum, Folgerungen für die kirchlichen Vollzüge und insbesondere das pastorale Handeln aufzuzeigen (4.).

2. Die Selbstgabe Jesu Christi in der Feier des Abendmahls

Unbeschadet dessen, dass die lutherische Tradition durchweg an der Realpräsenz des Leibes und Blutes Christi „in", „mit" und „unter" Brot und Wein festgehalten hat, liegt das Zentrum des lutherischen Abendmahlsverständnisses nicht isoliert in dieser Realpräsenz, sondern in den Einsetzungsworten (*verba testamenti*) im Zusammenhang der Mahlfeier als Ganzer. Die Deuteworte des Abendmahls („Das ist mein Leib" / „Dieser Kelch ist der neue Bund in meinem Blut") stehen im

Rahmen der Spendeworte („Nehmt hin und esst" / „Nehmet hin und trinket alle daraus"). Und sie stehen im Rahmen der heilsamen Wirkung des Abendmahls, dass es „zur Vergebung der Sünden" gereicht und genommen wird.

In lutherischer Tradition ist das Abendmahl als eine den Glauben stärkende und vergewissernde Verheißung zu verstehen, als bedingungslose Zusage Jesu Christi selbst. Die Mahlelemente und der realpräsente Leib und das Blut Christi dienen dieser Verheißung (*promissio*), indem sie sie bekräftigen und sinnlich zueignen. In der Verbindung von Verheißung und sinnlichem Element ist das Abendmahl ein sichtbares, fühlbares, den Glauben stärkendes Wort (*verbum visibile*). So schenkt sich der gegenwärtige Christus „in", „mit" und „unter" Brot und Wein den Gläubigen und gibt sich ihnen zur Vergebung der Sünden. Durch das Mahl wird der Mensch eins mit Christus: Christus und alles, was er ist und hat, wird dem Glaubenden zu eigen. Und der Glaubende und alles, was er ist und hat, wird durch Christus getragen.[3]

Dem entspricht die Einsicht, dass das menschliche Heil nicht durch eine *Qualifikation des Empfängers oder der Empfängerin*, auch nicht durch seinen bzw. ihren Glauben, sondern durch die Gabe Christi begründet ist. Dies bringt die zugespitzte Feststellung zum Ausdruck, dass die Gegenwart Christi vom Glauben unabhängig ist und somit auch von einem nicht christusgläubigen Menschen Christus unter Brot und Wein empfangen wird (manducatio impiorum). Diese lutherische Lehre hält damit fest, dass die Selbstgabe Christi der Grund des Glaubens ist und nicht umgekehrt.

Hinsichtlich des Spenders bzw. der Spenderin des Sakraments gilt nach lutherischem Verständnis, dass der Empfangende sich an das Wort, das Brot und Wein begleitet, als an das Wort Jesu Christi selbst hält, und nicht an die Person, die das Abendmahl darreicht. Wo immer der Mensch durch dieses Wort im Herzen angesprochen ist, hört er die Zusage des Herrn und empfängt Leib und Blut Christi. Unbeschadet dessen müssen auch nach lutherischem Verständnis in einer Gemeinde bestimmte Personen mit der Austeilung der Sakramente durch Handauflegung und Gebet beauftragt werden (s. 3.).

---

[3] Luther beschreibt diesen Vorgang als „fröhlichen Wechsel". Vgl. Von der Freiheit eines Christenmenschen, Zum Zwölften, in: D. Martin Luthers Werke, Kritische Gesamtausgabe, 7. Band. Weimar 1879, S. 25f.
Vgl. fernerhin die Auslegung zu Gal. 2, 17ff. im Großen Galaterkommentar, a.a.O. Bd. 40/1; Weimar 1911, S. 266-308, bes. 285,1-286,3 (Handschrift) und 285,24-286,21 (Druckfassung).

Die Richtung von Gabe und Empfang im Abendmahl ist eindeutig und unumkehrbar. Die Bedingungslosigkeit der Gabe Christi verbietet es, das Abendmahl in irgendeinem Sinne – sei es auf Seiten des Spenders bzw. der Spenderin sei es auf Seiten des Empfängers bzw. der Empfängerin – als menschliche Leistung oder als durch menschliche Qualitäten konstituiert zu verstehen. Wo die Eindeutigkeit der Richtung von Gabe und Empfang und die Bedingungslosigkeit der Zusage gewahrt ist, hat man es mit einem evangeliumsgemäßen Vollzug des Abendmahls zu tun – da werden die Sakramente evangeliumsgemäß gereicht.[4]

Indem GTH ein Abendmahlsverständnis profiliert, das in seiner gedanklichen Grundstruktur das Grundverständnis des Abendmahls als Selbstgabe Jesu Christi begreift und von den Streitpunkten hinsichtlich der präzisen begrifflichen Beschreibung der Realpräsenz und ihres genauen Verständnisses zurücktritt, diese letztlich als „nachgeordnet“ versteht, nimmt die Studie entscheidende Anliegen der lutherischen Tradition auf.

Die Selbstgabe Jesu Christi „in“, „mit“ und „unter“ Brot und Wein schenkt Gewissheit der Vergebung der Sünden und nimmt die am Mahl Teilnehmenden hinein in die Gemeinschaft seines Leibes an allen Orten und zu allen Zeiten. Das bezeugt der Apostel Paulus im 1. Brief an die Korinther: „Der Kelch des Segens, den wir segnen, ist der nicht die Gemeinschaft des Blutes Christi? Das Brot, das wir brechen, ist das nicht die Gemeinschaft des Leibes Christi? Denn ein Brot ist‘s. So sind wir, die vielen, ein Leib, weil wir alle an einem Brot teilhaben.“ (1Kor 10,16f). Christus selbst lädt zum Mahl ein und schenkt den Teilnehmenden Gemeinschaft mit sich und untereinander. Die Gemeinschaft mit Christus und die Gemeinschaft am Leib Christi gehören für das lutherische Verständnis des Abendmahls zusammen. Die lutherischen Kirchen unterstreichen daher den Duktus der Argumentation von GTH, die von der Selbstgabe Jesu Christi das Abendmahlsverständnis entfaltet und von der im Abendmahl gewährten Gemeinschaft mit Christus her den Zusammenhang von Abendmahl und Kirchengemeinschaft herausstellt.

Die Bischofskonferenz sieht einen grundlegenden Schritt in der Verständigung über das Abendmahl darin, dass in ökumenischer Übereinstimmung Jesus Christus als Herr seines Mahls herausgestellt und die Einmaligkeit seines Kreuzesopfers bekräftigt wird.

---

4 Vgl. Confessio Augustana (CA) Art. 7, in: Die Bekenntnisschriften der Evangelisch-Lutherischen Kirche, Göttingen 2014, 102,9f. (lat. 103,6f.).

3. Amtstheologische Aspekte des Votums von „Gemeinsam am Tisch des Herrn" in lutherischer Perspektive

GTH spricht amtstheologische Fragen in einem sehr genau bestimmten und begrenzten Fokus an. Ziel ist es aufzuzeigen, dass in allen beteiligen Konfessionen das ordinationsgebundene Amt in seiner Funktion für die Feier des Abendmahls bzw. der Eucharistie so verstanden und gestaltet ist, dass die Kirchen wechselseitig Gläubige der je anderen Kirchen zu ihren Abendmahls- bzw. Eucharistiefeiern einladen können und ihren Gläubigen die Teilnahme an den Feiern in den je anderen Kirchen freistellen oder gar empfehlen können. GTH kommt zu dem Ergebnis, dass die Bedingungen dafür erfüllt sind.

Die Gliedkirchen der EKD eröffnen schon seit einigen Jahrzehnten getauften Christinnen und Christen aus anderen christlichen Konfessionskirchen den Zugang zum Abendmahl, wenn diese sich in ihrem Glaubensbewusstsein von Christus selbst dazu gerufen wissen. GTH verfolgt das Ziel, hierin zwischen der römisch-katholischen Kirche und den Kirchen der EKD Wechselseitigkeit zu erreichen. Dabei sind zwei Fragen zu unterscheiden:
Erstens: Welche Grundbestimmungen des Amtes gelten nach lutherischer Lehre für die Beschreibung der Abendmahlsfeier als Geschehen der Selbstgabe Christi – und sind diese Grundbestimmungen in GTH gewahrt?

Maßgeblich sind dafür sowohl das Verständnis des Amtes selbst als auch dessen Einbettung in die apostolische Sendung der Kirche.

Die Darstellung eines evangelischen Amtsverständnisses ist auch aus lutherischer Sicht in GTH sachgemäß. Dabei sind folgende Aspekte zu unterstreichen:

- Ein spezielles, durch „ordnungsgemäße Berufung" im Sinne von CA 14 übertragenes kirchliches Amt ist mit dem Wort und dem Sakrament durch Gott eingesetzt; es steht nicht im Belieben der Kirche, ein solches Amt zu haben oder nicht zu haben.[5]
- Dieses Amt ist eingebettet in die apostolische Sendung der ganzen Kirche, d. h. in das allgemeine Priestertum aller getauften Gläubigen, und dient ihr. Es hat aber eine eigenständige Funktion, nämlich die öffentliche Verkündigung des Evangeliums und die Verwaltung der Sakramente.

[5] Vgl. CA 5.

- Das Amt wird öffentlich übertragen in Form einer Ordination bzw. Beauftragung unter Handauflegung durch einen Repräsentanten bzw. eine Repräsentantin der überregionalen Episkopé.
- Die Ordination bzw. Beauftragung gilt lebenslang und unter Beanspruchung der ganzen Person.
- Die Feier des Abendmahls setzt die Leitung durch eine „ordnungsgemäß" in dieses Amt „berufene" Person voraus.

Was den Bezug zur apostolischen Sendung betrifft, hebt GTH zu Recht hervor, dass auch die Reformatoren ein Konzept von Apostolizität entwickelt haben. Diese schließt die Kontinuität geordneter Amtsübertragung ein, wenngleich es diese Kontinuität nicht am Gegebensein einer spezifisch bischöflichen Amtssukzession festmacht. Auch die römisch-katholische Kirche habe sich im Zweiten Vatikanischen Konzil von einer institutionell-formalistischen Engführung des Apostolizitäts-Begriffs befreit. GTH knüpft daran an und vertritt die Auffassung, dass Apostolizität nicht primär über das Gegebensein von in bestimmter Weise verfassten Amtsstrukturen, sondern als Sendung der ganzen Kirche in der rechten Evangeliumsverkündigung und Sakramentendarreichung wahrzunehmen ist, und dass das kirchliche Amt als eingebettet in die Apostolizität der ganzen Kirche begriffen werden muss. Dem entspricht es, die geistliche Wirksamkeit des kirchlichen Amtes von seinem Dienst am Evangelium und an der Verwaltung der Sakramente her zu verstehen. Die Bischofskonferenz der VELKD begrüßt das Anliegen, durch Konzentration auf den inneren Sinn und die geistliche Funktion der apostolischen Sendung der Kirche die ökumenische Verständigung im Blick auf das ordinationsgebundene Amt weiter zu fördern.

Die zweite Frage lautet: Können lutherische Christinnen und Christen an römisch-katholischen Eucharistiefeiern ohne Gewissensbelastung teilnehmen?

Aus Sicht der Bischofskonferenz der VELKD ist dazu Folgendes zu sagen:

Grundsätzlich bezweifelt die lutherische Kirche nicht die Gültigkeit der in der römisch-katholischen Kirche vorgenommenen Amtshandlungen und daher auch nicht die Gültigkeit der Amtsübertragung. Katholische Geistliche sind auch nach lutherischer Überzeugung gemäß CA 14 „ordnungsgemäß berufen" (*rite vocati*). Das gilt auch für die Bischöfe und den Papst. In diesem Sinn hält die Bischofskonferenz der VELKD die Formulierung in GTH für sachgemäß, dass evangelische Gläubige das in der römisch-katholischen Kirche praktizierte ordinationsgebundene Amt „respektieren“.[6]

Deshalb können lutherische Gläubige im Grundsatz auch die in den eucharistischen Hochgebeten enthaltenen Aussagen über die Gemeinschaft mit dem Ortsbischof und dem Papst als Ausdruck geistlicher Verbundenheit innerlich mitvollziehen – auch wenn sie die damit nach römisch-katholischer Lehre einhergehenden Verbindlichkeitserwartungen (Verpflichtung zu geistlichem Gehorsam) nicht in vollem Umfang teilen. Die Bischofskonferenz der VELKD schließt sich daher der Überzeugung von GTH an, dass eine Teilnahme lutherischer Gläubiger an römisch-katholischen Eucharistiefeiern möglich ist.

Sollte allerdings für die Teilnahme an der römisch-katholischen Eucharistiefeier die volle und vorbehaltlose Anerkennung der römisch-katholischen Amtstheologie explizit gefordert werden, könnte die Bischofskonferenz eine Teilnahme lutherischer Gläubiger nicht empfehlen.

Das Ziel von GTH ist in doppelter Weise ein begrenztes: Angestrebt ist die begrenzte wechselseitige Anerkennung der Ämter im Kontext einer begrenzten sakramentalen Gemeinschaft, also nicht in der Gestalt gemeinsamer Abendmahls- bzw. Eucharistiefeiern (Konzelebration), sondern in der Gestalt wechselseitiger „eucharistischer Gastfreundschaft“. Die Bischofskonferenz der VELKD begrüßt diese Einschränkung, da sie bereits vor einer umfassenden Verständigung über weiterhin offene Fragen der Ekklesiologie und des Amtsverständnisses gemeinsame Schritte, die vom Grundverständnis des Abendmahls getragen sind, ermöglicht, ohne dabei weiterreichende Verständigungen unnötig zu machen. Durch diese Begrenzung wird das Anliegen aufgenommen, sakramentale Gemeinschaft nicht von kirchlicher Gemeinschaft abzukoppeln. Zugleich wird die Bedeutung des Abendmahls als Angeld für und als Vorgriff auf weitergehende Gemeinschaft gewürdigt. Darin kommt zum Ausdruck, dass die Kirchen dem Willen Jesu Christi nachkommen, indem sie ihn als Subjekt seines Mahls anerkennen, und die Gabe, die er im Mahl gewährt, als Angeld der in ihm verheißenen umfassenden Gemeinschaft seiner Kirche auf Erden begreifen.

Die Bischofskonferenz der VELKD dankt dem ÖAK für seine fundierten, umsichtigen und vorwärtsweisenden Überlegungen und erkennt in

[6] Vgl. Gemeinsam am Tisch des Herrn, a.a.O., Nr. 8,1.

ihnen einen wichtigen Schritt auf dem Weg zu gelebter Gemeinschaft am Tisch des Herrn.

Gleichzeitig darf nicht übersehen werden, dass die im Votum von GTH implizierten amtstheologischen Fragen sowie die Frage nach dem Verhältnis von Kirchengemeinschaft und Abendmahlsgemeinschaft weiterer Klärung bedürfen. Die lutherisch-katholischen Dialoge der vergangenen Jahrzehnte haben dafür wichtige Spuren gelegt. Diese gilt es in bilateralen und multilateralen Dialogen weiter auszubauen und zu entwickeln. In diesem Sinne spornt GTH uns an, die Verständigung über noch offene Fragen theologisch verantwortlich und im Geist geschwisterlicher Verbundenheit weiter voranzubringen. Eine gemeinsame Erklärung über Kirche, Amt und Eucharistie ist ein anspruchsvolles und herausforderndes Ziel, das den Kirchen vom Willen Jesu Christi, dass sie alle eins seien, aufgegeben ist.

4. Folgerungen für die kirchlichen Vollzüge

In seinem abschließenden Votum führt der Ökumenische Arbeitskreis die zuvor dargelegten exegetischen, dogmatischen und kirchengeschichtlichen Ausführungen weiter und formuliert Folgerungen für die kirchlichen Vollzüge. Er sieht „die Praxis der wechselseitigen Teilnahme an den Feiern von Abendmahl/Eucharistie in Achtung der je anderen liturgischen Traditionen als theologisch begründet“[7] an und bittet die Kirchen um wohlwollende Prüfung dieser Empfehlung.

Diese Folgerung ist aus lutherischer Sicht durchaus weitreichend. Sie ist aber angesichts des zuvor Ausgeführten nicht übergriffig oder gar unbedacht. Die Empfehlung berücksichtigt die Ergebnisse vieler ökumenischer Dialoge seit dem Zweiten Vatikanischen Konzil und setzt dabei auf das gewachsene Vertrauen zwischen der römisch-katholischen Kirche und den evangelischen Kirchen in Deutschland sowie im internationalen Dialog. Zugleich will diese Empfehlung die Freude an der Eucharistie und dem Abendmahl dadurch fördern, dass die jeweils eigene liturgische Tradition mit dem ökumenischen Partner zu gegebenen Anlässen geteilt werden kann.

Darin hat das Votum des Ökumenischen Arbeitskreises in erster Hinsicht die Menschen im Blick - besonders diejenigen, die in konfessionsverbindenden Ehen und Familien leben und Sehnsucht danach haben,

---

[7] Vgl. Gemeinsam am Tisch des Herrn, a.a.O., Nr. 8,1.

ihrer Gemeinschaft auch in der Feier des Abendmahls bzw. der Eucharistie Ausdruck zu geben. Aber auch Menschen, deren ökumenische Verbundenheit oft in Jahrzehnten gemeinsamen Zeugnisses gewachsen ist, sind im Blick.

Diese Empfehlung traut den jeweiligen konfessionellen Prägungen viel zu. Sie ist davon überzeugt, dass die jeweiligen Kirchen genügend Prägekraft haben, um die Freude an der jeweils eigenen Tradition an besonderen Orten und zu besonderen Zeiten mit den Gläubigen aus anderen Konfessionen teilen zu können. Die Kirchen sollten es sich zur Aufgabe machen, solche Orte zu finden.

Das Votum des Ökumenischen Arbeitskreises ist gerade darin überzeugend, dass es keine neue, gleichsam ökumenische Liturgie für die Feier des Abendmahls oder der Eucharistie vorschlägt. Die liturgische Gestalt, in der die jeweilige Gemeinschaft das Mahl feiert, wird respektiert. Bei dieser Empfehlung muss auch gar nicht an grundsätzliche oder regelmäßige Teilnahme gedacht werden. Vielmehr wird man mit den Orten und Gelegenheiten sehr respektvoll und in Anerkennung der Prägungen und Empfindungen des jeweiligen Partners und der Gläubigen umgehen und dabei sorgsam beachten, ob eine Teilnahme an der Mahlfeier der anderen Konfession in der konkreten Einzelgemeinde möglich ist.

Die Bischofskonferenz der VELKD ist dankbar für die gewachsene Gemeinschaft zwischen der römisch-katholischen Kirche und den Kirchen der EKD. Es soll nicht vergessen werden, dass die evangelischen Kirchen ihren Gläubigen über mehrere Jahrhunderte die Teilnahme an der Eucharistie in der katholischen Messe nicht em-pfohlen bzw. untersagt haben. Das hat sich erst im Kontext der ökumenischen Bewegung vor etwa 50 Jahren verändert. Was einst in Lehre und Leben der Kirche fundamental trennte, dafür ist unterdessen das Verständnis zwischen den Partnern gewachsen. Das betrifft das Opferverständnis im Abendmahl, es betrifft die konkrete Beschreibung der Gegenwart Christi im Herrenmahl, die Unterschiede im Amtsverständnis u. v. a. m. Die Eucharistie bzw. das Abendmahl verheißt die Gegenwart Christi und ist seine Selbstgabe für die Gläubigen. Diese Überzeugung verbindet mittlerweile die Konfessionen so tief, dass diese Gemeinsamkeit viel gewichtiger ist als manche lehrmäßigen oder liturgischen Unterschiede zwischen den Kirchen.

Ähnlich wie die Orientierungshilfe „Mit Christus gehen – Der Einheit auf der Spur. Konfessionsverbindende Ehe und die gemeinsame Teilnahme an der Eucharistie"[8] vertraut das Votum des Ökumenischen Arbeitskreises in seiner Zielsetzung auf die sorgfältige Gewissensbildung der Gläubigen in allen Konfessionen. Dieses Vertrauen in die verantwortliche Gewissensbildung der Gläubigen ist gut und richtig. Es wird dazu führen, dass die Gläubigen in allen Konfessionen sehr behutsam und respektvoll mit dem vorgeschlagenen Weg umgehen werden. Gerade in diesem würdigen und respektvollen Zugang zu dem Thema ist das Votum des Ökumenischen Arbeitskreises aus lutherischer Sicht sehr zu würdigen. Die ökumenischen Partner sollten einander Zeit und Gelegenheit geben, sich gegenseitig einzuladen und einladen zu lassen.

Mitglieder der Arbeitsgruppe

- Landesbischof Dr. Karl-Hinrich Manzke (Bückeburg)
- Oberkirchenrat Johannes Dieckow (Hannover)
- Prof. Dr. Dr. h. c. Christine Axt-Piscalar (Göttingen)
- Prof. Dr. Jens Herzer (Leipzig)
- Bischof Tilman Jeremias (Greifswald)
- Prof. Dr. Bernd Oberdorfer (Augsburg)
- Prof. Dr. Notger Slenczka (Berlin)

Mitglieder der Bischofskonferenz der VELKD

- Leitender Bischof der VELKD, Landesbischof Ralf Meister (Hannover)
- Stellvertretende Leitende Bischöfin der VELKD, Landesbischöfin Kristina Kühnbaum-Schmidt (Schwerin)
- Landesbischof Prof. Dr. Heinrich Bedford-Strohm (München)
- Landesbischof Tobias Bilz (Dresden)
- Regionalbischof Dr. Hans Christian Brandy (Stade)
- Vizepräsident Dr. Ralph Charbonnier (Hannover)
- Oberlandeskirchenrat Dr. Thilo Daniel (Dresden)
- Bischöfin Kirsten Fehrs (Hamburg)
- Regionalbischöfin Dr. Dorothea Greiner (Bayreuth)
- Bischof Tilman Jeremias (Greifswald)
- Landesbischof Friedrich Kramer (Magdeburg)
- Bischof Gothart Magaard (Schleswig)
- Landesbischof Dr. Karl-Hinrich Manzke (Bückeburg)
- Landesbischof Dr. Christoph Meyns (Wolfenbüttel)

[8] „Mit Christus gehen – Der Einheit auf der Spur. Konfessionsverbindende Ehen und gemeinsame Teilhabe an der Eucharistie", Orientierungshilfe vom 20. Febr. 2018, Veröffentlichung des Ständigen Rates der DBK, 2018.

- Regionalbischof Dr. Christian Stawenow (Eisenach)
- Regionalbischöfin Elisabeth Hann von Weyhern (Nürnberg)

Ständige Gäste der Bischofskonferenz

- Bischof Thomas Adomeit (Oldenburg)
- Superintendent Christian Bereuther (Karlsruhe)
- Bischof Mag. Michael Chalupka (Wien)
- Landesbischof Dr. h. c. Frank Otfried July (Stuttgart)
- Superintendent Dr. Andreas Lange (Lemgo)
- Senior Holger Westphal (Ritterhude-Werschenrege)

Ökumenischer Arbeitskreis evangelischer und katholischer Theologen

(Stand Juli 2021)

Mitglieder von evangelischer Seite

Kirchenpräsident i.R. Christian Schad, Pfalz (Bischöflicher Vorsitz)
Volker Leppin, Tübingen (Wissenschaftliche Leitung)

Christine Axt-Piscalar, Göttingen
Michael Beintker, Münster
Walter Dietz, Mainz
Katharina Greschat, Bochum
Hans-Peter Großhans, Münster
Thies Gundlach, Hannover
Martin Hein, Kassel
Corinna Körting, Hamburg
Christof Landmesser, Tübingen
Christoph Markschies, Berlin
Karl-Wilhelm Niebuhr, Jena
Friederike Nüssel, Heidelberg
Helmut Schwier, Heidelberg
Gerard Cornelis den Hertog, Apeldorn
Jennifer Wasmuth, Straßburg
Birgit Weyel, Tübingen

Korrespondierende Mitglieder

Eberhard Jüngel, Tübingen
Martin Kruse, Berlin
Hartmut Löwe, Bonn
Gerhard Müller, Erlangen
Ulrich Wilckens, Lübeck
Gunther Wenz, München

Protokollant

Jonathan Reinert, Tübingen

Mitglieder von katholischer Seite

Bischof Georg Bätzing, Limburg (Bischöflicher Vorsitz)
Dorothea Sattler, Münster (Wissenschaftliche Leitung)

Franz Xaver Bischof, München
Christoph Böttigheimer, Eichstätt / Ingolstadt
Benjamin Dahlke, Paderborn
Eva-Maria Faber, Chur
Albert Gerhards, Bonn
Johanna Rahner, Tübingen
Johannes Schnocks, Münster
Thomas Söding, Bochum
Michael Theobald, Tübingen
Wolfgang Thönissen, Paderborn
Eberhard Tiefensee, Erfurt
Klaus Unterburger, Regensburg
Myriam Wijlens, Erfurt

Korrespondierende Mitglieder

Wolfgang Beinert, Regensburg
Walter Kard. Kasper, Rom
Theodor Schneider, Mainz
Herbert Schlögel, Regensburg

Ständiger Gast

Augustinus Sander OSB, Rom

Protokollanten

Thomas Hilker, Münster
Jan-Hendrik Mönch, Münster
Rüdiger With, Münster